Alexandra Fies

**Die badische Auswanderung im 19. Jahrhundert
nach Nordamerika unter besonderer Berücksichtigung
des Amtsbezirks Karlsruhe zwischen 1880 - 1914**

Die badische Auswanderung im 19. Jahrhundert nach Nordamerika unter besonderer Berücksichtigung des Amtsbezirks Karlsruhe zwischen 1880 - 1914

von
Alexandra Fies

Dissertation, Karlsruher Institut für Technologie
Fakultät für Geistes- und Sozialwissenschaften
Tag der mündlichen Prüfung: 03.12.2009

Impressum

Karlsruher Institut für Technologie (KIT)
KIT Scientific Publishing
Straße am Forum 2
D-76131 Karlsruhe
www.uvka.de

KIT – Universität des Landes Baden-Württemberg und nationales
Forschungszentrum in der Helmholtz-Gemeinschaft

KIT Scientific Publishing 2010
Print on Demand

ISBN: 978-3-86644-425-6

Die badische Auswanderung im 19. Jahrhundert nach Nordamerika unter besonderer
Berücksichtigung des Amtsbezirks Karlsruhe zwischen 1880 und 1914

Zur Erlangung des akademischen Grades eines

DOKTORS DER PHILOSOPHIE
(Dr. phil.)

von der Fakultät für Geistes- und Sozialwissenschaften
der Universität Karlsruhe angenommene

DISSERTATION

von

Alexandra Fies
aus Achern

Dekan: Prof. Dr. Klaus Bös

1. Gutachter: PD Dr. Rolf-Ulrich Kunze
2. Gutachter: Prof. Dr. Rolf-Jürgen Gleitsmann

Tag der mündlichen Prüfung: 3. Dezember 2009

I   Inhaltsverzeichnis

II   Tabellenverzeichnis

III Abbildungsverzeichnis

1 Einleitung

„Den Vereinigten Staaten

Amerika, du hast es besser,

Als unser Kontinent, der alte,

Hast keine verfallne Schlösser

Und keine Baßalte.

Dich stört nicht im Innern

Zu lebendiger Zeit

Unnützes Erinnern

Und vergeblicher Streit.

Benutzt die Gegenwart mit Glück!

Und wenn nun eure Kinder dichten,

Bewahre sie ein gut Geschick

Vor Ritter-, Räuber- und Gespenstergeschichten."   Johann Wolfgang von Goethe[1]

Das Recht auf Auswanderung gilt als eines der elementarsten und ältesten Freiheitsrechte. Daher ist die Auswanderung kein Phänomen der Neuzeit, sondern so alt wie die Menschheitsgeschichte selbst. „Den Homo Migrans gibt es, seit es den Homo sapiens gibt; denn Wanderungen gehören zur Conditio humana wie Geburt, Fortpflanzung, Krankheit und Tod. Migrationen als Sozialprozesse sind, von Flucht- und Zwangswanderungen abgesehen, Antworten auf mehr oder minder komplexe ökonomische und ökologische, soziale und kulturelle Existenz- und Rahmenbedingungen. Die Geschichte der Wanderungen ist deshalb immer auch Teil der Geschichte und nur vor ihrem Hintergrund zu verstehen."[2]

Die hier untersuchte transatlantische Massenauswanderung im 19. und frühen 20. Jahrhundert, die selbst nur einen Ausschnitt der Bevölkerungsbewegung in Europa war, stellte zahlenmäßig den Höhepunkt der europäischen Expansionsgeschichte der

---

[1] http://www.humboldtgesellschaft.de/inhalt.php?name=amerikahttp://gutenberg.spiegel.de/goethe/gedichte/auswandr.htm

[2] Bade, Klaus J.: Europa in Bewegung. Migration vom späten 18. Jahrhundert bis zur Gegenwart. München 2000. S. 11.

1

Neuzeit dar.[3] Rund 5,5 Millionen Deutsche wanderten in den Hungerjahren 1816/17 bis zum Ausbruch des Ersten Weltkriegs 1914 nach Amerika aus. Der Höhepunkt wurde zwischen 1846-1893, mit über 100.000 Emigranten pro Jahr, erreicht. In den 1850er und 1860er Jahren verließen bis zu 200.000 Menschen jährlich ihre alte Heimat, um sich in Amerika eine neue Existenz aufzubauen.[4] Allein für das Großherzogtum Baden wird bis 1872 von einer Auswandererzahl von 153.366 ausgegangen.[5] Das Problem betreffend der Richtigkeit der Auswandererzahlen wird an anderer Stelle noch genauer erörtert.

Warum aber kehrten Millionen von Menschen ihrer Heimat den Rücken; was verbirgt sich hinter dem Begriff Migration? Jede Art von Migration beruht auf dem Wunsch nach einer Verbesserung der Lebensbedingungen. Je nach persönlicher Priorität erscheinen bestimmte Regionen ‚attraktiver' als andere, da soziale, politische und ökonomische Rahmenbedingungen räumlich nicht gleich verteilt sind. Genau diese räumlichen Unterschiede sind es, die Menschen zu Wanderungen bewegen und wie im 19. Jahrhundert die Heimat hinter sich lassen, um ihr Glück in der ‚Neuen Welt' zu suchen.[6] Das Wanderungsverhalten selbst ist immer von verschiedensten Entwicklungen – materiellen und immateriellen (sozialen, ökonomischen, mentalen u.a.) – abhängig und muss daher stets im Gesamtkontext untersucht werden. Dies ergibt sich unter anderem daraus, dass Menschen bei der Herausbildung ihres

---

[3] Die Geschichte der Deutschen wurde nachhaltig durch Wanderungen geprägt. Seit der Frühen Neuzeit bis hin zur Gegenwart haben die Deutschen alle Erscheinungsformen von Wanderung im In- und Ausland durchlebt: Aus-, Ein- und Transitwanderungen; Arbeitswanderungen und Wanderhandel; Flucht- und Zwangswanderung. Diese Formen der Wanderungen – besonders die Binnenwanderung – ließen zu, dass Einheimische selbst zu Fremden im eigenen Land wurden: die Ost-West-Fernwanderung der „Ruhrpolen" und der „Ruhrmasuren" aus dem preußischen Osten in das durch die Montanindustrie geprägte Ruhr- und Emscherrevier des Kaiserreichs bis zum Flüchtlingsstrom der Ostvertriebenen aus dem ehemals deutschen Osten am Ende und im Gefolge des Zweiten Weltkriegs. Heute wird mit der deutschen Auswanderung zumeist der Massenexodus im 19. Jahrhundert nach Amerika in Verbindung gebracht. Am Beginn der Auswanderung aus dem deutschsprachigen Kulturraum stand jedoch nicht die transatlantische Auswanderung, sondern die kontinentale Wanderung nach Osten – die deutsche Ostsiedlungsbewegung; bis der kontinentale Oststrom in den 1830er Jahren hinter der überseeischen Massenauswanderung zurücktrat.
Ausführlicher nachzulesen bei Bade, Klaus J. (Hrsg.): Deutsche im Ausland – Fremde in Deutschland. Migration in Geschichte und Gegenwart. München 1992. S. 29-123; Bade, Klaus J. (Hrsg.): Migration in der europäischen Geschichte seit dem späten Mittelalter. Osnabrück 2002; Bade, Klaus J. (Hrsg.): Menschen über Grenzen – Grenzen über Menschen. Herne 1995.
[4] Bade, Klaus J: Homo Migrans Wanderungen aus und nach Deutschland. Erfahrungen und Fragen. Essen 1994. S. 15.
[5] Obermann, Karl: Die deutsche Auswanderung nach den Vereinigten Staaten von Amerika im 19. Jahrhundert, ihre Ursachen und Auswirkungen (1830 bis 1870). In: Jahrbuch für Wirtschaftsgeschichte 1975 II. Berlin 1975. S. 33-55; hier: S. 35.
[6] http://www.geo.wiso.tu-muenchen.de/lehre_und_studium/lehrveranstaltungen/begleitmaterial/hs_migra_bev/Anton.pdf

Wanderungsprozesses „immer die gesamte, jeweils für sie überschaubare und realisierbare bzw. für realisierbar gehaltene Vielfalt von Alternativen räumlicher Mobilität ihrer Zeit vor Augen hatten."[7] Da es ein und dieselben Menschen waren, die sich zunächst aus der deutschen Umgebung herauslösten, sich dann in einer fremden Umgebung in den Vereinigten Staaten wieder einlebten und zugleich an die neue und die alte Heimat dachten, wurde die Auswanderung[8] als ein ganzheitlicher Vorgang geplant, organisiert und erlebt und als solcher auch in der vorliegenden Arbeit untersucht.

Auf individueller Ebene verändert Migration sowohl das Leben der Wanderer als auch das der Bevölkerung im Herkunfts- und Aufnahmeland. Hinzu kommt, dass Migration für alle Beteiligten mit einem finanziellem Aufwand (Anpassungs- und Integrationskosten) und vor allem mit sozialen, psychischen und kulturellen Herausforderungen verbunden ist.[9]

Im Kern will sich diese Arbeit darauf beschränken, in einer kleinräumig angelegten Fallstudie, den Verlauf und die Besonderheiten der Amerikauswanderung aus dem Bezirksamt Karlsruhe zwischen 1880-1914 in ihren Ursachen und Wirkungen zu verfolgen, um am Ende der Arbeit eine Auswanderungscharakteristika dieser Region zu erhalten. Einzelne Gemeinden des Bezirksamts Karlsruhe werden nur exemplarisch besprochen. Die Ergebnisse aus Karlsruhe sollen dann in das Gesamtbild der badischen Auswanderung integriert werden. Die Arbeit erhebt jedoch nicht den Anspruch diese überaus komplexe Materie bis in ihre letzten Konsequenzen zu durchdringen. Denn eine exakte Behandlung derselben würde eine detailgeographische Erforschung der Auswanderung in einzelnen Teilgebieten Badens voraussetzen, die bislang nur unzureichend vorliegt. Daher können keine Vergleiche zum Wanderungsverhalten in den einzelnen Bezirksämtern gezogen werden; lediglich zu Baden. Aufgrund der Forschungslücken werden die im Rahmen dieser Arbeit erstellten Daten aus dem Bezirksamt in einzelnen Bereichen der Arbeit mit den Daten der Reichs- und/oder Landesebene verglichen, um Abweichungen überhaupt erst kenntlich machen zu können.

---

[7] Bade: Homo Migrans (wie Anm. 4), S. 15.
[8] Unter Auswanderung ist im Folgenden der Kürze wegen immer die deutsche überseeische Auswanderung in die Vereinigten Staaten verstanden, soweit der Zusammenhang nicht ein anderes ergibt.
[9] http://www.polwiss.fu-berlin.de/more/coe/lehre/SoSe2005/15400_K-HS/AG_2_III.pdf

Das Phänomen der Massenauswanderung aus Südwestdeutschland im 19. Jahrhundert wurde in einer Reihe von regionalen Publikationen behandelt. Dennoch sind die Ursachen der Auswanderungen, die regional und individuell recht unterschiedlich waren, noch nicht befriedigend untersucht worden. Zwar gibt es übergreifende Arbeiten, die z.b. die deutsche Auswanderung insgesamt behandeln, dennoch fehlt es vielfach an vergleichenden Regionalstudien, durch die einzelne Ergebnisse bestätigt oder relativiert werden könnten. Gerade zur Klärung der Ursachen bietet sich eine Regionalstudie an, da aufgrund der räumlichen Begrenzung das Quellenmaterial relativ überschaubar bleibt.[10] „Erst auf der lokalen Ebene wird die Abwägung politischer und wirtschaftlicher Motive möglich, weil erst in diesem kleinen Raum Korrelationsrechnungen machbar, und damit Modelle, aber auch ideologische Aussagen überprüfbar werden [...]. Die Kleinregion ist der Schlüssel zum Verständnis der Auswanderung."[11] Die vorliegende Arbeit versucht diese Schlüsselfunktion für das Bezirksamt Karlsruhe zu übernehmen.

Auch in der internationalen Geschichtsschreibung ist die Amerikaauswanderung im 19. Jahrhundert ein viel geachtetes Thema; die Zahl diesbezüglicher Untersuchungen ist fast unübersehbar und wächst ständig weiter. „Jedoch gewährleistet die Fülle des Gedruckten keineswegs eine Vollständigkeit der Information oder gar eine Sättigung des Bedürfnisses nach Interpretation"[12], da viele Fragen noch immer unbeantwortet sind und weiterhin großes Interesse an ihrer Erörterung besteht. Die große überseeische Bevölkerungsbewegung des 19. Jahrhundert kann allerdings nicht als geschlossener Vorgang betrachtet werden, sondern ist ein vielschichtiger Prozess, der aus einer Summe von Einzelvorgängen besteht; woraus auch die unübersichtliche Quellenlage resultiert. Archivalien verschiedener Provinzen und Publikationen unterschiedlicher Art sind verteilt auf viele Sammlungen, Archive und Bibliotheken. In den wenigen Fällen in denen geschlossene Quellenbestände vorhanden sind, spricht

---

[10] Zusammenfassung in: Adams, Willi Paul (Hrsg.): Die deutschsprachige Auswanderung in die Vereinigten Staaten. Berichte über Forschungsstand und Quellenbestände. Berlin 1980. S. 31 (Zitate von Wessendorf und Scherer).

[11] Waibel, Barbara: Auswanderung vom Heuberg 1750-1900. Untersuchungen zur Wanderungsstruktur und Wanderungsmotivation. (Hrsg.) Geschichtsverein für den Landkreis Tuttlingen. Tuttlingen 1992. S. 9.

[12] Moltmann, Günter (Hrsg.): Deutsche Amerikaauswanderung im 19. Jahrhundert. Sozialgeschichtliche Beträge. Stuttgart 1976. S. 1.

Moltmann von „sprödem Material"[13], das sich dem Historiker, der übergreifende Fragen beantworten möchte, kaum erschließt.

Bei Betrachtung der Auswanderungsforschung des 19. und 20. Jahrhunderts, wird deutlich, dass es sich dabei vornehmlich um Vorgangsbeschreibung und Ereignisgeschichte handelt: Schicksale von Einzelpersonen und Auswanderergruppen wurden rekonstruiert, Siedlungsunternehmen nachgezeichnet, Assimilationsvorgänge aufgezeigt. Erst im Zeitalter der Nationalstaatsgründungen wuchs das Interesse an den Ausgewanderten. Hintergrund war der Versuch, durch die ‚ehemaligen' Deutschen in den fernen Ländern ‚Weltgeltung' für die eigene Nation zu erlangen. Übergreifende historische Analysen galten lediglich der statistischen Erfassung, wobei auch unterschiedliche Ausgangsregionen und Zielländer betrachtet wurden. Danach folgten Fragen nach den Auswanderungsmotiven, den ökonomischen, politischen und konfessionellen Auswirkungen, Fragen nach der Auswanderungspolitik. Für Moltmann wurde gerade in dieser frühen Phase der Forschung wesentliches Material zusammen getragen, ohne Rückgriff auf dieses heute kein Wissenschaftler arbeiten kann. Im Laufe des 20. Jahrhundert wurden die Fragestellungen erweitert; neue Impulse kamen nach dem Ersten Weltkrieg besonders durch amerikanische Veröffentlichungen hinzu. Hervorzuheben sind hier die Arbeiten des Historikers Marcus Lee Hansen[14], der zu den ersten gehörte, die die Aus- und Einwanderung als ganzheitlichen sozialgeschichtlichen Prozess begriffen. Hansen begann seine Ausführungen mit der Ausgangsituation in der Alten Welt und beendete diese mit der Eingliederung der Europäer in die amerikanische Gesellschaft. Einen Wendepunkt brachten auch die Forderungen von Frank Thistlethwaite[15] auf dem Internationalen Historikerkongress 1960 in Stockholm. In der Zukunft sollten eindringlichere Analysen der europäischen Ausgangsbedingungen des Wanderungsprozesses und länderübergreifende komparatistische Studien erstellt werden. Ebenso verlangte er Untersuchungen der Zusammenhänge zwischen Außen- und Binnenwanderung, zwischen Aus- und Rückwanderung und dem Ansehen der Wirtschaftsbedingungen im Herkunfts- und Aufnahmeland als gemeinsame Faktoren. In gleichem Maße

---

[13] Moltmann: Amerikaauswanderung (wie Anm. 12), S. 1.
[14] Hansen, Marcus Lee: The Atlantic Migration, 1607-1860. The Immigrant in American History. Cambridge 1941.
[15] Der amerikanische Historiker Frank Thistlethwaite wurde am 24. Juli 1915 in Burnley, Lancashire geboren. Er lehrte unter anderem and der Fakultät für Ökonomie und Politik in Campridge. Thistlethwaite starb am 17. Februar 2003 in Cambridge.

fanden die Phasenproblematik, die Rolle der Bevölkerungsvermehrung, die Industrialisierung und auch die sozialen und psychologischen Barrieren Beachtung. Die Umsetzung dessen in der deutschen Forschung ließ ungeachtet lange auf sich warten – im Gegensatz zu der in den internationalen Studien. In sozialhistorischen Arbeiten zum 19. Jahrhundert wurde die deutsche Auswanderung gelegentlich in der landesgeschichtlichen Literatur aufgegriffen, in der „wertvolle Mosaiksteinchen zur Klärung des Gesamtvorgangs"[16] bereit liegen. Dennoch lässt sich nicht leugnen, dass wichtige sozialhistorische und strukturelle Aspekte der deutschen Amerikawanderung im 19. Jahrhundert noch auf ihre Aufarbeitung warten.

An der Tatsache, dass „der wesentliche Effekt der wissenschaftlichen Arbeit einer Generation darin besteht, daß sich jeder, der das Problem der Wanderung zu bewältigen unternimmt, einer mühevollen Aufgabe unterzieht"[17], hat sich seit Hansen und Hasketts nichts geändert. Somit birgt die Wahl dieses Themas für den Historiker Chance und Gefahr gleichermaßen.

1.1 Methodik und Vorgehensweise

Der erste Arbeitsabschnitt für diese Studie bestand in der Quellenrecherche in den südwestdeutschen Archiven.

Der Schwerpunkt der Archivarbeit lag in der Durchsicht der Quellen des Generallandesarchivs Karlsruhe. Die Bestände bilden nicht nur quantitativ, sondern auch qualitativ die wichtigste Quellengrundlage für diese Arbeit.

Die bedeutendsten Informationen lieferten die Einzelakten des Bestands GLA 357. Die Zahl der Einzelfallakten für das Bezirksamt Karlsruhe liegt bei 799, wobei Familienangehörige jeweils in der Akte des Familienoberhauptes verzeichnet wurden. Nach Durchsicht der Ortsbücher GLA 434[18], den Einzelfallakten und den Daten aus der Auswanderdatenbank des Land Baden-Württemberg, konnte für das Bezirksamt Karlsruhe im Zeitraum 1880-1914 eine Auswandererzahl von 1593 ermittelt werden. Die tatsächliche Zahl der Auswanderer muss jedoch auch in diesem Zeitraum, wie bei

---

[16] Moltmann: Amerikaauswanderung (wie Anm. 12), S. 4.
[17] Zitiert nach: Haskett, Richard, C.: Problems and Prospects in the History of American Immigration. In: Schmidt, W. F.; Lavell, C. B. und Haskett, Richard C. (Hrsg.): A Report on World Population Migrations as Reated to the United Staates of America, Washington, D. C. 1956, S. 48.
[18] Auch in den Ortsbüchern (Bestand GLA 434) wurde jeweils nur das Familienoberhaupt als Auswanderer gezählt und diesem die weiteren Familienangehörigen untergeordnet.

der gesamten Amerikaauswanderung, weitaus höher angesetzt werden. Quellenhinweisen zu Folge hat weiter eine große Zahl von Badenern auf illegalem Weg – ohne offizielle Entlassung aus dem Staatsverband – die Reise in die Vereinigten Staaten angetreten.[19]

Sehr umfangreiche und bildhafte Erzählungen über das Leben der Badener in den Vereinigten Staaten bieten die Akten des Bestandes GLA 233 (badische Gesandtschaften). Diese Nachweise werden allerdings seit den 1870er Jahren immer weniger, da Baden nach der Reichsgründung auf die Entsendung eigener Botschafter verzichtete und seine Informationen über die Reichsgesandten bezog.

Insgesamt lässt sich festhalten, dass die Quellenlage allgemein seit dem letzten Viertel des 19. Jahrhunderts verhaltener wird, was unter anderem auf dem starken Abfallen der Auswandererzahlen, dem Wegfall der staatlich organisierten Auswanderung als auch auf einem immer routinierteren Auswanderungsvorgang beruhen kann.[20]

Im nächsten Abschnitt folgte die Durchsicht der Quellen des evangelischen Landeskirchenarchivs in Karlsruhe. Die Aktenlage zur Auswanderung insgesamt ist zwar relativ rar, bietet aber dennoch interessante Einblicke in die kirchliche Auswandererfürsorge.[21]

Die Quellenlage im Stadtarchiv Karlsruhe und dem Staatsarchiv Freiburg stellte sich insgesamt für die Fragestellung dieser Arbeit als unbefriedigend heraus.

Auch ein in den 1920er Jahren durchgeführtes Projekt zur Kontaktaufnahme mit Badenern in den Vereinigten Staaten des Landesvereins Badische Heimat in Freiburg, blieb für das Bezirksamt Karlsruhe ergebnislos.[22] Ausführlicher wird auf die Quellenlage in Kapitel 1.3 eingegangen.

Die vorliegende Arbeit wird in elf Kapitel gegliedert und wie folgt aufgebaut: Um die Problematik der Quellenlage und die daraus resultierenden Folgen für die Forschungsarbeit kenntlich zumachen, wird zu Beginn der Arbeit eine detaillierte

---

[19] Die Einzelfallakten belegen dies durch zahlreiche Anträge auf nachträgliche Entlassung aus dem Staatsverband.

[20] Der Schwerpunkt der Quellenarbeit im GLA lag auf der Durchsicht der Bestände 357; 233; 236; 434.

[21] GA 2972, GA 5096, GA 4723.

[22] Die Quellenlage im Stadtarchiv Karlsruhe ist deshalb rar, da sich die offizielle Auswanderung auf einer höheren Verwaltungsebene, wie der Bezirksämter abgespielt hat und diese Akten im GLA archiviert werden. Die Auswanderungsakten des Staatsarchivs Freiburg weißen durch die allgemeinen Verluste während des Zweiten Weltkriegs große Lücken auf.

Abhandlung sowohl über den Forschungsstand als auch über die deutsch-amerikanische Quellenlage erstellt.

Im nächsten Kapitel folgt ein kurzer Auszug über Forschungsaufgaben, Forschungsgeschichte und Forschungslandschaften der Migrationsforschung – im speziellen der historischen Migrationsforschung.

Die Wanderungsforschung steht zwar im Zusammenhang mit dem Aufkommen der Sozialwissenschaften und wurde nicht von den Historikern begründet, dennoch wird in der vorliegenden Arbeit lediglich auf die Geschichte der historischen Migrationsforschung eingegangen; die Sozialhistorische Migrationsforschung wird nur in ihren Grundzügen besprochen. Ein Motiv dafür liegt zweifelsohne in dem schwer erfassbaren Verhalten der größtenteils anonym Ausgewanderten, wodurch meistens auf statistisches Quellenmaterial Bezug genommen werden muss – im Vergleich zu anderen Objekten historischer Forschung.[23] Eine Ausnahme dazu stellt eine geringe Zahl von Auswandererbriefen – die in Kapitel sechs näher untersucht werden – dar, welche einen Einblick in individuelle Auswandererschicksale zulassen.

In Kapitel drei wird auf die Bestimmungsfaktoren und Entwicklungsbedingungen der deutschen überseeischen Massenauswanderung im Allgemeinen eingegangen, um in den darauf folgenden Kapiteln ein Gefühl für Abweichungen und Übereinstimmungen mit der Mikroebene zu vermitteln.

Freilich kann die moderne deutsche Auswanderung nicht vollständig verstanden werden, wenn sie aus ihrem geschichtlichen Zusammenhang losgelöst wird. Deshalb muss einleitend auch die Geschichte der badischen Auswanderung vor der Gründung des Deutschen Reiches verfolgt werden, um die Auswanderung aus dem Bezirksamt Karlsruhe zwischen 1880 und 1914 besser in die Wanderungsbewegung einordnen zu können. Daher wird in Kapitel vier der Blick auf den badischen Wanderungsverlauf mit seinen drei Hochpunkten gerichtet.

Kapitel fünf, der Schwerpunkt der Arbeit, stützt sich auf die empirische Auswertung der badischen Quellen und befasst sich intensiv mit den Strukturen der Auswanderung aus dem Raum Karlsruhe, über die wir zweifellos besonders schlecht informiert sind. Hierin wird die Hauptargumentation dieses Beitrags, ein typisches Profil dieser Region zu erhalten, deutlich.

---

[23] Thistlethwaite, Frank: Europäische Überseewanderung im 19. und 20. Jahrhundert. In: Köllmann, Wolfgang; Marschalck, Peter: Bevölkerungsgeschichte. Köln 1972. S. 323-355; hier S. 329.

Konnte die Auswanderung bis zur Jahrhundertmitte noch als Versuch angesehen werden, der tatsächlichen oder auch nur der befürchteten materiellen Not auszuweichen, soll nun für die letzte Auswanderungsphase die Beständigkeit dieser These überprüft werden. Aus diesem Grund ist es unabdingbar, zunächst die wirtschaftliche Situation des Großherzogtums und insbesondere die des Bezirksamtes Karlsruhe zu untersuchen. In diesem Zusammenhang wird auch die Bevölkerungsdichte näher betrachtet, weil sie die Ernährungs- und Arbeitsmöglichkeiten eines Gebietes widerspiegelt. Bis heute verstehen wir unter Auswanderung das Verlassen des Heimatlandes, kurz das der Existenzgrundlage, um sich in einem anderen Land niederzulassen und eine neue, dauerhafte Existenzgrundlage aufzubauen. Ende des 19. Jahrhunderts ist der dauernde Aufenthalt in Amerika, der die bisherige Definition ausgemacht hat, bei einem Großteil der Auswanderer nicht mehr gegeben, da viele nur die günstige amerikanische Wirtschaftskonjunktur ausgenutzt haben – als eine Art überseeische Sachsengänger – und bei nachlassender Konjunktur in die Heimat zurückgekehrt sind. Ob sich diese Hypothese auch für die Karlsruher Auswanderer verifizieren lassen kann, soll unter anderem in diesem Kapitel erläutert werden.[24]

In Kapitel sieben wird die rechtliche Seite der Auswanderung sowohl auf Reichs als auch auf Landesebene in Augenschein genommen. Obwohl das Augenmerk an der Auswanderung immer bei zwei Ländern, das der Auswanderung selbst und das der Einwanderung liegt, wird die amerikanische Gesetzgebung nur am Rande betrachtet. Grund dafür ist, dass die deutsche Einwanderung, somit auch die Badische, kaum noch von der amerikanischen Einwanderungsbeschränkung betroffen war.

Kapitel acht ist ein Versuch den vorangegangen, größtenteils anonymen statistischen Ausführungen, individuellen Charakter zu verleihen, indem mit Hilfe von Einzelschicksalen mehr Nähe zu den Auswanderern herbeigeführt werden soll.

Um aufzuzeigen, dass die Auswanderung alle Gesellschaftsbereiche durchzogen hat, wird in Kapitel neun auf die Rolle der Kirche im Auswanderungsprozess eingegangen.

---

[24] Mönckmeier, Walter: Wandlungen und Entwicklungstendenzen in der deutschen Auswanderung. In: Jahrbuch für Nationalökonomie und Statistik. Jena 1913. S. 335-347; hier S. 335.

Der letzte Abschnitt der Arbeit beschäftigt sich mit dem Leben der Badener in den Vereinigten Staaten und versucht mögliche Ansätze für den vollständigen Verlust der badischen Kultur in der Neuen Welt zu liefern.

Für das 19. Jahrhundert liegen nur vereinzelt Nachweise über die Rückwanderung vor, weshalb diese in der vorliegenden Arbeit nicht näher untersucht wird. Dennoch lässt sich auf Grund der gesichteten Quellen vermuten, dass es im betrachteten Zeitraum kaum offizielle Rückwanderung von Nordamerika nach Karlsruhe gegeben hat.[25]

Die Revolutionsflüchtlinge von 1848/49 stellen eine Sonderform der Auswanderung des 19. Jahrhunderts dar, weshalb diese nicht näher besprochen wird.[26]

Wegen mangelnder Angaben kann nicht auf den Verlust von Arbeitskraft, Kapital und Volksvermögen eingegangen werden, den Baden durch die großen Auswanderermassen erfahren hat.

Ebenfalls unberücksichtigt bleibt die Bedeutung der Auswanderung für das Reich – mit diesem „volkswirtschaftlichen Aderlaß"[27] haben sich Peter Marschalck[28] Fritz Joseephy[29] und Franz Heyder[30] näher beschäftigt.

---

[25] In den Ortsbüchern werden die größten Rückwanderungsströme innerhalb der Reichsgrenzen und aus Ungarn verzeichnet. Ausführlicher mit dem Thema Rückwanderung haben sich befasst: Vagts, Alfred: Deutsch-Amerikanische Rückwanderung. Heidelberg 1960; Moltmann, Günter: American-German Return Migration in the Nineteeth and Early Twentieth Centuries. In: Central European History. Volume XIII. Atlanta 1980. S. 378-392; Kamphoefer, Walter: Umfang und Zusammensetzung der deutsch-amerikanischen Rückwanderung. In: Kruse, Horst; Lösch, Peter u.a. (Hrsg.) Amerikastudien. Jahrgang 33. München 1988. S. 291-307.

[26] Viele Auswanderer hinterließen in der Neuen Welt durch besonderes Engagement historische Spuren: Carl Schurz und Friedrich Kapp stiegen zu den wohl bekanntesten Politikern in Amerika auf. Schurz wurde von 1869-75 zum Senator von Missouri und 1877-81 Innenminister der Vereinigten Staaten von Amerika. Friedrich Kapp war einer der wenigen Revolutionsflüchtlinge die wieder in ihre alte Heimat zurückkehrten, um dort politisch aktiv zu werden. Nachdem er im Exil in Brüssel, Paris und Genf gelebt hatte, wanderte er 1850 nach Amerika aus. 1870 kehrte Kapp, trotz seiner Karriere als Rechtsanwalt und „Commissioner of Immigration" in New York, nach Deutschland zurück. Hier gehörte er von 1872-77 und 1881-84 zuerst als nationalliberaler und später als linksliberaler Abgeordneter dem Reichstag an.

[27] Vgl. Moltmann, Günter: Nordamerikanische „Frontier" und deutsche Auswanderung – soziale „Sicherheitsventile" im 19. Jahrhundert? In: Stegmann, Dirk; Wendt, Bernd-Jürgen; Witt, Peter-Christian (Hrsg.): Industrielle Gesellschaft und politische Systeme. Beiträge zur politischen Sozialgeschichte. Band 137. Bonn 1978. S. 279-296; hier: S. 294.

[28] Marschalck, Peter: Deutsche Überseewanderung im 19. Jahrhundert. Ein Beitrag zur soziologischen Theorie der Bevölkerung. In: Conze, Werner (Hrsg.): Industrielle Welt. Schriftenreihe des Arbeitskreises für moderne Sozialgeschichte. Band 14. Stuttgart 1973. S. 85-95.

[29] Joseephy, Fritz: Die deutsche überseeische Auswanderung seit 1871 unter besonderer Berücksichtigung der Auswanderung nach den Vereinigten Staaten von Nordamerika. Berlin 1912. S. 109-132.

[30] Heyder, Franz: Beitraege zur Frage der Auswanderung und Kolonisation. Heidelberg 1894; zugleich Phil. Dissertation Heidelberg um 1894. S. 9-21.

1.1.1 Auswandererdatentabelle

Über die Struktur der Auswanderung im Bezirksamt Karlsruhe (Geschlecht, Alter, Familienstand, Berufsstatus, soziale Herkunft u.ä.) sind wir bisher ohne Frage mangelhaft informiert.[31] Um einen tieferen Einblick in die Motive und Auswirkungen des Wanderungsvorgangs sowohl im Aus- als auch im Einwanderungsland gewinnen zu können, ist eine genauere Kenntnis der Auswanderungsstruktur essentiell. Eine solche Strukturanalyse basiert hauptsächlich auf quantitativen Quellen, mit deren Hilfe die Aussagekraft von zeitgenössischen Beobachtungen besser beurteilt werden können und somit obligatorisch für eine kritische Auswertung der verschiedenen Quellen ist. Entscheidend dafür ist die Qualität der quantitativen Quellen, da sonst die Faktorenanalyse nicht auf hinreichend differenzierte Ergebnisse stößt. Um dies zu gewährleisten, wurde – neben den verfügbaren Makrodaten für das gesamte Großherzogtum – exemplarisch für das Bezirksamt Karlsruhe eine Mikrostudie erarbeitet, die wenigstens für diesen kleinen Raum eine genauere Auskunft über die Auswanderungsstruktur geben soll. Hierzu wurde eine Datentabelle angelegt. Auf Grund der bekannten Probleme durch illegale Auswanderung, kann bei der getroffenen Auswahl freilich nicht von Vollständigkeit ausgegangen werden. Diese lässt aber zumindest durch einen Vergleich der Ergebnisse typische Entwicklungslinien in Baden erkennen, die ausreichend gesicherte Aussagen zu lassen, da die fehlenden Angaben das bereits gewonnene Bild nicht verändern würden, im Gegenteil es sogar noch weiter verifizieren würden.

Der Aufbau einer Datentabelle für das Bezirksamt Karlsruhe war die Basis für den statistischen Teil der Arbeit. Als Ausgangspunkt hierfür diente die Auswanderdatenbank der Landesarchive Baden-Württemberg.[32] Da diese für den Raum Karlsruhe große Mängel aufweist, wurde sie systematisch überarbeitet und mit Hilfe der Einzelfallakten und den Ortsbüchern um die Bereiche Auswanderungsgrund, Zielort, Familiennachzug, Geburtsdatum, Familienstand, Beruf, Vermögensstand und Angaben zur Konfession für die Jahre 1880-1914 ergänzt.

---

[31] In den Einzelfallakten und Auswanderungsverzeichnissen sind allenfalls folgende Angaben – nicht immer vollständig – enthalten: Datum der Auswanderungsgenehmigung; Beruf des Einzelauswanderers oder Familienoberhauptes zumeist ohne genaue Angaben zur Qualifikation (Geselle, Meister); Heimatgemeinde; Alter, weitgehend ohne genaue Aussage zum exakten Geburtsdatum; Familienstand der Einzelauswanderer oder Familienoberhäupter; ausgeführtes Vermögen; erhaltene Unterstützung; exaktes Auswanderungsziel in Nordamerika; Auswanderungsursachen; Religionszugehörigkeit.
[32] www.auswanderer-bw.de

Auf die Abweichung der Auswandererzahlen zwischen der Datenbank der Archive, der neu angelegten Datentabelle und der Fehlerquelle bei den Entlassungsjahren wird noch genauer eingegangen.[33] Auch bei Orts-, Berufs- und Altersangaben kommen innerhalb der verschiedenen Quellen des Generallandesarchivs unterschiedliche Angaben zum Vorschein.

Die neu gewonnen Datensätze wurden mit der Online Auswandererdatenbank von Castle Garden[34] in New York, welche auf der Grundlage der Einwandererlisten in die Vereinigten Staaten beruht, abgeglichen und um die Kategorien Auswanderungs-schiff, Einwanderungsdatum, Bildungsstand, Ziel[35] und Beruf ergänzt. Abweichungen zu deutschen Quellen wurden kenntlich gemacht.[36]

Um die neu entstandene Datentabelle auswerten zu können, mussten die bereits angesprochenen Problemfelder der Datenbank bereinigt werden: Die Angaben aus der Datenbank des GLA, die lediglich GLA als Quellenhinweis hatten wurden so beibehalten, da keine genaue Identifikation der Quelle möglich war. Als weitere Schwierigkeit stellten sich die unklaren Zielangaben heraus, die sich auch in einer falschen Schreibweise der amerikanischen Städte niederschlugen. Hinzu kommt, dass bei einem Antrag auf Auswanderung der gegen Ende eines Jahres gestellt wurde, die Auswanderung selbst erst Anfang des darauf folgenden Jahres stattfand, das Antragsjahr als Auswanderungsjahr vermerkt wurde. Die gleiche Problematik ergibt sich bei einer nachträglichen Entlassung aus dem Staatsverband. Hier wurde nicht das tatsächliche Auswanderungsjahr, sondern das Jahr in dem die nachträgliche Entlassung beantragt wurde als Auswanderungsjahr in das Verzeichnis aufgenommen. Die genaue Identifizierung einzelner Auswanderer wurde besonders durch das Fehlen der Vornamen von Frauen und Kindern erschwert. Demzufolge war es auch nach einer umfassenden Ergänzung und Überprüfung der verschiedenen Datensätze nicht

---

[33] Die Bestände GLA 434/1939 und Oberrheinische Forschungsstelle waren nicht für die Öffentlichkeit zugänglich und mussten daher ohne Prüfung von der Auswandererdatenbank des GLA in die neue Datentabelle übernommen werden.

[34] www.castlegarden.org

[35] Die Zielorte wurden duch einen vierstelligen Code angegeben. Trotz mehrfacher Nachfrage bei den Herausgebern der Datenbank von Castle Garden konnte bislang keine Zuordnung der Codes zu den jeweiligen amerikanischen Städten erfolgen.

[36] Die meisten Abweichungen treten bei den Alters- und Berufsangaben auf. Einige unterschiedliche Berufsangaben lassen sich wiederum durch die Sprachbarrieren erklären: Mechaniker = Merchant; nebenberufliche Landwirte wurden als Farmer aufgeführt etc.

möglich, alle mehrfach genannten Namen aus der Tabelle zu entfernen, da in einigen Fällen zu wenige Unterscheidungsmerkmale vorlagen. Wenn der Verdacht auf mehrfach angeführte Personen bestand, wurde dies unter der Rubrik ‚sonstiges' vermerkt. Bei der Auswertung der generativen und sozialen Zusammensetzung der Auswanderer kamen signifikante Lücken und Mängel zum Vorschein. In den einzelnen Bereichen fehlen relevante Angaben in großer Zahl: für die Rubrik Beruf liegen lediglich 39,9 %, für ausgeführtes Vermögen 13,8 %, das Auswanderungsziel 26,6 % und die Auswanderungsursache 47,6 % Angaben der Auswanderer vor.

Bei den nicht in den Statistiken erfassten Auswanderern kann man davon ausgehen, dass es sich in der Regel um Einzelauswanderer – allein reisende Männer jüngerer und mittlerer Altersklassen – handelte, da der plötzliche Wegzug einer ganzen Familien, gerade in Landgemeinden, von den Behörden leichter zur Kenntnis genommen werden konnte.

Die nun zur Verfügung stehenden Daten dienen als Grundlage für den statistischen Teil der Arbeit und sollen für die Beantwortung vieler noch offener Fragen dienlich sein. Dazu zählt unter anderem die Motivation der Auswanderer, die von rein familiären bis hin zu wirtschaftlichen Gründen reicht. Gerade was die wirtschaftlichen Gründe anbelangt, ist es wichtig, diese im Zusammenhang mit den jeweiligen Hindergrundstrukturen zu erfassen, wie beispielsweise der Wirtschaftskonjunktur, der Teuerungsrate etc.

Die Erforschung der Auswanderungsmotive hat eine immens hohe Bedeutung für die Analyse des Integrationsverhaltens der Immigranten und somit auch für die Einschätzung ihres politischen, wirtschaftlichen, kulturellen und sozialen Verhaltens im Einwanderungsland. Ebenfalls können erstmals Rückschlüsse auf die soziale Herkunft und auf den Berufstand der Karlsruher Auswanderer gezogen werden. Hinzu kommt eine differenzierte Unterscheidung der Stadt- und Land Auswanderer.

Es wird beabsichtigt, die Aufmerksamkeit bei der Auswertung der Datensätze auf zwei wesentliche Aspekte zu richten: Zum einen soll versucht werden, die Auswanderung aus dem Bezirksamt quantitativ genauer zu erfassen, wobei neben temporären Schwankungen auch regionale Unterschiede in der Wanderungsstärke – im Vergleich zum restlichen Großherzogtum – auf deren Ursachen hin untersucht werden sollen. Zum anderen soll die genaue Auswanderungsstruktur im Raum Karlsruhe beleuchtet werden, wobei auch hier bei Bedarf Vergleiche zu Baden angestrebt werden, um eventuelle Übereinstimmungen oder Abweichungen kenntlich zu machen.

1.2 Forschungsstand

Das Phänomen der räumlichen Mobilität umfasst mannigfache Formen der Bevölkerungsbewegung wie Beispielsweise die Gastarbeiterwanderung, Binnen-wanderung, Bevölkerungsumsiedlungen – im Grunde genommen jegliche Standort-veränderung von Menschen für die diverse Gründe maßgebend sein können. In der Regel setzt Mobilität dann ein, „wenn der Drang nach örtlicher Veränderung zur Erzielung besserer Lebensbedingungen stärker ist als die Bindung im vorgegeben gesellschaftlichen und räumlichen Existenzrahmen."[37]

Wer sich heute mit der deutschen Überseewanderung befasst, hat es folglich „mit der Einzelkomponente eines sozialgeschichtlichen Komplexes zu tun, nicht mit einem isolierten, klar abzugrenzenden Vorgang. Der größere Zusammenhang muß mit gesehen werden. Überseewanderung war immer ein vielschichtiger in die allgemeine Sozialgeschichte verwobener Prozeß."[38] Daher dürfen, um die Überseewanderung vollständig erfassen zu können, die sozialgeschichtlichen Strukturen in Deutschland im 19. und 20. Jahrhundert nicht unberücksichtigt bleiben.

Vom heutigen Standpunkt aus mag uns Sesshaftigkeit eher als der ‚normale' Lebensweg vorkommen – in den letzten Jahrhunderten hingegen war räumliche Mobilität, internationale Mobilität und somit auch die Überseewanderung keinesfalls eine weniger ‚normale' Erscheinung. Um die Vorgänge sowohl innerhalb der europäischen Geschichte als auch in der Gegenwart verstehen zu können, liefert die Migrationsforschung für den Historiker Le Goff essenzielle Bausteine zur Beantwortung der funtamentalen Frage „Wer sind wir? Woher kommen wir? Wohin gehen wir?"[39] Bei Betrachtung der Historischen Migrationsforschung auf internationalem Gebiet fallen starke Unterschiede in Bedeutung und Schwerpunktsetzung auf, was mit den unterschiedlichen historischen Erinnerungstraditionen und dem Erfahrungsgewicht der Migrationsbewegung in den

---

[37] Moltmann, Günter: Die deutsche Auswanderung in überseeische Gebiete: Forschungsstand und Forschungsprobleme. S. 58-66. In: Der Archivar. Mitteilungsblatt für deutsches Archivwesen. 32. Jahrgang. Februar 1979. Heft 1. Siegburg 1979. S. 57.
[38] Ebd.
[39] Zitiert nach Le Goff. In: Bade: Europa in Bewegung (wie Anm. 2), S. 6.

einzelnen Forschungslandschaften in Verbindung gebracht werden kann. Gleichermaßen spielt es eine wichtige Rolle, ob und wie tief die Migration im kollektiven Gedächtnis oder in den Gründungsmythen der einzelnen Länder verwurzelt ist und welche Inhalte daraus im kollektiven Gedächtnis dominieren.

Von Bedeutung ist auch die aktuelle Migrationsproblematik, die zum Aufgreifen abgerissener Erinnerungstraditionen führt, was in der Historischen Migrationsforschung essentiell ist. Gerade in den ‚klassischen' Einwanderungsländern hat das Thema Einwanderung eine nachhaltige Erinnerungstradition, welche durch aktuelle Einwanderungsbewegungen stabilisiert wird. Bade führt an, dass hierzulande die Einwanderung wesentlich stärker in der Erinnerungstradition verhaftet sei als die Auswanderung.[40]

Die meisten Historiker interessieren sich bei der überseeischen Auswanderung des 19. Jahrhunderts vor allem für Motive, Erfolge und Misserfolge der Auswanderer und deren Bemühungen, sich in der Neuen Welt eine wirtschaftliche, gesellschaftliche und politische Existenz aufzubauen. Der Auswanderungsvorgang selbst wird von den Autoren meistens nicht oder wenn nur am Rande betrachtet. Eine Ausnahme dazu bilden Rolf Engelsing und Hermann Wätjen. Engelsing legte den Schwerpunkt seiner 1961 veröffentlichten Dissertation „Bremen als Auswanderungshafen 1863-1880" auf die wirtschaftliche Bedeutung des Auswandererverkehrs für Bremen. Wätjen hingegen betrachtet in seinem Werk „Aus der Frühzeit des Nordatlantikverkehrs"[41] die Gefahren und Probleme der Reise in der Mitte des 19. Jahrhunderts. Diese Sichtweise greift auch Gelberg auf. Sie untersucht überwiegend die Probleme der europäischen Auswanderer zwischen 1850 und 1914, vom Eintreffen im Einschiffungshafen bis zur Ankunft in ihrem neuen Heimatort, untersucht.[42]

Seit den 1960er Jahren hat die Auswanderungsforschung einen großen Aufschwung erlebt. Nicht nur die Abwanderung aus Europa, sondern auch die Aufnahme der Einwanderer in den Vereinigten Staaten hat besondere Aufmerksamkeit erregt. Hierbei sind amerikanische Forscher führend, wenn auch die europäischen durchaus nicht unbeteiligt sind. Die amerikanische Einwanderungsforschung knüpfte an die seit

---

[40] Bade, Klaus J.: Sozialhistorische Migrationsforschung. Göttingen Mai 2004. S. 44.
[41] Wätjen, Hermann: Aus der Frühzeit des Nordatlantikverkehrs. Leipzig 1932.
[42] Gelberg, Birgit: Auswanderung nach Übersee. Soziale Probleme der Auswandererbeförderung in Hamburg und Bremen von der Mitte des 19. Jahrhunderts bis zum Ersten Weltkrieg. Hamburg 1973.

den 1920er Jahren bestehenden Forschungstraditionen an und brachte seit 1970 zahlreiche Arbeiten in den Disziplinen Demographie, Soziologie, Wirtschafts- und Sozialgeschichte und Stadtgeschichte mit Fragenkomplexen der Akkulturation und Assimilation hervor.[43]

Auf der deutschen Seite hat sich das wissenschaftliche Interesse an internationalen Auswanderungsfragen nach dem Zweiten Weltkrieg nur zögernd wieder eingestellt. So gilt bis in die 1980er Jahre die Feststellung des Historikers Rudolph J. Vecoli von 1972: „Altough the Germans figured as the largest element in the nineteenth century immigration the historical literature dealing with them is quite slim."[44]

Wo stehen wir, wie ist der Forschungsstand zur deutschen Überseewanderung heute? Um diese Frage zu beantworten, bedarf es einer kurzen Schilderung des Forschungsstandes. Besonders vor dem Ersten Weltkrieg war die diesbezügliche deutsche Fachliteratur von großer Bedeutung. Sie beschäftigte sich vornehmlich mit der Motiverörterung, dem Auswanderungsrecht, den ökonomischen Folgen des Abzugs, der Statistik, der Auswanderungspolitik der Einzelstaaten, dem wellenförmigen Verlauf und der räumlichen Schwerpunktverlagerung der Auswanderung. Aus diesem Zeitraum stammen auch die für die Auswanderungs-geschichte unentbehrlichen Standartwerke von Eugen von Philippovich „Auswanderung und Auswanderungspolitik" aus dem Jahre 1892 und von Wilhelm Mönckmeier „Die deutsche Überseeische Wanderung" von 1912.

Nach dem Ende der transatlantischen Massenbewegung in den 1930er Jahren wurde das Thema Auswanderung in der europäischen Forschungslandschaft immer weiter zurückgedrängt. In Folge riss die Auswanderungsforschung zwar nie ganz ab, war jedoch großen Schwankungen unterworfen und im Nationalsozialismus stark durch den politischen Zeitgeist geprägt. Hinzu kam, dass nach dem Zweiten Weltkrieg großes Desinteresse auf dem Thema Auswanderung lag, das größtenteils durch das Ausklammern aller im Nationalsozialismus mit politischen Akzenten bedeckten Themen begründet werden kann. Daher schrumpfte die Amerikaauswanderung in der Mitte des 20. Jahrhunderts zu einem Spezialgebiet der Amerikanisten, obwohl die europäische Wanderungsbewegung vom 2. Weltkrieg bis in die 1950er Jahre noch einmal deutlich zunahm. Seit den 1960er Jahren erscheinen wieder größere

---

[43] Moltmann: Die deutsche Auswanderung (wie Anm. 37), S. 58.
[44] Zitiert nach: Rudolph J. Vecoli. In: Ebd., S. 59.

Forschungsarbeiten, davon sind besonders die bereits erwähnte Studie von Rolf Engelsings über den Bremer Auswanderungshafen und die demographisch-typologisch angelegte Übersichtsarbeit über die deutsche Überseewanderung im 19. Jahrhundert von Peter Marschalck von 1973 hervorzuheben.[45] Auf amerikanischer Seite erschien in diesem Zeitraum die sozialgeschichtlich angelegte Kontextanalyse von Mack Walkers „Germany and the Emigration 1816-1885", die auch in Deutschland große Resonanz gefunden hat.[46]

In den Bereichen Genealogie, Lokalgeschichte und Landesgeschichte ist die deutsche Tradition der Auswanderungsforschung seit den 1970er Jahren wieder stark belebt und reicht von kleinen Berichten in Heimatblättern bis hin zu wissenschaftlichen Aufsätzen in der landesgeschichtlichen Fachliteratur und regionalgeschichtlichen Monographien. Gerade die übergreifenden Studien setzen eine große Zahl an Einzelstudien voraus, von denen seit Ende der 1970er Jahre zahlreiche vorliegen.[47]

Durch den Wandel Europas vom Auswanderungs- zum Einwanderungskontinent im letzten Drittel des 20. Jahrhunderts und den damit entstandenen neuen Herausforderungen lebte das Interesse an der Historischen Migrationsforschung wieder auf.[48] Dabei ging es anfänglich zumeist darum, mit Hilfe von abgeschlossenen Migrationsprozessen die Probleme aktueller Migrationsprozesse besser beurteilen zu können. Folglich sind Wissenschaftler aus der Historischen Migrationsforschung – mit dem Hintergrund langer historischer Entwicklungslinien – bei der Diskussion um die Einschätzung aktueller Prozesse beteiligt. „Dabei ergab sich, über alle damit verbundenen inter- und transdisziplinären, insbesondere theoretischen, aber auch semantischen Verständigungsprobleme hinweg, eine stets enger werdende

---

[45] Marschalck: Überseewanderung (wie Anm. 28).
[46] Moltmann: Die deutsche Auswanderung (wie Anm. 37), S. 59; Walker, Mack: Germany and the Emigration 1816-1885. Cambridge, Massachusetts 1964. (Harvard Historical Monographs. 54.).
[47] Moltmann: Die deutsche Auswanderung (wie Anm. 37), S. 59. Hinzu kommt 1977 ein Symposium zur Geschichte der Amerikaauswanderung in Stuttgart, durchgeführt von der Deutschen Gesellschaft für Amerikastudien. 1978 startete ein von der Volkswagen-Stiftung gefördertes Forschungsprojekt der überseegeschichtlichen Abteilung der Universität Hamburg unter dem Rahmenthema „Deutsch-amerikanische Wanderungsbewegung des 19. und 20. Jahrhunderts im Kontext der Sozialgeschichte beider Länder." Ergebnisse wurden unter anderem vorgelegt von Moltmann, Günter (Hrsg.): Deutsche Amerikaauswanderung im 19. Jahrhundert: Sozialgeschichtliche Beiträge. Stuttgart 1976. (Amerikastudien / American Studies. Eine Schriftenreihe. 44.); Ders. (Hrsg.): Aufbruch nach Amerika, Friedrich List und die Auswanderung aus Baden und Württemberg 1816/17. Dokumentation einer sozialen Bewegung. Stuttgart 1979.
[48] Bade: Sozialhistorische Migrationsforschung (wie Anm. 40), S. 45; ausführlicher dazu: Bade, Klaus J.: Mirgration und Migrationsforschung: Vom Kaiserreich bis zur Bundesrepublik. In: Westfälische Forschungen. Bd. 39. Münster 1989, S. 393-407.

Kommunikation zwischen empirisch-gegenwartsorientierten und sozial- und/oder kulturhistorischen Richtungen der Migrationsforschung."[49]

Ein Blick auf die Forschungsarbeiten in den Vereinigten Staaten zeigt, dass es dort schon vor dem Ersten Weltkrieg detaillierte Arbeiten zu der deutsch-amerikanischen Vereinskultur, die in etwa das Gegenstück zur deutschen Landesgeschichte darstellte, gegeben hat. Die Mehrzahl der Veröffentlichungen die das Deutschtum in Amerika untersuchen waren stark bestimmt von der Tendenz, die Leistungen der Deutschen in der Neuen Welt hervorzuheben – als „Gift of immigrants approach" wird dieser Ansatz in der neueren amerikanischen Forschung bezeichnet.

In der Zwischenkriegszeit beschäftigten sich die Wissenschaftler, vornehmlich die Soziologen und Wirtschaftswissenschaftler, überwiegend mit Fragen der Akkulturation und Amerikanisierung. In den Folgejahren lag der Schwerpunkt des Forschungsinteresses, geweckt durch die Quotengesetzgebung in den 1920er Jahren, bei der New Immigration. Die ebenfalls in der Zwischenkriegszeit entstandene Arbeit von Marcus Lee Hansen, die auf intensiver Forschungsarbeit in deutschen und anderen europäischen Archiven beruht und den Prozess der Auswanderung von den europäischen Ursprüngen bis zur Niederlassung in Amerika behandelt, fand erst Jahre später den Weg in die Öffentlichkeit.[50] Nach dem Zweiten Weltkrieg stand das Interesse für politische und kulturelle Interaktion im Vordergrund, wobei deskriptive Züge stark hervortraten. Zu den wichtigsten Werken dieser Richtung zählt Carl Wittkes Abhandlung über die deutschen Achtundvierziger im Amerika (1952), dem folgten weitere biographische Studien und sein bedeutendes Werk über die deutsch-amerikanische Presse (1957).[51] Seit Ende der 1950er Jahre erschienen dann eine Vielzahl von kommunalen Fallstudien und regionalen Untersuchungen über Deutsch-amerikaner. Als wichtigstes übergreifendes Werk ist an dieser Stelle noch einmal Mack Walkers Arbeit über Deutschland und die Auswanderung 1816-1885 zu nennen.[52]

---

[49] Bade: Sozialhistorische Migrationsforschung (wie Anm. 40), S. 45.
[50] Moltmann: Die deutsche Auswanderung (wie Anm. 37), S. 61; Hansen, Marcus Lee: The History of American Immigration as a Field Research. In: American Historical Review 32, 1926/27, S. 500-518. Posthum erst erschienen: The Atlantic Migration 1607-1860: A History of the Continuing Settlement of the United States, Hrsg. von Arthur M. Schlesinger. Cambridge, Mass. 1940; The Immigrant in American History, ebd. 1941, deutsch: Der Einwanderer in der Geschichte Amerikas. Stuttgart 1948.
[51] Wittke, Carl: Refugees of Revolution. The German Forty-Eighters in America. Philadelphia 1952; Wittke, Carl: The German Language Press in America. Lexington 1957.
[52] Walker: Germany and the Emigration (wie Anm. 46).

Resümierend lässt sich festhalten, dass die deutsche Auswanderungsforschung und die amerikanische Einwanderungsforschung ohne brückenschlagendes Konzept verlief, obwohl es ein solches bereits seit der 1940 erschienen Arbeit von Marcus Lee Hansen gab. So stellten die Herauslösung der Auswanderer aus Deutschland, die Übersiedlung und die Eingliederung der Menschen in der amerikanischen Gesellschaft eine wegweisende Forschung dar; ebenso die Zuordnung von Teilvorgängen eines sozialhistorischen Gesamtprozesses, dessen Auswirkungen auf beiden Seiten und auf dem bilateralen Beziehungsfeld zu spüren waren – womit bereits inhaltliche Probleme der Auswanderungsforschung der späten 1970er Jahre berührt wurden.

Beim Vergleich der früheren Fragestellung mit der modernen lässt sich erkennen, dass das wirtschaftliche Interesse an der Auswanderung, die Rekonstruktion der äußeren Vorgänge, der Verlaufsformen und der Leistungsnachweis nicht den Einwanderern in den Vereinigten Staaten gewidmet ist, sondern sich mehr der strukturellen Kontextanalyse und dem sozialgeschichtlichen Gesamtzusammenhang zugewendet hat. Die Perspektive wurde weiter und die Zielsetzung übergreifender, dementsprechend spezifischer ist die Faktenerforschung geworden – was sich an den internationalen Diskussionen zur Wanderungsgeschichte zeigt: Frank Thistlethwaite erhob die Forderung, die oftmals undifferenziert betrachteten Auswanderermassen auf ihren jeweiligen Herkunftsort hin detaillierter zu untersuchen. „Only when we examine such districts and town-ships, and trace the fortunes of their native sons, do we begin to understand the true anatomy of migration."[53] In gleichem Maße sollten die beruflichen Voraussetzungen und Arbeitsbedingungen der Auswanderer betrachtet werden. Was zeigt, dass die Detailforschung – wie sie auch im Rahmen dieser Arbeit betrieben wird – weiterhin nicht überflüssig geworden ist, sondern lediglich ihren Blickwinkel auf größere Zusammenhänge legen soll. Was die Untersuchung der Auswanderungsursachen anbelangt, legte die frühere Forschung eine „laundry list of ‚push' and ‚pull' factors"[54], wie Thistlethwaite die rein getrennte Ursachenauflistung beschrieb, an. Wohingegen man seit den späten 1970er Jahren dazu übergegangen ist, die mentalen, religiösen, sozialen, wirtschaftlichen, administrativen und politischen Faktoren in einem gemeinsamen Beziehungssystem zu sehen, da fördernde und

---

[53] Moltmann: Die deutsche Auswanderung (wie Anm. 37), S. 62.; zitiert nach: Thistlethwaite, Migration from Europe Overseas, S. 43.
[54] Thistlethwaite, Frank: Migration from Europe Overseas in the Nineteenth and Twentieth Centuries. In: XIe Congrès International des Sciences Historiques, Rapport V: Histoire contemporaine. Stockholm 1960, S. 32-60; hier: S. 46.

hemmende Einflüsse meist von komplexer Natur waren und deshalb mit den jeweiligen Hindergrundstrukturen erfasst werden müssen, wie etwa Wirtschaftskonjunktur, Agrarverfassung etc.[55]

Die statistische Entwicklung der Auswanderungsbewegung wurde zwar bis weit in die zweite Hälfte des 19. Jahrhunderts nur unsystematisch und lückenhaft vorangetrieben, lässt aber dennoch die Auf- und Abschwünge der Wanderungsbewegung deutlich erkennen. Ende der 1970er Jahren begann man damit Phasen mit verstärkter Auswanderung auf ihre Relation zu sozialen Strukturveränderungen hin zu untersuchen – unter Berücksichtigung von Familien-, Einzel- und Arbeiterwanderung und der beruflichen Zusammensetzung der Auswanderer.[56]

Die von Moltmann Ende 1979 gewünschten gründlicheren Untersuchungen der Auswanderungsorganisation – einschließlich der Rolle der Werbung, Agenturen und Transportunternehmen – und der Bedeutung der jeweiligen Verkehrsbedingungen für die Routen- und Ziellandwahl, wurde in der 1991 veröffentlichten Arbeit von Agnes Bretting und Hartmut Bickelmann „Auswanderungsagenturen und Auswanderungsvereine im 19. und 20. Jahrhundert"[57] entsprochen. Ebenso hat sich Bretting mit den geforderten Akkulturations- und Assimilationsprozess der deutschen Einwanderer in ihrem Werk „Soziale Probleme deutscher Einwanderer in New York City, 1800-1860"[58] auseinandergesetzt. Der fehlenden Auswertung der Auswandererbriefe wurde in der Arbeit „Briefe aus Amerika. Deutsche Auswanderer schreiben aus der Neuen Welt 1830-1930" (München 1988) die von Wolfgang Helbich, Walter D. Kamphoefner und Ulrike Sommer herausgegeben wurde, nachgegangen. Dringend benötigt werde, so Moltmann, eine bessere Aufbereitung des Quellenmaterials und eine Zusammenfassung der bisherigen Forschungsergebnisse, da kaum ein Land eine so unübersichtliche Quellenlage aufweisen würde wie Deutschland. Auf die Quellenlage in den badischen Archiven ist Hermann Ehmer 1980 in einem Bericht über den Forschungsstand und die Quellenbestände, veröffentlicht durch das John-F.-Kennedy-Institut für Nordamerika-Studien der FU Berlin, eingegangen.[59] Einen

---

[55] Ausführlicher siehe bei Joseephy: Überseeische Auswanderung (wie Anm. 29), S. 34-56.
[56] Moltmann: Die deutsche Auswanderung (wie Anm. 37), S. 63.
[57] Bretting, Agnes; Bickelmann, Hartmut: Auswanderungsagenturen und Auswanderungsvereine im 19. und 20. Jahrhundert. Stuttgart 1991.
[58] Bretting, Agnes: Soziale Probleme deutscher Einwanderer in New York City, 1800-1860. Stuttgart 1981.
[59] Adams: Die deutschsprachige Auswanderung (wie Anm. 11), S. 11 f.

hilfreichen Überblick über die Literatur zur Auswanderung aus Baden-Württemberg gab Gertrud Kuhn bereits 1976.[60]

Dennoch konnte bis heute nicht die geforderte verbesserte Dokumentation in Findbüchern und eine bessere Kooperation der Landes-, Kreis-, und Gemeindearchiv erzielt werden – es fehlt weiter der Gesamtüberblick, was sich in der Auswanderungs-forschung nachteilig bemerkbar macht.

Auch die elektronische Erschließung der umfangreichen Archivalien brachte nicht die von Moltmann erhoffte Besserung; beispielsweise ist zu den Auswanderungs-beständen des Generallandesarchivs in Karlsruhe bis heute kein Onlinefindmittel existent, weshalb die entsprechenden Akten weiterhin mit Hilfe der Karteikarten der einzelnen Behörden aufgespürt werden müssen. Nötig scheint auch eine stärkere Internationalisierung der deutschen Forschung und der archivalischen Erschließung.[61]

Die 2004 neu überarbeitete Online-Auswandererdatenbank der Landesarchive Baden-Württemberg stellt eine enorme Erleichterung bei der Auswanderersuche – besonders für ausländische „Ahnenforscher" – dar.[62] Die Datenbank gibt jedoch lediglich einen Überblick über die Auswanderermassen und Hilft bei der Suche einzelner Auswanderer; für statistische Zwecke ist die Datenbank nicht geeignet. Ausführlicher wird auf die Datenbank in Kapitel 1.3.1 eingegangen.

1.3 Quellenlage

1.3.1 Badische Archive

Die Suche nach Quellen zur Auswanderung aus Baden gestaltet sich sehr schwierig. Dieser Sachlage soll ein kurzer Abriss der Archivgeschichte Badens vorangehen. Bedingt wurde diese Situation durch das Ende der Existenz des Landes Baden 1945, der Etablierung eines Rest-Badens in der französischen Besatzungszone mit der Hauptstadt Freiburg und dem Zusammenschluss von Nordbaden und Nord-württemberg, wodurch für das nunmehrige Land Baden in Freiburg eine eigene Archivbehörde, das Landesarchivamt, geschaffen wurde. Nach der Entstehung des

---

[60] Kuhn, Gertrud: USA – Deutschland – Baden und Württemberg. Eine Auswahl von Titeln zur Auswanderung und zur Geschichte der Deutschen-Amerikaner vor allem aus Baden und Württemberg, von den Anfängen bis zum Ende des Zweiten Weltkriegs. Institut für Auslandsbeziehungen. Reihe und Dokumentation. Stuttgart 1976.
[61] Moltmann: Die deutsche Auswanderung (wie Anm. 37), S. 66.
[62] www.auswanderer-bw.de

Landes Baden-Württemberg blieb diese Behörde bestehen und arbeitete als Außenstelle des Generallandesarchivs in Karlsruhe, das von 1803-1945 als zentrale Archivbehörde für die staatlichen Akten in ganz Baden zuständig war. Mit der Neuordnung des Archivwesens 1974 wurde das Freiburger Archiv zum Staatsarchiv dieses Regierungsbezirkes erklärt. Problematisch ist hierbei, dass bislang kein Austausch der Bestände vorgenommen wurde – das heißt manche Akten von unteren und mittleren Verwaltungsstufen aus Südbaden können sowohl in Freiburg als auch in Karlsruhe verwahrt werden.[63] Allein die Anzahl der Einzelfallakten aus den Bezirksämtern im Generallandesarchiv von 1816 bis 1945 schätzt Hermann Ehmer auf 100.000. Hierbei ist zu beachten, dass die vorhandenen Akten naturgemäß nur die Personen betreffen die legal ausgewandert sind – Ehmer vermutet eine ebenso große Dunkelziffer an Auswanderern.

Ferner kann eine Akte auch die Auswanderung einer ganzen Familie mit 8 oder 10 Köpfen betreffen. Die Aktenbestände sind allerdings nicht mehr vollständig vorhanden. Die Generalakten des Staatsministeriums (Abt. 233), auf die auch im Rahmen dieser Arbeit zugegriffen wurde, sind unter der Rubrik „Wegzug" nach Zielländern geordnet. Für Amerika umfassen diese Akten die Jahre 1817 bis 1927. Die Akten des Innenministeriums (Abt. 236), geben Auskunft über Konzessionierung der Auswanderungsagenturen – sind jedoch nur bis 1880 erhalten. Problematisch ist das relativ späte Erscheinen der badischen Auswanderungsstatistik. Daher sind gesammelte Listen aller Auswanderer (Abt. 434) nur für den Zeitraum 1866-1911 erhalten. Weiter muss in diesem Zusammenhang noch auf drei Serien von gedruckten Statistiken verwiesen werden: Statistische Mitteilungen über das Großherzogtum Baden (1, 1869), das Statistische Jahrbuch für das Großherzogtum Baden (1, 1868) und die Beiträge zur Statistik der Inneren Verwaltung des Großherzogtums Badens (1, 1855). Hiervon ist lediglich das Statistische Jahrbuch noch nach 1918 erschienen.[64]

Die gleiche Schwierigkeit ergibt sich bei der Aufbereitung der badischen Quellen. Bislang sind im GLA Karlsruhe lediglich zwei verschiedene Kategorien von Anfragen an die vorhandenen Quellen zu verzeichnen: zum einen von in den USA lebenden

---

[63] Dies traf für die im Rahmen dieser Arbeit benötigten Akten nicht zu.
[64] Ehmer, Hermann: Die Quellen zur Nordamerika-Auswanderung im 19. und 20. Jahrhundert im Generallandesarchiv Karlsruhe und im Staatsarchiv Freiburg. In: Adams, Willi Paul (Hrsg.): Die deutschsprachige Auswanderung in die Vereinigten Staaten. Berichte über den Forschungsstand und Quellenbestände. John-F. Kennedy-Institut für Nordamerika-Studien. FU Berlin, Berlin 1980. (John-F. Kennedy-Institut für Nordamerika-Studien Materialien, 14). S. 148-158; hier: S. 154.

Nachkommen der im 19. Jahrhundert Ausgewanderten, um Auskunft über ihre Vorfahren zu erhalten. Zum anderen die Inanspruchnahme der Quellen für die Heimat- und Ortsgeschichtsforschung. Somit dient die bisher betriebene badische Auswanderungsforschung vornehmlich genealogischen und heimatgeschichtlichen Interessen und behandelt daher nur Teilgebiete der Auswanderung. Die 1892 von Eugen von Philippovich erschienene, besonders wertvolle Arbeit über die staatlich geförderte Auswanderung in Baden, wurde bislang leider nicht fortgeführt.[65] Einzig Renate Vorwinkel beschäftigte sich in ihrem Werk „Ursachen der Auswanderung gezeigt an badischen Beispielen aus dem 18. und 19. Jahrhundert" detailliert mit den badischen Auswanderungswellen. Die Anfänge der sippennkundlichen Arbeit auf dem Gebiet des Auslanddeutschtums der Badener gehen auf Dr. Wilhelm Groos zurück.[66]

Die Auswanderung fand besonders in den Südwestdeutschen Archiven einen reichen dokumentarischen Niederschlag. Da sie ein zentrales bevölkerungspolitisches Problem darstellte, beschäftigten sich alle Bereiche der Staatsverwaltung mit ihr. Die Politik der Regierungen spiegelt sich vor allem in den Akten der Zentralbehörden, für Baden in den im Generallandesarchiv Karlsruhe verwahrten Beständen „Baden Generalia" wider. Unter der Rubrik „Wegzug" (Abt. 77) ist beispielsweise die Auswanderung nach Pennsylvania und Preußen seit 1658 dokumentiert.[67]

Mit zunehmenden sozialen und wirtschaftlichen Problemen wurde der Weg in die Vereinigten Staaten von der Regierung geöffnet: wer auch immer der Heimat den Rücken kehren wollte, konnte dies tun. Er hatte lediglich nachzuweisen, dass er keine Schulden und unversorgte Angehörige in der Heimat zurücklassen würde. In erster Instanz prüften Gemeinderäte solche Auswanderungsanträge und stimmten der Auswanderung sozial schlecht gestellter Familien stets bereitwillig zu. Die in den Gemeindearchiven verwahrten Gemeinderatsprotokolle gehören zu den wichtigsten Quellen für die Auswanderung im 19. Jahrhundert, da diese auch über wertvolle soziale Hintergrundinformationen verfügen. Die Umfangreichen Aktenbestände der Ober- und Bezirksämter, der Kreis- und Landratsämter im Generallandesarchiv – auf die im Rahmen dieser Arbeit überwiegend zurückgegriffen wurde – sind hingegen

---

[65] Ehmer: Die Quellen zur Nordamerika-Auswanderung (wie Anm. 64), S. 155.
[66] Maenner, E.: Sippenkundliche Arbeit auf dem Gebiet des Auslanddeutschtums in Baden. In: Jahrbuch für auslanddeutsche Sippenkunde (Stuttgart). 2. 1937. S.147-148; hier: S. 148.
[67] Sauer, Paul: Das Quellenangebot der territorialen Staatsarchive, insbesondere Südwestdeutschlands, zur Auswanderungsforschung. S. 67-74. In: Der Archivar. Mitteilungsblatt für deutsches Archivwesen. 32. Jahrgang. Februar 1979. Heft. 1. Siegburg. S. 49.

bürokratisch und nüchtern gehalten. In diesen Einzelakten, wenn sie vollständig erhalten sind, finden sich sämtliche mit der Auswanderungsvorbereitung verbundenen Formalitäten: Antrag auf Auswanderung, Auszug aus dem Gemeinderatsprotokoll, Geburtsurkunde, Bürgschaftserklärung eines im Innland bleibenden Verwandten für eventuelle finanzielle Verbindlichkeiten, Bürgerverzichtsurkunde und die Einverständniserklärung der Militärbehörde bei Männern im militärpflichtigen Alter. Mit dem immer routinierteren Auswanderungsvorgang in den 1880er Jahren wurden auch die behördlichen Aufzeichnungen fragmentarischer.

Von hohem dokumentarischem Wert sind die detaillierten Auswanderungs-verzeichnisse des Badischen Statistischen Landesamtes für die Jahre 1866-1911 im GLA, die alle legalen Auswanderer aus Baden listenmäßig erfassen.[68] Dennoch müssen die Einzelfallakten hinzugezogen werden, wenn man die Personalien und die für die Auswanderung wichtigen sozialen und wirtschaftlichen Tatbestände einigermaßen erfassen will. Obwohl das GLA Karlsruhe schätzungsweise 100.000 solcher Akten der 53 badischen Bezirksämter verwahrt, sind für manche Bezirke schmerzliche Lücken festzustellen. Hinzu kommt der zeitweise erheblich hohe Prozentsatz der illegal Ausgewanderten, der schon angesprochen wurde.[69]

Bis zur Jahrhundertmitte begnügten sich die Regierungen im Wesentlichen damit, dem Auswanderungsstrom freien Lauf zu lassen und begünstigten sogar den Abzug armer Einzelpersonen und ganzer Dörfer. Das Schicksal der Auswanderer in den europäischen Seehäfen oder in Übersee kümmerte sie dabei nur wenig. Die wenigen badischen Konsulate in den amerikanischen Seehäfen und Städten leisteten den Auswanderern im Rahmen ihrer Möglichkeiten Hilfe. Durch die immer lauter werdenden Nachrichten über die betrogenen und ausgebeuteten Auswanderer entschloss sich die badische Regierung zu einer aktiven Auswanderungspolitik, bei der die Fürsorge im Vordergrund stand. In einem ersten Schritt wurde die Zahl der Konsulate erhöht. Die Aktenbestände des badischen Ministeriums für Auswärtige Angelegenheiten vermitteln davon eine Vorstellung.[70] Hierin enthalten sind eine Fülle von Berichten und Korrespondenzen (Zeitungen, Werbeschriften von Schifffahrtsunternehmen, Gesuche und Förderung von Vereinsprojekten, Orts-beschreibungen der Konsuln).

---

[68] Vgl. Sauer: Das Quellenangebot der territorialen Staatsarchive (wie Anm. 67), S. 71.
[69] Ebd., S. 68 f.
[70] Ebd., S. 70.

Unterlagen von besonderer Art sind im Bestand des Badischen Staatsministeriums unter der Rubrik „Interzessionen" zu finden. Hierbei handelt es sich um Pensionsforderung von Angehörigen badischer Auswanderer, die im amerikanischen Bürgerkrieg umgekommen sind.

Einen Interessanten Einblick in das Vereinsleben in den USA ermöglicht die Korrespondenz des badischen Großherzogs mit Privatpersonen und Vereinen in Amerika, die im GLA der Kategorie „Geheimes Kabinett" zugeordnet sind.

Im Innland überwachte die badische Regierung mit den unteren staatlichen Verwaltungsbehörden und den Gemeinden das Geschäftsgebaren von Agenten und Schifffahrtsunternehmen, indem sie ihnen eine staatliche Konzession auferlegte.

Zu den Fürsorge- und Hilfsmaßnahmen sind in den Akten des Innenministeriums aber auch in denen der mittleren und unteren staatlichen Verwaltungsebenen reichlich Quellen vorhanden. Durch die zahlreichen genealogischen Anfragen aus den Vereinigten Staaten haben einige Archive Namenkarteien von Auswanderern angelegt. Das GLA in Karlsruhe ist im Besitz einer Kartei für sämtliche Auswandererlisten des Badischen Statistischen Landesamtes. Die Schaffung alphabetischer Karten und die Register nach Herkunftsorten für Baden, stellten sich als besonders hilfreich zur Überprüfung einzelner Familien und Orte dar. Zur besseren Identifizierung der Familien leisten auch die Ortssippenbücher von Albert Köbele wertvolle Hilfe. Die verschiedenen Karteien über die das GLA verfügt, sind sich zum Teil überschneidende Einzelnachweise und nicht alle für die Öffentlichkeit zugänglich beziehungsweise noch nicht erschlossen. Diese wurden in der Auswanderdatenbank des Landes Baden-Württemberg eingesetzt und in die neu angelegte Datentabelle ungeprüft aufgenommen.[71]

Bislang wurde das reichhaltige archivische Primärmaterial zur Auswanderung im Südwesten leider im Wesentlichen nur für kleinere ortskundliche und genealogische Arbeiten herangezogen. Beinahe ganz fehlen übergreifende kultur- und sozialgeschichtliche Darstellungen. Dabei vermag gerade die wissenschaftliche Aufarbeitung dieser Quellen Licht in die sozialen und wirtschaftlichen Verhältnisse der einzelnen deutschen Staaten während des 19. Jahrhunderts zu bringen, und der sozialgeschichtlichen Forschung sowohl auf nationalem als auch internationalem Gebiet wichtige Impulse zu geben. Kein Zweifel besteht daran, dass die Aufteilung

---

[71] Nicht zugänglich sind der Bestand Oberrheinische Forschungsstelle und GLA 434/1939.

25

des Quellenmaterials auf eine Vielzahl von Archive und hier wiederum auf die verschiedensten Bestände sowie teilweise völlig ungenügend erschlossenes Archivgut oder teilweise gar nicht für die Öffentlichkeit zugänglichen Bestände, wie bereits erwähnt, eine starke Behinderung für die Forschung darstellen. Diesem Zustand kann lediglich durch archivübergreifende sachthematische Inventare Abhilfe geschaffen werden, wozu es eines im öffentlichen Rahmen oder mit privaten Mitteln finanzierten Sonderprogramms und dem zusätzlichen Einsatz von Wissenschaftlern bedarf.[72]

Die durch die Datenverarbeitung und im Zeitalter des Internet neu entstandenen Möglichkeiten kommen leider nur sehr beschränkt, sowohl aus finanziellen als auch personellen Gründen, zum Einsatz – was die Suche auf amerikanischer und deutscher Seite erschwert.

Im Rahmen dieser Arbeit muss allerdings die Frage aufgeworfen werden, ob sich die Auswandererdatenbank von Baden-Württemberg, zumindest was den hier näher untersuchten Karlsruher Teil anbelangt, überhaupt für eine quantifizierende Auswertung eignet. Um eine breit gefächerte Datenbasis zu erhalten, war es erforderlich eine neue Datentabelle, basierend auf der Datenbank der Baden-Württembergischen Archive, der Quellen des GLA und der Online Datenbank von Castle Garden in New York anzulegen. Auf die vorgefundenen Probleme wurde bereits und wird im Verlauf noch näher eingegangen.

Kirchenbücher sind für die Nachforschungen über Herkunft und familiären Hintergrund der Auswanderer eine grundlegende, oftmals auch, wenn die Auswanderung nicht den behördlichen Weg nahm, die einzige Quelle. Für den Historiker haben gerade die protestantischen Kirchenbücher einen hohen Informationswert, da sie neben den Namen und Geburtsdaten fast immer über Berufsangaben verfügen, die in den katholischen Kirchenbüchern, die oft noch in lateinischer Sprache abgefasst wurden, ganz fehlen. In einigen Fällen wurden in den Pfarrregistern auch Datum der Auswanderung und Auswanderungsziel vermerkt, so dass die Einträge gelegentlich einen genauen Überblick über die Auswanderungsbewegung einzelner Gemeinden geben können.[73]

Die Kirchenbücher im GLA sind nur auf Mikrofilm einsehbar und geben größtenteils keine ergänzende Auskunft zu den Einzelfallakten. Auf Grund dessen, der großen

---

[72] Sauer: Das Quellenangebot der territorialen Staatsarchive (wie Anm. 67), S. 71.
[73] Helbich, Wolfgang; Kamphoefner, Walter D.; Sommer, Ulrike (Hrsg.): Briefe aus Amerika. Deutsche Auswanderer schreiben aus der Neuen Welt 1830-1930. München 1988. S. 39.

Auswandererzahl im Bezirksamt Karlsruhe und des engen Zeitplans, wurden die Kirchenbücher nicht als Quelle in die neu erstellte Auswanderertabelle aufgenommen.

Gleichermaßen bedeutend sind die zeitgenössischen Landesbeschreibungen und Statistiken, die Aufschluss über die Bevölkerungs-, Wirtschafts- und Sozialstruktur der Auswanderungsregion geben und somit meist Rückschlüsse auf wirtschaftliche und soziale Auswanderungsmotive zulassen. Des Weiteren erhalten sie Beschreibungen einzelner Ortschaften, die ansatzweise ein Bild vom Herkunftsmilieu des Auswanderers geben.

In Karlsruhe – und Baden insgesamt – war für das Auswanderungsverfahren das Bezirksamt zuständig; infolgedessen befinden sich die entsprechenden Akten im Generallandesarchiv Karlsruhe. Aus solchen Einzelfallakten gehen im Idealfall nicht nur Name, Alter, Herkunft und Konfession hervor, sondern auch Beruf, Vermögensverhältnisse, Auswanderungsgrund und Auswanderungsziel.

In der Regel weisen diese bedauerlicherweise große Unregelmäßigkeiten auf: Berufs- und Vermögensangaben fehlen, als Reiseziel wird pauschal nur Amerika oder Nordamerika, als Auswanderungsgrund meist nur eine bessere Existenz angegeben.

Nach der Durchsicht der Einzelfallakten des Bezirksamts Karlsruhe konnte, im Vergleich mit der Auswandererdatenbank des GLA, ein starkes ‚Auseinanderklaffen' der Auswandererzahlen festgestellt werden, was aus dem Fehlen der Familienangehörigen in der Auswandererdatenbank des GLA, in der einzig Einzelauswanderer oder Familienoberhäupter verzeichnet werden, resultiert. Des Weiteren werden die einzelnen Quellen nicht einer Person zugeordnet, sondern jedes Mal mit einem Personeneintrag neu aufgeführt. Dies hat zum Ergebnis, dass ein Auswanderer der in vier Quellen nachgewiesen werden konnte, auch vier Personeneinträge in der Datenbank hat. Das gleiche Problem zeichnet sich bei den Familienoberhäuptern ab: diese erhielten lediglich einen Eintrag, auch wenn sie beispielsweise mit Frau und sechs Kindern die Ausreise angetreten haben.

Hinzu kommt die falsche Zuordnung der Auswanderungsjahre, was schon in Kapitel 1.1.1 näher erläutert wurde.[74] Auch bei den Ortsangaben sind Abweichungen festzustellen.

Dass schätzungsweiße über 50 % der Auswanderer das Großherzogtum verließen, ohne zuvor das behördliche Placet einzuholen, kann mehrere Ursachen haben: die umständliche administrative Prozedur und die mangelnde Vertrautheit im Umgang mit den Behörden; Misstrauen gegenüber der Obrigkeit, seine persönlichen Verhältnisse preiszugeben; Angst vor Gläubigern und Finanzbehörden; Flucht vor dem Militärdienst etc. Der Hauptgrund für eine ‚illegale' Auswanderung lag im Verlust der Staatsbürgerschaft. Wer einmal seine Staatsbürgerschaft aufgegeben hatte, musste, wenn er sich zur Rückkehr entschloss, mit großen Schwierigkeiten rechnen – dem viele Emigranten somit aus dem Weg gingen. Das offizielle Auswanderungsprozedere wurde mit steigenden Auswandererzahlen durch die Behörden nicht mehr sonderlich streng gehandhabt, denn schließlich war man mancherorts froh, wenn arme oder erwerbslose Untertanen sich von ihrer Heimat lossagten.

1.3.2 Passagierlisten

Neben den lokalen Auswanderungsakten stellen auch Schiffslisten eine wichtige Quelle für die deutsche und damit auch für die badische Auswanderungsforschung dar. Hier sind nicht nur die Auswanderer verzeichnet die mit behördlicher Genehmigung ausgewandert sind, sondern auch jene, die das Land quasi auf illegalem Weg verließen.[75] In Le Havre, Liverpool, Antwerpen und Rotterdam wurden solche Listen nicht angelegt oder wie im Fall von Bremen zerstört.[76] Daher bleiben die statistischen Angaben für diese Einschiffungshäfen weit hinter der Wirklichkeit zurück. Für Hamburg liegen unterschiedliche Serien von Listen vor: eine für die „direkte" Auswanderung Hamburg – USA zwischen 1850 und 1935 und eine zweite

---

[74] Hieraus lässt sich noch einmal deutlich die hohe Rate der illegal Ausgewanderten erkennen, die erst nachdem sie sich in den Vereinigten Staaten eine neue, sicher Existenz aufgebaut hatten, eine nachträgliche Entlassung aus dem Großherzogtum beantragten.

[75] Helbich, Wolfgang; Kamphoefner, Walter D.; Sommer, Ulrike (Hrsg.): Briefe aus Amerika (wie Anm. 73), S. 132.

[76] Die Schiffslisten von Bremen sind erst seit 1907 erhalten.

für die ‚indirekte' Auswanderung über England zwischen 1854 und 1934.[77] Die Listen geben Auskunft über den Namen des Schiffs und des Kapitäns, Auslaufdatum und Zielhafen sowie Name der Passagiere, Herkunftsort, Beruf, Familienstand und Geschlecht. Diese Einträge sind keinesfalls immer zuverlässig, zum einen weil sie nach Gehör niedergeschrieben wurden und sich so unter anderem durch die verschiedenen Dialekte Fehler bei der Schreibweise eingeschlichen haben, zum anderen weil die auf ‚illegalem' Weg Ausgewanderten, aus Angst vor möglichen Repressalien, falsche Angaben machten.[78] Die Listen sind auch nur dann nutzbar, wenn das Auswanderungsjahr in etwa bekannt ist, da kein Namensregister existiert – was die Listen für eine statistische Erhebung über das Bezirksamt Karlsruhe unbrauchbar macht.[79] Ähnliches gilt für die Arbeit mit den Passagierlisten der amerikanischen Einwanderungshäfen (New York, Baltimore, Boston, New Orleans und Galveston).[80] Zwar gibt es Findhilfen für bestimmte Perioden die von Namen ausgehen, aber auch hier ist die Suche nur dann erfolgreich, wenn der Ankunftshafen und Jahr wenigstens annähernd bekannt sind. Die Listen enthalten zwar teilweise Angaben über Name, Alter, Herkunftsort und Beruf, diese sind jedoch von fragwürdiger Qualität, da die Beamten, die die Register erstellten, die Sprache der Neuankömmlinge ebenso wenig beherrschten, wie diese das Englische.[81]

Auf die Lücken und verschiedenen Formen des statistischen Materials sind Ferenczi und Willcox bereits Ende der 1920er Jahre eingegangen. Mit deren Ergebnissen haben die Historiker dennoch, in groben Umrissen, ein Bild vom Ausmaß der Überseewanderung erhalten.[82]

Im Gegensatz dazu erwiesen sich die elektronischen Listen von Castle Garden, auf die online zugegriffen werden kann, als hilfreiche Ergänzung zu den Einzelfallakten. Diesen sind Angaben zu Auswanderungshafen, Schiffsname, Ankunftsdatum, Beruf,

---

[77] Helbich, Wolfgang; Kamphoefner, Walter D.; Sommer, Ulrike (Hrsg.): Briefe aus Amerika (wie Anm. 73), S. 42. Vgl. auch: Mönckmeier, Walter: Wandlungen und Entwicklungstendenzen (wie Anm. 24), S. 335 ff.

[78] Die Aus- und Einreise war für die Auswanderer eine gute Gelegenheit sich eine neue Identität zuzulegen, da die Angaben nicht überprüft und ein Reisepass nicht zwingend notwendig war. Manche Migranten gaben sich bei der Aus- oder Einreise selbst amerikanische Namen.

[79] Einige Auswandererhäfen wie Bremerhaven stellen die deutschen Auswandererlisten online. Wer allerdings mehr als nur Name, Alter und Auswanderungsjahr wissen möchte, erhält nur gegen eine Zahlung von 15 Euro pro Datensatz weitere Auskünfte. http://www.dad-recherche.de/hmb/index.html.

[80] Die originalen Schiffslisten sind in der Library of Congress in Washington archiviert.

[81] Helbich, Wolfgang; Kamphoefner, Walter D.; Sommer, Ulrike (Hrsg.): Briefe aus Amerika (wie Anm. 73), S. 43.

[82] Ferenczi, Imre: An Historical Study of Migration Statistics. In: International Labour Review, Bd. 20, 1929; Willcox, W. F. (Hrsg.): International Migrations. New York 1931.

Bildungstand und Auswanderungsziel zu entnehmen. Da sich die Datenbank auf die herkömmlichen Listen stützt, treten, besonders was die Buchstabierweise der Namen angeht, große Probleme auf. Was den Nutzer bei Nachforschungen dazu veranlasst in mühsamer Weise verschiedene Varianten eines Namens zu prüfen (Bürck/Buerck/Burck/Buerk etc.), weshalb hier nicht alle Datensätze des Bezirksamts Karlsruhe zufriedenstellend überprüft werden konnten.[83]

1.3.3 Amerikanische Quellen

Einen weitaus größeren Stellenwert als die Schiffslisten nehmen die Statistiken des U.S. Census ein – eine bereits seit 1870 alle zehn Jahre durchgeführte Volkszählung. 1890 umfassten die Ergebnisse des Zensus bereits 25 Bände, ein Kompendium, eine Zusammenfassung und ein Atlas – zusammen über 26.000 Seiten. 1850 wurden zum ersten Mal Angaben über die Stärke der verschiedenen Einwanderergruppen in den einzelnen Staaten und größten Städten der Union festgehalten. Der Census 1860 verzeichnete darüber hinaus den Gesamtteil der ausländischen Bevölkerung für jedes County. Diese Angaben wurden dann ab 1870 nach den Anteilen der zahlenmäßig bedeutendsten ethnischen Gruppen aufgeschlüsselt – auch in den Beschäftigungsstatistiken wurde die ethnische Zugehörigkeit berücksichtigt. Eine detailliertere Überlieferung bieten die Erhebungen des „Agricultural Census". Ab 1850 wurde beim Erwerb einer Farm genauestens darüber berichtet wie groß der Besitz war, ob es sich um Eigentum oder gepachtetes Land handelte, den Wert der Farm, des Viehs und der Gerätschaften und ob und in welcher Höhe Löhne entrichtet wurden. Darüber hinaus enthielten sie Angaben über Art und Menge der erzeugten Produkte.[84] Eine noch bessere Übersicht, im Vergleich zu der lediglich alle zehn Jahre durchgeführten Volkszählung, bieten die Adressbücher „City Directories" der größeren Städte, da diese in der Regel jährlich neu aufgelegt wurden. Hierin werden – mehr oder weniger vollständig – männliche Erwerbstätige und weibliche Haushaltsvorstände mit Namen, Privatadresse, Beruf aufgeführt; in einigen Fällen sind auch Angaben über Arbeitgeber bzw. Arbeitsplatz enthalten. Gerade was die Berufsangaben betrifft, enthalten die „City Directories" oft präzisere Angaben als der

---

[83] www.castlegarden.org und http://www.ellisisland.org
[84] Helbich, Wolfgang; Kamphoefner, Walter D.; Sommer, Ulrike (Hrsg.): Briefe aus Amerika (wie Anm. 73), S. 44.

Census. Deren Nachteil ist es, dass hier weder Alter noch Geburtsort erscheinen und bei häufig vorkommenden Namen die Identifizierung einer bestimmten Person schwierig oder gar unmöglich ist. Obwohl die Adressbücher von privaten Unternehmen hergestellt wurden und keinerlei offiziellen Charakter besitzen, gelten sie als recht zuverlässig, da die Herausgeber aus kommerziellen Gründen ein Interesse an möglichst fehlerfreien Angaben hatten. Für die Verzeichneten war ein Eintrag – vor dem Zeitalter des Telefons – die einzige Garantie für Erreichbarkeit.[85] Ein Gegenstück zu den deutschen Landesbeschreibungen bilden, zumindest für den Mittleren Westen, die amerikanischen, ebenfalls privat veröffentlichten „County Histories" des späten 19. und frühen 20. Jahrhunderts. Sie enthalten Darstellungen über Verlauf der Besiedlung, einzelne Ortschaften, Kirchen, Wirtschaftsstruktur und biographisch Abrisse über die jeweiligen lokalen Honoratioren.[86] Von überaus hoher Bedeutung, um sich einen Einblick in das Vorgehen in den jeweiligen deutschamerikanischen Commuity's zu verschaffen, sind die deutsprachigen Zeitungen die der amerikanische Historiker Carl Wittke als „Stimme, Spiegel und […] Katalysator ethnischen Lebens"[87] in den Vereinigten Staaten ansieht. Für die Auswanderer waren die Zeitungen in der Muttersprache eine der wenigen Quellen, um sich sowohl über das aktuelle Geschehen in Amerika als auch in der alten Heimat zu informieren.[88]

Trotzdem gestaltet sich die Quellenlage in Amerika überaus problematisch, da anfänglich keine Meldepflicht bestand. Hinzu kam der Anglisierungsprozess bei den Vor- und Familiennamen der Einwanderer, weshalb es kaum noch möglich ist, von Deutschland aus größere statistische Erhebungen über den Verbleib der Auswanderer anzustellen.[89]

Aufgrund dessen konnten im Rahmen dieser Arbeit keine Auswertungen amerikanischer Quellen im Hinblick auf die badischen Auswanderer erfolgen.

---

[85] Helbich, Wolfgang; Kamphoefner, Walter D.; Sommer, Ulrike (Hrsg.): Briefe aus Amerika (wie Anm. 73), S. 45.

[86] Ebd.

[87] Ebd.

[88] Über den Verbleib der badischen Zeitung konnte leider sowohl innerhalb der deutschen Bibliotheken als auch über eine internationale Fernleihenanfrage nichts in Erfahrung gebracht werden: „Die badische Landes-Zeitung. Den Interessen aller Badenser in den Vereinigten Staaten gewidmet. Eigentümer und Herausgeber M. Schneider u. Co; von 1908 ab R. Siller u. Co. New York * 1890-1905 und 1906-1918."

[89] GLA 236/8604; Liste anglisierter Namen: o=a, v=b, c=g, a=e, k=ch, i=ei, gh=ch, oo=o.

2 Migrationsforschung

2.1 Die historische Migrationsforschung

„Die Geschichte der Wanderung ist Teil der allgemeinen Geschichte und nur vor ihrem Hintergrund zu verstehen; denn Mitgrationen als Sozialprozesse sind Antworten auf mehr oder minder komplexe ökonomische und ökologische, soziale und kulturelle, aber auch religiös-weltanschauliche, ethnische und politische Existenz- und Rahmenbedingungen."[90]

Infolge dessen benötigt die Migrationsforschung inter- und transdisziplinäre Forschungsansätze, da die Migration sowohl in der Geschichte als auch in der Gegenwart alle Lebensbereiche durchdringt. Je nach Fragestellung reichen die Forschungsansätze in fast alle Humanwissenschaften – zum Teil auch darüber hinaus. Dies gilt sowohl in der empirischen- als auch in der historischen Migrationsforschung. Migrationshistoriker werden mit einem außergewöhnlichen diffizilen Spektrum historischer Wirklichkeit konfrontiert, da sich für Bade die Menschen nicht nur über Grenzen bewegen, sondern auch die Grenzen über die Menschen. Gleichermaßen ist jede scheinbare Ordnung historischer Migrationsprozesse eine stilisierende Vereinfachung, zumal viele Formen und Muster im Wanderungsgeschehen und im Wanderungsverhalten fließende Grenzen hatten, beziehungsweise in Wechsel-beziehung zueinander stehen. Daher umfasst das historische Beobachtungsfeld eine enorme Spannweite: beispielsweise besteht die Möglichkeit bei der Frage nach Bestimmungskräften bzw. wanderungsbestimmenden Motiven, die wirtschaftlich und beruflich-sozial motivierte Migration einzugrenzen und innerhalb dieses Feldes wiederum Erwerbsmigration als Existenznotwendigkeit (subsistence migration) oder als Verbesserungschance (betterment migration) von Migration zu Ausbildungs- und Qualifikationszwecken oder firmeninterner (career migration) zu differenzieren. Von diesen wirtschaftlich motivierten Formen der Auswanderung sind religiös-weltanschaulich, politisch, ethnonationalistisch oder rassisch bedingte Flucht und Zwangswanderungen abzugrenzen; zu denen auch die Vertreibung und Zwangsumsiedlung im 20. Jahrhundert zählt. Auch die in der öffentlichen Diskussion, der Politik und auch in der Forschung gängige Unterscheidung zwischen ‚freiwilliger' und ‚unfreiwilliger' Migrationen wurden vorwiegend von materiellen und

---

[90] Bade: Sozialhistorische Migrationsforschung (wie Anm. 40), S. 27.

immateriellen – nicht immer von rationalen Güterabwägungen – berechneten Bestimmungsfaktoren angetrieben. Für Bade liegt die eigentliche historische Wirklichkeit des Wanderungsgeschehens, inmitten „freiwilliger" und „unfreiwilliger" Migrationen, welche viele Übergangsformen zwischen den verschiedenartig motivierten Wanderungsbewegungen beinhaltet. Für ihn ist daher nicht nur die kritische Beurteilung von historischen Wanderungsbewegungen von Bedeutung, sondern auch die Tatsache, dass Begriffe und Zuordnungen wie ‚Auswanderer' bzw. ‚Einwanderer', ‚Arbeitswanderer' oder ‚Flüchtling' durch staatliche Verwaltungs- und Steuerungsinteressen vor allem aber durch wissenschaftliche Erkenntnisinteressen geleitete zugeschriebene Migrationseigenschaften eingeführt worden sind, die in der Regel mit ‚multiplen Migrationsidentitäten' wenig zu tun haben. Hinzu kommt, dass die Auswanderer in Zeiten in denen es keine nahezu uneingeschränkte Wanderungsfreiheit gab, wie bei dem europäischen Massenexodus in die Vereinigten Staaten von Nordamerika im 19. Jahrhundert, davon abhängig waren, sich in ihrer Selbstzuschreibung den amtlichen Fremdzuschreibungen anzupassen, um überhaupt die Landesgrenzen überschreiten zu können.[91] Was zu ‚falschen' Spuren in den amtlichen Dokumenten und Statistiken führte. Umso wichtiger ist es für Bade, im Rahmen der Möglichkeiten, eine Unterscheidung zwischen Selbstzuschreibung durch den Migranten und Fremdzuschreibung von öffentlichen Stellen zu treffen.[92]

Die historische Migrationsforschung unterliegt im Moment großem öffentlichem Interesse. Wanderungsbewegungen, Eingliederungs- und Minderheitenfragen zählen zu den wichtigsten Problemen der Gegenwart sowohl auf nationaler, europäischer als auch auf globaler Ebene. So dient die Migrationsforschung als Antwortgeber für die öffentliche Diskussion und im politischen Entscheidungsprozeß.[93]

2.1.1 Raumdimension und Forschungskonzepte in der historischen Migrationsforschung

Bei räumlicher Mobilität muss zwischen der Bewegung in geographischen und sozialen Räumen unterschieden werden. Das Beobachtungsfeld der Historischen Migrationsforschung reicht auf geographischer Ebene „vom Makrokosmos

---

[91] Bade: Sozialhistorische Migrationsforschung (wie Anm. 40), S. 29.
[92] Ebd., S. 30.
[93] Ebd., S. 7.

internationaler und interkontinentaler Massenwanderungen bis hin zum Mikrokosmos interregionaler oder interlokaler Wanderungen und dementsprechend von Großraumstudien auf notwendig hohem Abstraktionsniveau bis zu kleinräumigen Fallstudien mit größerer sozialhistorischer Tiefenschärfe."[94] Die unterschiedlichen Untersuchungsebenen und verschiedenen methodischen Zugänge erstrecken sich „von mikrohistorischen über meso- und makrohistorische Ansätze bis hin zu Mehr-Ebenen-Theorien der Migrationsforschung und von individualhistorischen oder gruppen-spezifischen Dimensionen bis hin zur quantitativen Analyse hochaggregierter Massendaten zur Bestimmung des Kollektiverhaltens bei Massenbewegungen."[95] Das Feld der Historischen Migrationsforschung reicht auf einer Zeitachse betrachtet von Längsschnittdarstellungen bzw. Langzeitstudien über einzelne Wanderungs-bewegungen bis hin zur Querschnittanalyse von mittlerer Reichweite durch die gesamten zeitgleichen Wanderungsbewegungen in einem Raum – in einigen Fällen auch über dessen Grenzen hinaus. Durch die unterschiedlichen disziplinären Zugänge und die verschiedenenartigen Gewichtungen bei interdisziplinären Zugängen wird ein unterschiedliches Bewusstsein von Migrationsgeschichte vermittelt. Daher ist Migration – als sozial- und kulturhistorisches Phänomen und Problem verstanden – immer als ganzheitlicher Entwicklungs- und Erfahrungszusammenhang anzusehen.

Als umfassender Prozess wurde die Ein- und Auswanderung der europäischen transatlantischen Massenauswanderung im 19. Jahrhundert betrachtet und von der klassischen Historischen Migrationsforschung als lineare, in der Erfahrungsdimension intergenerationell versetzte Abfolge mit verschiedenartiger Stufen beziehungsweise Phasen beschrieben. Soweit der gesamte transatlantische Prozess erfasst wurde, begann die Phasenfolge in solchen Beschreibungen mit beispielsweise der latenten Wanderungsbereitschaft und der damit verbundenen schrittweise stattfindenden mentalen Ausgliederung aus dem sozialen Zusammenhalt des Auswanderungsraumes. Eine wesentliche Rolle spielten dabei die transatlantischen Migrationsnetzwerke.

Die nächste Phase wurde ausgelöst durch einen besonderen äußeren Anlass der die Umsetzung der latenten Wanderungsbereitschaft in einen akuten Wanderungs-entschluss und dessen Umsetzung beinhaltete. Was bei langen Wanderungs-traditionen, wie Kettenwanderungen und einem dichten transnationalen

---

[94] Bade: Sozialhistorische Migrationsforschung (wie Anm. 40), S. 30.
[95] Ebd.

Kommunikationsnetz sehr kurzfristig der Fall sein konnte.[96] In solch linearen Beschreibungen findet in der letzten Phase, vorausgesetzt der Wanderungsprozess wurde nicht abgebrochen beziehungsweise durch eine Rückwanderung nicht umgekehrt, eine Eingliederung in den sozialen und kulturellen Kontext des Einwanderungsraumes statt. Diese konnte aufgrund signifikanter Unterschiede zwischen Ausgangs- und Zielraum in materiellem und sozio- kulturellem Normengefüge sehr langwierig sein, zuweilen die lebensgeschichtliche Dimension überschreiten und so zu einem integrativen Sozial- und Kulturprozess (second generation immigrant), der intergenerationell gebrochene Migrations und Integrationsmuster beinhaltete, werden.[97]

In den 1990er Jahren sind in der Historischen Migrationsforschung neue Ansätze aufgetreten, die in Überschneidung mit sozial- und kulturhistorischen Fragestellungen standen. In deren Zentrum steht die Frage nach der Positionierung und Bewegung von Migranten in sozialen Räumen. Diese kommen besonders bei Netzwerktheorien mittlerer Reichweite und bei Theorien und Typologien transnationaler Strukturen und Migrantenidentiäten zum Einsatz. Die neuen Ansätze stammen überwiegend aus der gegenwartsorientierten, teils empirie, teils theorie-orientierten sozial-wissenschaftlichen Migrationsforschung. Die elementarsten Konzepte werden unter dem Schirmbegriff (umbrella term) „Transnationalismus" zusammengefasst.[98] Den Hintergrund dazu bildet die durch die Globalisierung im 20. Jahrhundert beschleunigte wirtschaftliche, gesellschaftliche und politische Vernetzung. Bei genauerer Betrachtung der gegenwartsorientierten neueren Ansätze sind diese nicht so neu wie vermutet, da es auch bereits bei historischen Migrationsprozessen transnationale soziale Räume, transnationale Netzwerke und transnationale Migrantenidentitäten gab. Davon stark betroffen war die in den USA von Nativisten viel denunzierte „New Immigration" – die Einwanderungswelle aus Süd- und Osteuropa Ende des 19. bis ins frühe 20. Jahrhundert. Innerhalb dieser Welle gab es eine auffallend hohe Zahl transatlantischer Pendler, aber auch eine hohe Rückwanderungsrate, die beispielsweise bei den Italienern 40 % betrug. Nützliche methodische und methodologische Perspektiven hat die neue Diaspora-Forschung eröffnet, welche die Historische Migrationsforschung heuristisch ergänzt, wobei aber

---

[96] Bade: Sozialhistorische Migrationsforschung (wie Anm. 40), S. 32.
[97] Ebd.
[98] Ebd., S. 33.

auch die Diaspora-Situation auf phänomenologisch wie epistemologischen Gebiet keine Neuentdeckung ist.[99]

2.1.2 Forschungsaufgaben

Die Historische Migrationsforschung hat für Bade drei grundlegende Aufgaben zu erfüllen:

Erstens das *Wanderungsgeschehen* auf Volumen, Verlaufsformen und Struktur zu untersuchen und dabei den Zusammenhang, das historisch zeitgleiche Wanderungsgeschehen im Untersuchungsfeld immer soweit als Hintergrund mit einzubeziehen, dass Wanderungsentschlüsse keinesfalls als Entscheidungen ohne Altnernative und die betrachteten Wanderungsrichtungen in der Historie nicht als alternativlose Wege in Erscheinung treten.[100]

Zweitens das *Wanderungsverhalten* zu untersuchen und möglichst differenziert zu betrachten. Beispielsweise bei der Beantwortung der Frage nach dem wanderungsbestimmenden Zusammenwirken von materiellen und immateriellen Schub- Anziehungskräften sowohl von geographisch als auch von sozialen Gesichtspunkten aus betrachtet in den Ausgangs- und Zielräumen. Ebenso muss bei ineinander übergehenden Wanderungsströmungen und Wanderungsformen, die genaue Wanderungsabsicht – temporäre bzw. zirkuläre Arbeitsmigration oder definitive Aus- bzw. Einwanderung – untersucht und in den historischen Gesamtzusammenhang eingebettet werden. Hierzu gehört auch die Frage nach den regional- und schichtenspezifisch, gruppen- und genderspezifisch verschiedenartig vorkommenden wanderungsfördernden beziehungsweise -hemmenden Faktoren und den Lebens- und Migrationskonzepten. Wobei die Frage nach der wanderungsbestimmenden, richtungsweisenden Bedeutung von Migrationsnetzwerken und Kettenwanderungen nicht außer Acht gelassen werden darf. Dabei sollten in den Auswanderungsgebieten die Bedingungen, welche eine Abwanderung verursachen untersucht und in den Einwanderungsländern die häufig vorkommende transnationale bzw. transkulturelle Identitäten betrachtet werden, um einen Einblick in die unterschiedlich ausgeprägte Akkulturation, Integration und Assimilation zu erhalten.

---

[99] Bade: Sozialhistorische Migrationsforschung (wie Anm. 40), S. 34.
[100] Ebd., S. 35.

Die dritte Aufgabe der Historischen Migrationsforschung besteht darin, das *Wanderungsgeschehen und Wanderungsverhalten* in die Bevölkerungs- und Wirtschaftsgeschichte, die Gesellschafts- und Kulturgeschichte der geographischen Aus- und Einwanderungsräume einzubetten. Dabei steht die Beantwortung dreier großer Fragenkomplexe im Vordergrund: die Bestimmungsfaktoren und Entwicklungsfaktoren des Wanderungsgeschehens auf beiden Seiten, die daraus resultierende Rangspannung zwischen beiden Seiten und deren Rückwirkungen auf das Wanderungsverhalten und Wanderungsgeschehens, die Auswirkungen des Wanderungsgeschehens auf beiden Seiten, das heißt die Betrachtung der Folgen der durch Einwanderung veränderten Aufnahmegesellschaften als auch die derer, die im Auswanderungsraum zurückgeblieben sind.

Diese weitreichenden Zielvorgaben der Historischen Migrationsforschung sind jedoch nicht als ein konkret einzulösendes Forschungsprogramm zu verstehen, sondern geben nur heuristische Fluchtpunkte in einem weit gespannten Netz voller Anhaltspunkte. Dies soll dazu beitragen, dass bei der notwendigen Fokussierung auf Einzelaspekte dennoch die Vielschichtigkeit der Ereignis- und Problemzusammenhänge transparent gehalten wird. Trotz dieses gewaltigen Aufgabenbereichs ist die Historische Migrationsforschung keine neue, eigenständige wissenschaftliche Disziplin, sondern im neuen Wissenschaftsverständnis vielmehr teils als interdisziplinäre, teils als transdisziplinäre Forschungsrichtung anzusehen. Interdisziplinär in all denjenigen Bereichen in denen sie auf andere, sich mit Migration befassenden Disziplinen und Forschungseinrichtungen stößt, die mit unterschiedlichen Teilaspekten und Fragestellungen zum Thema beitragen. Transdisziplinär in den Bereichen in denen es nicht nur um reine Fachgrenzenüberschreitung, sondern quer zu den Wissenschaftsgebieten liegenden Problemstellungen geht. Daher muss die historische Migrationsforschung hier als „boundary object" einer hochkomplexen Gemengenlage forciert werden, damit, so Bade, „die Komplexität der von ihr fokussierten Problemlagen nicht durch die Problemverwaltung in Gefäßen etablierte disziplinäre Traditionen wissenschaftsorganisatorisch reduziert bzw. deformiert wird."[101]

---

[101] Bade: Sozialhistorische Migrationsforschung (wie Anm. 40), S. 37.

2.1.3 Forschungsgeschichte

Die Historische Forschung, als inter- oder transdisziplinär angelegte Forschungsrichtung, ist noch relativ jung. Die Schwerpunkte im Bereich der Geschichtswissenschaft liegen neben der Bevölkerungsgeschichte unter anderem bei der Wirtschafts-, Gesellschafts- und Kulturgeschichte, inklusive der Genderhistorie in der Ethnohistorie und in der historischen Kulturanthropologie. Ebenso in der Rechts- und Politikgeschichte im Bereich der legislativen, administrativen und politischen Gestaltung von Wanderungsvorgängen und deren Einfluss sowohl auf das Wanderungsgeschehen als auch auf das Wanderungsverhalten. Hinzu kommen interdisziplinäre Verbindungen zu den Ansätzen anderer Disziplinen und Forschungseinrichtungen, die empirisch und überwiegend gegenwartsbezogen arbeiten wie z.B. Soziologie, Sozialgeographie, Sozialpsychologie, interkulturelle Psychologie und Ethnomedizin.

Wissenschaftsgeschichtlich hat die Historische Migrationsforschung ihren Ursprung vornehmlich im Bereich der Demographie, bzw. in dem ihrer Vorläufer, den Kameral- und Staatswissenschaften. Ernest George Ravensteins an den sozialen Naturgesetzen angelegte „Laws of Migration" entstammt dieser Tradition.[102] Zur gleichen Zeit suchten noch einige weitere Wissenschaftler nach Erklärungen für das Problem und Phänomen der Migration, die heute in der Historischen Migrationsforschung kaum noch bekannt sind. Eine Ausnahme dazu stellte der russische Jurist und Historiker Michael Kulischer (1847-1919) dar, der zeitgleich mit Ravenstein 1887 zwei Artikel unter der Überschrift „The Mechanical Foundations of History" verfasste. Die gewaltigen Ost-West Wanderungen in Russland waren Hintergrund seiner Forschungsbemühungen. Kulischer kam zu der Annahme, dass die historischen Ursachen der Wanderungsbewegungen in übergreifenden Wechselbezügen zu suchen seien. Dies blieben seine einzigen Veröffentlichungen, obwohl er bis zum Tod weiter nach generalisierbaren Antworten suchte. Seine Arbeit wurde von seinen Söhnen, den Juristen Alexander (1890-1942) und dem Demographen Eugen Kulischer (1881-1956) mit Hilfe dichterer Materialgrundlage und genauerer Methoden fortgesetzt. Ihr erstes, 1932 veröffentlichtes Werk „Kriegs- und Wanderzüge. Weltgeschichte als Völkerbewegung" lehnte sich an den Werken des Vaters an, indem sie durch die

---

[102] Ravenstein, Ernest, George: The Laws of Migration. In: Journal of Royal Statistical Society, Vol. 48, Part II, 1885, S. 167-235; Vol. 52, Part I, 1889, S. 241-305.

Betrachtung verschiedener Epochen ein Konzept für die Antriebskräfte, vornehmlich für die der Ost-West-Bewegung, zu entwickeln versuchten. Ihre Arbeit konnte unter den Nationalsozialisten nicht fortgeführt werden. Eugen Kulischer gelang die Flucht in die Vereinigten Staaten. Alexander Kulischer wurde beim Versuch, seinem Bruder zu folgen aufgespürt und kam im Konzentrationslager ums Leben. Ein von den Brüdern 1937 gemeinsam begonnenes Werk wurde von Eugen M. Kulischer in Amerika vollendet und erschien 1948 in New York unter dem Titel „Europe on the Move. War and Population Changes, 1917-47", das durch den Hintergrund des Kalten Krieges und den damit verbundenen Ängsten im angloamerikanischen Raum beträchtlichen Einfluss hatte. Seit Kulischer gab es immer wieder Ansätze zu einer Weltgeschichte der räumlichen Bevölkerungsbewegung. So regte der Züricher Historiker Rudolf von Albertini 1992 – in Anlehnung an die Kulischers – an, „die Weltgeschichte als Wanderungsgeschichte darzustellen."[103] Albertini schrieb allerdings aus einem völlig anderen zeitgeschichtlichen Erfahrungshorizont: den neuen Ost-West-Wanderungsvorgängen nach der Öffnung des Eisernen Vorhangs. Er appellierte zu mehr Toleranz, zur multikulturellen Öffnung und forderte auf, von dem Gedanken einer Total-Assimilation der Zuwanderer in Europa abzukommen.[104]

Bislang wurde keine den modernen Forschungsansprüchen genügende Weltgeschichte der Wanderungen erarbeitet. Die Anzahl historiographischer Studien und Sammelbände zu Einzelaspekten stieg allerdings deutlich an. Bis vor einigen Jahren zeichnete sich auch die Geschichtschreibung der Wanderungen von, nach und in Europa durch Unübersichtlichkeit aus, deren Ordnung Aufgabe des in den 1980er und 1990er Jahren arbeitenden Forschungsnetzwerks der European Science Foundation zur Geschichte der europäischen Expansion war und von dem eine Fülle von Forschungsanstößen ausging. Im Rahmen der Intensivierung der Historischen Migrationsforschung sind seit den 1980er Jahren immer komplexere Beiträge zu einzelnen Aspekten der europäischen Wanderungsgeschichte erschienen. Bereits 1960 forderte Frank Thistlethwaite auf dem Historiker-Tag in Stockholm zu einer Ausweitung der Historischen Migrationsforschung im atlantischen Raum auf, den „Salzwasservorhang" zu durchbrechen und die Aus- und Einwanderung als

---

[103] Bade: Sozialhistorische Migrationsforschung (wie Anm. 40), S. 39. Zitiert nach Albertini von, Rudolf: Die bewegte Geschichte der Völkerwanderungen. In: Neue Züricher Zeitung, 5.1.1992.
[104] Ebd., 40.

„komplexe transatlantische Sozialprozesse" zu verstehen.[105] Erst in den 1980er Jahren wurden seine Anregungen auf beiden Seiten des Atlantiks aufgenommen. Solche Studien beschränkten sich überwiegend auf die nationalen Entwicklungslinien oder auf einzelne Teilbereiche wie beispielsweise die Aus-, Ein-, Binnen- und Arbeitswanderung. Hinzu kam die 1992 in einem Sammelband erschienene Publikation „Deutsche im Ausland – Fremde in Deutschland", welche das von Bade entwickelte Konzept der doppelten Fremdheitserfahrung durch Aus- und Einwanderung aus beziehungsweise in die einzelnen europäischen Länder aufnahm.

Von großer Bedeutung war die Verdichtung methodischer Überlegungen und Ansätze zu Synthesen der europäischen Wanderungsgeschichte mit einer größeren historischen Spannweite und mehr Tiefenschärfe. Ergebnis dieser Bemühungen sind bis heute drei größere Studien mit unterschiedlicher Reichweite – von kleinen Überblickswerken abgesehen. Leslie Page Moch, die sich 1992 in ihrem stark wirtschaft- und sozialgeschichtlich orientierten Buch „Moving Europeans. Migration in Western Europe since 1650" mit der Frage beschäftigte, welche Veränderungen von Grundbesitzverteilung, Erwerbsnachfrage, Bevölkerungs- bzw. Siedlungsstruktur und Kapitalbewegungen als materielle Bestimmungsfaktoren das Wanderungsverhalten beeinflussten. Der epochale Schwerpunkt liegt in der Zeit vom 17. bis zum 19. Jahrhundert; das 20. Jahrhundert wird nur im Ausblick gestreift. Klaus J. Bade hingegen legt den Focus in seiner im Jahr 2000 erschienen Puplikation „Europa in Bewegung" auf das 19. und 20. Jahrhundert. Bade bezieht neben wirtschafts-, sozial-, kulturhistorischen und politischen Aspekten auch Flucht- und Zuwanderung mit in seine Ausführungen ein. Im Jahr 2002 erschien die bislang weitgefächertste Überblicksdarstellung „Cultures in Contact" von Dirk Hoerder. Diese Darstellung gibt einen Überblick über die Migrationsbewegungen vom 11. - 20. Jahrhundert und ist, im Gegensatz zu allen anderen Erscheinungen, nicht mehr Atlantik- oder Europa-orientiert, sondern global angelegt.[106] „Das Buch ist der erste Versuch einer interpretierenden Gesamtschau der Bestimmungsfaktoren und Verlaufsformen des zeitgleichen und doch in vieler Hinsicht von historisch ungleichzeitigen

---

[105] Bade: Sozialhistorische Migrationsforschung (wie Anm. 40), S. 40.
[106] Ebd., S. 43.

Wanderungsgeschehens unter besonderer Berücksichtigung der Folgen der Einwanderung für die Aufnahmeländer."[107]

Heute ist die Historische Migrationsforschung in Deutschland im Bereich der Demographie re -etabliert und als interdisziplinäre Forschungsrichtung mit einem großen Anteil des Faches Geschichte neu etabliert. Eine bedeutende Rolle nimmt das auf die Initiative Bade hin gegründete interdisziplinäre Institut für Migrations-forschung und Interkulturelle Studien (IMIS) der Universität Osnabrück ein, das über zahlreiche Forschungskooperationen verfügt: Wirtschafts- und Sozialgeschichte sowie Politik- und Kulturgeschichte, fachübergreifend auch Demographie, Sozialgeographie und Rechtswissenschaften, Soziologie und Politologie, interkulturelle Pädagogik, Sozialpsychologie, Literatur- und Sprachwissenschaften.

Somit ist die Migrationsforschung heute keine separate Disziplin mehr, „sondern eine interdisziplinäre und damit immer entweder supra-disziplinäre oder sub-disziplinäre Forschungseinrichtung."[108]

2.1.4 Forschungsgebiete

Bei Betrachtung der Historischen Migrationsforschung auf internationalem Gebiet fallen die starken Unterschiede in Bedeutung, Betrachtung und Schwerpunktsetzung auf, was mit dem unterschiedlichen historischen Erinnerungs- und Erfahrungsgewicht der Migrationsbewegung in den einzelnen Forschungslandschaften zu tun hat. Gleichfalls spielt es eine wichtige Rolle, ob und wie tief die historische Migrationsforschung im kollektiven Gedächtnis oder in den Gründungsmythen der einzelnen Länder verwurzelt ist und welche Inhalte daraus im kollektiven Gedächtnis verhaftet geblieben sind. Weiter von großem Gewicht ist der Stellenwert der aktuellen Migrationsproblematik, die zum Aufgreifen an abgerissene Erinnerungstraditionen führt, was überall für die Historische Migrationsforschung essentiell ist.[109] Gerade in den ‚klassischen' Einwanderungsländern hat das Thema Einwanderung eine nachhaltige Erinnerungtradition welche durch aktuelle Einwanderungsbewegungen stabilisiert wird. Bade führt an, dass hierzulande die Einwanderung wesentlich stärker

---

[107] Bade, Klaus J. (Hrsg.): Migration in der europäischen Geschichte seit dem späten Mittelalter. Osnabrück 2002. S. 39.
[108] Ebd., S. 14.
[109] Bade: Sozialhistorische Migrationsforschung (wie Anm. 40), S. 44.

in der Erinnerungstradition verhaftet sei als diejenige zur Auswanderung in den europäischen Auswanderungsländern. Nach dem Ende der transatlantischen Massenbewegung in den 1930er Jahren wurde das Thema Auswanderung in der europäischen Forschungslandschaft immer weiter zurückgedrängt und schrumpfte in der Mitte des 20. Jahrhunderts zu einem Spezialgebiet der Amerikanisten, obwohl die europäische Wanderungsbewegung vom Zweiten Weltkrieg bis in die 1950er Jahre noch einmal deutlich zunahm. Ausnahmen in der Erinnerungstradition gab es überall dort, wo sich durch dauerhafte Aus- und Rückwanderung ein stabiles Netzwerk gebildet hatte und die Migration im kollektiven Gedächtnis verankert wurde.

Durch den Wandel Europas vom Auswanderungs- zum Einwanderungskontinent wurde das Interesse an der Historischen Migrationsforschung erneut geweckt.[110] Dabei ging es anfänglich zumeist darum, mit Hilfe von abgeschlossenen Migrationsprozessen die Probleme aktueller Migrationsprozesse besser beurteilen zu können, denn „als bedrohliche Ausnahmesituation aber erlebt die Gegenwart nur, wer die Geschichte nicht kennt, in der die Bewegung von Menschen über Grenzen und die Bewegung ihrer Kulturen nicht Ausnahme, sondern Regel waren."[111]

Umgekehrt sind Wissenschaftler aus der Historischen Migrationsforschung – mit dem Hintergrund langer historischer Entwicklungslinien – bei der Diskussion um die Einschätzung aktueller Prozesse beteiligt. „Dabei ergab sich, über alle damit verbundenen inter- und transdisziplinären, insbesondere theoretischen, aber auch semantischen Verständigungsprobleme hinweg, eine stets enger werdende Kommunikation zwischen empirisch-gegenwartsorientierten und sozial- und/oder kulturhistorischen Richtungen der Migrationsforschung."[112] Reziprok dazu wäre die Einbeziehung von empirisch-soziologischen Forschungsergebnissen durch die sozial- und kulturhistorische Migrationsforschung – im Sinne einer retrospektiven Interdisziplinarität –, welche in der Herausbildungsphase der korrespondierenden Forschungsergebnisse nur schwer möglich gewesen wäre. Dies trifft beispielsweise bei der kritischen Neubewertung von Forschungsergebnissen und methodischen

---

[110] Bade: Sozialhistorische Migrationsforschung (wie Anm. 40), S. 45. Ausführlicher dazu: Bade, Klaus J.: Mirgration und Migrationsforschung: Vom Kaiserreich bis zur Bundesrepublik, In: Westfälische Forschungen, 39. Münster 1989, S. 393-407.

[111] Bade, Klaus J.: Deutsche im Ausland – Fremde in Deutschland. Migration in Geschichte und Gegenwart. München 1992. S. 9.

[112] Bade: Sozialhistorische Migrationsforschung (wie Anm. 40), S. 45.

Zugängen der Chicagoer Schule[113] zu, die lange „als assimilationistische Einbahnstraßen-Ideologie"[114] verteufelt wurde – deren Paradigmata für Bade heute unter anderen Rahmenbedingungen teilweise wieder diskursfähig erscheinen. Dies zeigt, dass es bei der Historischen Migrationsforschung – wie bei vielen anderen gesellschafts- und kulturwissenschaftlichen Forschungsdisziplinen – eine substanzielle Wechselbeziehung zwischen aktuellen Problemwahrnehmungen und historischen Forschungsinteressen gab und auch weiterhin geben wird.[115]

Darüber hinaus kommt es im Bereich der Migration und Migrationspolitik zu einer Überlagerung zwischen der aktuellen Sachlage und der historiographischen Arbeit: Auf der einen Seite wirken in den Einwanderungsländern nicht nur die Migrationsforscher, sondern auch die Migrationshistoriker bei Fragen der Migration und Integration beratend. Ab und an schalten sie sich auch selbst über die Medien, in Form von kritischer Politikbegleitung, in die öffentliche Diskussion ein. Auf der anderen Seite stehen verwandte Beschreibungs- und Zuschreibungsmethoden. Dabei befindet sich die Historische Migrationsforschung der Zukunft bei den auf die Gegenwart gerichteten historiographischen Analysen des Wanderungsgeschehens und Wanderungsverhaltens – trotz der Informationsdichte des EDV- und Internetzeitalter – in Abhängigkeit zur heutigen Problemverwaltung.

In der langen europäischen Wanderungsgeschichte wurde der Wandel vom Aus- zum Einwanderungsland erst in den 1960er Jahren vollzogen. An die Stelle der ökonomistischen bzw. kulturalistischen Klagen über Wanderungsverluste durch die überwiegend überseeische Auswanderung im 19. Jahrhundert, trat im 20. Jahrhundert die Angst vor einem ansteigenden ‚Wanderungsdruck', bedingt durch die interkontinentale Süd-Nord- und kontinentale Ost-West-Wanderung.[116]

---

[113] Der Ausdruck Chicagoer Schule bezeichnet ein anfangs des 20. Jahrhunderts an der University of Chicago entstandenes ökonomisches Programm, das von Robert Ezra Park und William I. Thomas ins Leben gerufen wurde. Die Chicagoer Schule ist untrennbar verbunden mit der Institutionalisierung der nordamerikanischen Soziologie. Zu den heute bekanntesten Untersuchungen zählt die fünfbändige Sammlung biographischer Äußerungen polnischer Auswanderer „The Polish Peasant in Europe and America" (1918-1921) und das sozialökologische Werk „The City" (1925).
[114] Bade: Sozialhistorische Migrationsforschung (wie Anm. 40), S. 45.
[115] Ebd., S. 45.
[116] Ebd., S. 46.

2.2 Sozialhistorische Migrationsforschung

„Der Vielgestaltigkeit des Phänomens und Problems Migration entspricht die Vielseitigkeit der Forschungsbemühungen um die Beschreibung, Interpretation und Erklärung seiner Ursachen und Erscheinungsformen, seiner Entwicklungsbedingungen, Begleitumstände und Folgeerscheinungen."[117] Deshalb beschäftigen sich verschiedenste Disziplinen mit ihr: Anthropologie, Demographie, Geographie, Geschichte, Ökonomie, Politologie, Rechtswissenschaften, Soziologie etc. Hinzu kommen verschiedene Teil- bzw. Subdisziplinen und Forschungseinrichtungen, die sich mit interdisziplinären Ansätzen besonderen Aspekten der Migration widmen. In der sozialhistorischen Migrationsforschung soll versucht werden die Migration als Sozialprozess in den interdependenten Zusammenhang der Entwicklung von Wirtschaft, Bevölkerung und Gesellschaft einzubetten, um so die Multidimensionalität und Multikausalität dieses komplexen Teilbereichs im historischen Prozess zu erfassen. Die Sozialhistorische Migrationsforschung untersucht in der Regel Wanderungsgeschehen der großen Zahl und arbeitet daher mehr strukturgeschichtlich als individualhistorisch. Aus diesem Grund stehen, abgesehen von speziellen Untersuchungen über Kleingruppen, überwiegend Kollektivphänomene im Vordergrund, da diese der historischen-sozialwissenschaftlichen Beschreibung, Analyse und Erklärung vergleichsweise leichter zugänglich sind als Individualitäten. „Das Wanderungsgeschehen der großen Zahl ist zwar das Gesamtergebnis individueller Wanderungsvorgänge. Das Wanderungsverhalten der großen Zahl aber ist nicht als bloße Addition der Bestimmungsfaktoren individuellen Wanderungsverhaltens verstehbar; denn dabei spielen auch überindividuelle Wirkungszusammenhänge und Bestimmungsfaktoren eine Rolle, die, von Zwangs- und Fluchtwanderungen abgesehen, dem Einzelsubjekt im individuellen Entscheidungs- und Handlungsprozeß nur zum Teil oder nur sehr vermittelt bewußt sein können."[118] Wanderungsentschlüsse werden nicht nach Maßgabe sozialhistorischer Kriterien zur Einschätzung von Wanderungsverhalten und wanderungsbestimmenden Faktoren gefällt, sondern nach individuellen Bedürfnissen, Wünschen, Hoffnungen – meist unter dem Einfluss von kollektiven bzw. gruppenspezifischer Verhaltensmuster – welche die Forschung nur teilweise, je nach

---

[117] Bade: Sozialhistorische Migrationsforschung (wie Anm. 40), S. 13.
[118] Ebd., S. 14 f.

Quellenlage, nachvollziehen kann. Wenn daraus ein Gegensatz zwischen historischer Interpretation und sozialwissenschaftlicher Erklärung abgeleitet werden würde, entstünden fiktive Barrieren. Eine rein additive sozialwissenschaftliche Analyse individueller Verhaltensweisen, selbst bei einem repräsentativen Querschnitt, würde ebenso wenig zu sozialer Strukturgeschichte führen, wie die Bemühungen des individuellen Sinnverstehens der Verhaltensweisen einer großen, annähernd repräsentativen Zahl von Einzelsubjekten im historischen Verlauf. Umgekehrt aber stellen der Vergleich von Individual- und Kollektiverhalten und der Rekurs auf das Sinnverstehen eine wichtige Kontrollfunktion für die strukturgeschichtliche Interpretation dar.

Wenn also innerhalb der Sozialhistorischen Migrationsforschung Sozialgeschichte als Strukturgeschichte betrieben wird, heißt das nicht, dass von der historischen Identität und der Individualität Abschied genommen werden muss, sondern dass sie „der Einsicht in die Geschichtsmächtigkeit von überindividuellen Wirkungs- zusammenhängen und Bestimmungsfaktoren Raum geben im Blick auf jene materiellen (Wirtschaftsstruktur, Sozialverfassung, Institutionsgefüge u.a.) und immateriellen Strukturen (Wertsysteme, Kollektivmentalitäten, Bedürfnisstrukturen u.a.), ohne deren Berücksichtigung Kollektivphänomene historisch nicht zureichend erfaßt, interpretiert und, im Rahmen des Möglichen, erklärt werden können."[119]

2.3 Abgrenzungen

Die Sozialhistorische Migrationsforschung ist von einem interdisziplinären Spektrum von Fragestellungen, Interpretationsmustern und Erklärungsansätzen abhängig; speziell die Bevölkerungs-, Wirtschafts-, Sozial-, Ideen-, Politikgeschichte, sowie die Rechts- und Verfassungsgeschichte. Des Weiteren muss die Sozialhistorische Migrationsforschung für Fragestellungen und Ergebnisse benachbarter wissen- schaftlicher Disziplinen offen sein.[120] Die Chancen einer interdisziplinären Vorgehensweise sieht Bade in „einer objektbezogenen Erweiterung und Vertiefung sozialhistorischen Erkenntnisvermögens,"[121] die Grenzen dort – insbesondere die der wirtschafts- und sozialwissenschaftlichen Disziplinen – wo die verschiedenen

---

[119] Bade: Sozialhistorische Migrationsforschung (wie Anm. 40), S. 15.
[120] Ebd.
[121] Ebd., S. 16.

Erkenntnisinteressen auseinander gehen, wo Fragestellungen und Methoden aufgrund schlechter Quellenlage unbeantwortet bleiben.

Der Sozialhistorischen Migrationsforschung werden ebenfalls drei grundlegende – in ihren Grundzügen der Historischen Migrationsforschung ähnelnde – Aufgaben zugeschrieben:[122]

- das *Wanderungsgeschehen* auf seine Größe, Verlaufsformen und Strukturen zu untersuchen. Dabei muss, trotz der Untersuchung einzelner Wanderungsbewegungen, immer der gesamte Kontext des zeitgleichen Wanderungsgeschehens berücksichtigt werden, damit deutlich wird, dass Wanderungsentschlüsse nicht als alternativlose Entscheidungen verstanden werden dürfen.

- das *Wanderungsverhalten* zu untersuchen und nach Möglichkeit differenziert zu betrachten. Beispielsweise nach dem Zusammenwirken wanderungsbestimmender materieller und immaterieller Schub- und Anziehungskräfte in den Ausgangs- und Zielräumen, nach den Motivationen bzw. Wanderungsabsichten (z.b. definitive Auswanderung, temporäre Arbeitswanderung, Landnahme/Arbeitsnahme), nach regionalen wanderungsfördernden bzw. – hemmenden Faktoren, der Eingliederung im Zielgebiet etc.

- die Einbettung des *Wanderungsgeschehens und Wanderungsverhaltens* in die Bevölkerungs-, Wirtschafts-, Sozial- und Kulturgeschichte sowohl in die der Ausgangs- als auch in die der Zielgebiete, um das Wanderungsgeschehen und Wanderungsverhalten auf beiden Seiten zu untersuchen.[123]

Nach alledem ist die Sozialhistorische Migrationsforschung eine mehr oder minder exakt abgrenzbare historische Forschungsrichtung deren spezifische Fragestellungen und Untersuchungsmethoden in den verschiedensten Forschungsfeldern einsetzbar sind.[124]

---

[122] Bade: Sozialhistorische Migrationsforschung (wie Anm. 40, S. 20.
[123] Ebd.
[124] Ebd. S. 21.

3 Die deutsche überseeische Massenauswanderung im 19. und frühen 20. Jahrhundert

3.1 Bestimmungsfaktoren und Entwicklungsbedingungen

Das 19. und frühe 20. Jahrhundert umfasst in der Geschichte von Bevölkerung, Wirtschaft und Gesellschaft in Deutschland den durch den Industrialisierungsprozess initiierten säkularen Wandel von der Agrar- zur Industriegesellschaft. Diese Entwicklung war im Kaiserreich gekennzeichnet durch den Übergang von einem durch starke Industrie geprägten Agrarstaat hin zu einem Industriestaat mit starker agrarischer Basis.[125]

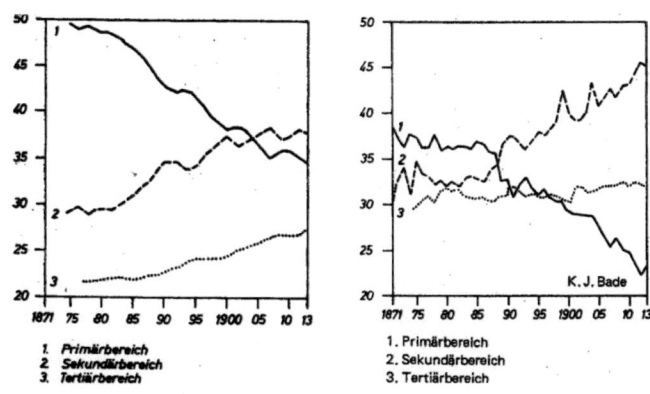

Abb. 1: Sektorale Beschäftigtenanteile und Wertschöpfungsanteile

Die Abbildungen zeigen eine Verschiebung in den Wertschöpfungs- und Beschäftigungsanteilen zwischen Industrie und Landwirtschaft: der primäre Sektor wird Ende der 1880er Jahre (1889) vom sekundären Sektor in der Wertschöpfung und anfang des 20. Jahrhunderts (1904) auch in der Höhe der Beschäftigungszahl überholt. Das 19. und frühe 20. Jahrhundert umfasst in der natürlichen Bevölkerungsentwicklung (ohne Wanderungen) den Kernbereich des demo-ökonomischen Übergangs (demographische Transition) und zeigt eine phasenverschobene Anpassung der Bevölkerungsweise an die Wirtschaftsweise im Übergang zu den generativen Strukturen der modernen Industriegesellschaft.[126]

---

[125] Bade: Sozialhistorische Migrationsforschung (wie Anm. 40), S. 303.
[126] Ebd., S. 304.

Gleichermaßen fällt in die Zeit des Kaiserreichs der Durchbruch im Wandel generativer Strukturen: Das Zusammenfallen der sinkenden Sterbeziffern und einer zunächst weiterhin hohen Geburtenziffer führte zu einem dramatischen Bevölkerungswachstum. Die Bevölkerungsexplosion ließ die Reichsbevölkerung zwischen 1875 und 1900 um 25 % anwachsen; von etwa 45 Millionen 1880 auf rund 56 Millionen um 1900. Das Absinken der Geburtenziffern in den ersten beiden Jahrzehnten des 20. Jahrhunderts brachte dann den entscheidenden Wandel der generativen Strukturen zur industriellen Bevölkerungsweise.

Diese lange Übergangsperiode zeichnete sich durch das Wanderungsgeschehen transnationaler und interner Massenbewegungen aus. 1880 erreichte die millionenstarke Überseeauswanderung des 19. Jahrhunderts ihr absolutes Maximum. Die über große Distanzen reichende Binnenwanderung entwickelte sich im stark beschleunigten Urbanisierungsprozess während der Hochindustrialisierung zur größten Massenbewegung in der deutschen Geschichte. Sowohl die transnationale als auch die interne Massenwanderung resultierten aus dem demo-ökonomischen Kernproblem des 19. Jahrhunderts, nach „jenem international (Auswanderung) und interregional (Binnenwanderung) wirkenden Bevölkerungsdruck, dessen Kraftzentrum das Missverhältnis im Wachstum von Bevölkerung und Erwerbsangebot war."[127] Die Kurve der überseeischen Massenauswanderung brach jedoch erst endgültig ab, als das Überangebot von Arbeitskräften in der industriellen Hochkonjunktur und der langen Agrarkonjunktur vor dem Ersten Weltkrieg durch das stark angestiegene Erwerbsangebot absorbiert wurde und die Angebot- und Nachfragespannung auf dem Arbeitsmarkt in einen Arbeitskräftemangel umschlug. An die Stelle des Bevölkerungsdrucks trat nun auf dem deutschen Arbeitsmarkt der Sog des Erwerbangebotes, was die kontinentale Zuwanderung ausländischer Arbeitskräfte nach Deutschland zur Folge hatte.

Wenn von der deutschen Massenauswanderung im 19. und frühen 20. Jahrhundert, die fast 6 Millionen Auswanderer umfasste, gesprochen wird, ist fast ausschließlich von der Überseewanderung die Rede. Die Auswanderung über „trockene" Grenzen innerhalb Europas war nur von geringfügiger Bedeutung – was sich auch im bislang unzureichenden Forschungsstand widerspiegelt. Eine Ausnahme stellte hierbei die Auswanderung nach Russland und in die Habsburger Länder dar, die erst in der

---

[127] Bade: Sozialhistorische Migrationsforschung (wie Anm. 40), S. 307.

zweiten Hälfte des 19. Jahrhunderts zahlenmäßig hinter der überseeischen Wanderungsbewegung zurücktrat.[128]

3.2 Phasen, Bestimmungskräfte und Verlaufsformen

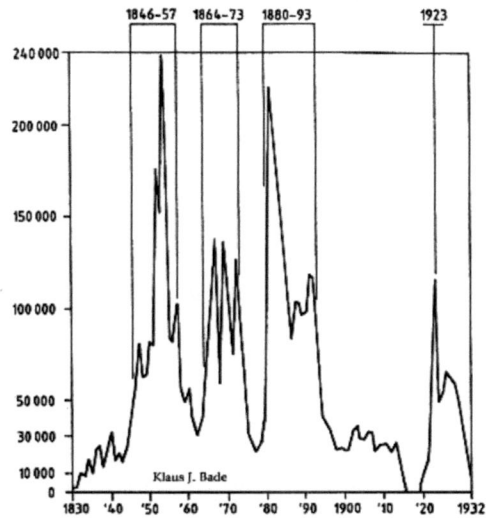

Abb. 2: Gesamtverlauf der Auswanderung

Die Abbildung Bades zeigt den wellenförmigen Gesamtverlauf der deutschen Überseeauswanderung seit den 1830er Jahren. Der Massenexodus des 19. Jahrhunderts, der in den 1840er Jahren seinen Aufstieg und seit den 1890er Jahren seinen Abstieg zu verzeichnen hatte, wird in der Forschung als „eine einzige große Auswanderungswelle" bezeichnet, welche „drei Gipfel und zwei ereignisbedingte Einbruchphasen von 1858 bis 1864/65 (Wirtschaftskrise 1857-59, Sezessionskrieg 1861-65 und 1873/74 bis 1879 und die Wirtschaftskrise 1873-79)" hatte. [129] Für Bade hingegen stellte die Auswanderung des 19. Jahrhunderts aus Europa „nur eine einzige

---

[128] Bade: Sozialhistorische Migrationsforschung (wie Anm. 40), S. 307. Einen umfassenden Überblick zum Thema amerikanische Einwanderungsgeschichte gibt: Schmidt, Hans: Die verschiedenen Einwanderungswellen in die Vereinigten Staaten von Nordamerika von den Anfängen bis zur Quotengesetzgebung. In: Spörl, Johannes (Hrsg.): Historisches Jahrbuch. 85. Jahrgang. München / Freiburg 1965. S. 323-361.

[129] Ebd., S. 309.

große, durch verschiedene Hindernisse gestörte Auswanderungswelle" dar.[130] Solch ein durch Aus- bzw. durch Einwanderungshindernisse bedingter Auswanderungsstau konnte nach einem Rückgang der Auswanderungswelle abrupt einen starken Auswanderungsschub freisetzen, der dann als Auswanderungswelle in Erscheinung trat, bei dem Auswanderungsentschlüsse mitwirkten, die möglicherweise schon Jahre zurücklagen.[131] Von einem sprunghaften Anstieg der Auswanderermassen 1816/17 in Folge von Missernten auf etwa 20.000 abgesehen, blieben die Zahlen bis in die 1830er Jahre relativ niedrig. Ein deutlicher Anstieg ist seit der Mitte der 1840er Jahre, bedingt durch die Pauperismuskrise und die daraus resultierende Soziale Frage, zu erkennen. Das ständische Sozialgefüge wurde durch wirtschaftliche Reformen von oben beseitigt. Besitzregulierungen, Bevölkerungsdruck, Lastenablösungen und Gemeinheitsteilungen auf dem Lande, die Bodenzersplitterung im Westen und Südwesten und die Gewerbefreiheit im Handwerk ließen sowohl die transnationale als auch die interne Migration sprunghaft ansteigen. Zu den entscheidenden Auslösern der rapide anwachsenden Auswanderung können die Teuerungs- und Ernährungskrisen in den 1830er und 1840er Jahren gezählt werden, die durch Missernten und anhaltenden Lohndruck entstanden sind. Diese trafen in den vor- und frühindustriellen Arbeitsmärkten auf Unterbeschäftigung und Arbeitslosigkeit. Die Landwirtschaft, das hausindustrielle Gewerbe und das Handwerk konnten die enormen Bevölkerungsmassen nicht mehr beschäftigen und das aufstrebende Fabrikwesen war noch nicht imstande, das Überangebot an Arbeitskräften aufzunehmen. Die Krise 1846/47 und die Auswirkungen der Revolution fanden dann 1854 mit 239.264 Auswanderern ihren Hochpunkt. Der in den 1850er Jahren beginnende Aufschwung in den neuen und alten Industrien und im Bau- und Verkehrswesen führte in einigen Regionen zu einem leichten Lohnanstieg, konnte das Überangebot an Arbeitskräften aber nur bedingt absorbieren.

Getragen von der Hoffnung auf ein besseres Fortkommen stieg die Auswanderung nach Amerika nun zur Massenbewegung auf. Die Auswanderung konnte aber auch als Flucht aus dem erschütterten deutschen Sozialgefüge und Verweigerung der sozialökonomischen Anpassungszwänge angesehen werden. So wanderten zwischen

---

[130] Bade: Europa (wie Anm. 2), S. 145.
[131] Vgl. auch: Bade, Klaus J.: German Emigration to the United States and Continental Immigration to Germany in the Late Nineteenth and Early Twentieth Centuries. In: Central European History. Volume XIII. Atlanta 1980. S. 348-377.

1846/47 und 1857/59 etwa 1,3 Millionen nach Amerika aus. Allein zwischen 1857/59 mehr als eine halbe Million Menschen. Die gescheiterte Revolution führte zwar zu einer kollektiven Verunsicherung und wirkte sich verstärkend auf die Bewegung aus, ließ sie aber, abgesehen von den politischen „Forty eighters", nicht zu einer Massenbewegung anwachsen. „Die Massenauswanderung als Folge und Symptom der Krise aber rekrutierte sich in ihrem Schwergewicht gerade nicht in diesem aufstrebenden Bürgertum, das in der Revolution nach dem politischen Äquivalent seiner ökonomischen Stellung suchte und in diesem Kampf um politische Partizipation vom Revolutionsergebnis enttäuscht wurde. Ihr soziales Rekrutierungsumfeld lag in tieferen Schichten der Sozialpyramide, die in ökonomischer Existenzgrundlage und sozialem Status gefährdet oder schon unmittelbar von Armut und Elend bedroht waren."[132] Die Auswanderer setzten sich zusammen aus Handwerkern und Kleingewerbetreibenden, die sich den Schutz des zusammengebrochenen Zunftwesens zurückwünschten. Sie rekrutierte sich aus kleinbäuerlichen Schichten, welche die Revolution nur am Rande miterlebt hatten oder aus Erzählungen kannten. Auf diese Weise füllten sich die Auswandererschiffe „mit dem Mahlstrom der Wirtschafts- und Gesellschaftskrise geratener sozialer Gruppen, die dem Elend der verführten industriellen Reservearmee im erwerbslosen Wartestand zu entkommen suchten."[133] Durch den Verkauf ihrer Habe konnten sie sich eine Schiffspassage lösen und hatten in einigen Fällen noch etwas Geld für die Gründung einer neuen Existenz übrig. Meistens wurden die Kosten für die Überfahrt von bereits ausgewanderten Familienangehörigen übernommen, oder auch wie es gerade zu dieser Zeit im Großherzogtum Baden der Fall war, vom Staat. Die Ausdehnung der transatlantischen Passagierschifffahrt und deren verkürzte Überfahrtszeiten durch den Einsatz der Dampfschiffe, der Ausbau des Schienennetzes, die verbesserten Anreisemöglichkeiten zu den Seehäfen und die Verdichtung des transatlantischen Informationsaustausches erleichterte bei vielen den tatsächlichen Entschluss zur Auswanderung. Bewegründe waren die Informationen über die Zielgebiete durch Auswandererbriefe, die Vorfinanzierung der Fahrkarte (prepaid ticket) und das Unterkommen neuer Einwanderer bei bereits ausgewanderten Familienangehörigen und Bekannten (Kettenwanderung). Indessen blieb der indirekte

---

[132] Bade: Sozialhistorische Migrationsforschung (wie Anm. 40), S. 310.
[133] Ebd., S. 311.

Einfluss durch Auswanderungsunternehmer, ausländische Anwerber und Werber der Schifffahrtsgesellschaften bestehen, verlor aber in den folgenden Jahren an Bedeutung.

Das Glück im Land der unbegrenzten Möglichkeiten zu finden, wurde seit der Jahrhundertmitte ein immer gängigeres und einfacheres Lebensmodel. Trotz alledem war und blieb die Auswanderung des 19. Jahrhunderts „Ergebnis einer enormen Bevölkerungsexplosion in einem von partieller Modernisierung, ungleichzeitigen Entwicklungsschüben und daraus resultierenden Spannungen zu bewegten Wirtschafts- und Gesellschaftsgefüge im Wandel vom Agrar- zum Industriestaat, dessen innere Krisenlagen sozialökonomische Schubkräfte freisetzten, die die Anziehungskraft des überseeischen Haupteinwanderungslandes nur um so mehr verstärkten."[134] Aus diesen Gründen war die Auswanderung mehr als ein halbes Jahrhundert, trotz Fluktuationen im Gesamtverlauf, eine Bevölkerungs-, Wirtschafts- und Gesellschaftsentwicklung begleitende sozialökonomische Massenbewegung und kann daher als Ergebnis eines Missverhältnises zwischen Bevölkerungswachstum und Erwerbsangebot angesehen werden, das erst durch den gewaltigen Wirtschaftsaufschwung aufgefangen werden konnte und sich zum Exporteur der Sozialen Frage entwickelte.

Die Versuche, die enormen Schwankungen der Auswanderungsbewegung in die Wellenbewegungen der Auswanderungskurve zu fassen, sieht Bade zwar als einprägsam an, dennoch hätte dies in der Forschung schon zu einigen Missverständnissen und Irrwegen geführt. Dazu zählte er die Versuche, den raschen Aufstieg einer ‚Welle' „aus der vermeintlichen Potenzierung besonderer zeitgleicher Antriebskräfte im Auswanderungsland zu erklären."[135] Was schon allein deshalb problematisch ist, da die Auswanderung nicht als ein punktuelles Ereignis anzusehen ist, sondern meistens ein lang- oder mittelfristiger Prozess war. Von der Herausbildung latenter Auswanderungsbereitschaft im Ausgangsraum über den oftmals ereignisbedingten Auswanderungsentschluss bis hin zu dessen tatsächlicher Ausführung zu einem Zeitpunkt, zu dem der eigentliche Entschluss selbst schon längere Zeit – nicht selten Jahre – zurückliegen konnte.

---

[134] Bade: Sozialhistorische Migrationsforschung (wie Anm. 40), S. 311.
[135] Ebd., S. 312.

Einen kurzfristigen ‚Auswanderungsstau' (1861-1863) brachte der amerikanische Bürgerkrieg mit sich. Bis 1864, noch vor Kriegsende, die zweite deutsche Auswanderungswelle des 19. Jahrhunderts durchbrach und innerhalb eines Jahrzehntes mehr als 1 Million Menschen mit sich riss. Durch die wirtschaftliche Depression (Große Depression 1873-1895), sowohl in Amerika als auch in Deutschland, stürzte die Auswanderungswelle erneut ab. Das Ende der ersten Rezessionsphase (1879) brachte das Ende des Wellentals dieser Auswanderungs-bewegung mit sich, bis 1880 abrupt die dritte und größte Auswanderungswelle des 19. Jahrhunderts einsetzte. Allein zwischen 1880 und 1885 wanderten mehr als 860.000 Menschen nach Übersee aus; Insgesamt fast 1,8 Millionen Deutsche in den Jahren 1880-93, bis es zum endgültigen Zusammenbruch der dritten deutschen Auswanderungswelle kam.

Seit Mitte der 1890er Jahre trat die Anziehungskraft Amerikas, was durch die deutsche Hochindustrialisierungsphase herrührt, stark hinter dem damit verbundenen enorm wachsenden sozialökonomischen Angebot in der Heimat zurück, wodurch die Auswanderungskurve abflachte und auf das Niveau der späten 1830er Jahre sank, bevor sie dann im Ersten Weltkrieg ganz abriss. Köllmann und Marschalck verbinden den starken Rückgang mit dem Ende der ‚Frontier', das für die stärkste Auswanderergruppe, die aus den ländlichen Gebieten von Ostpreußen stammte, das Ende ihres Traumes von eigenem Land in den Vereinigten Staaten, das sie ohne eigenes Kapital erwerben konnte, bedeutete.[136] „Without doubt, many of the emigrants, particularly those from the predominantly agrarian areas oft northeast Germany, migrated to the United States expecting to export their traditional form of agricultural existence and rural social status, that is, to reconstruct their old way of life in the "New World"."[137]

Zu Beginn des 20. Jahrhunderts gaben die Ansätze der Frontier These und der Ventil-Theorie der amerikanischen Historiographie eine fast revolutionäre Wende, verloren dann im Laufe der Zeit allerdings an Überzeugungskraft.[138] „The frontier while it lasted was a social safety valve that prevented the rise of social pressure or class

---

[136] Bade: German Emigration to the United States (wie Anm. 131), S. 362. Ausführlicher mit der Frontier hat sich auch Fritz Joseephy in „Die deutsche überseeische Auswanderung" (wie Anm. 29), S. 87- 95, beschäftigt.
[137] Bade: German Emigration to the United States (wie Anm. 131), S. 365.
[138] Vgl. Moltmann: Nordamerikanische „Frontier" und deutsche Auswanderung (wie Anm. 27), S. 279-296.

antagonism to the danger point [...]. There was no chance for the socially discontented to become numerous or ominous. No oppressed lower class could be created in a community in which any young man with reasonable nerve and luck might hope to be an independent farmer before he was thirty."[139]

Der Auswanderungsrückgang ging somit mit dem Wandel Nordamerikas vom agrarisch geprägten Staat– wie er noch in den 1860er Jahren vorherrschte – zum Industriestaat einher und brachte die soziale Unsicherheit des modernen Industrielebens mit sich. In Zeiten schwacher Konjunktur nahm die Arbeitslosigkeit oftmals riesen Dimensionen an.[140] Der nach dem Ersten Weltkrieg erwartete enorme Anstieg der Auswandererzahlen blieb aus und brachte erst 1923 – durch Ruhrkampf und Inflation – eine steile, kurz andauernde Welle mit sich. In den folgenden Jahren der wirtschaftlichen Stabilisierung wurde die Auswanderung langsam wieder Rückläufig und stürzte mit Beginn der Weltwirtschaftskrise steil ab – ähnlich wie in der Krise Mitte der 1870er Jahre. Während der Weltwirtschaftskrise stieg die Zahl der überseeischen Rückwanderer so stark an, dass sie die Zahl der Auswanderer übertraf. Anfang der 1930er Jahre schrumpfte die Auswanderung zu einem Rinnsal, bis durch die politische Emigration und jüdische Fluchtwanderung aus dem nationalsozialistischen Deutschland ein völlig neuer Abschnitt der deutschen Wanderungsgeschichte begann.[141]

3.3 Zielgebiete, Auswanderungsrouten und Überseehäfen

Die deutsche Überseewanderung im 19. und frühen 20. Jahrhundert war hauptsächlich Nordamerika-Einwanderung, die im Zusammenhang mit der „Alten Einwanderung" aus Europa (Großbritannien, Irland und Skandinavien) steht, welche nach 1890 durch die „Neue Einwanderung" (New Immigration), überwiegend aus Süd-, Südost- und Osteuropa, ersetzt wurde. Diese Einwanderungsbewegung mit großen Anteilen von

---

[139] Paxson, Frederic L.: Recent History of the United States. Cambridge 1928. S. 157-158. Zu Beginn des 20. Jahrhunderts entwickelte der amerikanische Historiker Frederick Jackson Turner die These von der konstitutiven Bedeutung der Westexpansion und der Pioniertradition für die Entwicklung der amerikanischen Demokratie; dieser These schloss sich auch Frederic L. Paxson an. Auch deutschen Amerikainterpreten schien Turners Argumentation schlüssig, so auch für Werner Sombat „Warum gibt es in den Vereinigten Staaten kein Sozialismus?" Tübingen 1906. Weiterentwickelt zu einer ganzheitlichen Konzeption für die moderne überseeische Wanderungsbewegung wurde diese These von Turner Schüler Marcus Lee Hansen (1892-1938).
[140] Joseephy: Die deutsche überseeische (wie Anm. 29), S. 88.
[141] Bade: Sozialhistorische Migrationsforschung (wie Anm. 40), S. 314.

Spanien, Portugal, Italien, Österreich-Ungarn und Russland erreichte 1910 ihren Höhepunkt. Der Anteil der Amerika-Wanderung in der deutschen Überseewanderung im 19. Jahrhundert lag in der ersten Auswanderungswelle bei 85 %, in der zweiten bei 91 % und in der dritten bei 92 %. Die am nächst häufig frequentierten Ziele in Übersee waren Kanada, Brasilien, Argentinien und Australien.[142]

Zu Beginn des 19. Jahrhunderts wählte der Großteil der deutschen Auswanderer westeuropäische Seehäfen für seine Überfahrt nach Amerika – bevorzugt Le Havre, Antwerpen und Rotterdam. Grund dafür war nicht nur die rückschrittliche deutsche transatlantische Passagierschifffahrt, die ihren Aufstieg der Auswanderung selbst verdankte, sondern, was die französischen Häfen betrifft, die Dominanz des süddeutschen Raums in der Amerikaauswanderung in der ersten Jahrhunderthälfte. Erst nach der Jahrhundertmitte stieg die Bedeutung der deutschen Seehäfen Hamburg und Bremen.[143] Dennoch blieb der Auswanderungsanteil über ausländische Seehäfen, der auch nach dem Aufbau der Reichstatistik 1871/72 nur mangelhaft erfasst wurde, hoch und wurde zwischen 1880-1910 bei 20 % festgesetzt.[144] Umso mehr die deutsche Auswanderung seit den 1890er Jahren zurückging, umso wichtiger wurde für die hanseatischen Transatlantiklinien der Strom von osteuropäischen Auswanderern, durch die Deutschland vom Auswanderungsland zum Transitland wurde.[145]

3.4 Strukturwandel im Aus- und Einwanderungsprozess

Die deutsche Überseewanderung des 19. und frühen 20. Jahrhunderts unterliegt einem vielgestaltigen Strukturwandel: Verlagerung der Ausgangsräume, Veränderung der Erwerbsstruktur, langfristiger Wandel von ländlicher Siedlungswanderung zur industriellen Arbeitswanderung, von der Familien- zur Einzelauswanderung und die daraus resultierende Verschiebung sowohl in der Erwerbs- als auch Siedlungsstruktur der deutschen Auswanderer in Amerika.

---

[142] Bade: Sozialhistorische Migrationsforschung (wie Anm. 40), S. 314.
[143] Ausführlicher siehe: Engelsing, Rolf: Bremen als Auswanderungshafen 1683-1880. Bremen 1961.
[144] Bade: Sozialhistorische Migrationsforschung (wie Anm. 40), S. 318.
[145] Ebd., S. 319. Die amerikanische Einwanderungsstatistik weist 1880 weniger als 150.000 Einwanderer aus der Donaumonarchie und dem Zarenreich auf. Anfang des 20. Jahrhunderts erreichte die ‚Neue Einwanderung' mit 2.145.000 Einwanderern aus Österreich-Ungarn und 1.597.000 aus Russland ihren Höhepunkt. So stellten die ausländischen Überseewanderer zwischen 1894-1910 etwa 89 % (2.752.256) der Passagiere der deutschen Häfen. Die deutschen Auswanderer hingegen nur noch 11 % (380.901).

Die Dominanz des südwestdeutschen Auswanderungsraumes, blieb trotz deutlichem Anstieg der westlichen Auswanderungsgebiete vom 18. Jahrhundert bis zur Mitte des 19. Jahrhunderts ungebrochen. Erst in den 1860er Jahren zeichnete sich eine Verlagerung der Auswanderungsschwerpunkte vom Südwesten über die mitteldeutschen in die nordöstlichen Gebiete ab, die infolge der Agrarreformen von Überbevölkerungserscheinungen kaum betroffen waren. Aber auch hier löste der Bevölkerungsdruck durch den Geburtenschub der zweiten Generation nach der Agrarreform eine wanderungsbestimmende Kraft aus, durch welche die nordostdeutschen Auswanderungsgebiete in der dritten Auswanderungswelle (1880-1893) den Hauptstrom an Auswanderern stellte.[146] Die räumliche Verlagerung der Auswanderungsschwerpunkte kam einer Verschiebung der Struktur der Auswanderungsbewegung gleich. Bis in die 1860er Jahre stellten die Opfer der Realerbteilung[147] im Südwesten, die Klein- und Armenbauern, gefolgt von selbstständigen Kleingewerbetreibenden und Kleinhandwerkern, die größten Berufsgruppen der Überseewanderung. Dabei gab es deutliche regionale Diskrepanzen durch die Unterschiede zwischen der Wirtschaftsstruktur und der Agrar- und Sozialverfassung der Ausgangsräume. Aus dem Südwesten wanderten überwiegend selbständige Kleinbauern aus, aus dem Mitteldeutschenraum hingegen Handwerker und in der Hausindustrie beschäftigte.

Einhergehend mit der Verlagerung des Hauptauswanderungsraumes vom Südwesten zum Nordosten, vollzog sich seit den 1860er Jahren zunehmend ein Wechsel in der Berufs- und Sozialstruktur der Tagelöhner, Insten und nachgeborene Bauernsöhne rückten in den Vordergrund. In den 1880er und 1890er Jahren stieg der Anteil aus den städtischen Arbeitsmärkten des Sekundär- und Tertiärbereichs an und zeigte deutlich eine Gewichtsverschiebung der ausgewanderten Berufsgruppen aus den sekundären und tertiären Bereichen. Bei der Aufnahme der Berufsgliederung der Überseeauswanderer in die Reichsstatistik 1899, hatte sich eine Gewichtsverlagerung zu den sekundären und tertiären Bereichen bereits vollzogen. Die landwirtschaftlichen

---

[146] Bade: Sozialhistorische Migrationsforschung (wie Anm. 40), S. 320.
[147] Realerbteilung bedeutet, dass der Besitz einer Familie, insbesondere der Landbesitz, unter den Erbberechtigten zu gleichen Teilen aufgeteilt wird. Was in der Landwirtschaft zu einer Zersplitterung des Ackerlandes in eine Vielzahl kleiner Äcker, oft in Form schmaler Streifen, führte und deren Größe ab einem bestimmten Punkt nicht mehr ausreichte, um eine Familie von den Erträgen zu ernähren. Im Gegensatz dazu steht das Anerbrecht in den norddeutschen Gebieten nachdem nur ein Erbe den gesamten Hof erhält.

Berufsgruppen stellten zu Beginn des 20. Jahrhunderts knapp ein Drittel und anfang der 1920er Jahre bereits weniger als ein Fünftel der Auswanderer.[148]

Es wird deutlich, dass die Auswanderung den Übergang vom Agrar- zum Industriestaat indirekt beschleunigte. Durch die transnationale Massenbewegung kam es im Auswanderungsland zu einer Verschiebung der Erwerbsstruktur auf Kosten der landwirtschaftlichen Erwerbsbereiche, welche nicht hauptsächlich das Ergebnis der Auswanderungsbewegung war, sondern ihre Ursache in der internen Abwanderung – „Landflucht" – hatte.

Gleichermaßen starken Veränderungen unterworfen waren die Auswanderungsgruppen im 19. Jahrhundert. Bis Mitte des 19. Jahrhunderts dominierte noch die Familienauswanderung, die allmählich von der Einzelwanderung abgelöst wurde. Dennoch lag die Familienauswanderung auch in der dritten Auswanderungswelle über der außerordentlich stark ansteigenden Einzelauswanderung, was im Wesentlichen mit der Verlagerung der Auswanderungsschwerpunkte in den ländlich, agrargesellschaftlich geprägten Osten zu tun hatte. 1880 erreichte die Einzelauswanderung bereits einen Anteil von 40 %, der nach dem steilen Abfall der Auswandererzahlen aus dem Nordosten des Reichs, ruckartig anstieg. Am Ende der Weimarer Zeit hatte sich dann das Verhältnis von der Familien- zur Einzelauswanderung umgekehrt: 1881-1890 wanderten noch 57,8 % der Auswanderer im Familienverband und 42,2 % als Einzelpersonen aus, zwischen 1921-28 lediglich noch 33,8 % mit Familie und 66,2 % als Einzelauswanderer.[149] Zusammen mit der rückläufigen Familienauswanderung nahm auch die Stärke der Auswandererfamilien selbst ab. Durchschnittlich betrug die Kopfzahl bei der Familienauswanderung 1880 noch 3,7, sank dann bis 1928 auf 2,6 ab. Dies deutet auf eine zunehmende Aufspaltung innerhalb des Familienverbandes hin: vielfach wanderte der Familienvater voraus, um sich in Amerika eine neue Existenz zu schaffen, bevor dann die restliche Familie nachzog. Die gleiche Entwicklung wird bei der Betrachtung der Altersstruktur deutlich: Anstieg der Auswanderer im erwerbsfähigen Alter, Abnahme der Auswanderung von nichterwerbsfähigen Auswanderern. Zwischen 1884-1890 und 1921-1928 sank die Beteiligung der Auswanderer unter 14 Jahren von 25,4 auf 12,3 %, die der 14-21-jährigen Auswanderer schrumpfte von 21 auf 18,9 %. Im gleichen

---

[148] Bade: Sozialhistorische Migrationsforschung (wie Anm. 40), S. 320. (1900/04: 30,6 %) (1921/23: 17,8 %)
[149] Ebd., S. 321.

Zeitraum fiel der Anteil der über 50-jährigen Auswanderer von 6,1 % auf 4,4 %. Der Anteil der 21-50-Jährigen, die sich im besten erwerbsfähigen Alter befanden, stieg von 47,7 % auf 64,4 %.[150]

Mit der Zunahme der Einzelauswanderer die in den sekundären und tertiären Bereichen beschäftigt waren, entwickelte sich seit den 1880er Jahren eine neue industrielle Wanderungsweise, welche sich zu einer ökonomisch-spekulativen, stark von Schwankungen der Konjunkturentwicklung und Arbeitsmarkt abhängigen Erscheinung entwickelte. In der zeitgenössischen Diskussion wurde dies als „Sachsengängerei nach Übersee" und im Jargon der aktuellen Wanderungsdiskussion als „transatlantische Gastarbeiterwanderung" bezeichnet. Dieser Wechsel wurde in seiner frühen Phase von den großen ländlichen Auswanderungsgruppen aus den nordöstlichen Gebieten des Reichs überschattet.[151]

Im Wandel zur ‚neuen' industriellen Wanderungsweise wurden die Veränderungen der Erwerbs- und Familienstruktur durch den Wandel der Soziallagen der Auswanderungspotentiale begleitet. Nachdem sich die Erwerbsstruktur der Auswanderung im ersten Jahrzehnt des 20. Jahrhunderts zugunsten der sekundären und tertiären Bereiche verschoben hatte, stieg die Zahl der abhängig Beschäftigten um ein Vielfaches über den rückläufig werdenden Anteil der Selbständigen. Die früher ausgewanderten Kleinbauern und Kleinhandwerker wurden durch Landarbeiter, Angestellte und Arbeiter aus Industrie, Gewerbe und dem Dienstleistungsbereich ersetzt. Selbständig waren aus dem Bereich der Landwirtschaft lediglich noch 6,4 % der Auswanderer, aus Industrie und Gewerbe nur noch 7,5 %, woran sich bis Ende der 1920er Jahre nichts änderte.

Somit wird deutlich, wie stark sich die Wanderungsweise – ebenfalls phasenverschoben wie die Bevölkerungsweise – den sozialökonomischen Struktur-verschiebungen, welche für die Entwicklung der modernen Industrie-gesellschaft bedeutend waren, anglich.[152]

Die ‚neue' industrielle Wanderungsweise spiegelt sich neben der deutschen Auswanderungsstatistik auch in den Census-Daten zur Erwerbs- und Siedlungsstruktur der amerikanischen Regierung über die „German born population" wider. Die Annahme einer weiterhin im selben Ausmaß bestand habenden ländlichen

---

[150] Bade: Sozialhistorische Migrationsforschung (wie Anm. 40, S. 322.
[151] Ebd.
[152] Ebd., S. 323.

Siedlungswanderung der Deutschen in farmwirtschaftliche Gebiete in Amerika, bis die Möglichkeit zur freien Siedlung auf Regierungsland in den 1890er Jahren erlosch, hielt einer quantitativen Analyse nicht stand. Stellte die „German born population" zwischen 1820-1860 mit 30 % der „foreign born population", nach den Iren, die zweitgrößte, zwischen 1862-1890 noch die größte Einwanderergruppe in den USA, sank deren Anteil, bedingt durch den starken Anstieg der osteuropäischen Einwanderer, nach der Jahrhundertwende auf 18,5 % (1910). Der Vergleich der Erwerbstruktur mit den deutschen und den amerikanischen Census-Daten, birgt immense Schwierigkeiten in sich, so Bade.[153] 1880 lag der ländliche Bevölkerungsanteil der „German born pupulation" in den Vereinigten Staaten bei 31,5 % und 1890 bei 31,1 % und war somit an der Spitze der landwirtschaftlichen „foreign born population" – danach sank der Anteil kontinuierlich. Der Anteil der im primären Bereich selbständig Tätigen (farmers, planters) und der abhängig Erwerbstätigen (agricultural laborers) lag 1870 bei 26,8 % und somit bereits nahezu 10 % hinter dem sekundär Bereich (manufacturing, mechanical and mining industries) dessen Anteil bei 36,9 % lag und dem des tertiären Bereichs (domestic and personal service, trade and transportation, professional service). Während der primäre Bereich zwischen 1870-1890 lediglich noch einen Anstieg von 155.597 erwerbstätigen deutschen Einwanderern hatte, verzeichneten der sekundäre und besonders der tertiäre Bereich zusammen einen Zuwachs von 509.298 Einwanderern. So verbuchten sowohl der städtische industriell-gewerbliche als auch der Dienstleistungssektor in diesem Zeitraum ihren absoluten Zugewinn, der über das Dreifache des ländlichen Beschäftigungsbereichs anstieg.[154] Auf Grund dessen wurde im letzten Drittel des 19. Jahrhunderts ein starker Anstieg der Auswanderung auf Kosten der ländlichen Siedlungswanderung deutlich erkennbar. Dies belegen auch die amerikanischen Daten über die Siedlungsstruktur der „German born population" in den USA: Im Gegensatz zu Deutschland lebten 1890 bereits 48 % und 1900 schon mehr als 51 % aller in Deutschland geborener Einwanderer in Amerika in Städten mit mehr als 25.000 Einwohnern. Zwischen 1870-1890 überrundete der Anteil der „German born population", bei deutlichem Anstieg der Gesamterwerbsquote (von 49,5 % auf 54 %)

---

[153] Bade: Sozialhistorische Migrationsforschung (wie Anm. 40), S. 324. Das Hauptproblem des amerikanischen Census ist, dass nicht die Erwerbsstruktur der im Zähljahrzehnt eingewanderten Personen erfasst wird, sondern die aller in Deutschland geborenen Einwanderer.
[154] Ebd.

und der weiblicher Erwerbstätigkeit (von 7,6 % auf 10,9 %) im sekundären und tertiären Bereich, den Primärbereich wesentlich schneller als im Heimatland. Ebenso waren die in Deutschland geborenen Einwanderer in den USA wesentlich öfter im „urban employment" des Sekundär- und Tertiärbereich tätig als im Herkunftsland. Daher geht Bade davon aus, dass die deutschen Amerikaeinwanderer bereits zwischen 1870-1890, besonders jedoch zwischen 1880-1890, ihre Erwerbsgrundlage nicht mehr im ländlichen Bereich, sondern im vorwiegend städtischen sekundär- und tertiären Bereich suchten. In den USA herrschte eine rege Nachfrage nach Arbeitskräften, daher wurden in fast allen Industriezweigen hohe Löhne gezahlt und gerade die deutschen Arbeiter, die als besonders tüchtig und qualifiziert galten, waren willkommen. Oftmals erwarben sich die Auswanderer erst hier das nötige Kapital, um eine Weiterreise in den Westen finanzieren zu können. Auch für diejenigen, die sich dauerhaft an der dicht besiedelten Ostküste niederließen, bot sich ein höherer Lebensstandart als in Deutschland – die meisten waren damit zufrieden nur etwas besser leben zu können als in der Heimat.[155]

Auch in der dritten Auswanderungswelle hatte die Anziehungskraft der „Frontier-Vorstellung", die Möglichkeit der freien Siedlung auf Regierungsland, besonders innerhalb der ländlichen Auswanderungsgruppen weiter bestand – wies allerdings bereits in den 1880er Jahren Züge einer „agrarromantischen Sozialutopie"[156] auf. „Mit der Auswanderung aber taten viele von ihnen just jenen Schritt in die Moderne, den zu vermeiden die Überfahrt vielleicht angetreten worden war: Für mentale Schollenbindung und konservative Agrarromantik, die der Mentalität der vorwiegend amerikanischen „Frontier-Farmer" durchaus fremd waren, war kein Platz im amerikanischen Westen."[157] Das Land im Mitteleren Westen kostete Geld. Geld das die aus den unterbäuerlichen Schichten stammenden Einwanderer nur begrenzt besaßen. All diejenigen, die durch den Verkauf ihrer Liegenschaften in der Heimat über ein gewisses Maß an Eigenkapital verfügten, die ein Erbe antraten oder in eine Farmerfamilie einheirateten, hatten immerhin die Chance, wenn in der Regel auch nur zu einem kleinen Farmbesitz zu kommen. Die anderen hatten keine Wahl: entweder sie blieben abhängig Beschäftigte in der Landwirtschaft wie in ihrem Heimatland,

---

[155] Vgl. Joseephy: Die deutsche überseeische Auswanderung (wie Anm. 29), S. 90.
[156] Bade: Sozialhistorische Migrationsforschung (wie Anm. 40), S. 327.
[157] Ebd.

oder sie nahmen eine Arbeitsstelle auf den expandierenden städtischen Arbeitsmärkten des Sekundär- und Tertiärbereichs an.

Daher verwundet es nicht, dass die amerikanischen Daten über die Erwerbs- und Siedlungsstruktur der „German born population" Unstimmigkeiten zwischen den geplanten Wanderungsabsichten (Landnahme, selbständige Produktion im Primärbereich) und den tatsächlichen Wanderungsergebnissen (Arbeitnahme, abhängige Produktion im Sekundär- bzw. Tertiärbereich) entstehen lassen.

Bevor die ‚Frontier-Bewegung' nachließ, verschoben sich die Siedlungsschwerpunkte der in Amerika geborenen deutschstämmigen Einwanderer in Richtung Westen. Die nachkommenden Einwanderergruppen nahmen die so entstandenen freien Gebiete für sich in Anspruch, nicht nur im ländlichen Bereich und Gewerben, sondern hauptsächlich im städtischen Sekundär- und Tertiärbereich: „Wenn auch einzelne Immigrantengruppen in gewissen Perioden regen Anteil an der Landsiedlung genommen haben, so spielten sie doch in der Mehrheit geographisch und wirtschaftlich die Rolle einer Nachhut der Kolonisationsbewegung der Amerikaner. Sie lieferten die Arbeitskräfte für die Industrie, die sich im Osten auf der Basis der Markterweiterung durch die nach Westen fortschreitende Kolonisation entwickelte."[158] Dieser Ansatz der Brüder Kulischer galt auch für die deutsche USA-Einwanderung des 19. Jahrhunderts, welche verstärkt auf den städtisch-industriellen Arbeitsmärkten eine Ersatz- bzw. Erweiterungsfunktion übernahmen.[159]

In der Periode der deutschen Hochkonjunktur Mitte der 1890er Jahre, erhielten die vom Lande stammenden Auswanderungswilligen aus dem Deutschen Reich ein bis dahin unbekanntes sozialökonomisches Angebot, weshalb der Auswanderungsentschluss nun meistens unausgeführt blieb. Als Hauptursache für die starke Abnahme der Überseewanderung und die dafür ansteigende Binnenwanderung aus den ländlichen Gebieten in die Städte führt Bade das Aufholen des deutschen industriegewerblichen Beschäftigungsangebotes gegenüber dem amerikanischen an: das heißt, die zusätzliche Beschäftigung der in der Landwirtschaft tätigen in den Sekundären und Tertiärbereichen der städtischen deutschen Industrie.[160] Was deutlich

---

[158] Kulischer, Alexander; Kulischer, Eugen: Kriegs- und Wanderungszüge. Weltgeschichte als Völkerbewegung. Berlin 1932. S. 144 f.
[159] Ausführlicher siehe bei: Keil, Hartmut: Die deutsche Amerikaeinwanderung im städtisch-industriellen Kontext: das Beispiel Chicago 1890-1910. In: Bade (Hrsg.): Auswanderer – Wanderarbeiter – Gastarbeiter. Ostfildern 1984, S. 378-405.
[160] Bade: Sozialhistorische Migrationsforschung (wie Anm. 40), S. 328.

die Anziehungskraft der Ballungsräume in Mittel- und insbesondere Westdeutschland seit Mitte der 1880er Jahren erkennen lässt, die in den 1890er Jahren weiter rapide zunahm. Hintergrund war die dritte Einbruchsphase der amerikanischen Wirtschaft, in der seit 1873 anhaltenden Krise (panic of 1893), welche Amerika wesentlich stärker als Deutschland getroffen hatte. Dies bedingte neben dem Rückgang der Auswandererzahlen nach Übersee, den Anstieg der Binnenwanderung, „innerhalb derer die in den 1880er Jahren zur Massenbewegung aufsteigende große Ost-West-Fernwanderung zum internen Pendant der Überseewanderung geriet."[161]

3.5 Push- und Pullfaktoren der Amerikaauswanderung

Als Push-Faktoren, also jene, die über eine Auswanderung aus der alten Heimat entscheiden, wird der Gesamtkomplex langfristig wirkender sozialökonomischer Schubkräfte im Ausgangsraum bezeichnet: Grundbesitzverteilung, soziale Schichtung und Arbeitskapazität, Bevölkerungszuwachs und Wandel der ländlichen Arbeits- und Sozialverfassung unter dem Einfluss von struktureller Agrarkrise, Intensivierung von Bodenkultur, Rationalisierung der Produktionsorganisation und Saisonalisierung des Arbeitsmarktes. Diese Schubkräfte wirken nicht alleine, sondern bilden zusammen „ein interdependendetes Bedingungs- und Wirkungsgefüge"[162], welches bei einer konkurrierenden Anziehungskraft überseeischer und interner Zielgebiete und Chancen (Pull-Faktoren) die latente Auswanderungsbereitschaft stimuliert und die wanderungsbestimmenden Kollektivmotivationen verdichtet. Dass es bei einer Wanderungsbereitschaft zu sozial und regional unterschiedlicher Umsetzung kommt, hängt im Wesentlichen von gruppenspezifischen Differenzen und der sozialen Ausgangslage ab, genauer gesagt von den regional unterschiedlich ausgeprägten Wanderungstraditionen und den materiellen Möglichkeiten, diese zu realisieren.[163]

Die wesentlichen Ursachen und Motive der deutschen Amerikawanderung wurden schon angesprochen. Um eine genaue Differenzierung zwischen den Faktoren vornehmen zu können, welche Menschen dazu bewegen, ihre Heimat zu verlassen und jenen, die das Auswanderungsziel attraktiv erscheinen lassen, wird im Folgenden eine klassische Unterscheidung zwischen Push- und Pull-Faktoren vorgenommen. Wichtig

---

[161] Bade: Sozialhistorische Migrationsforschung (wie Anm. 40, S. 328.
[162] Ebd., S. 116.
[163] Ebd.

dabei ist, diese Unterscheidung nicht zu stringent zu handhaben, da, wie bereits erwähnt, beide Faktoren immer eng miteinander verbunden sind und daher stets im Zusammenhang mit den jeweiligen Hintergrundstrukturen betrachtet werden müssen. Zu Beginn der Auswanderung spielten besonders religiöse Motive eine starke Rolle, bis sie im 19. Jahrhundert zu einer Randerscheinung wurden. Politische Motive bestimmten in unterschiedlicher Form den Entschluss zur Auswanderung mit. Politische Flüchtlinge im engeren Sinne gab es im 19. Jahrhundert eher selten, die 48er Migranten bildeten hingegen mit 3- 4.000 Revolutionsflüchtlingen eine Ausnahme. Fasst man den Begriff der politischen Motivation breiter und bezieht noch die latente Unzufriedenheit sowohl mit den wirtschaftlichen als auch mit den gesellschaftlichen Umständen mit ein, dann lässt sich für das 19. Jahrhundert ein bedeutender Push-Faktor erkennen. Ein großes Ärgernis für die Bauern war zum Einen die wachsende Steuerlast und zum Anderen die Einführung einer allgemeinden Wehrpflicht. Das weithin verbreitete Bild von Amerika als „Freiheitsland" stellte zur politischen Unzufriedenheit einen anziehenden Gegenentwurf dar.[164]

Die entscheidenden Triebkräfte bildeten über die Jahrhunderte hinweg unbestritten die wirtschaftlichen und sozialen Motive. Gemäß der Unterscheidung zwischen Push- und Pullfaktoren lassen sich hier zwei Varianten erkennen: die Auswanderung wegen der schlechten, bzw. als schlecht empfundenen Lage in der Heimat, die bis in die 1870er Jahre dominierte, bevor sie zunehmend von der Auswanderung wegen positiver Aussichten in Amerika abgelöst wurde. Bis in die 1870er Jahre wurde der wirtschaftliche Aufschwung in den Vereinigten Staaten erst durch einem Auftrieb in der Einwanderungsbewegung ausgelöst. Daraus ergibt sich, dass die Auswanderung bis zu diesem Zeitpunkt nicht durch die Pull-Faktoren Amerikas, sondern eher durch die Push-Faktoren in Europa bedingt wurde.[165] Im Bezug auf die Wirtschafts- und Erwerbsverhältnisse kam zwischen Deutschland und Amerika eine Wechselwirkung zustande, die ausschlaggebend für den Gang der Wanderung sowohl in Amerika als auch in Deutschland war. Gegen Ende der 1870er Jahre hatte Amerika eine schwere wirtschaftliche Krise zu verzeichnen, der ein enormer Aufschwung sowohl in der Landwirtschaft als auch in der Industrie folgte. In den Krisenjahren verließen große Teile der Arbeiterschaft den überfüllten Arbeitsmarkt im Osten der Vereinigten

---

[164] http://www.hdbg.de/auswanderung/docs/raithel_kat.pdf
[165] Thistlethwaite: Europäische Überseewanderung (wie Anm. 23), S. 339.

Staaten und machten sich auf den Weg, den Westen zu erschließen.[166] In Amerika war der Landerwerb außergewöhnlich günstig, Arbeitskräfte wurden gesucht und dazu noch höhere Löhne als in der alten Heimat bezahlt. Diese Pull-Faktoren bildeten angesichts der tiefgreifenden deutschen Strukturprobleme ein attraktives Gegenbild. Durch die Schilderungen in den Auswanderungsbriefen, aber auch durch die Propaganda von Auswanderungsagenturen, wurden die Auswanderungswilligen in ihrem Vorhaben noch bestärkt. In den letzten Jahrzehnten des 19. Jahrhunderts dominierten die Pull-Faktoren immer mehr. Durch die beginnende Industrialisierung hatte sich die wirtschaftliche Lage zwar stark gebessert, Deutschlands Industrie hatte zu dieser Zeit aber noch nicht ihre volle Blüte entfaltet. Die dynamische Entwicklung, die sich in den Vereinigten Staaten vollzog, hatte eine besonders vielversprechende Wirkung. „It becomes possible therefore to maintain the concept of a fluid labor market, despite the fact that Germans emigrated most just at times of high employment and wages, by attributing a greater „pulling power" to American industry than to German when both were booming, and less „pushing power" to Germany when neither was."[167]

Erst Ende der 1880er Jahre, mit dem Aufschwung der deutschen Industrie zum „modernen Hochkapitalismus", ebbten die Auswandererzahlen allmählich ab. „Je ähnlicher aber zwei Länder in diesen Verhältnisse werden, umso mehr hört das eine Land auf, einseitig die Bewohner des anderen Landes zu dauerndem Uebergange anzulocken."[168]

Neben den beschriebenen Auswanderungsmotiven gab es noch unterschiedliche, individuelle Beweggründe wie bessere Heiratschancen oder Abenteuerlust, diese kamen vermehrt erst gegen Ende des 19. Jahrhunderts und im 20. Jahrhundert zum Vorschein. Des Weiteren wurden die Auswanderer in ihrem Vorhaben durch die immer besser organisierte Überfahrt und die immer kürzer werdenden Überfahrtszeiten bestärkt. Ein weiterer, nicht zu unterschätzender Pull-Faktor war die Auswirkung der transatlantischen Kommunikationsnetze. Besonders hervorzuheben ist hier die Bedeutung der Auswandererbriefe, die zahlreiche Menschen in

---

[166] Vorwinckel, Renate: Ursachen der Auswanderung gezeigt an badischen Beispielen aus dem 18. und 19. Jahrhundert. Stuttgart – Berlin 1939. (Vierteljahresschrift für Sozial- und Wirtschaftsgeschichte. Beiheft 37). S. 144.
[167] Walker: Germany and the Emigration (wie Anm. 46), S. 183.
[168] Mönckmeier: Wandlungen und Entwicklungstendenzen (wie Anm. 24), S. 336.

regelrechten Kettenwanderungen dazu bewegte, Familien, Freunden oder Bekannten in die Neue Welt nachzureisen. Welchen Einfluss Briefe, Berichte etc. auf die Badener hatten, wird im weiteren Verlauf genauer betrachtet.

Marcus Lee Hansen sah die Gründe für den europäischen Massenexodus vornehmlich in den landwirtschaftlichen Krisen, der außerordentlichen Bevölkerungsvermehrung und den Depressionsphasen in Handel und Gewerbe. Ökonomische und nicht politische und religiöse Gründe seien ausschlaggebend für die Auswanderer gewesen und verdeutlichten das Gewicht der Push-Faktoren. Gleichfalls wies er auf die Parallelen zwischen der europäischen Überseewanderung und den amerikanischen Westwanderungsimpulsen hin: „It was the desire to improve their economic station that actuated them."[169]

Die Auswanderung von Millionen Europäer in Zeiten wirtschaftlicher und sozialer Not brachte der Alten Welt eine immense Entlastung und entwickelte sich sozusagen zum „sozialen Sicherheitsventil" der europäischen Gesellschaft. Neben Hansen befasste sich auch der amerikanische Forscher Mack Walker und der deutsche Peter Marschalck mit der Entlastungsfunktion der Auswanderung für Europa. Für Marschalck lag die Voraussetzung zur Auswanderung in der Störung des Gleichgewichts Mensch – Raum. In der Auswanderung sah er die Wiederherstellung dieses Gleichgewichts, das zur Absicherung der gesellschaftlichen Harmonie dringend benötigt wurde.

Da die deutsche Auswanderung von weit komplexerer Natur als diejenige aus Irland oder Skandinavien war, kommt Moltmann zu dem Ergebnis, dass die Push- und Pullfaktoren meist eine enge, kaum trennbare Einheit bildeten.[170]

Der zeitgenössische Geisteswissenschaftler Franz Heyder sprach sich hingegen früh gegen eine „Ventil-Funktion" aus und sah nur Nachteile für das deutsche Volk und die Volkswirtschaft: „[…] so gehen erstens bedeutende Geld- und „Menschenkapitalien" uns für immer verloren; zweitens die energischsten, zur Arbeit am meisten befähigten und geneigten Personen, sowie diejenigen Klassen (ländliche Arbeiter und Kleinbesitzer), die wir sehr wohl im Inlande verwerten könnten und die uns teilweise unentbehrlich sind, wandern aus, während die „gefährlichen" Köpfe vorziehen zu

---

[169] Zitiert nach Marcus Lee Hansen. In: Moltmann, Günter: Nordamerikanische „Frontier" und deutsche Auswanderung (wie Anm. 27), S. 282.
[170] Detaillierter mit der Ventil-Funktion hat sich Moltamnn beschäftigt: Moltmann, Günter: Nordamerikanische „Frontier" und deutsche Auswanderung (wie Anm. 27), S. 283 f.

bleiben [...]."[171] Mit der Auswanderung würde nicht nur die physische und intellektuelle Kraft des Volkes geschwächt, sondern auch die militärische. Der größte Verlust trete indes für die deutsche Wirtschaft auf, da die Auswanderer zu den „wirtschaftlichen Konkurrenten"[172] übergehen, deren Arbeitskräfte mit ihrer deutschen Arbeitsweise stärken und somit das deutsche Handelsgebiet verringern.[173]

---

[171] Heyder: Beitraege zur Frage der Auswanderung (wie Anm. 30), S. 26.
[172] Ebd.
[173] Ebd.

4 Die badische Auswanderung nach Nordamerika im 19. Jahrhundert

4.1 Die Ausgangssituation im Reich und Baden

Die enorme Vermehrung der europäischen Bevölkerung stellte eines der größten Probleme im 18. und 19. Jahrhundert dar. So wuchs diese von 140 Millionen im Jahre 1750 auf 255 Millionen Menschen um 1850 an. Der enorme Bevölkerungsanstieg bedeutete für Deutschland, dass die Bevölkerung zwischen 1800 und 1900 um 128 % anstieg, genauer gesagt von 24,5 Millionen im Jahre 1800 auf 56,5 Millionen im Jahre 1900.[174] In Baden wuchs die Bevölkerung zwischen 1871 und 1905 um 37,6 %, was zu einer Bevölkerungssdichte von 133,4 pro qkm führte.[175]

Dies musste zwangsläufig zu Problemen sowohl bei den Erwerbsmöglichkeiten als auch in der Nahrungsmittelversorgung führen. Das Missverhältnis zwischen Bevölkerung und Verdienstmöglichkeiten führte in einigen Ländern zur Verarmung breiter Bevölkerungsschichten. Auch der Versuch der Regierung, mit Armenunterstützung dem Problem entgegen zutreten, bot für dieses Strukturproblem keine langfristige Besserung. Daher sah man in der Abwanderung von einzelnen Bevölkerungsteilen nach Übersee eine große Chance für das eigene Land.

Die Motive für eine Auswanderung in die Neue Welt waren daher, wie bereits angesprochen, überwiegend wirtschaftlicher und sozialer Natur. Es zeichnete sich zwar ein beginnender Industrialisierungsprozess ab, die Mehrzahl der Arbeitskräfte war aber immer noch in der Landwirtschaft tätig. Der enorme Bevölkerungsanstieg führte in einigen Regionen Deutschlands zu einer buchstäblichen Überbevölkerung, für die es in der kapitalschwachen deutschen Industrie in der ersten Hälfte des 19. Jahrhunderts keine Erwerbsmöglichkeiten gab.[176] Arbeitslosigkeit wurde für weite Teile der Bevölkerung zu einem dauerhaften Zustand. Das Preisniveau für lebenswichtige Konsumgüter stieg durch die vermehrte Nachfrage stark an. Zwischen 1820 und 1850 verdoppelten sich im gleichen Zeitraum nahezu die Preise für Kartoffeln, Roggen und Kleidung, bei nur geringfügigem Lohnanstieg. In

---

[174] Hansen, Christiane: Die deutsche Auswanderung im 19. Jahrhundert - ein Mittel zur Lösung sozialer und sozialpolitischer Probleme? In: Moltmann, Günter: Deutsche Amerikaauswanderung im 19. Jahrhundert. Stuttgart 1976. S. 9 – 61, hier: S. 11.
[175] Joseephy: Die deutsche überseeische Auswanderung (wie Anm. 29), S. 113. Im Vergleich dazu lag die Volksdichte pro qkm am 1. Dezember 1905 in Bayern bei 86,0; in Preußen bei 106,9; in Württemberg bei 118,0; in Wesfalen bei 179,0 und im Rheinland bei 238,4.
[176] Ebd.

Deutschland entstand eine bisher unbekannte Massenarmut. Die Handwerker, Kleinbauern, Lohnarbeiter und Tagelöhner waren am stärksten von dem allgemeinen Notstand betroffen. Viele Familien und Gemeinden sahen daher in einer Auswanderung nach Übersee ihre einzige Chance, der Armut in der Heimat zu entkommen.[177]

Auf dem Lande ging gleichzeitig mit dem Anstieg der Bevölkerung der Niedergang der Kleinbauern einher. Als Ursache dafür ist, neben einer Reihe von Missernten, die große Zersplitterung der Anbaufläche durch die Realteilung im Westen und Südwesten Deutschlands zu nennen. Angesichts der geringeren Erträge in der Landwirtschaft kam es zu einer immer schlechteren Ernährungssituation für die Bevölkerung. Die größten Ernährungskrisen wurden in den dreißiger, vierziger und frühen fünfziger Jahren durch witterungsbedingte Missernten in allen Teilen Deutschlands verursacht. In einigen Gegenden brachen regelrechte Hungersnöte aus. In den Jahren wirtschaftlicher Not kam es zu einem sprunghaften Anstieg der Auswandererzahlen. Den Großteil stellten Auswanderer mit landwirtschaftlichen Berufen. Aus Baden wanderten alleine zwischen 1840-1849 23.966 Menschen in die Vereinigten Staaten aus, davon gehörten 11.028 (46 %) der ackerbauenden Klasse an, 7.379 (30,8 %) waren Handwerker und 5.559 (23,2 %) aus verschiedenen anderen Klassen.[178] Der zeitgenössische Betrachter Georg Grünewald beschrieb die Situation so: „Der Bauersmann, dem bisher sein heimatliches Dorf seine Welt war, und der sich schon bei seinem Auftreten in der nächstgelegenen Stadt einer gewissen Befangenheit nicht erwehren konnte, wird sich nicht so leicht entschließen, sein kleines von seinen Urvätern schon erbautes Gut zu veräußern, um in einem fernen Weltteile [...] einer ungewissen Zukunft entgegenzugehen, er wird nicht die für sein Vermögen unverhältnismäßig hohen Reisekosten daran verwenden, wenn ihn nicht die Not dazu zwänge. Fragen wir aber die Auswanderer selbst, die mit schweren Herzen Lebewohl sagen, sie werden fast alle antworten, daß die Unmöglichkeit, sich mit ihren Familien zu ernähren und ihre Kinder zu versorgen, sie forttreibt."[179]

Die sich langsam auch in Deutschland ausbreitende Industrialisierung eröffnete zwar Teilen der überschüssigen Landbevölkerung neue Arbeitsmöglichkeiten, die Übergangsphase brachte zunächst einmal eine Verschlechterung der Lebenssituation

---

[177] Hansen: Die deutsche Auswanderung (wie Anm. 174), S. 11.
[178] Ebd., S. 14.
[179] Ebd.; zitiert nach Georg Grünewald.

der unteren Schichten. Besonders betroffen waren die im Verlagssystem arbeitenden Branchen wie die Spinnereien und Webereien, die zu Zeiten der Kontinentalsperre große Gewinne erzielen konnten. Mit der Wiedereröffnung der deutschen Märkte konnten diese nicht vor der ausländischen Konkurrenz, besonders den Maschinenprodukten aus England, bestehen und so kam es mit fortschreitender Industrialisierung zur vollständigen Vernichtung der ländlichen Hausindustrie.

Die Situation spitzte sich auch im Handwerk mehr und mehr zu: Die Gewerbefreiheit führte zu einer Überfüllung einzelner Berufszweige und zu einer stärkeren Konkurrenz, so dass viele Handwerker und Lohnarbeiter dazu gezwungen waren, ihren Lebensunterhalt in den neuen Fabriken zu verdienen. All jene Handwerker, die sich nach der Gewerbefreiheit noch über Wasser halten konnten, unterlagen dem Konkurrenzdruck der maschinell hergestellten Produkte aus der Großindustrie. Entsprechend griff die Auswanderungswelle vom Süden Deutschlands seit den 1840er Jahren auch auf Mittel- und Norddeutschland über. Hier waren besonders die Gebiete mit starker Kleinindustrie (Hunsrück, Westerwald, Schmalkaldener Bezirk) und die Gebiete der Weber (Minden, Münster, Erfurt, Merseburg) betroffen.

Dies lässt sich deutlich an den Berufsgruppen der Auswanderer, die ihre Reise nach Nordamerika über den Hamburger Hafen antraten, erkennen:[180]

Jahr	Handwerk und Gewerbe	Ackerbauer und Tagelöhner
1846	69,4 %	30,5 %
1847	67,02 %	32,08 %
1848	54,1 %	45,8 %
1849	60,3 %	39,6 %
1850	49,8 %	50,1 %
1851	47,7 %	52,2 %
1852	71,4 %	28,5 %

Tab. 1: Berufsgruppen der Auswanderer

---

[180] Hansen: Die deutsche Auswanderung (wie Anm. 174), S. 18.

In Südwestdeutschland stellte in den 1840er Jahren noch die in der Landwirtschaft tätige Bevölkerung die größte Auswanderungsgruppe; seit der Mitte des 19. Jahrhunderts die Handwerker und Kleingewerbetreibenden.

Es lässt sich in Deutschland zwar keine exakte Paralle zwischen der wirtschaftlichen Entwicklung und der Auswanderungskurve ziehen, es sind jedoch gewisse Zusammenhänge deutlich erkennbar: Bei der ersten großen Auswanderungswelle in den Jahren 1816/17 hatte der Preis für Roggen einen Höchsttand von 164 Mark je Tonne, 1816 und 1817 sogar 214 Mark erreicht. Mit dem Rückgang der Preise in den 20er Jahren (bis auf 87 Mark) sanken auch die Auswandererzahlen.[181]

In der zweiten Hälfte des 19. Jahrhunderts ist ein Zusammenhang zwischen Auswanderung und Lebensmittelpreisen nicht mehr deutlich ausmachen. Die Vorzüge, die „pulling power", welche die Neue Welt mit ihren „unbegrenzten Möglichkeiten" bot, traten nun als Auswanderungsmotive immer mehr in den Vordergrund und nicht mehr die negative Situation in der Heimat, die „pushing power". Eine Wechselbeziehung zwischen den ökonomischen Verhältnissen und der Auswanderung ist hier deutlich zu erkennen.[182]

Gleiche Zusammenhänge sind auch in der regionalen Abwanderung zu sehen. Die ersten Auswanderungsströme gingen aus den dicht besiedelten agrarischen Gebieten Badens und Württembergs durch den Mangel an Arbeitsplätzen, Missernten und daraus resultierenden Notständen hervor.

4.2   Die erste badische Auswanderungswelle

4.2.1   Die wirtschaftliche und soziale Lage

Im 19. Jahrhundert lagen die Ursachen für die erste statistisch erfassbare überseeische Massenauswanderung bei Ernteausfall, Teuerung und Hungersnot am Ende einer langen Periode revolutionärer und kriegerischer Wirrungen. Da sich die erste Massenauswanderung auf Württemberg, Baden, die nördliche Schweiz, das Elsass und die Pfalz beschränkte, geht man der Annahme nach, dass die wirtschaftlichen Zustände nicht alleine ausschlaggebend waren, da in viele Teilen Deutschlands ebenso wirtschaftliche Not und Erwerbsschwierigkeiten vorherrschten. Die Ausmaße der seit

---

[181] Hansen: Die deutsche Auswanderung (wie Anm. 174), S. 18.
[182] Ebd.

1770 kontinuierlich angestiegenen Bevölkerung wurde erst langsam wahrgenommen. Bereits unter Napoleon, der die gesamte westliche Hälfte des deutschen Reichsgebiets beherrschte, mehrten sich die Klagen von Gemeinden, sie wären „mit inwohnern übersetzt."[183] Grund dafür war die starke – überwiegend binnenländisch bestimmte – Einwanderung in Baden. Einzelne Orte verzeichneten eine stärkere Ein- als Abwanderung und einen größeren Vermögenszufluss- als abfluss, da das Leben in badischen Gemeinden, bedingt unter anderem durch die Allmende[184] und die politische Freizügigkeit, bessere Lebensbedingungen versprach. Die Allmende, die in Preußen 1806 nach den Stein-Hardenberg Reformen bereits aufgehoben waren, blieb in Süddeutschland bestehen, wurde aber, da man inzwischen überwiegend zu Stallfütterung übergegangen war, in Ackerland umgewandelt – in Baden diente die Allmende der Altervorsorge von Gemeindemitgliedern. Woraufhin Max Weber die These aufstellte, dass die Aussicht auf einen abgesicherten Lebensabend gerade für Außenstehende einen großen Anreiz gab, sich in Baden niederzulassen. Dieser Umstand führte in einigen badischen Gemeinden zu einer so dichten Besiedlung, dass bei der Aufteilung der Allmende zwischen zugezogener und alteingesessener Bevölkerung unterschieden werden musste.

Die Auswirkungen der steten Bevölkerungszunahme zeigten sich zunächst in der Auswanderungsbewegung von 1816/17. Infolge der Missernte und einem besonders rauen Winter in Süddeutschland entstand ein Mangel an Nahrungsmittel, der durch die schwierigen Transportverhältnisse und dem Fehlen von Kapital nicht schnell genug beseitigt werden konnte. Landarbeiter wurden entlassen und konnten nicht in den Fabriken aufgenommen werden, da diese unter den Folgen der Beseitigung der Kontinentalsperre – die Überschwemmung der Märkte mit günstiger englischer Ware – zu kämpfen hatten. Diesem Problem stand die Regierung ratlos gegenüber, war allerdings froh, viele lästige Leute und Teile der Überbevölkerung loswerden zu

---

[183] Vorwinckel: Ursachen der Auswanderung (wie Anm. 166), S. 107.
[184] Als Allmende wird seit dem Hochmittelalter der Grundbesitz einer Dorfgemeinschaft bezeichnet. Die Allmende ist jener Teil des Gemeindevermögens, der nicht unmittelbar im Interesse der ganzen Gemeinde zur Bestreitung der Ausgaben verwendet wurde, sondern an dem alle Gemeindemitglieder das Recht zur Nutzung hatten. Die Allmende besteht meist aus unbeweglichem Gut wie Wald, Wiesen etc. Die Nutzung kann, wie in Baden, auf Gemeindemitglieder beschränkt sein oder allgemein zugänglich, wie bei öffentlichen Wegen, Brunnen usw. Ende des 19. Jahrhunderts wurde durch die Intensivierung der Landwirtschaft vielfach eine Veräußerung der Allmenden herbeigeführt, die Grundstücke gingen dann ganz in den Privatbesitz des jeweiligen Käufers über.

können. Dementsprechend ließen die Gemeindevorsteher gerne die Agenten gewähren und die Armen ziehen.[185]

Einige wenige Auswanderungswillige wählten die traditionsreichen kontinentalen Migrationsrouten nach Russland und die habsburgischen Territorien auf dem Balkan als Wegzugsrouten. Der Großteil bevorzugte die transatlantische Migration und machte sich als Redemptioner[186] den Rhein hinab auf, um sich über die niederländischen Seehäfen nach Amerika einzuschiffen. Auffallend hoch ist hierbei die Anknüpfungsrate der Auswanderer an die „verkehrsgeographisch bedingten Wanderungstraditionen".[187] Was heißen soll, dass die württembergischen Migranten zu zwei Dritteln die West-Ost-Wanderung wählten, die Badener hingegen den Weg in die Vereinigten Staaten suchten, wofür ihnen der Rhein eine günstige Verbindung zu den Seehäfen bot.

Seit vereinzelten Auswanderungswellen zwischen 1737 und 1745 nach Pennsylvania, erhielten die Gemeinden zum ersten Mal Massengesuche um Auswanderungserlaubnis nach Amerika. Die Vereinigten Staaten übten durch ihre noch nicht erschlossenen Landmassen im Westen und den sehr günstigen Siedlungs- und Existenzchancen eine besonders hohe Anziehungskraft auf die Auswanderungswilligen aus.[188] Durch die Grenzsperrung Russlands im Hungerjahr gewann Amerika weiter an Bedeutung und der gewaltige Strom von badischen Auswanderern wurde in die Vereinigten Staaten von Amerika gelenkt.

Beeinflusst wurden die Badener zudem durch Nachrichten aus der Schweiz, wo ein Schiffsmeister angeblich eine kostenfreie Rheinbeförderung anbot. Dies beflügelte die Auswanderungswilligen so sehr, dass Gemeindevorsteher berichteten, die Leute seien einfach nicht mehr aufzuhalten. Daraufhin verbreitete die Regierung den Vorschlag, die Auswanderung zu verbieten, wogegen zahlreiche Gemeindevorsteher Einspruch erhoben, da diese froh waren, „daß sie die armen Leute verlieren, die der Gemeindekasse doch nur zur Last fallen, und daß sie für einen Spottpreis Güter

---

[185] Schnabel, Franz: Badische Auswanderer. In: der Auslandsdeutsche (Stuttgart) 6.1923, 12. S. 321-324; hier: S. 323.
[186] Der Begriff Redemptioner wurde abgeleitet vom Englischen „to redeem" (loskaufen, ablösen) und beschrieb ein System der Vertragsarbeit auf Zeit. Für die Auswanderung hieß dies, dass zwar mittellose Auswanderer nach Amerika befördert wurden, dort angekommen mussten die Auswanderer aber so lange an Bord der Schiffe warten, bis sich ein Dienstherr fand, der sie freikaufte. Bei diesem mussten sie dann jahrelang die Auslösesumme abarbeiten.
[187] Bade: Europa in Bewegung (wie Anm. 2), S. 130.
[188] Moltmann, Günter (Hrsg.): Aufbruch nach Amerika. Die Auswanderungswelle von 1816/17. Stuttgart 1989. S. 29.

kaufen können."[189] Des Weiteren sah man es als despotisch an, wenn man die Leute, die sich hier nicht ausreichend versorgen konnten, noch zurückhalten würde, wenn sie in der Ferne besser für ihren Lebensunterhalt sorgen könnten.

Das „Auswanderungsfieber" bewegte auch ahnungslose und schlecht vorbereitete Menschen dazu, ihre Heimat zu verlassen und sich auf den Weg nach Amerika zu machen. Das hatte schwerwiegende Probleme zur Folge: Die meisten wählten den Weg über Amsterdam oder Rotterdam, dort fielen einige Auswanderer den „Seelenverkäufern" zum Opfer, die sie nach Ostindien anstatt nach Amerika brachten oder aber sie mussten zehn bis zwölf Wochen in den Hafenstädten verharren, bis sie einen Platz auf einem Schiff nach Amerika erhielten. Dieser lange, nicht eingeplante Aufenthalt brachte die Auswanderer oftmals um ihre ganze Habe, weshalb sie für die Überfahrt auf die Unterstützung des Kapitäns angewiesen waren. Dieser verkaufte die Schuldscheine nach der Ankunft in Amerika an wartende Grundbesitzer die dringend Knechte benötigten. Einigen Auswanderern, die ihr Vermögen an die Agenten verloren hatten, gelang noch im letzten Augenblick die Rückkehr aus Holland, in Baden landeten sie dann im Armenhaus ihrer Gemeinde. Die meisten Auswanderer kamen allerdings, wenn auch in Schuldknechtschaft, als Redemptioner in Amerika an.[190] In der Düsseldorfer Zeitung vom 11. Dezember 1816 beschrieb ein geistlicher Auswanderer die Situation: „ [...] Beim Landen in Philadelphia oder Baltimore wird Mann für Mann aus dem Schiff gelassen und von den herbeieilenden Gutsbesitzern und Kaufleuten gefragt, zu welchem Geschäft er geeignet sei. Kann der Amerikaner ihn brauchen, so zahlt er die Pachtgelder, und der europäische Sklave muss dieselben binnen 8-10 Jahren bei dem klärglichen Unterhalt abverdienen [...]."[191]

Das gleiche Schicksal traf auch den Badener Chresostiumus Weis.[192] Weis, der nach dem harten Winter 1816/17 mit seiner Familie von Emmendingen nach Baltimore ausgewandert war, schilderte seinen zurückgebliebenen Verwandten im Herbst 1817 die beschwerliche Überfahrt, den Verkauf seiner Kinder, seiner eigenen Person und berichtete über das Leben in der Neuen Welt: „[...] jetzt wo wir vor Nephlies angekommen sind so werden viele Leut ausgelöst aber mich hat niemand wollen lösen mit meiner großen Schuld, sammt meinen Kindern, jetzt kamen aber 2 Kaufherren

---

[189] Vorwinckel: Ursachen der Auswanderung (wie Anm. 166), S. 109.
[190] Schnabel: Badische Auswanderer (wie Anm.184), S. 323.
[191] Vorwinckel: Ursachen der Auswanderung (wie Anm. 166), S. 110.
[192] Vgl. auch: Moltmann: Aufbruch nach Amerika (wie Anm. 188), S. 269 ff.

von Baldimor und wollen meine 2 Buben […] aber sie müssen bei ihnen bleiben bis sie 21 Jahr alt sind, ich habe aber vorbehalten, das wenn ich unter der Zeit das Geld ihnen wieder kann zurück geben, dass ich meine Kinder wieder kann an mich ziehen […]."[193]

1817 wurde die bis dahin höchste Zahl Amerikaauswanderer erreicht: bereits im Mai zählte man in Baden 16.361 legale, amtlich verzeichnete Auswanderer. Unter dem Druck der Auswanderermassen in der Auswanderungswelle von 1817 kam das Redemptioner-System letztendlich zum Zusammenbruch. Dies hatte für deutsche Auswanderer zur Folge, dass arme Auswanderungswillige, die selbst nicht in der Lage waren, die finanziellen Mittel für die Überfahrt aufzubringen, nicht mehr nach Amerika reisen konnten. Die Finanzierung der Reise erfolgte nun durch Vorauszahlung (Remittance) oder durch die von ausgewanderten Verwandten bezahlten ‚prepaids', Voraussetzung dafür waren die bereits durch Kettenwanderung begründeten transatlantischen Beziehungen.

4.3   Die zweite badische Auswanderungswelle

4.3.1   Die wirtschaftliche, soziale und politische Situation

Das Großherzogtum Baden litt am stärksten unter der großen territorialen Zersplitterung und der damit verbunden Fürstenherrschaft. Der Besitz der einzelnen Bauern wurde durch die erbrechtliche Teilung immer mehr verkleinert, was zu einer enormen Verschlechterung der Ertragslage führte. Hinzu kamen oft noch erdrückende Abgaben und Frohnendienste an die Grundherren, Landesherren, Gemeinden und Ämter. Demzufolge ist es sicherlich kein Zufall, dass die Revolution, welche die deutsche Einheit herbeiführen sollte, hier ihren Ausgangspunkt hatte.[194]

Der neue Staat sollte die Menschen von der Unterdrückung befreien und ihnen lange ersehnte rudimentäre Rechte gewähren. Zu diesen Grundrechten gehörte in § 5, Art. 1 auch die Auswanderungsfreiheit: „Die Auswanderungsfreiheit ist von Staatswegen nicht beschränkt. Abzugsfelder dürfen nicht erhoben werden. Die

---

[193] Philippovich von, Eugen: Ein Auswandererbrief aus dem Jahr 1817. In: Biographische Blätter (o. O.). 1. 1895. S. 430-435; hier: S. 435.
[194] Moltmann: Aufbruch nach Amerika (wie Anm.187), S. 25.

Auswanderungsangelegenheit steht unter dem Schutze und der Fürsorge des Reiches."[195]

Aus Enttäuschung, ihre Ziele und Träume nicht erreicht zu haben, kehrten einige nach dem Scheitern der Revolution ihrer Heimat den Rücken zu und wanderten nach Amerika, dem Land der Freiheit, aus, was auch in den Lebenserinnerungen von Carl Schurz[196] deutlich wird: „Die Ideale, von ich geträumt und für die ich gekämpft habe, finde ich dort [...]. Es ist eine neue Welt, eine freie Welt, eine Welt großer Ideen und Zwecke. In dieser Welt gibt es wohl auch für mich eine neue Heimat. Ubi libertas, ibi patria [...]."[197] Infolge der gescheiterten Revolution machte sich ein neuer Auswanderungstyp auf den Weg nach Amerika, der sich stark von den Vorangegangenen unterschied: Dieses Genre setzte sich aus einer höheren Volksschicht (Gelehrte, Theologen, Ärzte, Architekten, Künstler) zusammen, litt nicht an materieller Not, sondern verließ aus politischem und ideologischem Hintergrund – der Sehnsucht nach Freiheit – die Heimat und hatte die Absicht eines Tages wieder zurückzukehren.[198]

Durch die Ideologie konnte der Gedanke der Auswanderungsfreiheit als Menschenrecht und der Auswanderungsschutz als Staatspflicht auch nach der gescheiterten Revolution weiter aufrechterhalten werden und fand seinen Niederschlag zunächst in der Gründung von 14 privaten, über ganz Deutschland verteilten Vereinen – unter anderem in dem 1849 gegründeten „Badischen Auswanderungsverein". Diese Grundsätze zogen andererseits auch schwerwiegende Folgen nach sich: Jeder hatte nun das Recht auszuwandern, und so fühlte sich der Staat – nicht ohne Eigennutz – verpflichtet, den Ärmsten bei einem Neubeginn behilflich zu sein. Die „Pflicht" des Staates zeigte sich nun darin, ganze Gemeinden nach Amerika zu transportieren, was im Folgenden noch genauer erläutert wird.[199]

---

[195] Vorwinckel: Ursachen der Auswanderung (wie Anm. 166), S. 113.
[196] Carl Schurz, 1829 in Liblar bei Köln geboren, beteiligte sich in der 48er Revolution am Sturm auf das Bonner Zeughaus und trat in das pfälzische Volksheer ein. Nach der Niederlage gegen preußische Truppen in der Festung Rastatt konnte Schurz nach Amerika fliehen. 1852 ließ er sich in Wisconsin nieder, wo er bis zu seinem Tod 1906 politisch aktiv war.
[197] Ebd., S. 119.
[198] Da sich sowohl die Motive als auch die Struktur der in Folge der 48er Revolution Ausgewanderten nachhaltig von der wirtschaftlichen und sozialen Auswanderung des 19. Jahrhunderts abhebt, wird diese Randerscheinung der Auswanderung nicht vertiefend betrachtet.
[199] Ebd.

4.3.2 Die staatlich finanzierte Auswanderung

Einzig in Baden gab es ein staatlich konzipiertes Auswanderungskonzept das über Jahre bestand hatte. Die einzelnen Gemeinden – als Träger der Armenpflege – gaben zumeist die Initiative zur Armenabschiebung; der Staat wurde nur bei außerordentlichen Notständen unterstützend tätig.

Das Ministerium hatte sich noch bis 1842 eindeutig gegen die Auswanderung ausgesprochen, weil „die Bevölkerung Badens sich mäßig vermehre und alle Arbeitskräfte im Lande beschäftigt werden könnten, kämen doch sogar Fremde in zahlreicher Menge ins Land. Es zögen ja immer nur die Arbeitsfähigen weg, und das unfähige und scheue Volk bliebe hier."[200] Die sich in den 1840er Jahren stark verschlechternden Lebensverhältnisse, gerade der unteren Schichten, führten zu einer grundlegenden Meinungsänderung der Regierenden. In den darauf folgenden Jahren sah der Staat in der Auswanderung immer mehr eine Art Sicherheitsventil, durch welches die lokale Situation wieder besser unter Kontrolle zu bekommen sei; Grund dafür waren die immer stärker ansteigenden Kosten für den Armenaufwand.[201] Lag die Unterstützung 1845 noch bei 611.930 Gulden, mussten 1847 schon 1.411.396 Gulden aufgebracht werden. Zur Linderung der allgemeinen Not stellte das Großherzogtum in den Jahren 1847/48 noch über 700.000 Gulden für Saatgut und Nahrungsmittel zur Verfügung. Aus diesem Anlass wurde ein Programm zur Unterstützung der Auswanderung im Großherzogtum entwickelt und die Auswanderung als Hilfsmittel der Sozialpolitik eingesetzt. In einer Denkschrift, die das Ministerium des Inneren dem Staatsministerium 1849 vorlegte, hieß es, „daß die Bewohner einer Anzahl Gemeinden des Landes infolge eingetretener Überbevölkerung außerstande sind, sich und ihre Familien ehrlich zu ernähren, müssen wir als eine beklagenswerte, aber unwiderlegbare Wahrheit annehmen. Daß aber eine wirksame Beihilfe nur durch eine massenhafte Auswanderung jener Bewohner erzielt werden kann, ist nicht minder richtig."[202] Es sei die Pflicht, „jenen Gemeinden, welche den Gemeindeaufwand einschließlich der Armenunterstützung nicht mehr selbst bestreiten können, die Auswanderung in Gegenden möglich zu

---

[200] Hansen: Die deutsche Auswanderung (wie Anm. 174), S. 41.
[201] Ausführlicher mit der Bedeutung der deutschen Auswanderung für Gesellschaft, Politik und Wirtschaft hat sich Joseephy befasst: Die deutsche überseeische Auswanderung (wie Anm. 29), S. 109-132.
[202] Hansen: Die deutsche Auswanderung (wie Anm. 174), S. 41.

machen, wo die Arbeit einen reichlichen Lohn findet."[203] Daraufhin legte die badische Regierung 1849 ein Budget von 50.000 Gulden für die Unterstützung von Auswanderern fest, das bis 1851 auf 110.744 Gulden jährlich erhöht wurde. 1850 beauftrage das Ministerium die Kreisregierungen eine Liste der ärmsten Gemeinden im Großherzogtum Baden zu erstellen, um eine gezielte Auslese der Bevölkerungsgruppen treffen zu können, die das Land verlassen sollten und staatliche Subventionen benötigten.

Kreis	Einwohnerzahl	aus Gemeinden	arme Personen	%
Seekreis	199 083	115	3634	1,7
Oberrheinkreis	349 194	101	6 447	1,8
Mittelrheinkreis	462 353	75	5 887	1,2
Unterrheinkreis	346 578	60	2 078	0,6
Gesamt	1 357 208	351	18 055	1,3

Tab. 2: Auflistung bedürftiger Personen im Großherzogtum

Wie die Tabelle zeigt, sah man bei der Auswanderung von 18.055 Menschen – die immerhin 1,3 % der Gesamtbevölkerung darstellten – eine finanzielle Unterstützung bei der Ausreise als notwendig an. Durch die jährlichen Einsparungen der Sozialausgaben hoffte man, die 1,5 Millionen Gulden, die dieses Vorhaben kosten würde, aufbringen zu können. Freilich fehlten die Mittel für die Unterstützung solcher Auswanderermassen, so dass augenscheinlich sehr viel weniger – die genaue Zahl ist nicht mehr rekonstruierbar – auf Staatskosten in die Vereinigten Staaten befördert wurden.[204]

Auf Grund heftiger Widersprüche in der Regierung konnte die staatliche Finanzierung der Massenauswanderung nicht planmäßig durchgeführt werden. Infolgedessen musste der für 1852/53 vorgesehene Etat von 600.000-800.000 Gulden auf nur 50.000 Gulden gesenkt werden. Die folgende Tabelle zeigt den Umfang der staatlich subventionierten Auswanderung: [205]

---

[203] Hansen: Die deutsche Auswanderung (wie Anm. 174), S. 41.
[204] Vgl. Moltmann: Nordamerikanische „Frontier" und deutsche Auswanderung (wie Anm. 27), S. 288.
[205] Hansen: Die deutsche Auswanderung (wie Anm. 174), S. 42.

Es wurden aufgewendet	Ausrüstungs-kosten	Reisekosten	Unterstützung in Amerika
1849 für 169 Personen aus Rieneck	-	11.894	2.364
1850 für 482 Personen aus Rieneck	5.499	34.260	5.010
1851 für 475 Personen aus Ferdi-nandsdorf, Friedrichsdorf und Tollnayshof	3.977	30.329	5.650
1852 für 559 Personen aus dem Kirchspiel Herrischried	7.402	42.440	6.320
für 64 Personen aus Kniebis	853	4.091	740
für 40 Personen aus Langenwinkel	320	2.648	490
Für 1.788 Personen	18.001	125.662	20.574

Tab. 3: Staatlich subventionierte Auswanderung

Nachdem sich die Gegenstimmen mehrten, wurde das Budget immer mehr gekürzt und in den folgenden Jahren nur noch Einzelfälle unterstützt, bis die staatliche Unterstützung 1860 schließlich vollständig gestrichen wurde.

Nicht nur die Landesregierungen, sondern auch die Gemeinden finanzierten die Auswanderung armer Personen: Bereits 1835 soll es in Schweighausen eine von der Gemeinde getragene Auswanderung gegeben haben. Über den Umfang solcher Auswanderungen fehlen genaue Angaben. Die Orte, die auf Staats- oder Gemeindekosten in die Vereinigten Staaten geschickt wurden, sind häufig Dörfer, die im 18. Jahrhundert im Zuge der so genannten „Peuplierungsmaßnahmen"[206] entstanden sind und deren Auswanderung somit eine Fortsetzung der Binnenwanderung darstellt.[207]

---

[206] Unter „Peuplierung" versteht man bevölkerungspolitische Maßnahmen zur Besiedlung leerer oder bevölkerungsarmer Gebiete. Dies sollte zum wirtschaftlichen Gedeihen des Landes beitragen und den allgemeinen Wohlstand erhöhen.
[207] Ehmer: Die Quellen zur Nordamerika-Auswanderung (wie Anm. 64), S. 149.

Zusammenfassend gibt die vom badischen Staat, Gemeinden und privat unterstützte Auswanderung folgendes Bild: [208]

Jahr	Gesamtzahl der Auswanderer	Unterstützung in Gulden
1850	2.338	54.090
1851	7.913	264.614
1852	14.366	456.706
1853	12.932	224.613
1854	21.561	516.688
1855	3.334	85.072
Summe	62.444	1.601.783

Tab. 4: Überblick über die vom badischen Staat, Gemeinden und privat unterstützte Auswanderung

Die finanzierte Auswanderung aus Baden wurde in der Regel wohlüberlegt umgesetzt, dennoch mahnte Konsul Hagedorn: „Von der Regierung drüben, kann meiner Ansicht nach, wenig mehr gethan werden, als namentlich, unpassende Leute von der Auswanderung abzuhalten und streng darauf zu sehen, daß sie auf der Reise nach diesem Lande, die Vorzugsreise im Frühjahr und Sommer anzutreten [...]."[209] Wenn die Auswanderer in den Vereinigten Staaten gelandet wären, seien sie so starken, neuen Eindrücken ausgesetzt, woraufhin alle guten Ratschläge, die man ihnen mit auf den Weg gegeben hat, in Vergessenheit geraten wären. Hinzu käme, „daß der Deutsche aus den unbemittelten Ständen, ein gewisses Misstrauen gegen jeden hegt, der in gesellschaftlicher Beziehung über ihm steht," und daher „oftmals den störrischen und eigennützigen Rathe von seiner Gleichen folgt, als den des gebildeten Mannes von Stellung. Er glaubt sich dadurch an den höheren Ständen für die politische Unmündigkeit, in der er drüben gelebt, zu rächen, daß er auch hier ihnen nichts zu verdanken haben will." [210] Die Mehrzahl der Leute, die gleich nach ihrer Ankunft in den Häfen die Hilfe von Wohltätigkeitsvereinen in Anspruch nehmen müssten, hätte wohl auch schon in Baden ihr Auskommen nicht selbst finden können

---

[208] Hansen: Die deutsche Auswanderung (wie Anm. 174), S. 41.
[209] GLA 357/8601. Bericht 3.4.1855 von Consul Hagedorn.
[210] Ebd.

und wurden teilweise auf Gemeindekosten nach Amerika geschifft. Der Kongress habe auf Grund dessen ein Gesetz angeregt, das die Einfuhr „von Bettlern, Verbrechern, Simplen, Wahnsinnigen und Krüppeln" in Amerika untersagt was alsbald zur Umsetzung kommen solle.[211]

4.3.3 Die badische Auswanderungspolitik in den 1840er Jahren

Da sich auch in Baden die schlechte Situation für Auswanderer immer mehr zuspitzte, legte die Regierung ihre ursprüngliche Haltung, die Auswanderung weder zu steuern und auch nicht anderweitig zu unterstützen, ab. Die badischen Stände vermerkten 1847 „daß in der Verschickung von Armen nach Übersee eine mögliche Lösung für das drückende Problem der rapiden Verarmung großer Teile der Bevölkerung liegen könne."[212] Man entledige sich finanzieller Lasten und könne so unter Umständen die „wertvollen Elemente" der Bevölkerung im Lande halten.[213]

Bereits 1849 erhielten 652 Personen der Gemeinde Rieneck die Möglichkeit zur Auswanderung – lediglich 30 Gemeindmitglieder blieben zurück. Der Staat übernahm sowohl die Kosten für die Überfahrt als auch für die neue Kleidung der Gemeindemitglieder, da sie nicht verwahrlost in Amerika ankommen. Gleichfalls wurde ein Startkapital entrichtet, damit keiner bei seiner Einwanderung völlig mittellos da stand. Der badische Konsul in New York berichtete nach dem Eintreffen der Gemeinde Rieneck, dass es möglich war, ihnen „nach ihrer Ankunft sogleich ein Unterkommen in Bosten, Philadelphia, Detroit, Richmond und Syracuse zu verschaffen."[214] Für den vorbildlich organisierten Auswanderungszug wurde der badischen Regierung von der Deutschen Gesellschaft in New York Lob ausgesprochen.

Vor den Augen der amerikanischen Öffentlichkeit blieb die Verschickung der Armen durch diese Vorgehensweise meist gut verborgen. Aber auch aus Baden lief die organisierte Auswanderung nicht immer ohne Probleme ab. 1851 sprach die Deutsche Gesellschaft ihr Bedauern darüber aus, dass „sehr viele arme, ganz unbemittelte

---

[211] GLA 357/8601. Bericht vom 3.4.1855 von Consul Hagedorn.
[212] Hansen: Die deutsche Auswanderung (wie Anm. 174), S. 41.
[213] Ebd.
[214] Bretting: Soziale Probleme deutscher Einwanderer (wie Anm. 58), S. 104.

Familien" angekommen seien.[215] „Ein großer Theil musste gleich ins Armenhaus gebracht werden", obwohl Baden sonst immer gut für seine Auswanderer gesorgt hätte.[216] Dieses Beispiel stellte für Agnes Bretting allerdings einen Ausnahmefall dar, da sonst überwiegend positiv von der badischen Auswanderung berichtet wurde. Vorwinckel hingegen geht davon aus, dass die meisten badischen Auswanderer, die um 1850 auf Regierungskosten verschifft wurden, im Armenhaus landeten, was zahlreiche Beschwerden der Amerikaner beim Deutschen Bund belegen würden.[217]

Mit dem Anstieg der Auswandererzahlen einher ging die Einrichtung von konsularischen Vertretungen in den Auswanderungshäfen Le Havre, Amsterdam und in den größeren Städten im Osten der USA, wo ein Konsul oft mehrere deutsche Mittel- und Kleinstaaten zeitgleich zu vertreten hatte.[218] Im Herbst 1952 erließ die badische Regierung ein Gesetz, damit arme Auswanderer nach ihrer Ankunft nicht mittellos dastanden. Den Auswanderern wurde nach ihrer Ankunft in den Vereinigten Staaten eine Starthilfe in Höhe von 10 Gulden pro Kopf und pro Familienoberhaupt 20 Gulden, ausgezahlt durch den Konsul, zugesichert.

1851 versuchte der Staat New York die Armeneinwanderung gesetzlich zu erschweren. Von diesen Maßnahmen seien auch unterstützte Auswanderer betroffen die keinesfalls Pauper waren, so der Generalkonsul von Preußen und Baden. „They are [...] compelled at home, by the overpopulation of the country to send out sometimes villages of persons, a piece where a woman has a child, and in cases of a Family $ 8 to the head of the family, and $ 6 a piece besides [...]. There are no paupers sent here by the government, and we have no such thing as landlords sending them."[219]

Nicht alle deutschen Staaten handelten so umsichtig wie die badische Regierung , sondern verschickten weiter scharenweise mittellose Bürger in die Neue Welt, von denen anzunehmen war, dass sie gleich nach ihrer Ankunft auf die Unterstützung der amerikanischen Behörden angewiesen waren. Gegen die Verschiffung der Ärmsten nach Übersee gab es auch kritische Stimmen, wie beispielsweise im „Badischen Centralblatt": „Solche Capitale hier zweckmäßig verwendet, würden den Gemeinden

---

[215] Bretting: Soziale Probleme deutscher Einwanderer (wie Anm. 58), S. 104.
[216] Ebd.
[217] Vorwinckel: Ursachen der Auswanderung (wie Anm. 166), S. 121. Die These konnte allerdings nicht nachgeprüft werden.
[218] Ehmer: Die Quellen zur Nordamerika-Auswanderung (wie Anm. 64), S. 149.
[219] Bretting: Soziale Probleme deutscher Einwanderer (wie Anm.58), S. 105.

und dem Staat, so wie den Armen größeren Nutzen bringen; jetzt fließen sie in die Beutel der großen Schiffseigner und Agenten und sind für das Vaterland verloren!"[220] Ebenso riefen sie die Bauern dazu auf in ihrer Heimat zu bleiben: „Bleibt da, ihr begüterten Bauern, ihr Grundstützen des Staates! Warum wollt ihr unser Vaterland verlassen und nur die Zahl jener vergrößern, die am Hudson und Missisippi mit Thränen der alten Heimat gedenken und sich an die Ufer des Rheines zurücksehnen, deren Herz nur eine Freude kennt: Die Erinnerung an Deutschland!"[221]

Obwohl die badische Regierung froh war, wenn die ärmsten der Bevölkerung das Land verließen, vergaß sie ihre Fürsorgepflicht gegenüber den ehemaligen Untertanen nicht. Das Ministerium des Inneren erkundigte sich 1855 beim Konsulat in St. Louis, welche Möglichkeiten sich besitzlosen Auswanderern in den Vereinigten Staaten bieten würden: „Es ist wohl wahr, daß der in Armuth ankommende Einwanderer mit Familie, in den Seehäfen oft in große Noth geräth, wenn er durch irgend eine Ursache gezwungen ist, daselbst zu bleiben, den dort ist bei dem Zusammenfluße von so vielen tausend Menschen, die täglich, namentlich in New York eintreffen, oft wenig oder keine Beschäftigung zu finden und der Lebensunterhalt bei den hohen Produktenpreisen sehr schwer. Allein der größte Teil der Einwanderer besitzt doch so viel Mittel, sich von da entfernen und ins Innere des Landes begeben und dort Arbeit suchen zu können. […] Hier in St. Louis ist noch Arbeit genug für Leute zu finden, die keine Art der Arbeit scheuen […]. Eine Menge junger Leute aus den gebildeten Ständen liegen freilich schon seit Monaten hier herum ohne […] entsprechende Beschäftigung zu finden, allein wenn sie dem alten Vorurtheile, daß Handarbeit schäde, den Bier- und Weinstuben, Clubs und anderen Vergnügungen entsagen, und irgend eine Beschäftigung die ihren Verdienst bringt übernehmen wollten, so würden sie bald und leicht selbständig werden können, anstatt daß sie hier in Müßiggang versinken, Schulden machen und Bestraft werden […]. Zu wünschen ist allerdings, daß die Einwanderer nicht ganz mittellos im Seehafen ankommen […].[222]

Um die Auswanderer auf mögliche Gefahren in Amerika vorzubereiten und vor dem Armenhaus zu schützen, wurde bereits in den Auswanderungshäfen der unentgeltliche Ratgeber „Wohgemeinter Rath an Solche die nach den Vereinigten Staaten von Nord-

---

[220] Ein Wort über Auswanderung an Landwirthe und Bauern. Von einem ehemaligen Farmer. In: Badisches Centralblatt für Staats- und Gemeinde-Interessen (o. O.). 1855. S. 30.
[221] Ebd., S. 24.
[222] GLA 357/8601. Bericht von Consul Hagedorn.

Amerika auswandern wollen" ausgegeben – davon lagen auch der badischen Regierung einige Exemplare vor. Darin enthalten war Friedrich Gerhard's wöchentlicher „Unentgeltlicher Wegweiser, Adress-Anzeiger und Geschäfts-Empfehler" für deutsche Einwanderer, „so daß jetzt kein deutscher Einwanderer mehr den amerikanischen Boden betreten kann, ohne den Wegweiser schon in Europa erhalten und während seiner Seereise gelesen zu haben." Der Herausgeber selbst merkte darin an, dass die vorherrschenden Mängel mit Leichtigkeit behoben werden könnten, wenn die deutsche Regierung in New York einen besonderen Einwanderungskommissar erhielte, dem die Aufgabe zugeteilt würde, allen deutschen Einwanderern unentgeltlich Auskunft zu erteilen und in Notfällen Hilfe zu leisten. Das neu eröffnete Emigranten-Ausschiffungs-Depot Castle Garden gewähre den Einwanderern in dieser Beziehung nicht die geringste Hilfe und habe auch nur den Zweck, dieselben im Augenblick der Landung vor den Runnern zu schützen. Im Einwanderungsdepot sei, mit einziger Ausnahme des Arztes, nicht ein einziger Deutscher angestellt. „Es ist eine große Schattenseite Amerika's, daß hier fast alle öffentlichen Aemter im politischen oder niedrigsten Privat-Interesse ausgebeutet werden."[223]

4.3.4 Das Ausmaß der zweiten badischen Auswanderungswelle

Die Regierung des Großherzogtums war nach der ersten Auswanderungswelle 1817 fest davon überzeugt, dass es keine Gründe gäbe, die zu einem weiteren Auswandereranstieg in den folgenden Jahren führen würden, da die Lebensmittelvorräte für die Bevölkerung gesichert seien. Der große Zustrom aus den Nachbarstaaten würde darüber hinaus die in ausreichender Zahl vorhandenen Verdienstmöglichkeiten belgen. Diese Annahme stellte sich jedoch, wie dargestellt wurde, in den Jahren 1846 und in den Revolutionsjahren 1848/49 als falsch heraus. Die Gemeinden wussten nicht, wie sie die Kosten für die Armenversorgung aufbringen sollten und die Auswanderung schien das einzige Rettungsmittel, zumal der Staat dazu Gelder bereitstellte. „Lediglich das vielfach unzureichende Vermögen

---

[223] GLA 357/8601. In der Akte befindet sich ein Eisenbahnbillet, auf der Rückseite sind wichtige Adressen für Einwanderer vermerkt: Einwanderungs-Commissariat: in Castle Garden. Deutsche Gesellschaft: Agentur-Local, 179, Canal Street. Consuln für Baden: Herr F.B. Schmidt, Nr 56 New Street. New York.

der Gemeinden verhinderte es in diesen Jahren, daß nicht noch weitere tausende übers Wasser geschickt wurden. Die Gemeindeverwaltungen wären sonst ohne Bedenken bereit gewesen, alles wegzuschaffen, was minder begütert oder mißliebig war [...]. Der deutsche Osten sandte seinen Bevölkerungsüberschuß ins Ruhrgebiet, wir nach den Vereinigten Staaten."[224]

62.444 Personen wanderten so zwischen 1850 und 1855 mit insgesamt 217.783 fl. staatlicher Unterstützung aus. Die Mehrheit der Auswanderer, 94,7 % (59.175), zog es auch in dieser Periode in die Vereinigten Staaten von Amerika. Durch die Auswanderung wurde in Baden zwischen 1846 und 1855 einen Bevölkerungsverlust von fast 4 % erreicht.[225]

Welche Ausmaße die zweite Auswanderungswelle auf dem gesamten deutschen Gebiet hatte, zeigt die nachstehende Tabelle: [226]

Zeitraum	Personen	Zeitraum	Personen
1841-1843	55.112	1856-1858	240.872
1844-1846	123.912	1859-1861	142.113
1847-1849	207.099	1862-1864	131.011
1850-1852	338.386	1865-1867	347.515
1853-1855	473.682	1868-1870	317.306

Tab. 5: Deutsche Auswanderung nach Übersee zwischen 1841 und 1870

Für den Historiker Ott lagen die Ursachen dieser Auswanderungswelle in der unzulänglichen Tragfähigkeit des badischen Territoriums hinsichtlich des unzureichenden Nahrungsspielraumes für die gestiegene Bevölkerung, die unter den Bedingungen der bestehenden Wirtschaftsförderung eine Zuspitzung der pauperistischen Entwicklung bewirken würde. Die von offizieller staatlicher Stelle genannten Gründe für den Rückgang der Auswandererzahlen nach 1855 lauteten: 1. Erschwerung der Niederlassung in Nordamerika. 2. Schlechte Ernten in den USA. 3.

---

[224] Baier, Hermann: Auswanderung und wirtschftliche Zustände: In: Mein Heimatland. (Freiburg, Karlsruhe) 24. 1938. S. 33-35; hier: S. 35.
[225] Obermann: Die deutsche Auswanderung (wie Anm.5), S. 51.
[226] Ebd., S. 36.

Besserung der volkswirtschaftlichen Zustände im Großherzogtum und 4. Wegfall der kommunalen und staatlichen Unterstützung für bedürftige Auswanderer.[227]

4.3.5 Die Folgen der zweiten Auswanderungswelle für Baden

Die Auswanderung war für das Großherzogtum Baden aus wirtschaftlichen und sozialen Gesichtspunkten eine große Entlastung, was auch durch eine Volkszählung aus dem Jahr 1855 belegt werden kann. 1852 lebten in Baden noch 1.357.208 Menschen; die Bevölkerung war 1855, trotz eines Geburtenüberschusses von 14.347 in diesem Zeitraum, um 3,12 % gesunken. Amtliche Stellen führten diesen Rückgang allein auf die Auswanderer zurück, was den Erfolg der badischen Auswanderungspolitik belegen würde.[228]

Der Rückgang der Zivil- und Strafprozesse zwischen 1852 und 1855 war eine weitere positive Folge der Massenauswanderung. 1852 wurden bei den Schwurgerichten noch 205 schwere Verbrechen verhandelt, 1855 lediglich noch 97. Die positive Gerichtsstatistik lässt sich zwar auch aus der allgemeinen Entwicklung erklären, für Hansen besteht dennoch kein Zweifel daran, „daß die Abschiebung der Armen in Form staatlich unterstützter Auswanderung einen wichtigen Anteil daran hatte."[229]

Aus dem Odenwald wurde berichtet: „Der Bettel hat in einem größeren Maße nachgelassen, als nach der Zahl der ausgewanderten Personen zu erwarten war, weil sich dem Bettelhaufen, der jeden Montag von Rieneck ausgezogen und bis gegen das Ende der Woche die Umgebung in einer Entfernung von 12 Stunden und nicht mehr bettelnd und frevelnd durchstreifte [...]."[230]

Die finanzielle Unterstützung der Armen wurde einzig im Interesse des Staates vorangetrieben, was heißen soll, „die Armenunterstützung zu kapitalisieren und zur Auswanderung der bisher Unterstützten zu verwenden."[231] Von 1,3 % der badischen Gesamtbevölkerung wurde die Auswanderung als notwendig deklariert. Einem amtlichen Bericht ist zu entnehmen, dass „die Auswanderung sich beinahe ausschließlich auf den ärmeren Teil der Bevölkerung beschränkte und die günstige

---

[227] Ott, Hugo: Badische Geschichte vom Großherzogtum bis zur Gegenwart (Hrsg. Landeszentral für politische Bildung). Stuttgart 1979. S. 103-143; hier: S. 110.
[228] Hansen: Die deutsche Auswanderung (wie Anm. 174), S. 44.
[229] Ebd.
[230] Ebd.
[231] Obermann: Die deutsche Auswanderung (wie Anm. 5), S. 36.

Folge habe, daß nun die zurückgebliebenen Arbeiter einen besseren regelmäßigen Verdienst finden."[232] Zwar wirkte sich der Verkauf der Liegenschaften der Auswanderer anfänglich negativ auf die Liegenschaftspreise aus, dem zurückgebliebenen Teil der Bevölkerung erleichterten die gesunkenen Preise hingegen den Erwerb von Grundeigentum.

In den Jahren 1840 bis 1849 wanderten, amtlichen Berichten zufolge, allein aus Baden insgesamt 23.966 Personen aus. Davon waren 4.345 Familienhäupter mit 14.855 Angehörigen sowie 4.763 Ledige – 22.526 wagten den Weg über den Atlantik.

Auf Grund der mangelnden Angaben zur Berufsstruktur der Auswanderer wird angenommen, dass in Baden die kleinen Landwirte, die trotz Nebenerwerb in der Hausindustrie kein gesichertes Auskommen finden konnten, den Großteil der Auswanderer gestellt haben. Der Anteil der Bauern Betrug 1840-1855 49,7 %, der der Handwerker lag bei nur 27,3 %.[233]

Als die wichtigsten Ursachen für die Massenauswanderung um 1850 können resümierend „das Anwachsen der Bevölkerung durch den langen Frieden, die Begünstigung der häuslichen Niederlassungen besonders in den grundherrlichen Ortschaften, die Freiteilbarkeit der Güter, die Gewerbefreiheit, mangelnde Schutzzölle, Zehnten- und Bodenzinsablösung", angeführt werden.[234]

4.4 Die dritte badische Auswanderungswelle

4.4.1 Die wirtschaftliche und soziale Lage in Baden

Nach der Jahrhundertmitte verlagerte sich die Gruppen und Familienauswanderung immer mehr in Richtung spärliche Einzelauswanderung, bis es in den 1880er Jahren noch einmal zu einer Auswanderungswelle kam. 1881 erreichte der Auswanderungsstrom einen neuen Höchststand. 4.445 Menschen wurden offiziell aus dem Großherzogtum Baden entlassen, die wirkliche Auswanderungszahl soll aber nach Schätzungen des Statistischen Amtes in Berlin ca. 12.000 betragen haben; Hermann Ehmer hingegen spricht für 1881 von 5.800 Auswanderern.

---

[232] Hansen: Die deutsche Auswanderung (wie Anm. 174), S. 44.
[233] Marschalck: Deutsche Überseewanderung (wie Anm. 28), S. 77. Vgl. auch Philippovich von, Eugen: Auswanderung und Auswanderungspolitik in Deutschland. Leipzig 1892. S. 157.
[234] Zitiert nach Philippovich in: Vorwinckel: Ursachen der Auswanderung (wie Anm.166), S.117;

In dieser Periode wanderten 99,45 % aller aus Baden entlassenen nach Nordamerika aus.[235]

Der Nordosten des Reiches stellte allerdings in diesem Zeitraum die größten Auswanderermassen, was verwundert, da der Nordosten das am wenigsten bevölkerte Gebiet des ganzen Reichs war und die Zeitgenossen die Auswanderung als Folge der Überbevölkerung ansahen.[236] In diesem Sinne wies Bismarck am 8. März 1879 darauf hin, dass die Auswanderer dieser Zeit merkwürdigerweise nicht aus den überbevölkerten Industriegebieten, sondern aus den am wenigsten bevölkerten Gebieten der Landwirtschaft kämen. Als Ursache dafür sah er das Fehlen der Industrie an: „Geben Sie denen Industrie, geben sie denen Export, geben sie denen Schutzzölle, und die Leute werden nicht mehr auswandern. Wo Industrie und Landwirtschaft sich unter die Arme greifen wie in Westfalen und am Rhein, wo die höheren Kornpreise sind, die sie immer fürchten, da sind die Leute hinreichend in der Lage, um auf die Auswanderung zu verzichten."[237]

Dieses ‚gesunde Gleichgewicht' war in Baden vorhanden. Um 1880 zeigte die badische Wirtschaft ein fast harmonisches Gleichgewicht zwischen Landwirtschaft und Industrie. Bedingt wurde dies durch eine starke, dezentrale Verbindung der Industrie zum Land, die nur durch die besonderen Industrieverhältnisse und eine konsequente Durchsetzung der Landwirtschaft mit Hausindustrie zustande kommen konnte. Der industrielle Aufschwung in der Mitte des 19. Jahrhunderts wurde in Baden besonders durch den Fall des Zunftwesens und den Beitritt zum Zollverein herbeigeführt. Zudem wurde der wirtschaftliche Auftrieb durch den Umschlaghafen Mannheim und die Verdichtung des Verkehrswesens, durch die Ausbreitung von neuen Gewerbebetrieben, die nach dem Fall des Zunftwesens entstanden aber auch durch die Errichtung von Großindustrie begünstigt. Das besondere Merkmal der badischen Gewerbetätigkeit beruhte auf einer staatlich geförderten industriellen Volkserziehung, die sonst nur in mittelgroßen Staaten umgesetzt wurde. Der ständige Wettkampf mit Württemberg brachte Baden einen weiteren Vorteil. Aus der gewerblichen Volkserziehung entwickelte sich in Baden die Hausindustrie als das ergiebigste Mittel gegen Landflucht. „Die Hausindustrie ist Schrittmacherin in der Großindustrie und hat immer eine große Rolle in der badischen Wirtschaft gespielt

---

[235] Ehmer: Die Quellen zur Nordamerika-Auswanderung (wie Anm.64), S. 150.
[236] Vorwinckel: Ursachen der Auswanderung (wie Anm. 166), S. 126.
[237] Ebd., S. 130.

[…].«[238] Seit den 1880er Jahre hatte die Tabak- und Zigarrenindustrie (17,5 %) den größten Anteil an den verschiedenen Industrien, dann folgte die Baumwoll- und Seidenindustrie (10,3 %). Von Vorteil war hier das Abwandern der Tabakindustrie in die ländlichen Bereiche. „Überhaupt haben alle Industrien, die keine regelmäßige Beschäftigung erforderten, mit der Vorliebe das Land aufgesucht, wo die arbeitsstillen Zeiten […] in der Landwirtschaft sich ergänzen können.«[239] Durch die Landverlagerung konnten sowohl Absatz- als auch Lohnschwankungen deutlich abgeschwächt werden und eine harmonische Wirtschaftsstruktur erwachen.

	Badische Bevölkerungsdichte nach Landesteilen (Einwohner/qkm)	Auswanderung nach Landesteilen gegliedert
Mannheim	520	33
Karlsruhe	219,38	39
Bruchsal	219,38	40
Schwetzingen	219,39	7
Ettlingen	219,38	2
Säckingen	129,36	14
Lörrach	129,36	8
Waldshut	129,36	22
Mosbach	71,58	256
Villingen	42,36	47

Tab. 6: Auswanderung in Bezug auf die Bevölkerungsdichte[240]

Die These Bismarcks, über die niedrigen Auswandererzahlen aus den am dichtesten bevölkerten Landesteilen, wird durch die obige Tabelle bestätigt. Was deutlich macht, dass die Auswanderung in diesem Zeitraum nicht mehr Folge der Überbevölkerung war. Was aber waren dann die Ursachen dieser erneuten Auswanderungswelle? Bismarck merkte dazu in einer Sitzung am 8.1.1885 an: „Die Ziffer der Auswanderung sei ein genauer Maßstab für das Steigen unseres Wohlstandes! Je besser es uns gehen würde, desto höher sei die Ziffer der Auswanderung.«[241] Die

---

[238] Vorwinckel: Ursachen der Auswanderung (wie Anm. 166), S. 131.
[239] Ebd., S. 132.
[240] Ebd.
[241] Ebd., S. 133.

höhere Ziffer 1880/81, wäre nur ein Beweis für die positive Wirkung des Schutzzolls auf die Industrie. Gleichfalls wären dadurch viel mehr Menschen im Besitz von Geld für die Überfahrt und den Landankauf in den Vereinigten Staaten, was ihn zu der Annahme führte, dass nur wohlhabende und bessere Arbeiter auswanderten. Bismarck musste sich für diese Analyse großer Kritik aussetzen, da er zuvor noch von einer Senkung der Auswandererzahlen durch die Einführung von Schutzzöllen sprach.

Zu seinen größten Kritikern zählte der Abgeordnete Richter[242], der die Meining vertrat, dass die Auswanderung gerade kein Wohlstandssymptom war, was die folgende Abbildung belegt:

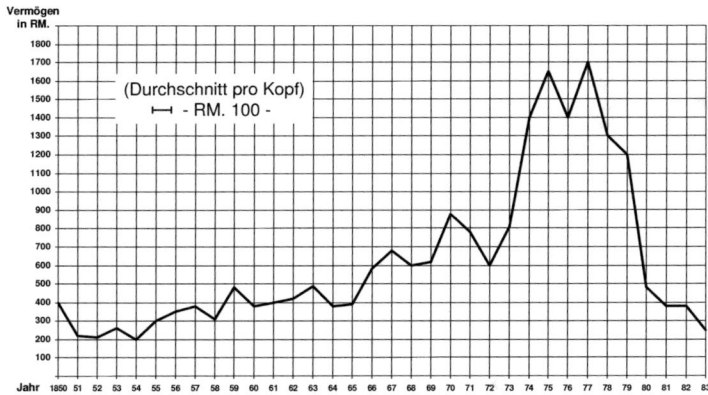

Abb. 3: Das mitgeführte Vermögen der Auswanderer in Baden 1850 bis 1883[243]

Deutlich zu sehen ist, dass das bei Massenauswanderungen mitgführte Vermögen verhältnismäßig gering war. Der niedrigste Stand lag bei 240 RM zwischen 1851-1854 als ganze Gemeinden verschifft wurden. Bei geringer Auswanderungszahl hingegen wurde sehr viel mehr Vermögen mitgeführt, wie der Höchsttand von 1.700 RM 1877 zeigt. Auch der starke Anstieg der Auswandererzahlen 1881, der mit dem

---

[242] Der badische Jurist und Politiker Franz Joseph Richter wurde 1801 in Kappel am Rhein geboren. 1842 wurde Richter Abgeordneter in der Zweiten Kammer der Badischen Ständeversammlung. An der Badischen Revolution nahm er als Abgeordneter in der konstituierenden Landesversammlung und als Teilnehmer am Landeskongress der Volksvereine in Offenburg teil. Nach der Niederschlagung der Märzrevolution wurde er wegen Hochverrats zu 15 Jahren Zuchthaus verurteilt. Um sich der Strafe zu entziehen, floh er zunächst in die Schweiz und reiste dann über Frankreich in die Vereinigten Staaten. Bis zu seinem Tot 1865 war Richter als Anwalt und Notar in New York tätig.
[243] Vorwinckel: Ursachen der Auswanderung (wie Anm. 166), S. 134.

Sinken der Vermögensziffern verbunden ist, widerlegt Bismarcks These.[244] Für den Abgeordneten Kardoff spielten die wirtschaftlichen Verhältnisse nur eine sekundäre Rolle. Seiner Meinung nach lag die Hauptursache in den den hohen amerikanischen Arbeitslöhnen.[245]

Um diese These zu überprüfen, betrachtet Vorwinckel die Zusammensetzung der einzelnen Auswanderer nach Berufsgruppen:

	1878	1880	1882	Durchschnitt 1878-1882
Landwirte	25,0	32,9	24,6	28,9
Tagelöhner	1,3	9,6	9,9	10,3
Handwerker und Fabrikarbeiter	37,7	35,9	31,4	33,7
Handel und Verkehr	14,5	6,8	8,2	8,3

Tab. 7: Zusammensetzung der Auswanderer nach Berufsgruppen[246]

Augenfällig ist hier, dass die größte beteiligte Auswanderergruppe die Fabrikarbeiter und Handwerker waren. Diesem Ergebnis stehen Angaben von 14,6 % der 1882 aus den Großherzogtum Baden entlassenen Bürger gegenüber: 58,2 % davon gaben als Auswanderungsursache den Fortzug zu Verwandten bzw. die Übersendung des Reisegelds durch Verwandte an. 19,51 % hofften auf ein besseres Fortkommen. 16,03 % gaben Verdienstmangel und 0,68 % Vermögensmangel als Gründe für die Auswanderung an. In den „Statistischen Mitteilungen für Baden" wurde bereits 1880 festgehalten, dass die Gründe für die Auswanderung nur noch zum Teil in den ungünstigen wirtschaftlichen Verhältnissen in Baden zu suchen seien, die Hauptursache läge „in dem in den letzten Jahren eingetretenen Aufschwung der wirtschaftlichen Verhältnisse in den Vereinigten Staaten."[247] Auf die detaillierten Auswanderungsmotive in der dritten Auswanderungswelle wird im Verlauf noch genauer eingegangen. Dies hat zum Ergebnis, dass die ausgewanderten

---

[244] Die Höhe des ausgeführten Vermögens wird in Kapitel 5.3.9 noch genauer untersucht.

[245] Vorwinckel: Ursachen der Auswanderung (wie Anm. 166), S. 134. Angaben über das Vermögen, d. h. die ausgeführten Barmittel sind nicht für alle Entlassenen gemacht worden. Es wurde jedoch für den Teil derer, für welche keine Angaben vorliegen, ein nahezu gleicher Durchschnittsbetrag für das ausgeführte Vermögen angenommen.

[246] Ebd., S. 137.

[247] Ebd., S. 138.

Industriearbeiter und Handwerker nicht aus der Not heraus ihre Heimat verlassen haben, sondern den Wunsch hatten, bereits ausgewanderten Verwandten zu folgen, wodurch der Arbeiter und der Handwerker zum neuen Auswanderer-Typ wurden.

Ausgelöst wurde dies durch den Aufschwung im Verkehrswesen, der eine regelmäßige Nachrichtenübermittlung mit sich brachte. Die Briefe übernahmen jetzt die Informationsrolle, die früher die Werber, die mittlerweile nur noch bessere Fahrscheinverkäufer waren, innehatten (siehe Anhang Abbildung 17).

Für die Auswanderung in die USA gabe es keine Hindernisse mehr und so genügte, wie bereits angemerkt, oftmals schon die Aussicht auf einen etwas besseren Verdienst als Entscheidungsgrund.

Auffällig ist, wie stark die wirtschaftlichen Spannungsverhältnisse die Stärke der Auswanderung bestimmten. Die Spezialisierung der Arbeitskräfte spielte dabei eine entscheidende Rolle. In den Vereinigten Staaten stellten die ungelernten Arbeiter zumeist die Italiener, Russen und Slowaken. Qualifizierte Arbeiter und Techniker hingegen kamen aus den deutschen Reihen, was sich für die deutsche Wirtschaft zum Problem entwickelte. Die günstige Konjunktur beflügelte die besten Arbeiter des Landes auszuwandern, weil diese sich in den USA ein besseres Fortkommen erhofften.

Auch die Zunahme der Auswandererzahlen seit den 1880er Jahren lässt sich für Vorwinckel auf die wirtschaftliche Situation zurückführen: Bereits 1879 konnte ein Anstieg der Auswandererzahlen verzeichnet werden, da das deutsche Wirtschaftsleben nach Jahren der Blüte wieder abflachte. Die amerikanische Wirtschaft konnte währenddessen einen neuen Aufwärtstrend verbuchen. Von diesen Meldungen beflügelt, machten sich nun auch all jene Auswanderer auf den Weg, die ihre Reise auf Grund schlechter Informationen und einer wirtschaftlichen Krise in den USA verschoben hatten.[248]

In den beiden badischen Hauptindustriezweigen, der Tabak- und der Textilindustrie, wurden besonders geringe Löhne gezahlt, was die meisten Arbeiter nur noch mit landwirtschaftlichem Nebenerwerb überleben ließ. Im Vergleich zum restlichen Land hatten die Löhne einen absoluten Tiefstand erreicht, sodass sich in Baden auch auswärtige Firmen ansiedelten, um ihre Produktionskosten zu verringern. Die ländliche Bevölkerung, die oftmals einen stundenlangen Fußmarsch zur Arbeitsstätte

---

[248] Vorwinckel: Ursachen der Auswanderung (wie Anm. 166), S. 144

hinnehmen musste, stellte das größte Kontingent der Fabrikarbeiter (zwei Drittel); damit einhergehend fand auch zunehmend eine Lockerung der Familienverbindung statt.

1881 wanderten 79,68 % Ledige aus (zwischen 1878-1882 durchschnittlich 77,51); nur 17,68 % waren verheiratet. Dies spiegelt sich auch deutlich im Alter der Auswanderer wider.

Jahre	Durchschnitt in %
0-14	28,74
14-20	31,29
20-25	10,89
25-45	21,51
45 und mehr	7,51

Tab. 8: Altersstruktur der Auswanderer[249]

Die schwächere Beteiligung der 20-25-Jährigen an der Auswanderung lag am Erreichen der höchsten Einkommensstufe in der heimischen Industrie mit durchschnittlich 25 Jahren, was gleichzeitig auch das häufigste Heiratsalter war.

Diese späte Auswanderungswelle unterscheidet sich unter anderem dadurch von den vorausgegangen, dass zwei Drittel der Auswanderer Männer waren, die nur für kurze Zeit nach Amerika wollten, um mit dem dort erreichten Wohlstand wieder zurückzukehren. Dementsprechend hatte die Wirtschaft gerade in der arbeitskräftigsten Altersklasse die größten Einbußen zu verzeichnen.

Für das Bezirksamt Karlsruhe lässt sich diese Annahme nicht bestätigen, was im Folgenden noch genauer erläutert wird.

4.5   Auswandererzahlen seit den 1880er Jahren

Um sowohl einen genauen Überblick über die Auswandererzahlen in Baden zu erhalten als auch ein Gefühl für die starken Abweichungen unterschiedlicher Statistiken zu entwickeln, werden im folgenden verschiedene Datenerhebungen angeführt und verglichen.

---

[249] Vorwinckel: Ursachen der Auswanderung (wie Anm. 166), S. 144.

Die offiziellen Entlassungen aus dem Großherzogtum:[250]

Jahre	Entlassene in die Vereinigten Staaten
1840-1849	22.770
1850-1859	67.274
1860-1869	18.850
1870-1879	10.952
1878	356
1879	739
1880	3.246
1881	3.957
1882	3.060
1883	2.520

Tab. 9: Die Zahl der offiziellen Entlassungen nach Amerika

Die Zahl der Auswanderer ist zwar 1883 noch relativ hoch – abgesehen von der Massenauswanderung der Jahre 1851/54 – lässt aber seit 1881 einen deutlichen Rückgang der Auswanderung erkennen, der bekanntlich in den folgenden Jahren noch verstärkt zum Vorschein kommt.

Jahre	Bremen	Hamburg	Stettin	Antwerpen	Havre	Gesamt
1883	2.088	519	1	3.153	3.331	9.092
1882	1.936	638	-	2.716	5.416	10.716
1881	1.807	1.016	-	3.002	5.654	11.479
1880	2.337	784	-	1.746	6.713	11.580

Tab. 10: Auswandererzahlen der Badener in den Jahren 1880-1883 [251]

---

[250] Statistische Mittheilungen über das Großherzogthum Baden. IV Band für die Jahre 1884-1885; Statistische Mittheilungen über das Großherzogthum Baden. III Band für die Jahre 1880-1883. Auf Grund der Schwerpunktlegung in dieser Arbeit wurden hier nur die Jahrgänge 1880-1883 näher untersucht.
[251] Statistische Mittheilungen über das Großherzogthum Baden. IV Band für die Jahre 1884-1885. Die Zahlen stammen aus den Veröffentlichungen des kaiserlichen statistischen Amtes in Berlin und den Mitteilungen des deutschen Konsulats in Le Havre an das statistische Büro Baden.

Dass die Zahl der tatsächlich Fortgezogenen nicht annähernd vorlag, war den Behörden schon früh bewusst. Abweichungen bringt auch ein Vergleich der Statistiken über die amtlichen Entlassungen aus dem Großherzogtum mit den Angaben der Auswanderungshäfen zum Vorschein. Die Auswandererzahlen der offiziellen Statistik erreichen in dem näher betrachteten Zeitraum das Dreifache – teilweise auch mehr als das Dreifache – an Auswandererzahlen als die amtlichen Entlassungen. Unter Zurechnung der über Liverpool und Rotterdam Ausgereisten veranschlagte man für Baden 1880 und 1881 nicht weniger als 13.000, für 1882 etwa 12.000 und für 1883 mindestens 10.000 als Gesamtzahl überseeischer Auswanderer. 1883 geht die badische Statistik rückwirkend seit 1840 von etwa 219.000 Überseeauswanderern aus – 85.000 Auswanderer mehr als die offizielle Statistik der Entlassungen nachweist.[252]

Der Rückgang der badischen Auswandererzahlen in den 1870er Jahren über die Häfen Bremen, Hamburg, Stettin und Antwerpen nach überseeischen Ländern:[253]

1871	1872	1873	1874	1875	1876	1877	1878
4.844	5.985	4.372	2.061	1.096	843	785	825

Tab. 11: Auswandererzahlen der Seehäfen 1871-1878

Das Statistische Jahrbuch für das Deutsche Reich geht 1882 für die Jahre 1871-1880 von 26.946 badischen Amerikaauswanderern (was bei insgesamt 27.300 Auswanderern 98,7 % entspricht) aus, wodurch abermals Diskrepanzen zum Vorschein kommen. Die geringe Beteiligung der Karlsruher Bevölkerung in den Jahren 1880-1885 – im Vergleich zum gesamten Großherzogtum – lässt deutlich erkennen, dass die Residenz keine auswanderungstypische Region in Baden ist.

---

[252] Die Überseeauswanderer werden nicht genauer nach den einzelnen Zielländern unterteilt. Da allerdings in diesem Zeitraum über 98 % der Auswanderer die Reise nach Amerika antraten, kann eine genauere Unterteilung unberücksichtigt bleiben.
[253] Statistisches Jahrbuch für das Deutsche Reich. Zweiter Jahrgang 1881. Berlin 1881. S. 14. Für Antwerpen liegen erst seit 1872 Nachweisungen vor.

Die Auswanderung aus dem Amtsbezirk Karlsruhe nach Nordamerika:[254]

Amtsbezirk Karlsruhe	männlich	weiblich	gesamt	im Ganzen Entlassene
1880	129	92	221	241
1881	91	51	142	144
1882	136	34	170	186
1883	89	47	136	141
1884	38	2	40	45
1885	28	7	35	39

Tab. 12: Auswandererzahlen aus dem Bezirksamt Karlsruhe

Wie zu sehen ist, lag die Anzahl der nach Nordamerika Entlassenen in den auswanderungsstärksten Jahren – verglichen mit der Gesamtauswanderung – fast immer bei über 90 %.

Offenkundig wird, mit welchen Problemen die Wissenschaft beim Versuch die Auswanderermassen nur annähernd zu erfassen, konfrontiert wird. Da sowohl in den Statistiken der badischen Behörden als auch in denen der Seehäfen bei weitem nicht alle Auswanderer verzeichnet wurden, wie ein Vergleich mit den ebenfalls lückenhaften Auswandererzahlen der erstellten Datentabelle belegt.

---

[254] Erstellt nach den Angaben der Bezirksämter: Statistisches Jahrbuch für das Großherzogthum Baden. 14-16. 1881-1883; Statistisches Jahrbuch für das Großherzogthum Baden. 9-13. 1876-1880. Statistisches Jahrbuch für das Großherzogthum Baden XVII. Jahrgang 1884. 17-18. Karlsruhe 1886. Seit 1882 weißt die Statistik keine getrennte Auswanderung nach Nordamerika mehr auf – die überseeischen Länder werden zusammengefasst angeführt. Für die Stadt Karlsruhe selbst nennt die Statistik für 1882 78 Auswanderer (69 männlich, 9 weiblich) nach Übersee (die Gesamtzahl der Entlassenen lag bei 80). Der erneute Auswandererhöhepunkt 1892 konnte auf Grund einer neuen Darstellungsweise im Statistischen Jahrbuch nicht in die Tabelle aufgenommen werden, da diese eine Gegenüberstellung unmöglich macht. Im Jahr 1892 gab es im Amtsbezirk Karlsruhe 63 Auswanderungsurkundennehmer, die mit weiteren 37 Angehörigen auswanderten. In diesem Jahr wanderten über die Häfen Bremen, Hamburg, Bremen, Rotterdam, Amsterdam, Antwerpen und Le Havre 4.954 Badener aus überozeanischen Ländern aus. Die Gesamtzahl der Auswanderer wurde allerdings auf 5.200 geschätzt. Durch die Vermittlung der im Großherzogtum zugelassenen Auswanderungsunternehmer wurden 3.113 Badener (1.517 männlich, 1.249 weiblich und 347 Kinder) nach überseeische Länder befördert. Entlassungsdaten für Badener in die Vereinigten Staaten liegen von 1.114 Personen (877 männlich, 237 weiblich) vor. Vgl. Statistisches Jahrbuch für das Großherzogthum Baden. XXV. 25. Jahrgang 1892. Karlsruhe 1894. S. 47 f.

Nach der Auswertung der Datentabelle zeichnet sich für das Bezirksamt Karlsruhe folgender Auswanderungsverlauf für die Jahre 1880-1914 ab:

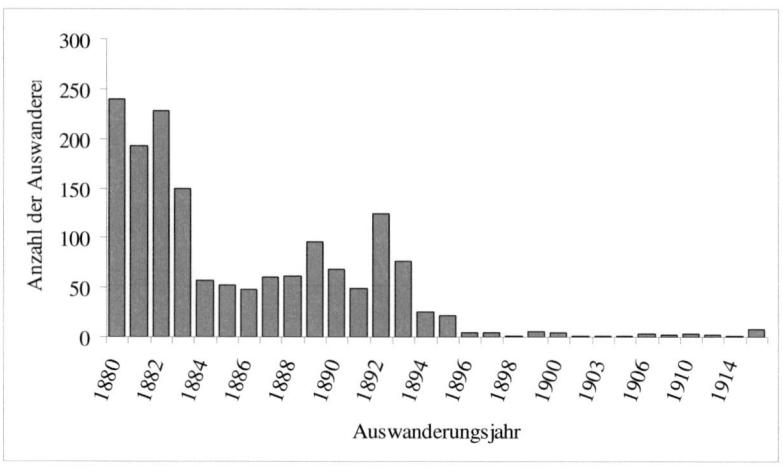

Abb. 4: Auswanderungsverlauf aus dem Bezirksamt Karlsruhe 1880-1914

Die Abbildung lässt deutlich die Höhepunkte der dritten badischen Auswanderungswelle erkennen. Im Bezirksamt Karlsruhe waren die auswanderungs-stärksten Jahre zwischen 1880-1883, wobei der absolute Höhepunkt 1880 verzeichnet wurde. Nach dem Absinken der Auswandererzahlen seit Mitte der 1880er Jahre, kam es 1889 und 1892 zu einem erneuten kurzfristigen Anstieg der Auswanderung, der im Folgenden noch genauer begründet wird. Die Abweichungen zwischen der Datentabelle und den Angaben des Bezirksamtes können in der Regel auf die fehlende Auflistung der mitreisenden Familienangehörigen in den Ortsbüchern zurückgeführt werden.

Mit dem allgemeinen Rückgang der Auswandererzahlen ging auch der Rückgang der badischen Auswandererzahlen seit Ende der 1880er Jahre einher. 1892 waren unter den 90.183 Auswanderern, die Deutschland über Bremen verlassen haben, lediglich noch 1.983 Badener.[255]

---

[255] GA 2972 Auswanderer. Auch deutsch- luth. Emigrantenhaus in New York. Bericht über die Thätigkeit der Auswanderer-Mission im Bremen 1892 von F. Cunz.

In der badischen Statistik wird die Auswanderung zwischen 1880 und 1911 mit 112.875 Personen festgehalten. Nach der Jahrhundertwende sank die Zahl der badischen Überseeauswanderer auf jährlich unter 1.000. Von diesem Zeitpunkt an hatte Baden selbst starke Wanderungsgewinne zu verzeichnen, was einen positiven Abschluss der Wanderungsbilanz mit sich brachte.

5 Die Auswanderung aus dem Bezirksamt Karlsruhe zwischen 1880 und 1914

5.1 Ausgangslage im Bezirksamt Karlsruhe

Die industrielle Frühphase änderte das Erscheinungsbild der Residenz und ihrer Gesellschaft nur allmählich. Erst in der Hochindustrialisierung, nach der Reichsgründung, wurde Karlsruhe von der gesellschaftlichen und wirtschaftlichen Dynamik erfasst, was einen explosionsartigen Bevölkerungsanstieg zur Folge hatte. 1901 wurde Karlsruhe mit über 100.000 Einwohnern zur Großstadt. Dieses Wachstum entstand zu über 50 % durch die deutsche Binnenwanderung, da die alten und neu gegründeten Fabriken Arbeitskräfte benötigten, welche sowohl aus der näheren Umgebung als auch aus der Ferne angezogen wurden.[256] Seit 1907 konnte Karlsruhe laut Gottfried Gassert als Industriestadt bezeichnet werden, die er zur Untergruppe der „gemischten Maschinenbau- und Rentner-/Beamten-/Militärstädte" zählte.[257] Für die Industrie und Handelskammer wurde Karlsruhe 1911 „aus einer mittleren Provinzial- und vorwiegenden Beamtenstadt"[258] zu einer Stadt, in der durch den Ausbau von Industrie, Handel und Gewerbe die alte Ordnung einem harmonischen Verhältnis der Berufstände gewichen sei.[259] Die Ausdehnung der Stadtfläche war nur durch Geländeerwerb und Eingemeindungen möglich.[260] Zwar nahm die ökonomische Bedeutung als Residenzsitz für die Stadt durch die Entwicklung zur Industriestadt seit 1871 ab, für den kulturellen Bereich hingegen blieb die Stellung des Hofes weiter dominierend.[261]

5.1.1 Bevölkerungszuwachs in Baden und Bezirk Karlsruhe

Der in Baden vorherrschende Spannungszustand zwischen Bevölkerungswachstum und Wirtschaftsentwicklung, der noch durch die Wirtschaftskrise zwischen 1847 und

---

[256] Koch, Manfred: In: Koch, Manfred (Hrsg.): Karlsruher Chronik. Karlsruhe 1992. Von der Residenz zum Zentrum der Technologieregion. S. 16-40. S. 27.
[257] Ebd.
[258] Ebd.
[259] 1890 und 1899 wurden im Osten vor dem Durlacher Tor mit Hoepfner, Haid & Neu, Wolf & Sohn und im Westen im Bannwaldbezirk mit Vogel & Schurmann, der Gesellschaft für elektrische Energie, Junker & Ruth und der Maschinenbaugesellschaft neue Industriegebiete erschlossen.
[260] 1885 wurde Mühlburg als erste Stadt eingemeindet; bis 1910 folgten Beiertheim, Rintheim, Rüppurr, Grünwinkel und Daxlanden.
[261] Ebd., S. 29.

1854 verschärft wurde, erfuhr auch in den folgenden Jahrzehnten mit Krieg und teilweise wirtschaftlichem Aufschwung, kein aufheben.

Wie überall im Reich hemmten auch in Baden wirtschaftlich schlechte Zeiten das Bevölkerungswachstum, senkten die Zahl der Eheschließungen und Geburten und ließen den Auswanderungsstrom nach Übersee nicht versiegen. Durch zeitweilige Geburtenrückgänge und Wanderungsverluste verringerte sich die jährliche Wachstumsrate der badischen Bevölkerung von 1856 bis 1875 auf 0,68 %, diese Tendenz hielt bis in die 1880er Jahre an; erst die Jahrhundertwende brachte einen Umschwung. Trotz des starken Rückgangs der Geburtenrate machte sich ein starkes Bevölkerungswachstum bemerkbar – der stärkste Anstieg in der Geschichte der Südweststaaten fand 1900 in Baden mit 1,51 % statt.[262] Die deutlich sinkende Geburtenzahl wurde durch das Absinken der Sterbeziffer und die Verlängerung der durchschnittlichen Lebensdauer wettgemacht. Der Rückgang der Geburtenrate bei gleichzeitigem Anstieg der durchschnittlichen Lebensdauer, lässt auch in Baden eine Trendwende zur modernen Bevölkerungsentwicklung erkennen, von einer agrarisch geprägten Gesellschaftsform hin zu einer Industriegesellschaft mit langsam wachsendem Wohlstand.[263] Die Tabelle zeigt den Bevölkerungsanstieg um 61 % im Großherzogtum zwischen 1855-1910:[264]

Jahr	Baden
1855	1.315.000
1875	1.507.000
1890	1.658.000
1900	1.868.000
1910	2.143.000

Tab. 13: Bevölkerungsanstieg in Baden

---

[262] Boelcke, Willi A.: Sozialgeschichte Baden-Württembergs 1800-1989. Politik, Gesellschaft, Wirtschaft. Stuttgart 1989. S. 176.
[263] Ebd., S. 177. Die Oberrheinischen Gebiete hatten eine große Zahl von Religionsflüchtlingen zu verzeichnen. Gerade die Umgebung von Karlsruhe weist eine Reihe solcher Siedlungen auf: Waldenser in Palmbach, das nach dem Dorf La Palma bei Pinerolo im Piemont benannt wurde, Hugenotten in Friedrichstal, Wallonen in Welschneureut und Friedrichstal; was sich auch in den Familiennamen der Auswanderer niederschlägt. Vgl. Metz, Friedrich: Das Oberrheinland als Ein- und Auswanderungsgebiet. In: Verhandlungen und Wissenschaftliche Abhandlungen des 22. Deutschen Geographentages zu Karlsruhe 7. bis 9. Juni 1927. Breslau 1928. S. 1-16; hier S. 7.
[264] Boelcke: Sozialgeschichte (wie Anm. 262), S. 177.

Im Bezirksamt Karlsruhe war mit dem allgemeinen Bevölkerungsanstieg nicht gleichzeitig auch ein Einwohnerzuwachs in den umliegenden Gemeinden verbunden. Wie die untenstehende Tabelle zeigt, verzeichneten einzelne Gemeinden zwischen 1875-1896 sogar einen Bevölkerungsrückgang. Der Großteil konnte dagegen einen bedeutenden Zuwachs verbuchen. Das größte Wachstum verzeichnete Grünwinkel mit 63,4 % und Rintheim mit 50,4 %.

Einwohnerverzeichnis Bezirksamt Karlsruhe, davon in den einzelnen Gemeinden:[265]

Gemeinden	1875[266]	1885	1896
Beiertheim	1.490	1.150	1.405
Blankenloch	1.583	1.612	1.796
Büchig	275	296	271
Bulach	1.046	1.236	1.547
Daxlanden	2.446	2.719	3.031
Eggenstein	1.623	1.825	1.846
Friedrichsthal	1.137	1.122	1.186
Graben	2.047	2.092	2.048
Grünwinkel	631	795	1.031
Hagsfeld	1.151	1.246	1.394
Hochstetten	627	634	719
Knielingen	2.209	2.453	2.783
Leopoldshafen	754	751	706
Liedolsheim	2.084	1.901	1853
Linkenheim	1.558	1.598	1.650
Rintheim	1.041	1.236	1.566
Rüppurr	1.657	1.749	1.954
Rußheim	1.464	1.444	1.426
Spöck	1.263	1.305	1.469
Stafforth	753	700	672
Teutschneureuth	1.605	1.803	1.876
Welschneureuth	1.123	1.175	1.194
Gesamt	29.567	30.842	33.423

Tab. 14: Einwohnerzahlen im Bezirksamt Karlsruhe

[265] Erstellt nach: GLA 357/29.512. Stand 28.9.1896 mit Karlsruhe gesamt 165.151. Beiträge zur Statistik des Großherzogtums Badens. Karlsruhe 1888; Stand 1. Dezember 1885 mit Karlsruhe gesamt 91.908.
[266] Das ergibt 1875 für die Stadtgemeinden (Karlsruhe inklusive Mühlburg) 45.621 Einwohner für die Landgemeinden 29.567, für den Amtsbezirk Karlsruhe (inklusive abgesonderter Gemarkungen) 75.390. Vgl. Beiträge zur Statistik der inneren Verwaltung des Großherzogthums Baden. Neununddreißigstes Heft. Karlsruhe 1878. Für die Stadt Karlsruhe ergab die Zählung 42.937; hinzu kommt Mühlburg mit 2.882 Einwohnern.

Die Zahl der Haushaltungen der Stadt Karlsruhe betrug 1880 9.886; darin lebten 49.998 Menschen (7.071 mehr als 1875). Für den ganzen Amtsbezirk belief sich die Anzahl der Haushaltungen auf 17.025 in denen 83.659 Personen gemeldet waren (8.269 mehr als 1875).[267]

Durch die Eingemeindungen und die Zuwanderung aus ländlichen Gegenden wuchs die Einwohnerzahl von Karlsruhe alleine zwischen 1900 und 1910 um 37.128 Einwohner an, wodurch sich die konfessionelle Zusammensetzung weiter zu Gunsten der Katholiken verschob, von 40,6 % im Jahre 1861 auf 45,8 % im Jahr 1910.[268]

Stadtbevölkerung von Karlsruhe nach Zahl, Geschlecht und Religion 1875-1910:[269]

Jahr	Einwohner	Männer	Frauen	Evangelisch	Katholisch
1875	42.739	21.793	20.946	53.5	42.4
1880	49.301	24.448	24.853	53.7	42.4
1885	56.972	28.076	28.896	53.5	43.2
1890	73.684	36.564	37.120	42.9	43.5
1895	84.030	42.081	41.949	53.2	43.8
1900	97.185	48.547	48.638	52.0	44.3
1905	111.249	55.135	56.114	52.1	44.5
1910	134.313	65.640	68.622	50.2	45.8

Tab. 15: Stadtbevölkerung von Karlsruhe

Die Arbeitsaufnahme in der Stadt und die zunehmende Urbanisierung stellen einen weiteren, die Bevölkerungsstruktur umwälzenden Wesenszug des ausgehenden 19.

---

[267] Statistisches Jahrbuch für Baden. 14-16. 1881/83. Vgl. auch: Maisch, Herbert: Bulacher Ortschronik. Vom Kirchenort am Wald zum Stadtteil an der Autobahn. Karlsruhe 1993; Bürgergemeinschaft Rüppurr (Hrsg.): 900 Jahre Rüppurr. Geschichte eines Karlsruher Stadtteils. Karlsruhe 2003. Ein Blick auf den Bevölkerungsanstieg der einzelnen Gemeinden zeigt, dass die Bevölkerung zwischen 1871 und 1880 nur geringfügige Zuwächse zu verzeichnen hatte, wie das Beispiel Rüppurr belegt: Die Einwohnerzahl stieg von 1.655 auf 1.737; 1905 konnten bereits 2.571 Einwohner gezählt werden. Einen starken Bevölkerungsanstieg hatte auch Bulach zu verzeichnen: von 1.002 auf 1.147 und 1905 auf 1.937 Einwohner. Innerhalb von 34 Jahren (1871-1905) hat sich die Bevölkerung nahezu verdoppelt.

[268] Asche, Susanne: Die Entwicklung zur Großstadt – das Industrie- und Verwaltungszentrum 1862-1914. In: Stadt Karlsruhe (Hrsg.): Karlsruhe die Stadtgeschichte. Karlsruhe 1998. S. 191-355, hier: S. 299.

[269] Schmitt, Heinz: Der Raum Karlsruhe vor der Stadtgründung. In: Stadt Karlsruhe (Hrsg.): Karlsruhe die Stadtgeschichte. Karlsruhe 1998. S. 15-63, hier: S. 63.

Jahrhunderts dar. Wohnten 1864 noch 74 % der badischen Bevölkerung in Landgemeinden und 26 % in Städten, gab es 1910 nur noch 53 % Landbewohner und 47 % Stadtbevölkerung. Zwischen 1871 und 1910 konnte sich die Bevölkerung Karlsruhes knapp verdreifachen. Berücksichtigt werden müssen hierbei die Ausdehnung des alten Stadtgebietes und die Eingemeindung umliegender Dörfer, wie das nachfolgende Beispiel Daxlanden zeigt. Dennoch brachte die Urbanisierungsbewegung in vielen Landgemeinden eine Stagnation der Einwohnerzahl Ende 19. Jahrhunderts, in einigen Fällen auch eine Abnahme.[270]

Das Beispiel Daxlanden zeigt zwar einen Anstieg der Bevölkerung, die Zahl der Haushaltungen hingegen vergrößerte sich zwischen 1875-1885 kaum. Ursache dafür könnte die Auswanderung junger Männer sein, die nun nicht mehr für die Familiengründung zur Verfügung standen bzw. keinen eigenen Hausstand mehr gegründet haben. Die Anzahl der Haushaltungen in Daxlanden und deren Bewohner für die Jahre 1875-1900:[271]

Jahr	Haushaltungen	Bewohner
1875	512	2.446
1880	512	2.658
1885	539	2.719
1890	601	2.912
1895	634	3.032
1900	721	3.487

Tab. 16: Anzahl der Haushaltungen in Daxlanden

Das Absinken der Gewerbesteuer in Daxlanden, im Vergleich zum Gesamtsteueraufkommen, lässt die Aufgabe der selbständigen Gewerbe zugunsten einer Arbeitsstelle in den Industriebetrieben von Karlsruhe erkennen. Das gleiche Bild zeichnet sich auch beim Niedergang der Landwirtschaft ab. Waren 1895 noch 34,5 % der Bevölkerung selbständige Landwirte, ging die Zahl bis 1907 auf 16,4 % zurück, da sich die Bevölkerung nur mit der Landwirtschaft keine den neuen

---

[270] Beiträge zur Statistik der inneren Verwaltung des Großherzogthums Baden. Heft 43. 1. Teil. Karlsruhe 1882.
[271] Bürgerverein Daxlanden: Daxlanden (wie Anm. 269), S. 187.

Lebensbedürfnissen entsprechende Existenz sichern konnte. Grund dafür waren unter anderem, die durch die Realerbteilung bedingten kleinen landwirtschaftlichen Flächen. Zwei Drittel der landwirtschaftlichen Betriebe in Daxlanden hatten nicht mehr als 2 ha Fläche zu bewirtschaften, was eine Tätigkeit in der Industrie lebensnotwendig machte.[272]

Die Geburtenziffer in Baden 1852-1926 in Prozent:[273]

	1852-1876	1877-1901
katholische Gemeinden	34,7	31,5
protestantische Gemeinden	36,7	32,8

Tab. 17: Badische Geburtenziffer

Der Amtsbezirk Karlsruhe hatte zwischen 1875 (75.390) und 1880 (83.659) einen Bevölkerungsanstieg von 10,9 % (8.269) zu verbuchen. Im Vergleich dazu betrug der Anstieg im Kreis Karlsruhe nur 5,5 % (von 258.216 auf 272.443).

Die Gesamtbevölkerung Badens belief sich 1875 auf 1.507.179 Personen und wuchs innerhalb von fünf Jahren auf 1.570.254. Diese Zunahme erklärt sich laut Statistik nahezu vollständig durch den Geburtenüberschuss. Jener Überschuss betrug 89.340, während die Zahl der Ausgewanderten, d. h. der in fremde Weltteile und entfernte europäische Länder Weggezogenen auf etwa 22.000 geschätzt wurde. Der Unterschied dieser beiden Zahlen liegt bei rund 67.000, die Bevölkerungszunahme bei etwa 63.000. Der verhältnismäßig geringe Rest der Mehrgeborenen (etwa 4.000) deutet darauf hin, dass Baden etwas mehr Menschen abgegeben als aufgenommen hat.[274] Der enorme Bevölkerungszuwachs im Großherzogtum kann allerdings nicht alleine auf eine gestiegene Geburtenziffer zurückgeführt werden; im Gegenteil, die

---

[272] Bürgerverein Daxlanden (Hrsg.): Daxlanden. Die Ortsgeschichte. Karlsruhe 2007. S. 245.
[273] Boelcke: Sozialgeschichte Baden-Württembergs (wie Anm. 262), S. 179. Das Absinken der Geburtenzahl je Familie war zwischen Stadt und Land, innerhalb einzelner Regionen und Religionen und sozialer Schichten unterschiedlich ausgeprägt. In Baden wurden durchschnittlich zwischen 1883-1907 je Ehe noch 4,5 Kinder geboren – 8,5 % der verheirateten Frauen waren kinderlos. Auf eine Bauernehe im Schwarzwald kamen zwischen 1880-1900 ca. 7,32 und zwischen 1919-1923 noch 4,28 Kinder. Auf eine Arbeiterehe im gleichen Gebiet und Zeitraum 5,3 bzw. 2,75 Geborene.
[274] Beiträge zur Statistik der inneren Verwaltung des Großherzogthums Baden. Heft 43. 2. Teil. Karlsruhe 1884. S. XI.

Geburtenziffer ging seit 1877 stark zurück. Die folgende Tabelle gibt einen Überblick über den Geburtenüberschuss der Jahre 1879-1884:[275]

Jahr	Geburten- überschuss Baden	Geburten- überschuss Reich	Auf 1.000 der mittleren Bevölkerung in Baden kommt somit ein Überschuss	Auf 1.000 der mittleren Bevölkerung im Reich kommt somit ein Überschuss
1879	16.060	592.098	10,31 %	13,23 %
1880	16.183	522.970	10,29 %	11,60 %
1881	15.610	525.758	9,91 %	11,57 %
1882	15.572	525.495	9,91 %	11,52 %
1883	16.714	493.697	10,63 %	10,77 %
1884	16.683	522.083	10,49 %	11,27 %

Tab. 18: Geburtenüberschuss 1879-1884

Der Geburtenüberschuss im Großherzogtum blieb, wie zu sehen ist, in diesem Zeitraum sichtlich unter dem des Reichs zurück.

Die Auswanderung konnte den Geburtenüberschuss auschließlich durch einen maximalen oder plötzlichen Anstieg der Auswandererzahlen – auch nur regional begrenzt – auffangen. Für Baden hieß dies folglich, dass es nur kurzfristig zu lokalen Abnahmen der Bevölkerung kam, was schnell durch die hohe Geburtenzahl wieder ausgeglichen wurde.[276]

Um einen Überblick über die Altersstruktur im Reich zu erhalten, wird im Weiteren die Verteilung der Altersklassen untersucht.

---

[275] Statistisches Jahrbuch für das Deutsche Reich. Zweiter Jahrgang 1881 - Siebter Jahrgang 1886. Berlin 1881-1886.
[276] Vgl. Heyder: Beitraege zur Frage der Auswanderung (wie Anm. 30), S. 22.

Die Bevölkerung am 1. Dezember 1880 nach Geschlecht auf 12 Altersklassen:[277]

	0-5	5-10	10-15	15-20	20-25	25-30	30-40	40-50	50-60	60-70	70-80	über 80
Baden	132	115	105	93	81	67	135	108	82	55	24	3
Württemberg	138	118	106	86	74	64	136	109	82	57	26	4
Reich	139	114	103	93	86	73	130	104	80	53	21	4

Tab. 19: Bevölkerung nach Altersklassen

Wie aus der Tabelle zu entnehmen ist, gehörte in Baden der größte Teil der Bevölkerung den Altersklassen unter 15 Jahren und zwischen 30-50 Jahren an. Deutlich zu erkennen ist die „Auswanderungslücke", die die auswanderungsstärksten Altersklassen der 15-30-Jährigen hinterlassen haben.

5.1.2 Bevölkerungsentwicklung in Verbindung mit den Auswandererzahlen

Da Auswanderung und Überbevölkerung in der Literatur immer in Zusammenhang gebracht werden, soll auch hier die badische Bevölkerungsentwicklung seit der zweiten Hälfte des 19. Jahrhunderts näher untersucht werden. Des Weiteren muss auf die Hintergründe und Ursachen der beschränkten Aufnahmefähigkeit der Landwirtschaft für die Bevölkerung eingegangen werden.

Als bevölkerungsstatistische Grundlage dient für Sponner die Entwicklung zwischen 1858-95. Er kommt zu dem Ergebnis, dass sich die Bevölkerung in diesem Zeitraum in den Kreisen Villingen, Waldshut, Freiburg, Lörrach, Offenburg und Baden nicht stark vermehrt hat. Eine Ausnahme stellte der Kreis Karlsruhe dar. Hier stieg seinen Untersuchungen zufolge die Einwohnerzahl zwar von 206.644 auf 286.984 an, dennoch kann auch hier nicht von einer übermäßig stark angewachsenen Bevölkerung gesprochen werden. Deutlicher hingegen zeigt sich die teilweise herrschende Überbevölkerung bei Betrachtung der zur Verfügung stehenden landwirtschaftlichen

---

[277] Statistisches Jahrbuch für das Deutsche Reich. Vierter Jahrgang 1883. Berlin 1883. S. 13.

Nutzfläche; was gleichwohl nur als Maßstab für die allein auf Landwirtschaft angewiesene Bevölkerung von Bedeutung war.[278]

Als Ernährungsminimum setzt Gothein[279] für eine Familie im Schwarzwald 1440 ar Land, für die Rheinebene dagegen nur 180 ar an. Hecht hingegen hielt 1903 für eine fünfköpfige Familie eine Nutzfläche von 1-3 ha für notwendig. Laut landwirtschaftlicher Betriebsstatistik vom 14. Juni 1895 wiesen die Betriebe der Amtsbezirke Karlsruhe, Ettlingen, Rastatt, Baden und Durlach im Durchschnitt eine Größe von 2 ha auf. Hier war die Auswanderung der 1840er und 1880er Jahre bei weitem nicht so stark ausgeprägt wie in den Amtsbezirken Bühl, Achern, Oberkirch, Offenburg, Lahr, Ettenheim, Emmendingen, Breisach, Müllheim, Lörrach, Freiburg und Staufen. An diesen Orten wurde die durchschnittliche Nutzfläche der Betriebe auf 2-3,3 ha festgelegt. Für Sponner wird daraus deutlich, dass die Landwirtschaft in der zweiten Hälfte des 19. Jahrhunderts die wachsende landwirtschaftliche Bevölkerung, besonders in Gebieten des südlichen Schwarzwalds, wo kaum Möglichkeiten zur Entfaltung von Industrie gegeben waren, nicht mehr aufnehmen konnte. [280] Die aus diesen Gebieten abströmende Bevölkerung fand auch in den Industriegebieten der Rheinebene kein Unterkommen, da „die industrielle Entwicklung in Baden nicht den Ueberschuss der eigenen Industriegebiete aufzusaugen vermochte."[281]

Dies erklärt auch die verschieden starken Auswanderungsbewegungen aus Schwarzwald und Rheinebene. Um dieser These genauer nachzugehen untersucht Sponner den Zeitraum von 1884-1893, da in diesem Jahrzehnt das Verhältnis der nicht erfassten Bevölkerung zur Gesamtauswanderung eine nicht ins Gewicht fallende Größe einnimmt. Die Gebiete der Amtsbezirke im Schwarzwald wiesen gegenüber denen der Rheinebene und dem Rheinhügelland eine geringere Auswanderung auf. Der Durchschnitt lag hier bei 8,1 Auswanderern auf 1.000 der Bevölkerung, gegenüber 14,3 in der oberen Rheinebene und 4,9 der unteren Rheinebene. Die Auswanderung aus dem Schwarzwald trat für Sponner zuerst als eine vorübergehende

---

[278] Sponner, Hans: Die Auswanderung aus Schwarzwald und Oberrheinebene im 18. und 19. Jahrhundert. Dissertation. Freiburg 1942. S. 142.

[279] Eberhard Gothein wurde am 29. Oktober 1853 in Neumarkt geboren. Der als Nationalökonom und Kultur- und Wirtschaftshistoriker bekannt gewordene Gothein lehrte unter anderem an den Universitäten Karlsruhe und Heidelberg, wo er den Lehrstuhl von Max Weber übernahm. Er verstarb am 13. November 1923 in Berlin.

[280] Ebd., S. 144.

[281] Ebd., S. 184.

Abwanderung in die Industrieorte des Großherzogtums zum Vorschein.[282] Ein Vergleich der Amtsbezirke wie Breisach, Emmendingen und Achern mit den Auswandererzahlen aus den Amtsbezirken Karlsruhe, Freiburg, Pforzheim und auch dem Schwarzwald zeigt, dass die Weinanbaugebiete, insbesondere der Kaiserstuhl, zu den badischen Hauptauswanderungsgebieten zählten. Diese Erscheinung trat bereits in den 1840er Jahren auf und wiederholte sich dann in den 1880er Jahren. Auch die Gebiete im südlichen Schwarzwald Waldshut, Schopfheim, St. Blasien und Schönau zählten zu den Hauptauswanderungsgebieten. Die Gebiete der unteren Rheinebene stellten wie auch schon in den 1840er und 1850er Jahren ein Gebiet schwächerer Auswanderung dar. Zu diesem relativ niedrigen Ergebnis beigetragen haben besonders die größeren Städte wie Karlsruhe, Pforzheim und Rastatt. Außer Acht gelassen werden kann dabei die Bevölkerungsdichte der einzelnen Bezirksämter.[283]

Der erneute Anstieg der Auswandererzahlen in den 1880er Jahren beruht für Sponner zum einen auf der nun wieder größer werdenden Anziehungskraft Nordamerikas. Zum anderen verschlechterte sich in diesem Zeitraum die konjunkturelle Lage nach Jahren der Überproduktion im Reich. Die eingeschränkte Produktion führte zum Sinken der Löhne und zahlreichen Entlassungen, wodurch eine stärkere Arbeiterauswanderung zu tragen kam. Auf die niedrigen Löhne in den badischen Hauptgewerbezweigen wurde schon hingewiesen.[284]

Die Tabelle zeigt die Auswanderung pro Tausend der Bevölkerung 1883 aus der Unteren Rheinebene. Zum Vergleich werden die Obere Rheinebene und die Schwarzwaldtäler im Anhang aufgeführt:[285]

---

[282] Sponner: Die Auswanderung aus Schwarzwald und Oberrheinebene (wie Anm. 278), S. 183.
[283] Ebd., S. 184.
[284] Ebd., S. 185.
[285] Ebd., S. 185 a. Die Zahlen in Klammern stehen für die Auswanderung pro tausend der Bevölkerung in den Jahren 1884-1893 bei einem Stand der Einwohnerzahl von 1885. Vgl. S. 184 a. Die Angaben von Sponner wurden ohne vorherige Prüfung übernommen.

Amtsbezirke	Einwohnerzahl 1885	Auswanderer	Ausgewandert pro Tausend der Bevölkerung
Baden	24.190 (25.400)	35 (87)	1,4 (3,4)
Rastatt	58.563 (56.675)	123 (292)	2,1 (5,1)
Ettlingen	21.525 (22.210)	6 (104)	0,2 (4,6)
Karlsruhe	83.659 (91.806)	141 (617)	1,3 (6,7)
Durlach	30.868 (33.617)	54 (280)	1,6 (6,9)
Pforzheim	59.695 (55.729)	43 (180)	7,8 (3,2)

Tab. 20: Auswanderung aus der Unteren Rheinebene

Die Zahl der Gemeinden im Kreis Karlsruhe betrug im Jahre 1892 149. Diese hatten zusammen eine Bevölkerungszahl von 286.985 (im Jahre 1858 noch 206.644), was einer Bevölkerungszunahme von 80.340 Personen entspricht. Trotz des allgemeinen, starken Bevölkerungszuwachses kam es in 20 Gemeinden zu einer Verringerung der Bevölkerung, deren Einwohnerzahl lag 1885 nur noch bei 15.956 (im Jahre 1858 noch 18.124).

Die Bevölkerungsvermehrung ergibt 31, 68 % im untersuchten Bezirksamt im Verlauf von 27 Jahren (1858-1885) – was einem Jahresdurchschnitt von 1,17 % entspricht.[286] Der Geburtenüberschuss hingegen belief sich im gesamten Großherzogtum im Durchschnitt der Jahre 1860-1869 nur auf 1,01 %, 1870-1879 auf 1,08 % und zwischen 1880-1887 auf 1,00 %. In den Kreisen, Amtsbezirken und Gemeinden die einen Bevölkerungsrückgang aufzuweisen hatten, liegt das Überschussverhältnis der Geburten stark unter diesen Durchschnittswerten. Beispielsweise betrug es 1887 in den Amtsbezirken mit verminderter oder annähernd stationärer Bevölkerung 0,789 %, in den restlichen 37 hingegen 1,29 %. Für Philippovich ist essentiell, dass in Baden

---

[286] Philippovich: Auswanderung und Auswanderungspolitik (wie Anm. 232), S. 161 f. Im gleichen Zeitraum kam es in folgenden Kreisen zu Bevölkerungsverlust: Waldshut von 60.098 (1858) auf 53.417 (1885); Freiburg von 100.695 (1858) auf 92.739 (1885); Offenburg von 35.181 (1858) auf 32.517 (1885); Mosbach von 36.845 (1858) auf 22.704 (1885). Für das gesamte Großherzogtum von 391.144 (1858) auf 357.039 (1885), was einer Abnahme von 34.105 Personen entspricht. Das bedeutet, dass 42,4 % der Gemeinden des Großherzogtums in fünfzig Jahren keine Wachstum, sondern einen Rückgang von 9 % ihrer Bevölkerung vorzuweisen hatten. „Daß eine Ausgleichung diese Rückganges und eine Aussaugung des Geburtenüberschusses der in ihrem Wachstum unterbundenen Gemeinden durch jene, welche ein solches Wachstum aufzuweisen haben, nicht erfolgt ist geht klar daraus hervor, da das Wachstum der letzteren selbst nicht einmal dem eigenen Geburtenüberschuß entspricht."

Gebiete mit niedriger Geburtenhäufigkeit, geringem Geburtenüberschuss und starker Auswanderung zusammen fallen.[287]

Das Verhältnis zur Bevölkerungsdichte lässt hingegen keine Parallele zur Auswanderung zu, da zu den Amtsbezirken mit stationären bzw. sich vermindernder Bevölkerung sowohl welche mit 39 als auch mit 120 Einwohnern pro Quadratkilometer kommen. Die Gebiete mit der höchsten Bevölkerungsverminderung wiesen die schwächste wirtschaftliche Entwicklung auf.[288] Philippovich sieht es daher als wahrscheinlich an, dass diese Bevölkerungsteile zunächst in die wirtschaftlich begünstigten Teile Badens zogen, welche allerdings nicht in der Lage waren, den eigenen Geburtenüberschuss und den Zuwachs durch die Wanderung aufzunehmen, da in den meisten Fällen noch ein Teil des eigenen Überschusses zur Auswanderung gedrängt wurde. Für den Amtsbezirk Karlsruhe stellte sich dieser Sachverhalt als nicht zutreffend heraus, wie im Verlauf noch dargelegt wird.

Des Weiteren versucht auch Philippovich der Frage nachzugehen, warum all jene, die in Baden kein Auskommen finden konnten, nicht in andere Gebiete des Reichs abgewandert sind.[289] Die Bevölkerung Badens nahm folglich durch die Wanderungsbewegung im Reich zu, und um diesen Zuwachs stieg auch die Zahl jener, die zur Auswanderung gedrängt wurden. Dass Gebiete, die ohnehin über wenig Bevölkerung verfügen, keine zusätzliche Bevölkerung aufnehmen können und somit den Abzug derer nötig machen, hat die Geschichte der Auswanderung seit den 1840er Jahren gezeigt. Aus Erhebungen über die Landwirtschaft geht hervor, was bereits zuvor zahlreiche Einzelberichte belegten: in den betreffenden Gebieten herrscht zwischen dem Verhältnis der Bevölkerung zu dem durch die Landwirtschaft und den

---

[287] Philippovich: Auswanderung und Auswanderungspolitik (wie Anm. 232), S. 163.

[288] Vgl. Statistische Mitteilungen über das Großherzogtum Baden, Jahrgang 1891 Nr. 1. Zu den an Bevölkerung abnehmenden Kreisen gehören Waldshut im südlichen Schwarzwald und Mosbach im Odenwald; zu den abnehmenden Amtsbezirken zählen die Weingegenden der Kreise Freiburg und Lörrach, besonders die Hauptgebiete der badischen Weingewinnung im Gebiet der Rheinebene und des Kaiserstuhls. Diese Regionen zählen seit den 1840er Jahren zu den Gebieten mit starker, fortwährender Auswanderung, über den Geburtenüberschuss hinausgehend (Odenwald, Hochfläche und südliche Abhänge des Schwarzwaldes einschließlich des Hegaus, die Hügellandschaften am Bodensee und das Weingebiet der oberen Rheinebene).

[289] Philippovich vergleicht die Bevölkerungsziffern nach der Geburtenzugehörigkeit in den einzelnen deutschen Staaten, was unter Zugrundelegung der Zählung für Baden 1885 folgendes ergibt: Die Geburtsbevölkerung und weiterhin in Baden ansässiger beträgt 1.486.525 Personen, die Zahl der im Reich geborenen Badener 1.574.238. Was ihn zu dem Ergebnis kommen lässt, dass 87.713 Badener im Reich außerhalb des Großherzogtums lebten. Die Zahl der ortsanwesenden und im Reich gebürtigen Bevölkerung Badens betrug 1.584.301; 97.776 mehr als die badische Geburtsbevölkerung im gesamten Reich. Hieraus ist deutlich zu erkennen, dass die Zuwanderung, die sich im Reiche befindlichen Badener um 10.063 Personen übertrifft.

bestehenden Nebenbeschäftigungen gegebenen Nahrungsspielraum ein enormes Defizit.[290]

Die Flächen der einzelnen Gemarkungen weisen nicht die nötige Größe auf, um der anwachsenden Bevölkerung genügend Arbeitsmöglichkeiten und Nahrung zu bieten. In den Weingegenden kommt, bedingt durch den unsicheren Ertrag, eine höhere Kapitalsicherheit der Besitzer zum Tragen. Im südlichen Schwarzwald und Odenwald konnte durch die ungünstigen klimatischen Verhältnisse und die Bodenbeschaffenheit die Ernährung einer größeren Bevölkerung nicht gewährleistet werden.[291] Daher kann auch in den 1890er Jahren in diesen Gebieten die Einwohnerzahl nicht ohne gewerbliche und hausindustrielle Nebenbeschäftigung – deren Möglichkeiten sich hier als sehr gering herausstellten – erhalten werden. Durch die unzureichenden Wasserkräfte, die große Entfernung zu Kohlegebieten und großen Städten kam es zu keiner Ansiedlung größerer Industrien in den Tälern des Schwarzwalds, wodurch der Abfluss breiter Bevölkerungsteile zur Notwendigkeit wurde.

Auf Grund dessen kommt Philippovich zu dem Schluss, dass keine Möglichkeit bestand, dieser Bevölkerung in Regionen mit großen Industrien Beschäftigung zu geben, da die eigene industrielle Entwicklung in Baden zu diesem Zeitraum nicht einmal in der Lage war, ihren eigenen Bevölkerungsüberschuss aufzufangen. Die Aussicht auf lohnenden Erwerb in den Vereinigten Staaten und die enge Bindung zu bereits Ausgewanderten ist für Philippovich eine stringente Erklärung für die Auswanderermassen: „So lange diese Aussicht offen steht, wird die Auswanderung mit durch Nebenumstände bedingter größerer oder geringerer Erheblichkeiten andauern. Sobald sie versperrt sein wird, wird der Bevölkerungsdruck sich im Inneren in verstärktem Maße äußern und schwierige Fragen in betreff der Versorgung der Bevölkerung in den Vordergrund drängen."[292]

5.1.3 Bevölkerungsdichte

Die Auswanderung im Bezug auf die Bevölkerungsdichte des Großherzogtums wurde bereits in Kapitel 4.4.1 angesprochen. Deutlich waren hier die höheren Auswanderer-

---

[290] Ausführlicher dazu siehe: Ergebnisse der Erhebungen über die Lage der Landwirtschaft im Großherzogtum Baden 1885, S. 8.
[291] Philippovich: Auswanderung und Auswanderungspolitik (wie Anm. 232), S. 164.
[292] Boelcke: Sozialgeschichte Baden-Württembergs (wie Anm. 262), S. 165.

zahlen aus den weniger besiedelten Gebieten zu erkennen. Um einen eventuellen Zusammenhang zwischen der Auswanderung aus dem Stadt- und Landgebiet Karlsruhes und der Bevölkerungsdichte aufzuzeigen, wird nachfolgend eine genauere Untersuchung vorgenommen.

Auf eine Fläche von 1.527 qkm kamen am 1. Dezember 1880 im Kreis Karlsruhe 272.443 Einwohner – im Vergleich dazu hatte der Kreis Mannheim auf 465 qkm 124.121 Einwohner. Der Amtsbezirk Karlsruhe selbst umfasst ein Gebiet von 254,92 qkm.[293] Bei einer Gesamtfläche Badens von 15.081 qkm kamen demgemäß im Großherzogtum auf 1 qkm 104,12 Einwohner. Infolgedessen nahm Baden hinsichtlich seiner Bevölkerungsdichte den vierten Platz unter den mehr als eine halbe Million Einwohner zählenden Staaten des Deutschen Reiches ein.[294]

Auch bei der Anzahl der Einwohner pro Gebäude lag Baden mit 7,33 Einwohnern und je Haushaltung mit 4,87 Einwohnern, innerhalb des Reichs nur auf Platz vier (nach Mecklenburg-Schwerin, Preußen, Sachsen, Baden, Hessen, Württemberg, Bayern). Im Stadtgebiet Karlsruhe lebten durchschnittlich 20,9 Einwohner in einem Haus.

1. Mannheim 21,5 Einwohner auf 1 Haus
2. Karlsruhe 20,9
3. Rastatt 16,3
4. Heidelberg 15,5[295]

Die Übersicht zeigt einen deutlichen Anstieg der Haushalte im Bezirksamt Karlsruhe. Einzig die Gemeinden Liedolsheim und Rußheim hatten bei beiden Zählungen eine Minderung der Haushalte zu verzeichnen. Das an Karlsruhe angrenzende Dorf Beiertheim musste, nach einem Anstieg der Haushaltszahl zwischen 1875-1880, innerhalb des nächsten Jahrfünfts einen ungewöhnlich hohen Rückgang verbuchen, der keinesfalls in Zusammenhang mit der Auswanderung gebracht werden kann – aus Beiertheim machten sich nur drei Bürger auf legalem Weg nach Amerika auf.

---

[293] Beiträge zur Statistik der inneren Verwaltung des Großherzogthums Baden. Heft 43. 2. Teil. Karlsruhe 1884.
[294] Die am dichtbesiedeltsten Gebiete im Reich waren Sachsen, Hessen, Elsaß-Lothringen, Baden, Württemberg, Preußen und Bayern.
[295] Beiträge zur Statistik der inneren Verwaltung des Großherzogthums Baden. Heft 43. 1. Teil. Karlsruhe 1882. Stand 1. Dezember 1880.

	1875	1880	1885
Karlsruhe	8.551	9.778	12.272
Mühlburg	631	734	-
Beiertheim	319	383	253
Blankenloch	334	356	366
Büchig	58	57	62
Bulach	234	255	286
Daxlanden	512	512	539
Eggenstein	372	401	402
Friedrichsthal	221	226	226
Graben	431	436	469
Grünwinkel	136	154	164
Hagsfeld	250	266	286
Hochstetten	140	138	141
Knielingen	479	497	539
Leopoldshafen	167	169	169
Liedolsheim	468	440	428
Linkenheim	304	300	320
Rintheim	221	241	254
Rüppurr	349	359	354
Rußheim	337	321	310
Spöck	269	265	282
Stafforth	160	165	159
Teutschneureuth	339	375	383
Welschneureuth	219	239	245

Tab. 21: Anzahl der Haushalte im Bezirk Karlsruhe 1875-1885[296]

Die durchschnittliche Haushaltsgröße betrug im Stadtgebiet Karlsruhe 4,59 Personen. Die größten Haushalte wurden in Daxlanden (5,04) und Linkenheim (4,98) ermittelt.[297] Da diese Zahlen aus der starken familiären Zusammengehörigkeit der Landfamilien resultieren, lassen sich keine Rückschlüsse auf einen Zusammenhang mit den Auswandererzahlen ziehen. Daxlanden verzeichnete unter den

---

[296] Erstellt nach: Beiträge zur Statistik der inneren Verwaltung des Großherzogthums Baden. Heft 39. Karlsruhe 1878. S. 258 – 261; Beiträge zur Statistik der inneren Verwaltung des Großherzogthums Baden. Heft 42. Karlsruhe 1882. S. 54-57. Zu Mühlburg liegen seit 1885 keine Angaben mehr vor, da die Stadt 1886 nach Karlsruhe eingemeindet wurde.

[297] Beiträge zur Statistik der inneren Verwaltung des Großherzogthums Baden. Neunundreißigstes Heft. Karlsruhe 1878. S. 258 – 261.

Auswanderungsgemeinden im Bezirksamt lediglich den 13. Platz, Linkenheim hatte das drittstärkste Auswanderungsaufkommen.

5.2 Die wirtschaftliche und soziale Situation im Raum Karlsruhe

5.2.1 Die Entwicklung der Industrie im Großherzogtum und Karlsruhe

Auf die Geschichte des Großherzogtums Badens und der Stadt Karlsruhe kann an dieser Stelle nicht genauer eingegangen werden, es folgt lediglich ein Abriss über die Entwicklung verschiedener Industriezweige.[298]

Die Gunst der Natur hat verhältnismäßig wenig zur Entwicklung des Großherzogtums in einen Industriestandort beigetragen, da es weder Erzgruben noch Kohlezechen besitzt. Von großer Bedeutung sind indessen die gewaltigen Wasserkräfte, welche sich die Industrie zum untertan gemacht hat. „Begabung und Fleiß der Bewohner und geschichtliche Notwendigkeit, haben die badische Industrie ins Leben gerufen."[299]

Ein wichtiger Schritt war die zunehmende Liberalisierung des Gewerbe- und Handelsrechts: 1862 die Einführung der Gewerbefreiheit und 1863 die Liberalisierung des Aktienrechts, wodurch für Aktienunternehmungen keine Konzession mehr erforderlich war. Damit hatte Baden zusammen mit Württemberg – acht Jahre vor Preußen – einen wichtigen Schritt in die Zukunft unternommen. Auch im Bereich der Außenhandelspolitik wurden die Liberalisierungstendenzen deutlich: Baden trat dem freihändlerischen Handelsvertrag zwischen dem deutschen Zollverein und Frankreich bei, und gab somit ein wichtiges Instrument der bisherigen Wirtschaftspolitik – die Schutzzollpolitik – ab.[300] In der Jahrhundertmitte stand die fabrikmäßige Industrie erst in den Anfängen ihrer Entwicklung, wohingegen das Handwerk in Baden eine bedeutende Rolle spielte. Demnach kam 1852 in Baden ein Handwerker auf 15,5 Einwohner, aber nur ein Fabrikarbeiter auf 65,4 Einwohner.[301]

Mit der Aufhebung der Kontinentalsperre und dem damit verbundenen starken Zufluss englischer Waren auf die kontinentalen Märkte, kam die Rückständigkeit der

---

[298] Ausführlicher siehe Stiefel, Karl: Baden 1648-1952. Band 1 und 2. Karlsruhe 2001.
[299] Bocks, Wolfgang: Die Badische Fabrikinspektion. Arbeiterschutz, Arbeiterverhältnisse u. Arbeiterbewegung in Baden 1879 bis 1914. Freiburg 1978. S. 129.
[300] Ott, Hugo: Badische Geschichte vom Großherzogtum bis zur Gegenwart (Hrsg. Landeszentrale für politische Bildung). Stuttgart 1979. S. 103-143; hier: S. 118.
[301] Haverkamp, Frank: Staatliche Gewerbeförderung im Großherzogtum Baden. Unter besonderer Berücksichtigung der Entwicklung des gewerblichen Bildungswesens im 19. Jahrhundert. S. 249.

deutschen Wirtschaft gegenüber der englischen zum Vorschein. Daher mussten neue Mittel und Wege gefunden werden, um einer „Erdrückung" durch die englische Industrie entgegen zu wirken. So sah Baden, wie die meisten größeren deutschen Staaten auch, in Bildungsinvestitionen und einer korrespondierenden Gewerbepolitik ein entsprechendes Instrumentarium und begann, die heimischen Industrien und Gewerbe zu fördern. Im Bereich des Bildungssystems wurden ein allgemeinbildendes Schulsystem und ein gewerbliches Bildungssystem errichtet. Der für die badischen Förderungsmaßnahmen maßgebende Staatsrat Carl Friedrich Nebenius[302] war der Überzeugung, durch eine gute gewerbliche Bildung eine Hebung der Nationalwirtschaft zu erreichen, weshalb der Schwerpunkt der Gewerbeförderungsmaßnahmen auf dem Bildungssektor liegen sollte – folglich wurde die Bildung als Voraussetzung zur Industrialisierung angesehen.[303] Beim Aufbau der Polytechnischen Schule in Karlsruhe sah er in der „Ausbildung von Qualifikationsträgern für die Wirtschaft des Landes"[304] sein primäres Ziel, hinzu kam die Errichtung der Gewerbeschulen als begleitende, indirekte Maßnahme zur Industrieförderung. Essentiell war auch die Einführung des Schulzwangs an der Gewerbeschule für Lehrlinge und Gesellen bis zum 18. Lebensjahr, der im Großherzogtum im November 1840 eingeführt wurde. Obwohl Preußen die enorme Bedeutung der Schulpflicht für das gewerbliche Bildungswesen erkannte, schafften sie es nicht, die Schulpflicht im 19. Jahrhundert einzuführen.[305]

Auch die Steigerung und Förderung des Kleingewerbes, welches gerade in der Frühphase der Industrialisierung von großer Bedeutung war, wurde zur wirtschaftlichen und sozialpolitischen Aufgabe von Nebenius, mit der er eine Konzeption des gewerblichen Bildungswesens schuf, das für seine Zeit richtungweisend war und sich bis zum Ersten Weltkrieg als tragfähig erwies.[306]

Die frühindustriellen Unternehmungen in Durlach, Mühlburg und Ettlingen konnten die benötigten Arbeitskräfte noch vor Ort finden, was seit der Jahrhundertmitte, mit

---

[302] Karl Friedrich Nebenius wurde am 29. September 1784 in Rhoth geboren. Nebenius war Autor der badischen Verfassung von 1818, entwarf die badische Maßordnung von 1828, reformierte das Bildungswesen des Großherzogtums und förderte die Gründung der Technischen Hochschule Karlsruhe 1825. Ebenso wirkte er beim Beitritt Badens zum Deutschen Zollverein 1836, beim staatlich finanzierten Bau der badischen Eisenbahn von Mannheim nach Basel, sowie beim Bau des Mannheimer Hafens mit. Nebenius verstarb am 8. Juni 1857 in Karlsruhe.
[303] Bräunche, Ernst Otto; Asche Susamme: Karlsruhe die Stadtgeschichte. Karlsruhe 1998. S. 2.
[304] Ebd.
[305] Ebd.
[306] Ebd., S. 87.

zunehmender Industrialisierung, nicht mehr möglich war. Nach dem Beitritt Badens zum Deutschen Zollverein und den 1843 in Durlach und Karlsruhe geschaffenen Eisenbahnanschlüssen, ergaben sich für die Industrie neue Möglichkeiten. Ebenso durch den verstärkten Einsatz von Dampfkraft in der Produktion, was die Ansiedlung von neuen Industriebetrieben an den unterschiedlichsten Standorten begünstigte. Die größte Industrieansiedlung, neben der chemischen Fabrik in Rüppurr, gab es im Industriedorf Grünwinkel. Die Einwohnerzahl Grünwinkels stieg innerhalb des 19. Jahrhunderts um das Neunfache.[307]

Mit dem Bau der ersten badischen Lokomotive 1842 in der Keßlerschen Maschinenbaufabrik begann ein neuer Abschnitt in der Karlsruher Industriegeschichte, der weiteren Industriebereichen zum Aufschwung verhalf.[308]

„Zu leicht verbindet sich mit den Hauptstädten die Vorstellung, daß ihre wirtschaftliche Deutung gering sei […]. Bereits im Jahre 1907 machten die Erwerbstätigen in Industrie, Handel und Verkehr […] 64 v. h. der Karlsruher Bevölkerung aus, im Jahre 1925 stieg diese Ziffer auf über 68 v. h.“[309]

In den neuen Industriebetrieben, Einzelhandelsgeschäften- und Warenhäusern, Handels- und Verwaltungsbüros und dem immer größer werdenden Unterrichts- und Krankenwesen, konnten fast alle gesellschaftlichen Schichten eine Erwerbsmöglichkeit finden. Im Jahresbericht der Industrie- und Handelskammer des Jahres 1873 hieß es, dass „die Produktion aller Industriezweige […] eine bisher nie gekannte Höhe" erzielt habe, und dennoch waren die „Produzenten meistens nicht im Stande, alle Aufträge ausführen zu können."[310] Der Boom endete mit dem Gründerkrach, wodurch viele Betriebe zu Entlassungen veranlasst und schlimmstenfalls in den Konkurs getrieben wurden. In den 1880er Jahren konnte sich die Wirtschaft zwar erholen, der endgültige Wandel Karlsruhes zur Industriestadt ohne Arbeitslose setzte erst 1890 ein.

Die Verwaltungszentren und Landesbehörden blieben weiterhin wichtige Einrichtungen, dennoch verlor Karlsruhe immer mehr das Ansehen einer

---

[307] Schmitt: Der Raum Karlsruhe vor der Stadtgründung (wie Anm. 269), S. 54 f.
[308] Krimm, Konrad; Rößling, Wilfried: Residenz im Kaiserreich Karlsruhe um 1890. Karlsruhe 1990. S. 137. 1890 beschäftigte die Maschinenbaugesellschaft 693 Arbeiter, die zusammen einen Jahreslohn von 672.015 Mark erhielten. Der Jahresumsatz lag bei 2 Millionen Mark.
[309] Metz, Friedrich. Karlsruhe. In: Geo Politik. III. Jahrgang 1926. Berlin 1926. S. 131-147; hier: S. 142.
[310] Asche: Die Entwicklung zur Großstadt (wie Anm. 268), S. 304.

Beamtenstadt mit handwerklicher Bürgerschicht und erhielt den Status einer gemischten Beamten- und Industriestadt, die ihren Schwerpunkt in der Maschinenbauindustrie fand.

Die großindustriellen Entwicklungen gingen oftmals auf Kosten der kleinen Handwerksbetriebe, die den großen Fabrikanlagen weichen mussten. In den Fabriken konnten nicht nur qualifizierte Fachkräfte wie Schmiede, Gießer und Drechsler unterkommen, sondern auch ungelernte Arbeiter, die für einfache Handgriffe und das Bedienen der Maschinen benötigt wurden. 1882 wurden in 90 Fabriken etwa 4.600 Arbeiter beschäftigt, 1907 waren bereits 41 % aller Erwerbstätigen in der Industrie tätig. Im Jahresbericht des Gewerbeaufsichtsamtes wurde Karlsruhe wie folgt beschrieben: „Karlsruhe ist keine durch ihr natürliche Lage bevorzugte Industriestadt wie Mannheim, auch kein Produktionsmittelpunkt von Weltrang wie Pforzheim, beherbergt aber doch eine achtunggebietende Industrie und nimmt nach der Zahl der gewerblich beschäftigten Arbeiter neben den genannten Städten die dritte Stelle im Großherzogtum Baden ein."[311] Trotz zahlreicher beachtlicher Industrieunternehmen wurde deren Wert bei zahlreichen Zeitgenossen nicht erkannt und Karlsruhe folglich bis heute nicht als Industriestadt angesehen, da das produzierende Gewerbe und die Industrie das Stadtbild weitaus weniger prägten als der tertiäre Wirtschaftssektor mit Handel, Verwaltung und Dienstleistung.

1895 führte das Badische Statistische Landesamt eine erste große Berufs- und Gewerbezählung durch, die einen sehr guten Überblick über die berufliche Gliederung der Einwohnerschaft und über die Struktur der Gewerbebetriebe vermittelt. 1895 waren im Wirtschaftsbereich Industrie und Gewerbe, der auch das gesamte Handwerk umfasste, 42 % der erwerbstätigen Einwohner Karlsruhes tätig.[312] Überproportional hoch war die Beschäftigung mit 20 % in Militär-, Hof-, bürgerlichen und kirchlichen Diensten, einschließlich den so genannten freien Berufsarten, die beispielsweise in Durlach 12 % aber im ganzen Großherzogtum Baden lediglich 5 % ausmachten. Auch die Sparten Handel, Verkehr, Versicherung und Gastgewerbe waren in Karlsruhe prozentual doppelt so hoch besetzt wie in Durlach. In dem Bereich der wechselnden Lohnarbeit und persönlichen Dienstleistungen waren 2 % der Bevölkerung tätig.

---

[311] Zitiert nach: Ritzmann, Friedrich: Die hygienischen Verhältnisse in den Gewerbebetrieben der Stadt Karlsruhe. In: Jahresbericht des Großherzoglich Badischen Gewerbeaufsichtsamtes für das Jahr 1911. Erstattet an das Großherzogliche Ministerium des Inneren, Karlsruhe 1912. S. 78-85, S. 78.
[312] Krimm, Konrad; Rößling, Wilfried: Residenz im Kaiserreich Karlsruhe (wie Anm. 308), S. 137. Zum Vergleich dazu waren in Durlach 53% der Einwohnerschaft in diesem Bereich tätig.

Lediglich 1 % war in der Forst- und Gartenwirtschaft angestellt, die in Durlach 18 % einnahm. Von den im Bereich Industrie und Gewerbe Beschäftigten, einschließlich Handwerker, Geselle und Lehrlinge, arbeitete in Karlsruhe jeder Fünfte in der Bekleidungsbranche, in Durlach nicht einmal jeder Zehnte. In der industriell betriebenen Metallverarbeitung arbeiteten in Karlsruhe nur 16 % (Durlach 23 %), im Bereich Maschinen und Apparate 9 %, dem Baugewerbe 14 % und im Nahrungs- und Genussmittelgewerbe 12 %. Dieser Auswertung zufolge spielte die Industrie in der Berufsgliederung der Karlsruher Einwohnerschaft keine überragende Rolle.

Dennoch kamen aus den umliegenden Dörfern 1895 täglich über fünftausend Arbeiter mit der Eisenbahn, dem Fahrrad oder zu Fuß in die Stadt – wovon der Großteil in den Fabriken tätig war.[313] Als Standortvorteile bot die Stadt den Industriebetrieben den zentralen Absatzmarkt innerhalb der Residenz; speziell für Güter des gehobenen Bedarfs. Für die Eisenbahn und das Militär war der Staat selbst der wichtigste Abnehmer. Das Eisenbahnnetz wirkte sich positiv für den An- und Abtransport der Güter und Waren aus, was sich 1902 durch den Bau des Rheinhafens noch verstärkte. Großen Einfluss hatte auch die Polytechnische Schule die führend im Gebiet des Maschinenbaus war, ebenso erhielt die Industrie durch die Gewerbeschule wichtige Impulse. Die Stadt selbst bemühte sich seit den 1880er Jahren stets, durch preiswertes Baugelände und einen niedrigen Umlagesatz, um die Ansiedlung neuer Unternehmen. Das Jahr 1890 bildete die Wende für die Ansiedlung der Großunternehmen innerhalb des Stadtgebiets: von den noch in der Stadt befindlichen Betrieben zum Industriegebiet am Stadtrand an der Beiertheimer Allee, der Gottesauer Kaserne und dem Westbahnhof.[314]

---

[313] Krimm, Konrad; Rößling, Wilfried: Residenz im Kaiserreich Karlsruhe (wie Anm. 308), S. 134 ff. Vgl. auch: Asche: Die Entwicklung zur Großstadt (wie Anm. 268), S. 306. Zu den größten Firmen in Karlsruhe zählten: Lorenz'sche Patronenfabrik mit mehr als zweitausend Beschäftigten, die Wagenfabriken Schmieder&Mayer, L. Kautt und Sohn und Walz und Sohn. Weitere Großunternehmen waren die Maschinenbaugesellschaft Karlsruhe die Dampfmaschinen und Lokomotiven herstellte und die Nähmaschinenfabrik Karlsruhe vormals Haid&Neu und Junker&Ruht, die jeweils 686 Arbeiter beschäftigten. Die meisten Betriebe, 140, gab es jedoch in der Tischlerei und Parkettfabrikation, die teils handwerklich aber auch schon industriell fertigten. Die meisten Mitarbeiter hatten die Möbelfabriken M. Reutlinger & Co. und Gebr. Himmelheber. Weitere Großbetriebe waren die Marmor-, Granit- und Syenitwarenfabrik Rupp&Möller, die Zementwarenfabrik Dyckerhoff&Widmann, die Gold-, Silber- und Bijouteriefabrik der Firma Christofle, die Eisengießerei F. Seneca, das Maschinen- und Apparatebauunternehmen Karlsruher Werkzeug-Maschinenfabrik vormals Gschwindt&Comp., die Papierfabrik Gebr. Leichtlin, die Tabak- und Zigarrenfabrik Griesbach, die Parfümerie- und Toilettenfabrik F. Wolff & Sohn und die Brauereien Monniger, Hoepfner, Wolf, Printz und Seldeneck.

[314] Krimm, Konrad; Rößling, Wilfried: Residenz im Kaiserreich (wie Anm. 308), S. 140.

Der erhebliche Wirtschaftsaufschung in Baden wird auch durch die Ergebnisse der badischen Fabrikinspektion bekräftigt; zwischen 1892 und 1903 konnte ein gleichmäßiger Zuwachs neuer Betriebe von 4.872 auf 8.339 festgestellt werden. Bis 1900 ist ein konstantes Anwachsen der Arbeiterschaft zu erkennen – die Zahl der Arbeiter stieg von 126.395 (1892) auf 199.973 (1900) an.[315] Für Karlsruhe hieß dies 1902, dass von 133.719 Einwohnern 14.655 Industriearbeiter waren.[316] Bereits 1912 verteilte sich Badens Industrie auf über 462 Industriegemeinden (1882 waren es 247) und breitete sich immer weiter über das Land aus. Dennoch konzentrierten sich etwa 50 % des Gewerbesteueraufkommens im Raum Mannheim-Karlsruhe.[317]

Bis zum Ausbruch des Ersten Weltkriegs wuchs das Großherzogtum zum Industrieland heran. Zwischen 1876 und 1900, in der Expansionsphase der badischen Industrie, entstanden jährlich fast 30 Industriebetriebe mit mehr als 20 Mitarbeitern. Zwischen 1882 und 1912 wurden jährlich sogar 5.000 industrielle Arbeitsplätze geschaffen. Demzufolge stieg die Zahl der Fabrikarbeiter um 256 % an, von 60.210 im Jahre 1882 auf 214.119 im Jahre 1912. Der gewaltige Zuwachs im gewerblichen Bereich war hauptsächlich dem industriellen Wachstum und somit der hohen Arbeiternachfrage der Industrie zuzuschreiben.[318]

Gleichzeitig vollzog sich ein Wandel vom Agrar- zum Industrieland, wie der stetige Rückgang des Anteils der im primären Sektor Beschäftigten und der Anstieg im sekundären und tertiären Sektor tätigen zeigt. Trotz eines deutlichen Verstädterungsprozesses, der sich in Baden schon in den letzten Jahrzehnten des 19. Jahrhunderts abzeichnete, lebte der überwiegende Teil in kleinen Gemeinden mit bis zu 2.000 Einwohnern – 1910 noch 42 %. In Gemeinden mit 2.000 bis 5.000 Einwohnern, die eine überwiegend agrarische Struktur aufwiesen, lebten weitere 20 %. Allerdings war auch in diesen Gemeinden jeder vierte Einwohner im sekundären

---

[315] Bock: Die Badische Fabrikinspektion (wie Anm. 301), S. 140 f.

[316] Ebd., S. 148 ff. 1885 hatte Karlsruhe noch 91.908 Einwohner. Die Gesamtzahl der Arbeiter (männlich: 12.173, weiblich 2.482) lag bei 14.655. Auf 100 Einwohner entfiehlen 10,96 Arbeiter. Von 100 Arbeitern waren 83,1 männliche und 16,9 weiblich.

[317] Boelcke: Sozialgeschichte Baden-Württembergs (wie Anm. 262), S. 285.

[318] Im Hintergrund dazu dürfen die allgemeinen Konjunktureinbrüche im Reich, die auch Baden zu verzeichnen hatte, nicht unberücksichtigt bleiben. Nachdem sich die Volkswirtschaft um 1860 erholt hatte, schritt die Industrie bis etwa 1873 durch ihre Take-Off-Phase rasch voran. Auf die Gründerkrise von 1873 folgte dann bis 1879 eine Depression, die durch die Agrarstrukturkrise von 1875 verschärft wurde. Seit den 1880er Jahren zeichnete sich ein langsamer konjunktureller Aufschwung ab, der von zwei Konjunktureinbrüchen 1884-1886 und 1891 gebremst wurde. Von 1895 bis zum Ausbruch des Ersten Weltkriegs durchlief die deutsche Volkswirtschaft eine Hochkunjunkturphase, die von Einbrüchen 1900-1901 und 1907-1908 unterbrochen wurden.

Sektor tätig, was die starke Durchmischung ländlicher Räume mit gewerblich, industriellen Betrieben zeigt – eine der Besonderheiten der badischen Wirtschaftsstruktur.[319]

Wenn man die Industriestruktur Badens betrachtet, fällt auf, dass die meisten Bezirke durch eine industrielle Monokultur geprägt waren. Lediglich die Bezirke Mannheim und Karlsruhe vefügten über eine deutliche Mischstruktur, wobei für Mannheim ein eindeutiges Übergewicht der Investitionsgüterindustrie festzustellen ist.[320]

Die Entwicklung der Beschäftigung in Industrie und Handwerk in Baden zeigt besonders in den Jahren 1895-1907 einen starken Zuwachs an Beschäftigen:[321]

Gewerbeaufnahme	Betriebe	Beschäftigte
1875	-	201.196
1882	80.119	205.815
1895	73.832	285.133
1907	74.375	412.295

Tab. 22: Entwicklung von Handwerk und Industrie in Baden

Bis 1886 lag das Pro-Kopf-Einkommen in Baden durchschnittlich immer ca. 5 % über dem Reichsdurchschnitt. In der Periode 1906-10 verlangsamte sich das Wirtschaftswachstum und blieb 1911/12 erstmals hinter dem des Reichs zurück, wodurch sich auch das Pro-Kopf-Einkommen dem Reichsdurchschnitt annäherte. In Folge ist ein Anstieg der Arbeitslosenzahlen zu verzeichnen. Die Arbeitslosigkeit dauerte länger an und die Vermittlung von Arbeitsplätzen wurde schwieriger. Daraufhin legte die Badische Regierung den Kommunen 1909 nahe, die Arbeitslosenunterstützung nach dem Genter System[322] einzuführen. Dies war, verglichen mit der Vorgehensweise der anderen Staaten und der grundsätzlichen

---

[319] Boelcke: Sozialgeschichte Baden-Württembergs (wie Anm. 262), S. 129.
[320] In Gemeinden mit 5.000 bis 20.000 Einwohnern lebten lediglich 11 % der Badener, 27 % in den sieben größten Städten: Mannheim, Karlsruhe, Freiburg, Pforzheim, Heidelberg, Konstanz, Baden-Baden. Großstädte waren davon 1914 lediglich Mannheim (206.000 Einwohner) und Karlsruhe (124.000 Einwohner). Eine genaue Auflistung über die Entwicklung der Karlsruher Gewerbebetriebe zwischen 1875-1907 ist der Tabelle 58 im Anhang zu entnehmen.
[321] Ebd., S. 231.
[322] Die Stadt Gent (Belgien) bezuschusste ab 1900 die aus den Mitgliedsbeiträgen finanzierte Unterstützung der Gewerkschaften. Dieses System hat jedoch den Nachteil, dass die gewerkschaftlich unorganisierten Arbeiter nicht erfasst wurden.

Ablehnung der Reichsarbeitslosenversicherung durch die Reichsregierung, eine eindrucksvolle sozialpolitischer Maßnahme der badischen Regierung, sowie ein Zeichen der Anerkennung der freien Gewerkschaften und damit verbunden ein Beitrag zur Integration der Arbeiterschaft in die Industriegesellschaft Badens.[323]
Die soziale Lage der Arbeiter und deren eventueller Einfluss auf die Auswanderung kann an dieser Stelle nicht näher untersucht werden.

5.2.2 Handel

„Der Handel durchdringt die deutschte Volkswirtschaft wie die Blutgefäße den physischen Organismus, um ihm Leben und Kraft zuzuführen. Er ist der notwendige Gehilfe der Industrie."[324]

Seit der Jahrhundertmitte kam es zu einem gewaltigen Anstieg des gesamten Handels, der sich zu einem Schwerpunkt in der Wirtschaftstätigkeit entwickelte. Die kraftvolle Entwicklung hing mit vielen Faktoren zusammen: die komplexe Wirkungsweise des industriellen Wachstums, seine Einflüsse auf Märkte, Einkommen, Konsumverhalten, Güterströme und die Verstädterung.

Durch die zunehmende Verstädterung lösten sich große Bevölkerungsteile von der herkömmlichen Selbstversorgung. Die Massenversorgung der Bevölkerung mit Nahrungs- und Genussmitteln sowie Bekleidung in den städtischen Ballungszentren wurde durch Handelgeschäfte organisiert. Weiter wurde der Handel Helfer und Schrittmacher der Industrie, indem er Roh- und Hilfsstoffen beschaffte und den industriellen Produkten neue Absatzmärkte eröffnete. Begünstig wurde der Handelsaufschwung durch den Ausbau des Verkehrs- und Nachrichtennetzes. Besonders boomte in Baden der Export von landwirtschaftlichen Produkten wie Tabak, Wein, Hopfen und Getreide.[325]

Nach der Gründung des Deutschen Reichs und dem Sieg über Frankreich fand in Karlsruhe ein wirtschaftlicher Aufschwung statt. Demzufolge stellte die Handelskammer 1873 geradezu enthusiastisch fest: „Die glorreichen Erfolge des Deutsch-Französischen Krieges haben für unseren Handel und unsere Industrie

---

[323] Ott: Badische Geschichte (wie Anm. 300), S. 131.
[324] Joseephy: Die deutsche überseeische Auswanderung (wie Anm. 29), S. 81.
[325] Boelcke: Sozialgeschichte Baden-Württembergs (wie Anm. 262), S. 262. Auf eine exakte Auflistung der badischen Handelszahlen wurde an dieser Stelle angesichts der Komplexität der Angaben in den Statistischen Jahrbüchern verzichtet.

epochenmachende Bedeutung. Das Gefühl der Unsicherheit verschwand, und Intelligenz und Kapital arbeiten vereint zur Erreichung eines höheren Standpunktes, durch die jetzige höhere politische Stellung Deutschlands unterstützt [...].“[326] Bereits in den 1880er Jahren stellte sich, durch ein Überangebot von Arbeitskräften, ein Missverhältnis zwischen Erwerbsgelegenheit und wirtschaftlicher Tätigkeit ein, wodurch es zum Anstieg der Auswandererzahlen von Handlungsgehilfen kam. Obwohl der deutsche Kaufmann wegen seiner erstklassigen Ausbildung in den USA gerne gesehen war, sah er oftmals nur trüben Aussichten entgegen, da auch dort phasenweise ein Überangebot an kaufmännischem Personal bestand.[327]

Aus diesem Grund verließ auch der 19-jährige Heinrich Ebert 1887 seine Heimatstadt Karlsruhe, um bei seinen Verwandten in New York eine Stellung anzutreten. Ebert „[...] hat sich nach seiner Schulentlassung dem kaufmännischen Berufe gewidmet, da jedoch – wie allbekannt geworden dieses Fache so sehr übersetzt ist und so viele junge Leute beschäftigungslos sind, fiel es mir außerordentlich schwer, für meinen Sohn eine Stelle zu finden [...].“[328] Er befände sich „nun seit einiger Zeit in seiner neuen Stellung, die ihm nicht allein den momentanen Lebensunterhalt sichert, sondern noch für seine spätere Existenz eine vortheilhafte Aussicht bietet.“[329] Daher bat der Vater 1888 um die nachträgliche Entlassung seines Sohnes aus dem badischen Staatsverband.

5.2.3 Lohnentwicklung

In einem Artikel in der Badischen Landeszeitung beschrieb Thomas Cathiau 1875 Karlsruhe wie folgt: „Die Idealität der Stadt hat dem herandrängenden Materialismus keinen Halt gebieten können. [...] Die Zeiten sind um, wo der Rauch der Fabrikschornsteine bekämpft wurde, weil er die blütenweise Wäsche der Hausfrau bedrohte; eine Stadt von Beamten und Gelehrten, von Malern und Dichtern hat heute keinen Sinn mehr, weil sie unmöglich ist [...],“ und forderte, alle nötigen

---

[326] Bräunche, Ernst Otto: Die Karlsruher Industrie bis zum Ausbruch des Ersten Weltkriegs. In: Schmitt, Heinz (Hrsg.): Industriearchitektur in Karlsruhe. Karlsruhe 1987. S. 12-20; hier S. 13. Zitiert nach: Bericht der Handelskammer in Karlsruhe für die Jahre 1868-1872. Karlsruhe 1873. S. 15.
[327] Joseephy: Die deutsche überseeische Auswanderung (wie Anm. 29), S. 81 f.
[328] GLA 357/6545 Heinrich Ebert.
[329] Ebd.; die Entlassung wurde 1888 nachträglich erteilt.

Anstrengungen in die Wege zu leiten, um die benachbarten Großstädten Straßburg, Mannheim und Stuttgart als Handels- und Industriestädte einzuholen.[330] Ende der 1890er Jahre berichtete die Handelskammer von einem Anstieg der Konjunktur, der viele Betriebe zu Personaleinstellungen und Betriebsvergrößerungen ermutigte.[331]

Durch den wirtschaftlichen Aufschwung war die Wohlstandsvermehrung für alle Bevölkerungsschichten beträchtlich: Das steuerpflichtige Einkommen stieg in Baden von 180 Millionen Mark im Jahre 1886 auf 1.131,6 Millionen im Jahre 1914 an, was einer Steigerung von 528 % entspricht. Dennoch stellten auch weiterhin die kleinen und allerkleinsten Einkommensempfänger und Armen einen Anteil von 60-70 % an der Gesamtbevölkerung, wie schon im Vormärz.[332]

Trotz des allgemeinen Lohnanstiegs war es bei weitem nicht für alle Arbeiter möglich, mit dem Lohn eine ihrer Meinung nach ausreichend gesicherte Existenz zu führen. Der 20-jährige Eisenbahngehilfe Josef Adler, der auf Einladung eines Freundes die Reise in die USA antreten wollte, schilderte seine Lage folgendermaßen: „Als Eisenbahnbeamter werde ich mir unter dem fortbestand der jetzigen Verhältnisse vor 20 Jahren keine Stelle erringen können, die mir mehr bietet, als das was zur Bestreitung der nöthigsten Lebensbedürfnisse durchaus nothwendig ist. [...] Wandere ich nach Amerika aus, so gestaltet sich alles zum Besseren. [...] Was mir in Amerika geboten wird, kann ich trotz treuer Pflichterfüllung als Eisenbahnbeamter nicht erwerben – ich meine eine sorgenfreie Zukunft."[333] Obwohl sich Adler ursprünglich auf den Weg in die Neue Welt gemacht hat, um dort für sich und seine Geschwister für einen besseren Lebensunterhalt zu sorgen, erhält das Ministerium des Inneren 1901 ein Schreiben, das sich mit der Rückkehr des in Chicago lebenden Adler beschäftig.[334]

Die Industrialisierung im Raum Karlsruhe brachte nicht für alle Berufszweige den gewünschten wirtschaftlichen Aufschwung. In einigen Einzelfallakten[335] wird beispielsweise auf die schlechte Lage der Schriftsetzer aufmerksam gemacht, die nicht nur in Baden, sondern im gesamten Reich vorherrschte. Davon betroffen war

---

[330] Zitiert nach: Thomas Cathiau. In: Bräunche: Die Karlsruher Industrie (wie Anm. 326), S. 16.
[331] Ebd. In diesen Zeitraum wurden viele neue Industriegroßbauten errichtet wie beispielsweise von der Hoepfner Brauerei, Wolff&Sohn, Junker&Ruh etc.
[332] Boelcke: Sozialgeschichte Baden-Württembergs (wie Anm. 262), S. 278.
[333] GLA 357/6450. Josef Adler ist am 4. Juni 1883 in die Vereinigten Staaten ausgewandert. Der Gesamtverdienst für einen Eisenbahnarbeiter lag in Baden 1912 bei 1.380 Mark jährlich.
[334] GLA 357/6450. Zu Adlers Rückkehr findet sich in der Akte kein Hinweis.
[335] GLA Bestand 357

Friedrich Schrank aus Karlsruhe, dessen Vater für ihn bei den Behörden ein Auswanderungsgesuch stellte: Er „[...] war bis Ende April d. Jahres in der Markalt´schen Druckerei hier als Lehrling beschäftig. Um sich in seinem Fache als Schriftsetzer weiter auszubilden verließ er nach beendigter Lehrzeit diese Stelle, um sich innerhalb des Bundesgebietes eine neue Stelle zu suchen. […] Nachdem er so eine Zeitlang gereist war, ohne daß es ihm gelang eine entsprechende Stellung zu finden […] entschloß er sich, ohne den Vorstellungen seiner Eltern nachzugeben, nach Amerika auszuwandern. Es sind über 3000 Schriftsetzer im Deutschen Reich arbeitslos und gar keine Aussicht auf eine sichere Existenz vorhanden, zumal er auch kein Vermögen besitzt. […] da derselbe daselbst eine gute Stellung gefunden und es ihm für die Zukunft eine sichere Existenz bietet, hat er sich entschlossen, sich in Amerika ansässig zu machen.“[336]

Obwohl eine große wirtschaftliche Dynamik zu erkennen war, spiegelte sich diese Entwicklung nicht in den Löhnen aller Berufsgruppen wider.

Beruf	tägliche Arbeitszeit	Wochenlohn in Mark
Polier	10	21
Handlanger	10	11
Tagelöhner in der Fabrik	10,5	14

Tab. 23: Lohnvergleich

Die Tabelle zeigt das geringe Einkommen der einfachen Arbeiter in Karlsruhe. Von dem Lohn musste für eine Familienwohnung mit einem beheizten Raum 9 Mark und für zwei beheizte Räume in Karlsruhe durchschnittlich 16,50 Mark aufgebracht werden.[337]

---

[336] GLA 357/6868; der 18 Jahre alte Friedrich Schank ist Ende April 1884 nach Amerika ausgewandert.
[337] GLA 236/9768; Arbeitszeit und Arbeitslöhne 1881/1882.

Das gleiche Bild zeigt sich auch bei der Betrachtung der durchschnittlichen Tagelöhne und Liedlöhne 1880-1885:[338]

Amtsbezirk Karlsruhe	Tagelohn Männer	Tagelohn Frauen	Tagelohn für Waldarbeiten	Liedlohn Knecht	Liedlohn Magd
1880	1,85	1,20	2,50	1,90	1,10
1881	2,07	1,20	2,50	1,90	1,40
1882	2,20	1,28	2,50	1,75	1,25
1883	1,90	1,25	2,50	1,64	1,07
1884	1,82	1,23	2,50	1,81	1,13
1885	1,80	1,24	2,50	1,86	1,16

Tab. 24: Lohnentwicklung 1880-1885

Erst in den 1890er Jahren konnte ein kontinuierlicher, langsamer Lohnanstieg im Bezirk Karlsruhe verzeichnet werden, wie die Tabelle zeigt.

Ortsübliche Tagelöhne gewöhnlicher Arbeiter im Bezirk Karlsruhe 1892, 1901 und 1905:[339]

---

[338] Erstellt nach: Statistisches Jahrbuch für das Großherzogthum Baden. IX. Jahrgang. 9-13. 1876-1880; Statistisches Jahrbuch für das Großherzogthum Baden. XIV. Jahrgang. 14-16. 1881-1883; Statistisches Jahrbuch für das Großherzogthum Baden. XVII. Jahrgang. 17-18. 1884/85. Tagelöhne für den Amtsbezirk Karlsruhe für gewöhnliche, keine besondere Geschicklichkeit erfordernde Arbeiten nach der Feststellung der Bezirksräte und Bezirksforstereien. Die Tagelöhne sind ohne Kost und für den Sommer; die Tagelöhne für die Waldarbeiten gelten für Holzschlagende und Holzmachende Männer. Angaben in Mark.

[339] GLA 233/13558; Vollzug der Arbeiter- Versicherungsgesetze für die ortsüblichen Tagelöhner. 1892-1917 aus dem Central-Blatt für das Deutsche Reich. No 53. Berlin 30.12.1892. Die Zahlen für das Jahr 1897 sind identisch. Die Zahlen von 1901 und 1905 werden in chronologischer Reihenfolge in Klammer angeführt. Für das Jahr 1905 sind die Eingemeindungen miteingerechnet.

	Tagelohn für Personen über 16 Jahre männlich	Tagelohn für Personen über 16 Jahre weiblich	Tagelohn für Personen unter 16 Jahren männlich	Tagelohn für Personen unter 16 Jahren weiblich
Stadtgemeinde Karlsruhe und Mühlburg	2,30 (2,60) (3,00)	1,40 (1,50) (1,90)	1,00 (1,20) (1,60)	0,70 (0,90) (1,20)
Der übrige Teil des Amtsbezirkes	1,80 (2,00) (2,20)	1,20 (1,30) (1,40)	1,00 (1,10) (1,20)	0,70 (0,80) (0,90)

Tab. 25: Löhne im Bezirk Karlsruhe 1892-1905

Deutlich zu erkennen ist das höhere Lohnniveau des Stadtgebiets gegenüber dem des restlichen Amtsbezirks.

Das gleiche Bild zeigt sich in der Lohnentwicklung in der Land- und Forstwirtschaft. Auffällig sind ein deutliches Einkommensdefizit der Arbeiter in den Städten Mannheim und Karlsruhe und die schlechtere Entlohnung der Frauenarbeit – besonders in der Zigarrenindustrie.

Jahresverdienst 1901 für Arbeiter in der Land- und Forstwirtschaft:[340]

	männlich	weiblich
Karlsruhe	620 (320)	400 (222)
Ettlingen	500 (240)	300 (180)
Mannheim Stadt	850 (560)	580 (490)

Tab. 26: Löhne in der Land- und Forstwirtschaft

---

[340] GLA 233/13558; Vollzug der Arbeiter- Versicherungsgesetze für die ortsüblichen Tagelöhner. 1892-1917 aus dem Central-Blatt für das Deutsche Reich. No 53. Berlin 30.12.1892. Die in Klammern angeführten Zahlen stellen den Jahresverdient minderjähriger Arbeiter in der Land- und Forstwirtschaft dar.

Für die Fabrikinspektoren weißt die Lohnsituation in Baden dennoch einen befriedigenden Stand auf.[341] Wenn man versucht, sich über den Stand der Lohneinkommen zu informieren, wird man bei deren Berechnung für den Untersuchungszeitraum großen methodischen Schwierigkeiten begegnen, besonders wenn versucht werden soll, den realen Wert der Lohneinkommen, unter Berücksichtigung der Kaufkraftentwicklung, zu ermitteln. Diesem Problem begegnen wir besonders in den 1850er und 1860er Jahren, da für diesen Zeitraum zeitgenössische Untersuchungen und statistische Erfassungen völlig fehlen. Für die nachfolgenden Jahrzehnte sind, dank der badischen Fabrikinspektion, Erhebungen von großem Wert überliefert. Hieraus ist in den 1870er Jahren deutlich der geringe Verdienst des Familienoberhaupts zu entnehmen, der allein nicht ausgereicht hätte, um eine Familie ausreichend zu ernähren. Man geht von einem Familieneinkommen – unter Einbeziehung der Kinderarbeit – aus, welches gerade das Existenzminimum garantierte. Bei der Lohnentwicklung sollte allerdings stets bedacht werden, dass im Vordergrund des öffentlichen Interesses die Gewährleistung von genügend Arbeitsmöglichkeiten stand, um pauperistische Erscheinungen – die regional sehr unterschiedlich ausgeprägt waren – zu überwinden. Aus liberalem Verständnis heraus war mit einem Anstieg der Löhne durch staatlichen Einfluss nicht zu rechnen. Da die Lohndaten nicht öffentlich gemacht wurden, war es auch nicht möglich, die Lohnverhältnisse regional zu vergleichen. Nach Angaben der Stadt Karlsruhe lagen die Spitzenlöhne bei über 10 Gulden.[342] Folglich waren die weiterhin auf dem Land wohnenden und nebenbei eine kleine Landwirtschaft führenden Fabrikarbeiter aus dem Karlsruher Industrieraum, hinsichtlich der Einkommens- und Ernährungsverhältnisse in einer bevorzugten Position.[343] Obwohl die Arbeiter geringe Löhne erhielten, rekrutierten sich die Auswanderer aus dem Bezirksamt Karlsruhe dennoch kaum aus dem städischen, industriellen Arbeitermillieu. Auf die Berufsstruktur der Auswanderer wird im Verlauf noch genauer eingegangen.

---

[341] Durch Untersuchungen des ersten badischen Fabrikinspektors Woerishoffer und dessen Nachfolger Bittmann liegen für die folgenden Jahrzehnte über bestimmte Branchen und Arbeitsgruppen sichere Zahlen vor. Ebenso wurden Informationen über den Arbeiterhaushalt, Ernährungsgewohnheiten und Wohnverhältnisse gegeben. Als langläufiger Trend kann hier festgehalten werden, dass die Nominallöhne der betrachteten Branchen und Regionen zwischen 1890 und 1910 beträchtlich angestiegen sind und ein stetiger Aufwärtstrend sichtbar ist – die Reallohnsteigerung bleibt jedoch darunter.

[342] Ott: Badische Geschichte (wie Anm. 300), S. 119. Untersuchungen für Pforzheim in der Bijuterrie-Branche zu dieser Zeit belegen Löhnen bis zu 65 Gulden (1830 noch 34 Gulden).

[343] Ebd., S. 124.

5.2.4 Landwirtschaft

Trotz der vielseitigen Maßnahmen für Handel und Industrie erhielt die Landwirtschaft in Baden im 19. und 20. Jahrhundert die größte Förderung. Es kann daher als eine einzigartige Leistung der Staats- und Wirtschaftsführung des Landes angesehen werden, neben dem Aufbau von Gewerbe- und Industrie, die Agrarwirtschaft zur Blüte gebracht zu haben.[344]

Die ‚agrarische Kopflastigkeit' Badens ist offenkundig – und blieb auch, bedingt durch die Allmende[345] lange Zeit bestehen: 1882 lebten 50 % der badischen Bevölkerung von der Landwirtschaft, 1895 etwa 43 % und 1907 noch 38 %. Wo es gelang Spezialkulturen anzulegen, konnte bei fortschreitender Verbesserung der Agrartechnik mit einer ausreichenden Nahrungsmittelgrundlage gerechnet werden. Erheblich günstiger stellen sich dagegen die ländlichen Gebiete, die mit gewerblich-industriellen Betrieben durchmischt waren, wo die Tabakindustrie zusätzlich zur landwirtschaftlichen Produktion trat oder wo in der Nähe in industrialisierten Gebieten Arbeitsmöglichkeiten bestanden und die Landwirtschaft nebengewerblich betrieben werden konnte.[346] Ausschließlich von der Land- und Forstbevölkerung lebten von 100 der Gesamtbevölkerung in Baden:[347]

1882	48,5
1895	41,8
1907	32,6

Tab. 27: Anzahl der von der Land- und Forstwirtschaft lebenden Bevölkerung

---

[344] Im Jahr 1849 lebten rund 24 % der Bevölkerung in Städten oder Gemeinden mit über 2.000 Einwohnern und rund 76 % auf dem Land. 1875 lebten bereits 35 % in den Städten und nur noch 65 % auf dem Land.

[345] Die Grundsätze für die Verteilung von Allmend- und Gemeindegut wurden am 31.12.1831 durch das Gesetz über die Verfassung und Verwaltung (R 32/101) fixiert. 1854 verfügten von 1583 Gemeinden 1250 über Allmendeland. Baden als traditionelles Land der Allmende bestätigte im zweiten Konstitutionsedikt des Jahres 1807 das Rechtsinstitut des Bürgernutzens. Mit Nachdruck ließ Großherzog Carl Friedrich auf die Zweckmäßigkeit der „Verteilung und Urbarmachung der Gemeindegüter und Allmende", besonders auf die Notwendigkeit der Aufteilung der gemeingebräuchlich und vielfach wenig genützten Weideflächen hinweisen, wobei er nicht nur Ortsbürger, sondern auch Ehren- und Schutzbürger bedachte. Die wirtschaftliche Bedeutung des Bürgernutzens für die Landwirtschaft durch die Allmende zog sich noch bis in die erste Hälfte des 20. Jahrhunderts. So nutzen 1912 noch ein Drittel, in einzelnen Gebieten der Rheinebene sogar zwei Drittel aller landwirtschaftlichen Betriebe die Allmende.

[346] Ott: Badische Geschichte (wie Anm. 300), S. 113.

[347] Stiefel: Baden (wie Anm. 300), S. 1717.

Der Rückgang der landwirtschaftlichen Betriebe zeigt sich auch im Raum Karlsruhe: In Hagsfeld gab es um 1895 nur noch neun Vollerwerbsbetriebe; in Rintheim keinen mehr. Auch in Welschneureuth waren um 1907 nur noch ein Fünftel, in Teutschneureuth ein Viertel aller Beschäftigten in der Landwirtschaft tätig. Diese wurde meist von Frauen und Kindern bewirtschaftet, da die Männer in der Karlsruher Industrie Beschäftigung suchten, um der Familie das Auskommen zu sichern.[348]

Ein Blick auf die Gemeinden Teutsch- und Welschneureut lässt erkennen, in welchem Maß diese vom Wachstum der badischen Landeshauptstadt profitierten: Zwischen 1850 und 1870 setzte hier der Umschwung von rein landwirtschaftlich geprägten Gemeinden zu Arbeiterwohngemeinden ein. 1870 zogen täglich 300 Maurer aus Teutschneureut nach Karlsruhe – 1873 waren es bereits 350 –, die es in Verbindung mit den Ernteerträgen zu einer sichtbaren Vermehrung ihres Wohlstandes brachten und denen durch den Bau zahlreicher Repräsentationsgebäude eine gesicherte Zukunft bevorstand. Bis zur Jahrhundertwende betrieben über 95 % der Bevölkerung Landwirtschaft im Nebenerwerb, wobei die Teutschneureuter Landwirtschaft ganz in die Hände der Dorffrauen überging, da mittlerweile täglich mehr als 600 Männer – größtenteils als Maurer – in Karlsruhe arbeiteten. Hinzu kamen noch 50-60 Mädchen, die ihr Auskommen in verschiedenen Fabriken fanden.

In Welschneureut zeichnete sich ein ähnliches Bild ab: 1895 fuhren von einer Gesamtbevölkerung von 1.200 etwa 350 Arbeitskräfte täglich in die Stadt – lediglich 60 Personen betrieben die Landwirtschaft noch im Vollerwerb.[349]

---

[348] Schmitt, Heinz: Der Raum Karlsruhe vor der Stadtgründung. In: Karlsruhe die Stadtgeschichte (Hrsg.) Stadt Karlsruhe. Karlsruhe 1998. S. 15-63, hier: S. 56.
[349] Vgl. Ehmer, Hermann: Geschichte von Neureut. Karlsruhe 1983. S. 171 ff. 1899 lag der Lohn eines Maurers etwa bei 4,00 Mark täglich, eine Fabrikarbeiterin erhielt 1,40-1,50 Mark. So wie Neureut hatten auch die an Karlsruhe angrenzenden Gemeinden Rintheim, Hagsfeld, Bulach und Grünwinkel einen industriellen Charakter angenommen und wurden allesamt zu Arbeiterdörfern. Die einzelnen Dörfer gaben jeweils spezialisierte Arbeiter an die Residenz ab: Rintheim, Hangsfeld, Rüppurr und Beiertheim lieferten Arbeiter für die Eisenindustrie; Daxlanden und Hagsfeld für die Nahrungs- und Genußmittelindustrie; aus Bulach kamen die Arbeitskräfte für die Wäschereien. Das Monopol auf dem Baugewerbe lag bei Knielingen, Teutschneureut und Welschneureut, wobei letztere Gemeinde vor allem Tüncher und Anstreicher stellte.

5.2.5 Landwirtschaftliche Erträge

Um einen etwaigen Zusammenhang zwischen der Auswanderung und dem Nahrungsmittelangebot festzustellen, wurde der Ernteausfall in den Hauptauswanderungsjahren 1880-1883 untersucht:

Bezirksamt (Kreis)	Getreide	Kartoffeln	Gesamt-ernte	Futterhack-früchte	Handels-gewächse	Obst
Karlsruhe	3,0	1,0	2,0	1,3	4,7	3,2
1883	(4,5)	(1,2)	(2,9)	(3,3)	(3,9)	(3,0)
Karlsruhe	2,0	1,5	5,0	3,8	6,5	6,2
1882	(3,0)	(5,1)	(4,5)	(3,3)	(4,2)	(5,8)
Karlsruhe	2,0	2,0	2,0	2,0	1,4	5,0
1881	(4,1)	(1,9)	(3,9)	(4,0)	(3,9)	(5,5)
Karlsruhe	2,0	2,0	2,0	1,0	2,0	5,8
1880	(2,5)	(3,5)	(2,9)	(2,8)	(3,8)	(5,8)

Tab. 28: Erntebericht Karlsruhe 1880-1883 [350]

Ein Blick auf den Ernteausfall des Bezirksamts Karlsruhe zeigt größtenteils über dem Kreisdurchschnitt liegende Ernteergebnisse – die Ertragshöhe ist als durchweg positiv anzusehen. Dementsprechend kann, auch mit Hinblick auf die Teuerungsrate, auf die nachfolgend genauer eingegangen wird, kein Zusammenhang mehr zwischen der Auswanderung und der Versorgungslage im Bezirksamt Karlsruhe in diesem Zeitraum festgestellt werden.

5.2.6 Preisentwicklung und Teuerungsrate

Die festen Auswanderungstraditionen im Südwesten Deutschlands waren vorrangig Ausdruck des vorhandenen ökonomischen Drucks und ein Attribut für den Versuch, befürchteter oder realer Not zu entgehen, was durch die temporären Schwankungen

---

[350] Statistische Mittheilungen über das Großherzogthum Baden. III Band für die Jahre 1880-1883; Statistische Mittheilungen über das Großherzogthum Baden. IV Band für die Jahre 1884-1885; Zum Landkreis Karlsruhe werden die Amtsbezirke Bretten, Bruchsal, Durlach, Ettlingen und Pforzheim gezählt. Zur Erläuterung die Stufen des Ernteausfalls: Sehr gut (1-1,5); gut (1,6-2,5); ziemlich gut (2,6-3,5); wenig über Durchschnitt (4,6-5,5); Durchschnitt (4,6-5,5); wenig unter Durchschnitt (5,6-6,5).

der Auswanderungsintensität belegt wird. Daher liegt es nahe, die Durchschlagskraft der ökonomischen Faktoren so zu überprüfen, dass das Ausmaß des Zusammenhangs zwischen wirtschaftlicher Lage und Wanderungstraditionen ermittelt werden kann. Aus diesem Grund bietet es sich an, die durchschnittlichen Jahrespreise für die wichtigsten Lebensbedürfnisse zu untersuchen, um eventuelle Übereinstimmungen mit dem Wanderungsverlauf aufzudecken. Augenfällig ist, dass es im Vergleich zu den ersten beiden Auswanderungswellen des 19. Jahrhunderts keinen eindeutig nachweisbaren Zusammenhang zwischen der Lebensmittelpreisentwicklung, den Ernten und der Auswanderungsstärke gibt. Die erneute Emigrationswelle kann allenfalls als eine kumulative Reaktion auf eine lokal beschränkte, marginale Krisenphase angesehen werden. Im Vordergrund stand ohne Frage die Anziehungskraft der Neuen Welt. Die „Ventilfunktion" der früheren Auswanderungsjahre hatte keine Bedeutung mehr. [351]

Die nachstehende Tabelle über Preisentwicklung der wichtigsten Lebensbedürfnisse zeigt für die Jahre 1879-1883 eine stabile Preislage.[352]

Amtsbezirk Karlsruhe (Landesdurch-schnitt)	1883 Karlsruhe	1882 Karlsruhe	1881 Karlsruhe	1880 Karlsruhe	Landesdurch-schnitt Baden 1879
Kartoffeln (1 Zentner)	2,98 (3,41)	2,83 (3,06)	2,81 (2,91)	2,80 (3,30)	(3,83)
Weizenmehl (1 Pfund)	0,28 (0,23)	0,28 (0,24)	0,28 (0,23)	0,28 (0,24)	(0,22)
Brot (Stück)	0,15 (0,13,5)	0,14,9 (0,14)	0,13 (0,13,3)	0,13,5 (0,13,3)	(0,12,5)
Schweinefleisch (Pfund)	0,68 (0,64)	0,67 (0,63)	0,68 (0,64)	0,66 (0,62)	(0,61)
Kalbfleisch (Pfund)	0,60 (0,60)	0,54 (0,55)	0,48 (0,50)	0,51 (0,51)	(0,56)
Steinkohle (1 Zentner)	0,84 (0,99)	0,85 (1,00)	0,85 (1,20)	0,92 (1,70)	(1,40)
Brennholz (1 Klafter)	25,00 (25,00)	21,00 (25,00)	22,00 (27,00)	27,00 (30,00)	(30,00)

Tab. 29: Preisentwicklung der wichtigsten Lebensbedürfnisse

---

[351] Vgl. auch Hippel von, Wolfgang: Auswanderung aus Südwestdeutschland. Studien zur württembergischen Auswanderung und Auswanderungspolitik im 18. und 19. Jahrhundert. Stuttgart 1984. S. 148 ff.
[352] Erstellt nach: Statistisches Jahrbuch für das Großherzogthum Baden. IX. Jahrgang 1876-1880, 9-13; Statistisches Jahrbuch für Baden. XIV Jahrgang 1881-1883, 14-16. Preise für die wichtigsten Lebensbedürfnisse nach Berichten der Ortspolizeibehörden. Angaben zu Kartoffel und Steinkohle (Ruhrkohle) in Zentner, Mehl und Fleisch in Pfund, Fichten und Tannenbrennholz in Klafter (4 Ster). Angaben in Mark und Pfennig. Die Angaben in Klammer stehen für den Landesdurchschnitt.

Für Joseephy gab zweifellos die seit 1875 hervortretende Agrarkrise in Deutschland den Hauptanstoß zur Auswanderung aus den agrarischen Gebieten, wobei hier regionale Abstufungen gemacht werden müssen. Nachdem bis 1875 ein Anstieg der Getreidepreise verzeichnet werden konnte, sanken die Preise durch die ausländische Konkurrenz auf Weltmarktniveau. Die Folge seien zahlreiche Zwangsveräußerungen gewesen, auch in Baden: [353]

1888	538
1883-1885	290
1886-1890	313

Tab. 30: Zwangsversteigerungen in Baden

Trotz der Einrichtung der deutschen Getreidezölle 1879, dauerte die Not der Landwirte noch bis Ende der 1890er Jahre an. Die Aussage Joseephy's über den Anstieg der Verschuldung lässt sich nicht in den Quellen für das Bezirksamt Karlsruhe nachweisen. Auch die Behauptung, der ländliche Nachwuchs zöge weg, weil ihm die Möglichkeit fehlte sich selbständig zu machen, kann nicht belegt werden, wie die geringe Zahl der ländlichen Einzelauswanderer zeigt, die in Kapitel 5.4 noch genauer erläutert wird.

Aus den ländlichen Gebieten des Bezirksamts Karlsruhe wanderten zahlreiche Familien aus die ein bäuerliches Anwesen hatten, das imstande gewesen wäre, sie zu ernähren. Joseephy schreibt dieses Phänomen der Sugesstion zu, welche in der bäuerlichen Bevölkerung eine bedeutende Rolle einnimmt: Man strebte nach einem besseren Leben, wie es von zahlreichen bereits ausgewanderten Bekannten vorgelebt und durch die aussichtsreiche Gelegenheit zum Landerwerb in den Vereinigten Staaten begünstigt wurde. Diese Tatsache erklärt auch den hohen Anteil an vermögenden ländlichen Auswanderern, was an anderer Stelle noch beleuchtet wird.[354]

---

[353] Vgl. Conrad Art. „Agrarkrisis" in Handwörterbuch der Staatswissenschaften 3. Auflage, 1. Bd. S. 206 ff.
[354] Joseephy: Die deutsche überseeische Auswanderung (wie Anm. 29), S. 73.

5.3 Auswanderungsstrukturen

Die Untersuchung der Auswanderungsstruktur befasst sich mit der Zusammensetzung der Auswanderer in sozialer und generativer Schicht, wozu Beruf und, soweit erfassbar, die soziale Schicht sowie ländliche oder städtische Herkunft, als auch Konfession, Alter, Familienstand und Geschlecht zählen. Auf den allgemeinen Strukturwandel der Amerikaauswanderung im Reich wurde schon in Kapitel 3.4 hingewiesen.[355]

5.3.1 Herkunft der Auswanderer

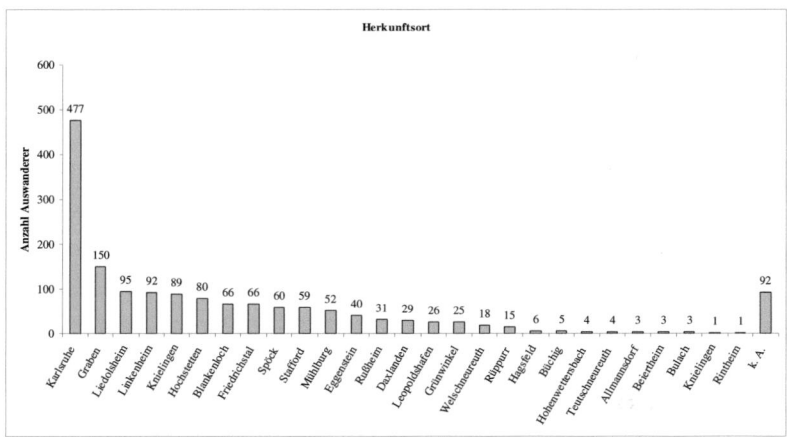

Abb. 5: Herkunftsorte der Auswanderer aus dem Bezirksamt Karlsruhe

Wie der Darstellung entnommen werden kann, kamen die meisten Auswanderer aus den Gemeinden Graben, Liedolsheim, Linkenheim, Knielingen und Hochstetten.

---

[355] Marschalck: Deutsche Überseewanderung im 19. Jahrhundert (wie Anm. 28).

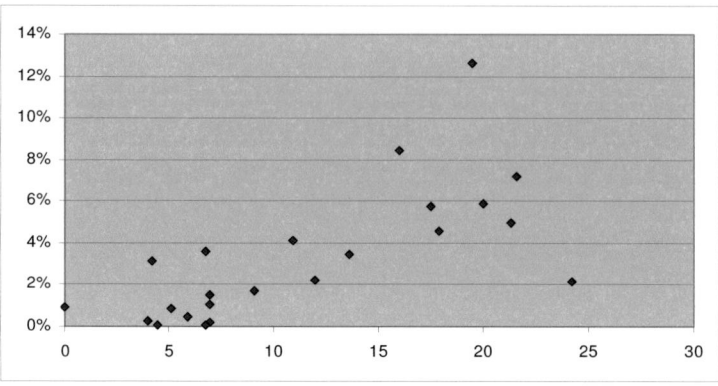

Abb. 6: Auswanderung nach Entfernung zum Stadtgebiet Karlsruhe

Die Abbildung deutet auf einen Zusammenhang zwischen Auswanderung und der Entfernung der Landgemeinde zur Residenz hin. Je weiter die Gemeinde vom Stadtgebiet mit ihrem industriellen Arbeitsumfeld entfernt lag, desto stärker ist die Abwanderung. Die größten Abwanderungszahlen notierten die Gemeinden Graben, Liedolsheim, Linkenheim und Knielingen. Für Knielingen hingegen, das sich in unmittelbarer Nähe zur Stadt befindet, ist diese These nicht zutreffend. Grund dafür kann die späte Industrialisierung sein, die Knielingen zwar seit etwa 1886 erfasste, deren Höhepunkte aber erst zwischen 1925 und 1930 erreicht wurden. Mit dem Aufstieg zum Industrie- und Gewerbestandort sanken seit Mitte der 1880er Jahre auch hier die Auswandererzahlen.[356]

Der Bevölkerungsverlust spiegelt sich dessen ungeachtet nicht in der Bevölkerungszahl aller Gemeinden wider. Ein Vergleich mit der

---

[356] Die Rheinniederung Knielingen galt als Heimat der Fischer, Schiffer, Flößer, Goldwäscher, Bauern und Handwerker wie Korbflechter und Holzschuhmacher. Zu den größten Unternehmen zählte seit Mitte der 1880er Jahre das Zellstoffwerk „Vogel und Bernheimer", das „Badische Blechpackungswerk", das „Badische Steinkohlen-Brikettwerk", die Zuckerwarenfabrik, eine Kiesbaggerei und ein Sägewerk. 1905 waren 336 Arbeiter und Arbeiterinnen aus Knielingen in Karlsruhe tätig, davon 192 als Bauarbeiter. Das Bürgermeisteramt berichtete 1902 allerdings, dass sich unter der Bevölkerung Knielingens lediglich 129 Arbeiter befänden. Diese Unstimmigkeiten können auf falsche Umfrageergebnisse zurückgeführt werden, da sich die meisten Knielinger Arbeiter noch als ‚Bauern' bezeichneten. Insgesamt waren 1895 731 Einwohner (davon 341 Frauen) nur in der Landwirtschaft tätig. 360 Männer und 80 Frauen fanden ihr Auskommen in der Industrie, 84 waren in Handel und Verkehr und 31 in häuslichen Diensten, Militär, Hof etc. beschäftigt; 52 weitere machten keine genauen Angaben. Ob sich das Jahrhunderthochwasser von 1882 auf die Auswanderung ausgewirkt hat kann nicht geklärt werden. Trotz der späten Industrialisierung hatte Knielingen zwischen 1890 und 1933 den größten Einwohnerzuwachs (90,6 %) im Raum Karlsruhe. Ausführlicher siehe in „1200 Jahre Knielingen. 786-1986. Karlsruhe 1985.

Bevölkerungsstatistik des Bezirksamtes Karlsruhe in Kapitel 5.1.1, lässt einzig zwischen 1875-1896 eine Minderung der Einwohnerschaft in Liedolsheim (-11,1 %), Staffort (-10,8 %), Rußheim (-2,6 %) und Leopoldshafen (-6,4 %) erkennen. Zwischen 1875 und 1885 sank die Einwohnerzahl auch kurzfristig in Friedrichstal (- 1,3 %). Auffällig ist, dass von den Gemeinden mit der höchsten Auswanderung, lediglich bei Liedolsheim in den Jahren 1875 und 1896 ein konstanter Bevölkerungsrückgang festzustellen ist.[357] Der Bevölkerungsrückgang in Graben (- 2,1 %) kam erst zwischen 1885 und 1896 zum Tragen, kann aber durch die außergewöhnlich späte Auswanderungswelle aus Graben erklärt werden. Von 130 Auswanderern aus Graben wanderten lediglich 39 Personen (26 %) in der Hauptauswanderungsphase vor 1885 aus.

Alle anderen Gemeinden konnten trotz Auswanderung einen Bevölkerungszuwachs verzeichnen. Als Ursachen können dafür der Zuzug von Arbeitern in die Industriegemeinden in Stadtnähe und die weiterhin große Geburtenzahl in den Dorffamilien genannt werden.

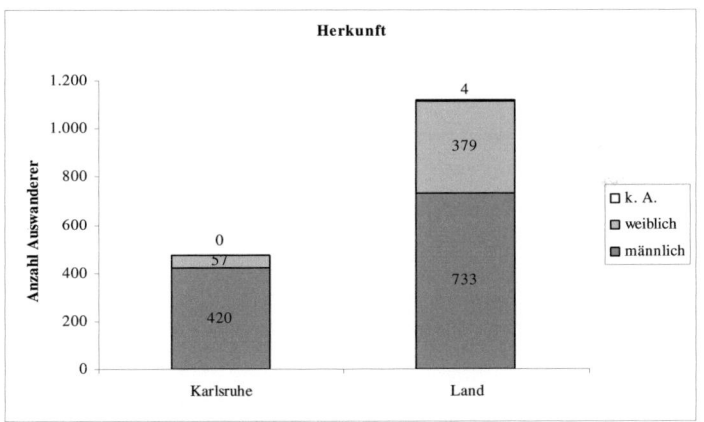

Abb. 7: Herkunftsverteilung nach Stadt- und Landgemeinden

---

[357] Im Jahr 1882 wurden für Liedolsheim lediglich elf Kleinbetriebe mit insgesamt 39 Mitarbeitern gezählt. Nur 25 Personen gingen 1895 einer Arbeit in Karlsruhe nach. In den 1890er Jahren erreichte die Industrialierung dann auch langsam Liedolsheim, dennoch waren 1907 noch 1.386 Personen in der Landwirtschaft, 310 in Industrie- und Gewerbe, sowie 82 in Unterricht, Erziehung, Krankendienst etc. tätig.

Die Mehrheit der Karlsruher Auswanderer kam aus den umliegenden Landgemeinden und fand größtenteils – wenn auch nur noch im Nebenerwerb – ihr Auskommen in der Landwirtschaft. Auch nach dem Einsetzen der Auswanderung der Industriearbeiterschaft aus dem Reich traten im Bezirksamt Karlsruhe die Landgemeinden als Herkunftsgebiete der Auswanderung nicht zurück.[358]

Mit dem Ende der Siedlungsgrenze 1895 sprach man fortan von einem anderen Auswanderungstypus: war die landwirtschaftliche Auswanderung noch überwiegend eine dauerhafte Familienwanderung, hatte die industrielle Auswanderung einen temporären, konjunkturabhängigen Charakter.

Für das untersuchte Gebiet trifft diese Entwicklung nur in Ausnahmefällen zu – hier blieb weiterhin der dauerhafte Charakter des Auswanderungsvorhabens bestehen.

5.3.2 Zusammensetzung der Auswanderer

Durch die Untersuchung der Auswanderer im Hinblick auf Familienstand, soll für die Region Karlsruhe eine genaue Übersicht erstellt werden, die Rückschlüsse auf das Wanderungsverhalten zulässt. Für 94,97 % der Auswanderer liegen Angaben zum Familienstand vor.

Um einen möglichen Unterschied zwischen der Mikro- und der Makroebene zu erkennen, wird die Entwicklung auf Reichsebene zum Vergleich herangezogen.

Auswanderung von Deutschen in Familien und Einzelpersonen 1881-1910:[359]

Jahre	in Familien	als Einzelpersonen
1881-1890	57,8	42,2
1891-1900	47,6	52,4
1901-1910	42,2	57,8

Tab. 31: Familien- und Einzelauswanderung im Reich

---

[358] Zur Herkunft liegen für 94,22 % der Auswanderer Angaben vor.
[359] Marschalck: Deutsche Überseewanderung (wie Anm. 28), S. 76. Vgl. auch Burgdörfer, Friedrich: Die Wanderungen über die Deutschen Reichsgrenzen. In: Allgemeines Statistisches Archiv, 20. Jg. Jena 1930. S. 161-196, S. 383-419, S. 537-55; hier S. 403.

Bis 1890 dominierte im Reich noch die Familienauswanderung, danach stellten Einzelpersonen den Hauptteil der Auswanderer.

Der Anteil der Familienwanderung zeigt für das Stadtgebiet Karlsruhe gleichfalls eine fallende Tendenz. Hier hat sich, wie in weiten Teilen Badens, bereits seit den 1850er Jahren ein Wechsel von überwiegender Familienwanderung zu überwiegender Ledigenwanderung vollzogen.[360] Dieses Phänomen dürfte sich teilweise dadurch erklären, dass seit den 1850er Jahren keine Notstände infolge von auffallend großer Teuerung mehr verzeichnet wurden.

Auch innerhalb der Familienwanderung zeichnete sich ein Strukturwandel ab: langfristig verminderte sich die Familiengröße und der Anteil der Großfamilien sank merklich, derjenige der kleinen und mittleren Familie erhöhte sich demzufolge. Hinzu kommt, dass das Alter der Ehepaare gesunken ist, wodurch sich folglich die Anzahl und das Alter der mitziehenden Kinder verringert haben, was als Erklärung für die sinkende Familiengröße dient.

Ein Umbruch in der Wanderungsform trat offensichtlich dann ein, wenn die Auswanderung eine gewisse Stärke in dem Vorauszug erreicht hatte und im Einwanderungsland eine bekannte Infrastruktur vorherrschte, was durch die zahlreichen jugendlichen Einzelauswanderer, die zu Verwandten zogen, deutlich wird. Die durchschnittliche Größe einer Auswandererfamilie aus dem Reich lag 1881-1890 bei 3,6 Personen, 1891-1900 bei 3,4 und 1901-1910 bei 3,5, was ein weiterer Indikator für junge Ehepaare ist, die zum Zeitpunkt der Auswanderung erst wenig Kinder hatten.

Offenkundig ist auch der Rückgang der Familiengröße im untersuchten Bezirksamt: Aus dem Stadtgebiet Karlsruhe wanderten lediglich 27 Familien mit einer durchschnittlichen Größe von 3,37 Personen aus. Die Landfamilien, 144 an der Zahl, wiesen eine Mitgliederzahl von 4,89 Personen auf und lagen somit weit über dem Reichsdurchschnitt. Dennoch ist auch hier ein Rückgang der Familiengröße zu verzeichnen: bis 1886 betrug die durchschnittliche Größe einer ländlichen Auswandererfamilie 5,12 Personen; nach 1886 sank sie auf 4,48.

Die Unterschiede zwischen der Einzel-, Familien- und Geschwister-Auswanderung, im Hinblick auf Stadt- Landwanderung, lassen sich der Abbildung entnehmen.

---

[360] Für das Stadtgebiet gilt die Behauptung von Marshalck nur bedingt. Für Mönckmeier hingegen blieb die deutsche Auswanderung bis 1893 noch überwiegend Familienwanderung.

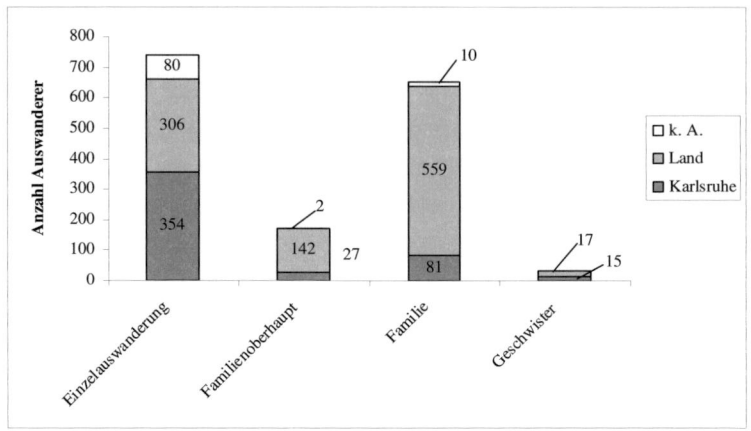

Abb. 8: Zusammensetzung der Auswanderer

Bei einer Gegenüberstellung der Zahlen der Einzel- und Familienauswanderung mit denen von Geschlecht und Alter der Auswandernden, lässt sich eine kontinuierliche Entwicklung zwischen dem Anteil der Familien und dem der Kinder im gesamten Auswanderungsverlauf feststellen.

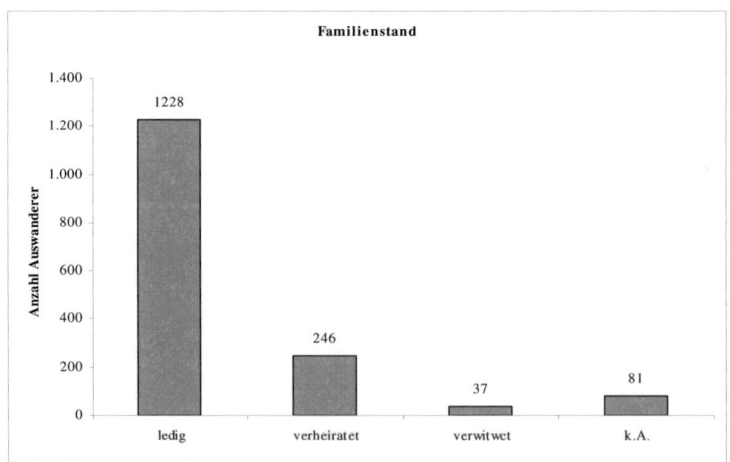

Abb. 9: Familienstand der Auswanderer

Die große Zahl der ledigen Auswanderer setzt sich aus überwiegend unter 25-jährigen Einzelauswanderern und Kindern aus ländlicher Abstammung, die im Familienkreis reisten, zusammen. In einigen Fällen trat auch das Familienoberhaupt die Reise alleine an und holte die Familie, nach Erhalt einer angemessenen Position, nach. Bei den wenigen Frauen, die die Reise alleine mit ihren Kindern antraten, handelte es sich mehrheitlich um Witwen oder nachreisende Ehefrauen. Der Großteil der verheirateten Auswanderer stammte aus den Landgemeinden.

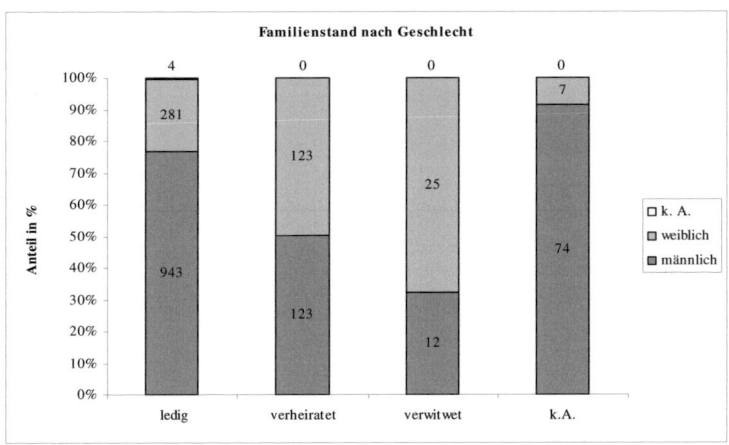

Abb. 10: Familienstand nach Geschlecht

Die Geschlechterverteilung untermauert die These über die immens hohe Beteiligung der männlichen Einzelauswanderer aus dem Karlsruher Stadtgebiet.

	männlich	weiblich	k. A.	Karlsruhe	Land
ledig	943	281	4	429	799
verheiratet	123	123	0	35	211
verwitwet	12	25	0	8	29
k.A.	74	7	0	5	76

Tab. 32: Auswandererzahlen nach Familienstand

Die Tabelle verdeutlicht nocheinmal das bereits gewonnene Bild. In der städtischen Auswanderung dominierten die Einzelauswanderer, was durch die geringe Anzahl von Ehepaaren aus der Stadt bestätigt wird.

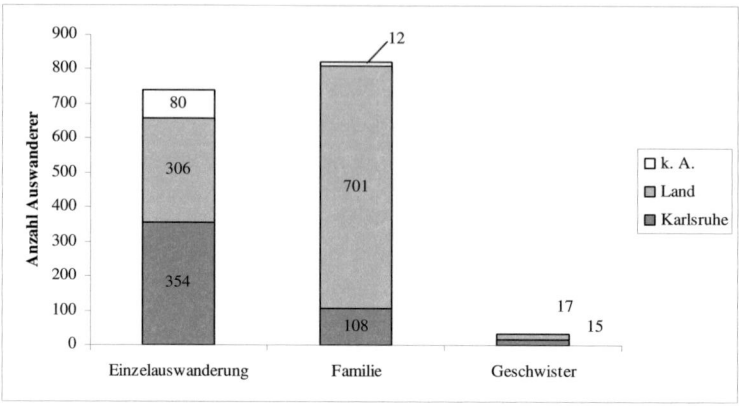

Abb. 11: Zusammensetzung der Auswanderer

Der hohe Anteil von Kindern und Jugendlichen deutet auf eine starke Familienauswanderung hin. Die hohe Zahl der männlichen Auswanderer kann allein keinen Aufschluss über die Form der Auswanderung geben, da sich auch vereinzelt alleinstehende Männer zur Auswanderung zusammenschlossen – in den offiziellen Entlassungsunterlagen sind dafür kaum Hinweise zu finden. Ein Vergleich der Auswanderungsdaten lässt dagegen die Vermutung zu, dass sich einige Einzelauswanderer aus dem Bezirksamt zur Auswanderung zusammengeschlossen haben, was in Kapitel 5.4.11 noch an einem Beispiel aus der Gemeinde Bulach dargelegt wird.

5.3.3 Kettenwanderung

Die Kettenwanderung ist eine Form der Nachfolge-Wanderung, die durch persönliche Informationen wie Briefe, Erfolgsberichte oder Erzählungen bereits ausgewanderter Verwandter oder Bekannter motiviert und ausgelöst und dadurch von den Migranten als weniger riskant und belastend empfunden wird. Der starke Anstieg der Auswanderermassen seit der zweiten Hälfte des 19. Jahrhunderts wird u.a. auch auf die „Multiplikator-Effekte" der Kettenwanderung zurückgeführt, die sich bis zu Beginn des 20. Jahrhunderts zu dem am weitesten verbreiteten Auswanderungsmuster entwickelte. Wie stark die Auswanderungswilligen ihre Reise von den Informationen bereits ausgewanderter Verwandter und Bekannter abhängig gemacht haben, soll das folgende Beispiel der Kettenwanderung, ausgehend von Familie Meinzer aus

Hochstetten, zeigen. Das Geflecht der verwandschaftlichen Beziehungen der Hochstettener Auswanderer könnte noch weitergeführt werden, worauf allerdings verzichtet wird, da die engen Familienbande der Auswanderer auch in dieser konzentrierten Auflistung deutlich zum Vorschein kommen.[361] Die Kettenwanderung der Familie Meinzer zog sich über Jahrzehnte und verlief innerhalb der einzelnen Familienzweige etappenartig. Trotz eines Lebens in der Fremde verlor Familie Meinzer durch den Nachzug von Verwandten nie ihre Wurzeln. Das familiäre Gebilde wurde lediglich von Hochstetten in die Neue Welt „verpflanzt". Ob sich tatsächlich alle Auswanderer auch in derselben Stadt in Amerika niedergelassen haben ist nicht mehr nachvollziehbar.

Auf die Nutzung traditioneller Wanderungsrouten einzelnern Gemeinden wird in Kapitel 5.4.11 noch genauer eingegangen.

---

[361] König, Manfred: Hochstetten 1103-2003. Ereignisse, Schicksale und Zusammenhänge aus der Geschichte eines badischen Dorfes. Karlsruhe 2003. S. 202 ff. Die Angaben wurden frei nach den Aufzeichnungen von König zusammengeführt und ausgewertet; genaue Auswanderungsziele sind nicht aufgeführt.

Auswanderungs- jahr	Familie	Personenzahl	Familiäre Bindung
1847	Familie Gerog Michael Meinzer V.	8 Personen	
1847	Familie Daniel Groh	4 Personen	Ehefrau Philippine, geb. Meinzer
1849	Johann Reinhard Meinzer	1 Person	
1849	Friedrich Meinzer	1 Person	
1852	Familie Georg Michael Meinzer VII.	8 Personen	Bruder von Philippine Groh; Ehefrau Eva geb. Jammerthal
1868	Familie Johannes Meinzer	4 Personen	
1869	Familie Ludwig Meinzer	5 Personen	
1869	Familie Karl Friedrich Jammerthal	6 Personen	Ehefrau Katharina geb. Dürr
1873	Carl Friedrich Dürr	1 Person	
1879	Theodor Dürr	1 Person	
1880	Familie Karl Friedrich Fürniß	10 Personen	Ehefrau Johanna, geb. Meinzer
1881	Familie Karl Leopold Meinzer	8 Personen	
1882	Familie Georg Friedrich Beideck	6 Personen	Ehefrau Sina, geb.Meinzer
1882	Wilhelm Meinzer	1 Person	
1883	Gotthold Meinzer	1 Person	
1886	Familie Samuel Meinzer	4 Personen	Ehefrau Karoline, geb. Fürniß
1889	Karl Friedrich Dürr	1 Person	

Tab. 33: Kettenwanderung am Beispiel der Familie Meinzer

5.3.4 Auswanderungsursachen

Die Antworten auf die Frage nach der Auswanderungsmotivation impliziert immer einen großen spekulativen Teil: wirtschaftliche Argumente, persönliche Bindungen oder Enttäuschungen, politische Neigungen und das allgemeine „Auswanderungsfieber" beeinflussten die individuelle Auswanderungsentscheidung – oftmals auch eine Mischung aus alledem. Selbst wenn sich in den Auswanderungsakten anscheinend klare Aussagen zur Auswanderungsursache befinden, können diese oftmals nicht ohne Zweifel übernommen werden.

Die Auswanderung der 1880er Jahre war kein großes Wagnis mehr wie die beiden Auswanderungswellen zuvor. Die Überfahrt wurde kürzer und kalkulierbarer, in den Vereinigten Staaten warteten Verwandte und Freunde, die beim Neubeginn Hilfestellung leisteten. Hinzu kamen sichere Rechtsverhältnisse, ein Nordeuropa ähnelndes Klima und Bodenbeschaffenheit und eine überwiegend aus Nordeuropa stammende Bevölkerung. Keine anderen überseeischen Länder konnten derartige Vorzüge aufweisen.

Auf der anderen Seite des Atlantiks waren die deutschen Einwanderer stets willkommen: sie hatten keine politischen Bestrebungen, das Land konnte von ihren wirtschaftlichen Fähigkeiten profitieren, sie waren in ihren Sitten und Gebräuchen nicht fremd, weshalb sie in jeder Weise ein Gewinn für Amerika waren und im Allgemeinen keine beschränkenden Maßnahmen für deren Einreise getroffen werden mussten.[362]

Wie selten von den Auswanderern Angaben zur Auswanderungsursache gemacht wurden, zeigt das Jahr 1883, für das in den Statistischen Mitteilungen genaue Untersuchungen vorliegen. Lediglich in 320 badischen Entlassungsurkunden wird der Auswanderungsgrund angegeben:[363]

---

[362] Mönckmeier, Wilhelm: Die deutsche überseeische Auswanderung. Jena 1912. S. 199.
[363] Statistische Mittheilungen über das Großherzogthum. IV. Band für die Jahre 1884-1885. Karlsruhe 1884-1885. S. 11. Wobei berücksichtigt werden muss, dass die Zahl der Entlassenen nicht identisch mit jener der tatsächlich Fortgezogenen ist.

Ursache	Anzahl
Fortzug zu Verwandten	124
Übersendung des Reisegelds durch Verwandte in Amerika	13
Aussicht und Hoffnung auf ein besseres Fortkommen	84
Mangel an Verdienst	73
Vermögensmangel	3
Schon längere Zeit in einem anderen Staate ansässig	13
Eintritt in ein Geschäft	10

Tab. 34: Auswanderungsursachen 1883 in Baden

Demnach ist fast die Hälfte derer, welche überhaupt einen Grund angaben, auf Einladung von Verwandten fortgezogen. Während nur bei etwas mehr als einem Fünftel Verdienstlosigkeit als Ursache angegeben wurde.

Wenn die Auswanderungsmotive in den badischen Akten vermerkt waren, wurde überwiegend die Aufforderung von Verwandten nach Amerika zu kommen und die damit verbundene Übersendung von Reisegeld angegeben. Danach folgte zu einem weitaus geringeren Teil die Nennung von zu geringem Arbeitsverdienst, Arbeitsmangel und dergleichen. Dass tatsächliche wirtschaftliche Not den Einzelnen zum Weggang zwingt, ist den Quellen kaum noch zu entnehmen.[364]

Im Bezirksamt Karlsruhe nannten im untersuchten Zeitraum 1880-1914 lediglich 47,61 % der Auswanderer den Behörden einen Grund für ihre Auswanderung. Bei der genaueren Betrachtung der Auswanderungsursachen im Bezirksamt wurden nur die Einzelauswanderer und Familienoberhäupter in der Untersuchung berücksichtigt, da die restlichen Familienmitglieder nicht in den Prozess der Entscheidungsfindung einbezogen wurden, beziehungsweise diese auf Grund ihres Alters keine Wahl hatten, als dem Auswanderungswunsch des Vaters zu folgen. Auffallend ist, dass sich die Motive von den oben aufgelisteten Angaben aus den Statistischen Mitteilungen unterscheiden.

---

[364] Statistische Mittheilungen über das Großherzogthum Baden. III. Band für die Jahre 1880-1883. So liegen Beispielsweise im Jahr 1882 lediglich in 287 Entlassungsurkunden (14,5 % aller Akten) Angaben zur Ursache der Auswanderung vor.

	Summe	Stadt	Land	k. A.
bessere Existenz	267	135	130	2
Arbeitslosigkeit	103	63	39	1
vorbestraft	15	7	7	1
feste Anstellung	12	11	1	0
Weiterbildung	9	9	0	0
zu geringer Verdienst	8	4	4	0
Tod der Eltern	5	5	0	0
gute Nachrichten	4	0	4	0
Geschäftsgründung	3	2	0	1
schlechte Geschäftslage	2	1	1	0
besserer Verdienst	2	0	1	1
Landstreicher	1	1	0	0
k. A.	512	158	278	76

Tab. 35: Auswanderungsursachen im Bezirk Karlsruhe

Ein Blick auf die Tabelle macht die unklaren Angaben, die sich den Einzelfallakten entnehmen lassen, sichtbar: Obwohl 59 % der ländlichen Auswanderer und 40 % der städtischen Auswanderer Aussagen über den Nachzug zu Bekannten oder Verwandten machten, gab der Großteil dies nicht als hauptsächlichen Auswangerungsgrund an, auch wenn dies das offenkundige Auswanderungsmotiv war. Ein weiteres Problem bei der Auswertung dieser Daten war die Mehrfachnennung von Motiven wie beispielsweise bessere Existenz und zu geringer Verdienst.[365] Ob alle Auswanderer, die Arbeitslosigkeit als Auswanderungsgrund angaben, wirklich nicht in einem Beschäftigungsverhältnis standen, lässt sich nicht mehr nachvollziehen. Auf die Gründe von falschen Angaben gegenüber den Behörden wurde schon mehrfach hingewiesen.

Welchen Berufsgruppen die Auswanderer angehörten, die Arbeitslosigkeit als Auswanderungsmotiv angegeben haben, zeigt die Tabelle:

---

[365] Bei der Angabe von mehreren Gründen wurde nach Durchsicht der Akte versucht das Hauptmotiv ausfindig zu machen.

	Gesamt		Stadt	Land	k. A.
Arbeiter	2	1,9%	2	0	0
Handel	32	31,1%	27	4	1
Handwerker	36	35,0%	19	17	0
häusliche Dienste	1	1,0%	0	1	0
Landwirtschaft	7	6,8%	0	7	0
Tagelöhner	3	2,9%	0	3	0
sonstige	9	8,7%	5	4	0
k. A.	13	12,6%	10	3	0
Summe	103		63	39	1

Tab. 36: Berufsgruppen der Arbeitslosen

Auffällig ist der hohe Anteil von Handwerkern, der sich fast gleich auf das Stadt- und die Landgebiete verteilt und ein Beleg für den Niedergang des Handwerks im Industrialisierungsprozess sein könnte. Die schlechten Berufsaussichten für Kaufleute wurden in zahlreichen Auswandererbriefen angesprochen. Trotz wirtschaftlichen Einbrüchen wanderten nur zwei Arbeiter aus, um die Arbeitslosigkeit hinter sich zu lassen.

Egal aus welchen Gründen sich die Menschen zur Auswanderung entschlossen, all jene waren für die zeitgenössischen Beobachter „meist die tüchtigeren, fleißigeren und strebsameren und daher die wertvollsten Elemente."[366]

5.3.5 Sexualproportion

Die Untersuchung der Geschlechterverteilung im Auswanderungsverlauf aus dem Bezirksamt Karlsruhe belegt die Dominaz des männlichen Geschlechtes. Etwa 70 % der Auswanderer waren Männer; der Frauenanteil lag mit knapp 30 % deutlich unter dem des Reichs (40 %).[367] Insgeamt wanderten 436 Frauen aus dem Bezirksamt aus, davon kamen 57 (13 %) aus dem Stadtgebiet und 368 (84 %) aus den umliegenden Gemeinden. Da die Frauen hauptsächlich im Familienverband reisten und dem

---

[366] Mönckmeier: Die deutsche überseeische Auswanderung (wie Anm. 362), S. 180.
[367] Marschalck: Überseewanderung (wie Anm. 28), S. 75.

Auswanderungsantrag des Ehemanns zugeordnet wurden, sind kaum Angaben zu Beruf und Auswanderungsmotiv erfasst.

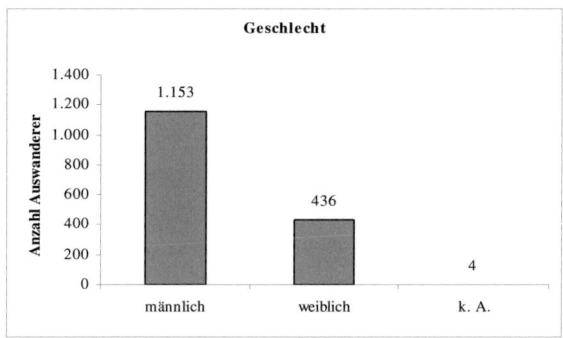

Abb. 12: Sexualproportion der Auswanderer

Mit dem Rückgang der Familienwanderung verbunden war auch der Rückzug der weiblichen Auswanderer, was allerdings mit der Zunahme des Frauenanteils an der Einzelauswanderung im Reich seit 1893 wieder ausgeglichen werden konnte. Dies lässt für Marschalck auf die einsetzende Arbeitswanderung in die amerikanischen Industrieregionen schließen. Das zur gleichen Zeit einsetzende Sinken der Auswandererzahlen betraf die weiblichen Auswanderer weniger stark als die männlichen; parallel dazu konnte ein Anstieg der Frauen im Beschäftigungsbereich der „Häuslichen Dienste" in den Vereinigten Staaten notiert werden.[368] Das Verhältnis männlich zu weiblichen Auswanderern blieb während des ganzen Zeitraums relativ stabil und lag beim besagten Verhältnis 2:3. In den Phasen in denen mehr Einzelpersonen auswanderten, überwog das männliche Geschlecht.[369]

Ein Blick auf die Geschlechterverteilung im Bezirksamt (Abbildung 7) zeigt hingegen, dass Frauen an der städtischen Auswanderungsbewegung nur in geringem Maß beteiligt waren und somit keinen Einfluss auf das Wanderungsverhalten von Karlsruhe hatten. Wenn sich Frauen allerdings dazu entschlossen alleine auszuwandern, kamen diese mehrheitlich aus den Landgemeinden (28 Frauen). Aus der Stadt wagten hingegen nur drei Frauen alleine die Überfahrt. Signifikant ist, dass der Großteil der Einzelauswandererinnen unter 25 Jahre alt war.

---

[368] Marschalck: Deutsche Überseewanderung im 19. Jahrhundert (wie Anm. 28), S. 77.
[369] Joseephy: Die deutsche Überseeische Auswanderung (wie Anm. 29), S. 119.

Unter den Einzelauswanderern befanden sich hauptsächlich Männer, wohingegen das weibliche Geschlecht in der Familienwanderung stärker vertreten war. Dieser Umstand ist allerdings nicht nur auf die geschlechterspezifische Familienzusammensetzung zurück zu führen, sondern auch auf den bereits angesprochenen Vorwegzug der Familienoberhäupter.[370] Die Rolle des Familienoberhäuptes bei der Auswanderung übernahmen elf Frauen aus Karlsruhe und 31 aus den Dörfern. Im Gegensatz zu den weiblichen Einzelauswanderern waren hier fast alle Frauen sowohl aus der Stadt als auch aus den umliegenden Gemeinden über 25 Jahre alt.[371] An der ländlichen Familienwanderung waren die Frauen fast gleichstark – zeitweise auch aus besagten Gründen stärker – vertreten als die männlichen Auswanderer. Hierbei muss allerdings berücksichtigt werden, dass es sich bei der Familienwanderung um eine zufällige Beteiligung der Geschlechter handelt, die an sich nicht in Zusammenhang mit der Auswanderung zu setzen ist. Im Gegensatz dazu ist der Geschlechteranteil bei der Einzelauswanderung durch die freie Auswanderungsmotivation jedes einzelnen Auswanderers nicht zufällig. Die durchschnittliche Frauenbeteiligung bei den mitgereisten Familienmitgliedern lag bei 54 %.[372]

Die Tabelle zeigt, warum das Verhältnis von Männern und Frauen im Reich bei der Auswanderung, trotz des Anstiegs der Einzelauswanderung, im Verlauf relativ konstant geblieben ist: bei der Einzelauswanderung überwogen die Männer, bei der Familienwanderung hingegen die Frauen, was sich unter anderem auch auf den höheren Anteil der weiblichen Geborenen zurückführen lässt. [373]

Jahre	von 100 Auswanderern in Familien waren männlich	von 100 Einzelwanderern waren männlich
1881-1890	47,2	68,5
1891-1900	45,5	63,8
1901-1910	45,6	67,5

Tab. 37: Einzel- und Familienauswanderung im Reich nach Geschlecht 1881-1928

---

[370] Mönckmeier, Walter: Wandlungen und Entwicklungstendenzen (wie Anm. 24), S. 341.
[371] Dabei handelt es sich um einen Durchschnittswert bei dem Kinder miteingerechnet wurden.
[372] Bei 99,75 % Auswanderer liegen Angaben zum Geschlecht vor. Bei 3 % der Frauen liegen keine genauen Angaben zu ihrer Herkunft vor.
[373] Marschalck, Peter: Deutsche Überseewanderung (wie Anm. 28), S. 76.

Ein Vergleich der Geschlechterbeteiligung im Auswanderungsverlauf soll Aufschluss darüber geben, ob ein simultanes Wanderungsverhalten festzustellen ist.

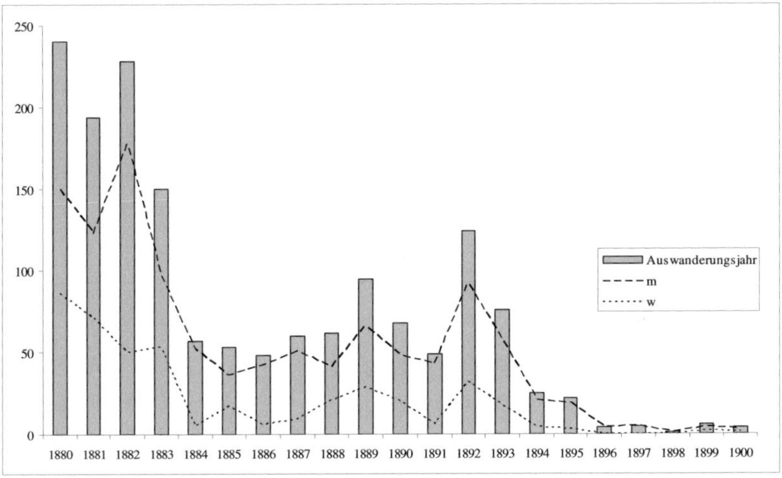

Abb. 13: Geschlechterverteilung im Auswanderungsverlauf

Die männliche Auswanderung bestimmt im Bezirksamt deutlich die Auf- und Abschwünge im Wanderungsverlauf und ist somit stärker konjunkturabhängig als die der Frauen.

Während der Anteil weiblicher Auswanderer zwischen 1880 und 1884 sinkt und in Folge fast zum erliegen kommt – abgesehen von einem kurzfristigen, mimimalen Anstieg 1883 – erzielt die Auswanderung der Männer 1882 ihre absolute Spitze, bevor sie dann bis 1885 kontinuierlich einbricht. Ein weiterer Unterschied zeigt sich in den Jahren 1884-1885 und 1887-1888: während die Zahl der männlichen Auswanderer zeitweilig sinkt, steigt die Beteiligung der Frauen. Ein nahezu synchroner Auswanderungsverlauf zwischen den Geschlechtern ist ab 1888 zu erkennen, bis die Auswanderung seit den 1896er Jahren für beide Geschlechter fast zum vollständigen erliegen kommt.

Im Gegensatz dazu ist auf Reichsebene nach 1893 eine deutliche Zunahme der Einzelauswanderung festzumachen, in der der Anteil der weiblichen Auswanderer steigt. Das zur gleichen Zeit einsetzende Sinken der deutschen Auswandererzahlen lässt die weiblichen Auswandererzahlen weniger stark sinken als die der männlichen, was zu dem Schluss führt, dass die Auswanderung bis 1892 für die männlichen

Auswanderer stärker Siedlungswanderung war als für die weiblichen, die ihr Unterkommen hauptsächlich in häuslichen Diensten fanden. Für die gesamte deutsche Auswanderung hatte das Ende der Landnahme in den Vereinigten Staaten eine große Bedeutung, die weiblichen Einzelauswanderer waren davon jedoch weniger stark betroffen. Hierin kommt erneut ein Unterschied zum Karlsruher Wanderungsverhalten zum tragen: Die städtische Wanderung kann hier nicht in Zusammenhang mit der Siedlungswanderung gebracht werden, sondern stand in Verbindung mit der allgemeinen Arbeitsaufnahme in den städtischen Berufszweigen in den Vereinigten Staaten. Durch den sperrlichen Anteil weiblicher Einzelauswanderer aus dem Karlsruher Stadtgebiet, lässt sich die These über die geringere Bindung der Frauen zur Siedlungswanderung nicht aufrechterhalten. Auch für die

In der Forschung, besonders unter deutschen Historikern, konnte bislang kein Konsens darüber gefunden werden, ob die Rolle der Frau im Auswanderungsprozess gesondert untersucht werden sollte. Fast alle diesbezüglichen Studien sind bisher von amerikanischer Seite vorgelegt worden. In Deutschland beschäftigte sich Agnes Bretting näher mit der Aus- bzw. Einwanderung der Frau.[374]

5.3.6 Altersstruktur

Zu den Bereichen über die wir sehr gut informiert sind, zählt die Altersstruktur der Karlsruher Auswanderer, 94,6 % der Auswanderer machten Angaben zu ihrem Alter. Um die Altersklassen besser einordnen zu können, wird wiederum ein kurzer Blick auf die Altersverteilung im gesamten Reich gelegt.

Alter der deutschen Auswanderer 1884-1910:[375]

---

[374] Bretting, Agnes: Frauen als Einwanderer in der Neuen Welt: Überlegungen anhand einiger Selbstzeugnisse deutscher Auswanderinnen. In: Kruse, Horst, Lösch, Peter u.a. (Hrsg.): Amerikastudien. Jahrgang 33. München 1988. S. 319-327. Ausführlicher mit der Rolle der Frau auf dem amerikanischen Arbeitsmark hat sich Joan Younger Dikinson in „The Role of Immigrant Women in the U.S. Labor Force, 1880-1910" New York 1980, beschäftigt. Ebenso Thomas Dublin mit seinem Aufsatz: „Women Workers and the Study of Social Mobility" In: Journal of Interdisciplinary History, 9, Cambridge 1979. S. 647-656.
[375] Vgl. Marschalck: Deutsche Überseewanderung (wie Anm. 28), S. 75. Vgl. auch Burgdörfer: Wanderungen (wie Anm. 359), S. 402.

Jahre	unter 14 Jahre	14-21 Jahre	21-50 Jahre	über 50 Jahre
1884-1890	25,2	21,0	47,7	6,1
1891-1900	21,6	21,4	50,8	6,2
1901-1910	19,9	19,0	56,1	5,0

Tab. 38: Auswanderungsalter im Reich 1884-1910

Die Tabelle zeigt, dass mehr als die Hälfte der Auswanderer aus dem Reich der Altersgruppe 21-50 Jahre angehörte. Fast gleich stark war die Beteiligung der unter 14 und 14-21-Jährigen. Der hohe Anteil der unter 14 Jahre alten Auswanderer und der der 21-50 Jahre alten, lässt den erheblichen Wert der Familienwanderung erkennen.

Um eine exakte Altersklassifizierung treffen zu können, wurde in der Auswertung der Altersklassen aus dem Bezirksamt Karlsruhe die Gruppe der 21-50-Jährigen nochmals unterteilt.

		Auswanderungsalter in Jahren					Anzahl
		0-13	14-21	22-36	37-50	über 50	k. A.	Auswanderer
	1880	28%	35%	19%	10%	3%	4%	240
	1881	30%	37%	15%	13%	3%	3%	194
	1882	23%	42%	20%	7%	0%	8%	228
	1884	4%	67%	19%	5%	0%	5%	57
Auswanderungsjahr	1885	19%	60%	4%	9%	6%	2%	53
	1886	8%	69%	13%	0%	2%	8%	48
	1887	20%	60%	8%	3%	3%	5%	60
	1888	27%	44%	18%	5%	5%	2%	62
	1889	35%	36%	19%	5%	3%	2%	95
	1890	26%	51%	9%	9%	3%	1%	68
	1891	10%	76%	8%	2%	0%	4%	49
	1892	22%	49%	9%	12%	3%	5%	124
	1893	25%	46%	12%	8%	0%	9%	76
	1894	20%	64%	4%	4%	0%	8%	25
	1895	9%	77%	0%	5%	5%	5%	22

Tab. 39: Auswanderungsalter

Ausschlaggebend für den Gang der Karlsruher Auswanderung ist die Beteiligung der 14-21-Jährigen, unter denen der Anteil der männlichen Einzelauswanderer dominierte. Mönckmeier gab im Gegensatz dazu als vorherrschend Teilhabende die der mittleren Altersklassen von 21-30 Jahren für das Reich an.

Als Grund für die starke Beteiligung dieser Altersgruppe zu Beginn der 1880er Jahre ist der enorme Aufschwung der Wirtschaftskonjunktur in den Vereinigten Staaten zu nennen, der einen erheblichen Bedarf an Arbeitskräften hervorrief. Besonders angezogen von den höheren Löhnen waren die im besten Alter stehenden Männer, die im Reich unselbständige Tätigkeiten ausführten. Hinzu kamen die Lockrufe von bereits ausgewanderten Verwandten und Freunden, welche die Auswanderer großteils überhaupt erst dazu ermutigte, die schlechteren wirtschaftlichen Verhältnisse in der alten Heimat zurückzulassen.[376]

Ebenso widerspricht die rege Teilnahme der unter 14-Jährigen den allgemeinen Entwicklungstendenzen im Reich, da zu diesem Zeitpunkt schon von einem Rückgang der Familienauswanderung ausgegangen wird.[377]

Die geringste Beteiligung liegt, wie auch im restlichen Reich, bei den über 50-Jährigen, was sich durch die geringe durchschnittliche Lebenserwartung, die 1880 in Deutschland noch bei etwa 47 Jahre lag, erklären lässt.

Dass gerade die produktivste Altersklasse das Reich verließ, spiegelt sich auch im Sinken des prozentualen Anteils der Altergruppe 20-40 Jahre innerhalb der gesamten Bevölkerung wider; derselbe betrug:[378]

1870	29,8 %
1880	28,8 %
1890	27,3 %

Tab. 40: Rückgang der Altersklassen 20-40 Jahre im Reich

Hinzu kommt, dass sich bei der Familienauswanderung auch Kinder im arbeitsfähigen Alter befanden, welche der Familie eine zusätzliche Arbeitskraft für den Familienunterhalt sicherte.

Nach einem kurzfristigen Anstieg der Auswandererzahlen 1892/1893, weist die Altersklasse der Kinder unter 14 Jahren erst seit 1895 einen starken Rückgang auf, was ebenfalls für die späte Abnahme der Familienwanderung spricht.

---

[376] Vgl. Mönckmeier: Die deutsche überseeische Auswanderung (wie Anm. 362), S. 145.

[377] Bis zum Jahr 1893 wird die deutsche Auswanderung mit 54,4 % vornehmlich noch als Familienwanderung angesehen, im folgenden Jahr überwog dann erstmals in der Auswanderungsgeschichte die Zahl der Alleinreisenden und wandelte im weitern Wanderungsverlauf das Verhältnis Familien-Ledigenwanderung ins Gegenteil um; 1896 wanderten bereits 60,7 % der Auswanderer alleine aus

[378] Joseephy: Die deutsche Überseeische Auswanderung (wie Anm. 29), S. 116.

Alter		Herkunft			Summe
von	bis	Stadt	Land	k. A.	
0	13	40	336	6	382
14	21	340	359	31	730
22	36	54	166	9	229
37	50	19	110	3	132
51	99	5	29	0	34
k. A.		19	24	43	86
Summe		477	1024	92	1593

Tab. 41: Auswanderungsalter im Bezirksamt Karlsruhe

Die Tabelle verdeutlicht nocheinmal den hohen Auswanderungsanteil von Landkindern, die im Familienverband reisten. Im Gegenzug dazu lässt der geringe Kinderanteil aus der Stadt Rückschlüsse auf die sinkende städtische Familienwanderung zu. Evident ist auch der hohe Anteil der 14-21-Jährigen sowohl in der Stadt als auch in den Landgemeinden.

5.3.7 Berufsstruktur

Über die Berufsstruktur der Auswanderer liegen uns für den untersuchten Zeitraum kaum aussagekräftige Informationen vor. Erst seit 1899 werden die Berufe der deutschen Auswanderer in der Reichsstatistik aufgeführt. Für die früheren Jahre ist die Forschung daher auf die lückenhaften Aufzeichnungen der einzelnen deutschen Staaten angewiesen. Seit 1871 kann auf die Listen des Hamburger Hafens zurückgegriffen werden. In Bremen wurden seit den 1890er Jahren ebenfalls gleichartige Aufzeichnungen gemacht, jedoch nach anderen Gesichtspunkten und mit einer anderen Methodik, was die Ergebnisse nicht unerheblich voneinander abweichen lässt.

Aus ähnlichen Gründen sind auch die Berufsangaben in der amerikanischen Einwanderungsstatistik kaum verwertbar.[379]

Darum müssen wir uns im Folgenden auf die lückenhaften Angaben der Auswanderer in den Bezirksamtsakten beschränken und versuchen, daraus ein einigermaßen zusammenhängendes Bild zu erhalten. Um ein besseres Verständnis für die an der Auswanderung aus dem Bezirksamt beteiligten Berufsgruppen zu bekommen, werden zunächst die Berufsfelder auf Reichsebene betrachtet.

Die Strukturen der deutschen Auswanderung:[380]

	Landwirtschaft	Industrie und Gewerbe	Handel und Verkehr	Arbeiter	freie Berufe	ohne Berufsangabe
1875-1879	34,3	14,6	5,6	18,2	0,9	26,4
1880-1884	24,7	17,2	12,4	18,5	1,7	25,5
1885-1889	20,3	18,0	5,9	30,5	1,0	24,3
1890-1892	14,1	15,8	9,0	27,4	1,7	32,0
1893-1894	11,8	16,3	12,8	20,8	2,7	35,6

Tab. 42: Auswanderungsberufe im Reich

Aus den Zahlen lassen sich deutlich die Entwicklungstendenzen der deutschen Auswanderung erkennen: in den 1870er Jahren dominierte noch die Landwirtschaft vor den Arbeitern, Gewerbe, Industrie und Handel.

Seit den 1880er Jahren treten verstärkt die Arbeiter in den Vordergrund, ebenso wächst der Anteil aus Industrie und Gewerbe, während die Landwirtschaft stark

---

[379] Ausführlicher siehe bei Mönckmeier: Die deutsche überseeische Auswanderung (wie Anm. 362), S. 151. Hamburg hat bereits seit 1855 regelmäßig Nachweise über die Berufstätigkeit der Auswanderer festgehalten. In der amerikanischen Einwanderungsstatistik sind zwar seit 1820 Berufsangaben zu finden, jedoch bis in die 1870er Jahre ohne eine Trennung der verschiedenen Nationen. Darin werden den deutschen allerdings auch Schweizer, Russen etc. zugeordnet; die Einteilung der Berufsarten ist nicht mit den deutschen Angaben zu vergleichen.
[380] Marschalck: Deutsche Überseewanderung (wie Anm.28), S. 80. Vgl. auch Mönckmeier: Die deutsche Überseeische Auswanderung (wie Anm. 362), S. 164 f.

fallende Ziffern verzeichnet. Eine Steigerung des Arbeiteranteils ist in allen an der Auswanderung beteiligten deutschen Staaten zu sehen.[381]

Der starke Anstieg des Arbeiteranteils an der Auswanderung ist auf der einen Seite als Hinweis für den Rückgang der Konjunktur im Reich anzusehen und zeigt andererseits, wie stark sich die Anziehungskraft der amerikanischen Hochkonjunktur – mit einem immensen Bedarf an Arbeitskräften – auf das Wanderungsverhalten ausgewirkt hat. Mit dem Aufschwung der deutschen Wirtschaft verlor die amerikanische Wirtschaft an Anziehungskraft. Auffällig ist, dass in den Jahren mit besonders starker Auswanderungszunahme die Beteiligung der Arbeiter die größte Steigerung aufweist.

Entscheidend für das Auf und Ab der Wanderungsbewegung waren daher für Mönckmeier, nach genauerer Untersuchung der Jahre 1872, 1873, 1880-1884 und 1891-1893, die Arbeiter, die das beweglichste Element in der Auswanderung darstellten.

Bei der Gegenüberstellung der Berufsgruppen mit der Herkunft der Auswanderer ist augenfällig, dass die landwirtschaftliche Auswanderung eine familiäre ist und es sich bei den Berufgruppen aus Industrie und Gewerbe vornehmlich um Einzelauswanderung handelt. Das Überwiegen des Anteils aus Industrie und Gewerbe, über dem der Landwirtschaft, kann hingegen nur innerhalb der Auswanderung, im Vergleich mit den Gesamtzahlen, belegt werden.

Bei der Gegenüberstellung der Auswandererzahlen mit den Berufszahlen der Bevölkerung liegen die Verhältnisse anders: die Verluste aus Industrie und Gewerbe sind für die in diesen Berufen beschäftigte Bevölkerung verhältnismäßig gering. Die Auswanderer aus den agrarischen Berufsfeldern brachten für die verbleibende ländliche Bevölkerung einen beachtlichen Verlust.[382]

Die Beteiligung der industriellen und gewerblich tätigen Arbeiter an dieser Auswanderungswelle dürfte wesentlich höher sein als die Statistik angibt, da sich aus diesen Kreisen vornehmlich die Auswanderer rekrutieren, die sich der Statistik entzogen und die Heimat nicht auf dem offiziellen Weg verlassen haben.

Der Rückgang der Konjunktur und das damit verbundene Absinken der Löhne betraf die Schicht der ungelernten Arbeiter am empfindlichsten. Dieser Berufsgruppe fehlte

---

[381] Hierbei sollte jedoch berücksichtigt werden, dass der Großteil der Arbeiter zu den landwirtschaftlichen Arbeitern gezählt werden muss, da in diesem Zeitraum die Auswandererzahlen der landwirtschaftlichen Arbeiterbevölkerung Ostelbiens und Mecklenburgs besonders stark angewachsen ist.

[382] Vgl. Mönckmeier: Die deutsche überseeische Auswanderung (wie Anm. 362), S. 180.

in „schlechten Zeiten" die Mittel für eine Auswanderung, was ihren Anteil an der Auswanderung stark zurückgehen ließ. In diesen Zeiten sind die besser gestellten und etwas besitzenden Personen in größerer Zahl an der Auswanderung beteiligt. Ebenso wächst der relative Anteil der landwirtschaftlichen Arbeiter, da sie weniger von Krisen abhängig sind und keine Konkurrenz von arbeitslosen Arbeitern zu befürchten hatten.[383]

„Aus den noch etwas Besitzenden der verschiedenen Erwerbsstände wandern am meisten aus, wenn es ihnen schlecht geht, von den besitzlosen Arbeitern dagegen, wenn es ihnen gut geht."[384] Diese These Beukemanns lässt sich zwar statistisch nicht nachweisen, dennoch zweifelt Mönckmeier nicht an deren Richtigkeit.

Die hohe Beteiligung der Landarbeiter macht den überwiegenden Auswandereranteil aus den ländlichen Gebieten deutlich. Erst mit dem Einsetzen der Auswanderung der Arbeiterschaft – die in den deutschen Städten ansässig war – seit Mitte der 1880er Jahre, traten die Landgemeinden als Herkunftsgebiete der deutschen Auswanderer zurück. Durch die vorübergehende Zuwanderung von ländlichen Arbeitern in die Städte, von wo aus die dann die Auswanderung angetreten wurde, traten diese Tendenzen verstärkt zum Vorschein. Die Veränderung der Auswandererstruktur seit 1895, die in Zusammenhang mit dem Ende der Siedlungsgrenze in den USA und dem daraus folgenden Rückgang der Familienauswanderung, dem Anstieg der Einzelauswanderung, überwiegend unselbständiger und aus der Industrie stammender Auswanderer steht, zeigt Marschalck, dass die landwirtschaftliche Auswanderung (Familien- und Dauerauswanderung) grundsätzlich von der der Industriearbeiter (temporär, konjunkturell bedingte Pendelwanderung) zu unterscheiden ist. Zwar lag der Analyse Marschalcks nur geringes Quellenmaterial zu Grunde, dennoch konnte er auf Grundlage dessen ein Strukturbild der deutschen Auswanderung des 19. Jahrhunderts aus sozialen Gründen erstellen, das sich in drei Phasen unterscheiden lässt (siehe auch Anhang Abbildung 21):

- bis etwa 1865: überwiegend Familienauswanderung selbständiger Kleinbauern und Kleinhandwerkern.

- 1865-1895: Einsetzen der Auswanderung unterbäuerlicher Schichten aus den nordöstlichen Gebieten des Reichs, langsame Verstärkung der Einzelauswanderung.

---

[383] Mönckmeier: Die deutsche überseeische Auswanderung (wie Anm. 362), S. 173.
[384] Ebd.; zitiert nach Beukemann.

- 1895-1914: Ende der Familienauswanderung, Ende der Siedlung, Auswanderung der Industriearbeiterschaft.[385]

Von den drei Phasen Marschalcks lassen sich nur Phase eins und zwei partiell auf die Karlsruher Auswanderung übertagen, da die Auswanderung aus dem Bezirksamt in der dritten Phase bereits nahezu vollständig zum Erliegen gekommen ist.

Die von Marschlack vorgelegte spezielle Typologie der deutschen Auswanderung des 19. Jahrhunderts unterscheidet auch zwischen Einzel- und Familienauswanderung. In der Hochindustrialisierungsphase, die im wirtschaftlichen und sozialen Bereich 1875 einsetzte, ordnet er der Industriearbeiterschaft die Auswanderung mit dem Zweck der Arbeitsaufnahme zu.

Aus einer in Baden 1878-1882 durchgeführten Erhebung über den Berufsstand der Ausgewanderten geht hervor, dass im Durchschnitt 28,9 % Landwirte, 10,3 % Tagelöhner, 33,7 % Handwerker und Fabrikarbeiter, 8,3 % Handel- und Verkehrtreibende waren, 3,2 % in sonstigen Berufen und 15,6 % in unbestimmten Berufen tätig waren.[386]

Im Bezirksamt Karlsruhe sind wir, wie erwähnt, über die berufliche Tätigkeit der Auswanderer schlecht informiert. Hierzug gaben lediglich 40 % der Auswanderer Auskunft. Entsprechend der Land- und Wirtschaftstruktur in Baden kann davon ausgegangen werden, dass die Auswanderer, vornehmlich die aus den umliegenden Landgemeinden der Residenz, sowohl über eine gewerbliche als auch über eine landwirtschaftliche Beschäftigung verfügten, auch wenn gewöhnlich nur ein Beruf, zumeist der gewerbliche, angegeben wurde. Sichtbar wird der kontinuierliche Anstieg der Auswanderungsbeteiligung von Berufsgruppen aus dem sekundären und primären Sektor. Alte Handwerksberufe, bezogen auf ihr Gewicht im sekundären Sektor, dominierten, wohingegen Emigranten aus den aufstrebenden Fabrik- und

---

[385] Marschalck: Deutsche Überseewanderung (wie Anm.28), S. 82 f. Zusammenfassend lässt sich festhalten, dass die Zeit von 1815-1895 überwiegend Siedlungswanderung, die Jahre 1895-1914 überwiegend Arbeitswanderung waren.

[386] Philippovich: Auswanderung und Auswanderungspolitik (wie Anm. 232), S. 160. Sowohl die Angaben zur Berufszugehörigkeit als auch die zum Vermögensstand der Auswanderer beruhen auf einem relativ geringen Teil zur amtlichen Kenntnis gelangter Angaben und betreffen nur all jene Auswanderer, die auf formellem Weg, mit staatlicher Entlassung ausgewandert sind. Daher geht Philippovich davon aus, dass diese Angaben auch all jenen entsprechen würden, die auf illegalem Weg ihre Heimat verlassen haben, da diese Form der Auswanderung nichts mit der wirtschaftlichen Stellung zu tun hatte.

Manufakturgewerbe unterrepräsentiert blieben, was noch einmal den Aderlass verdeutlicht, den das Handwerk seit den 1850er über sich ergehen lassen musste. Hinzu kommt eine stete Beteiligung der Berufsgruppen aus dem tertiären Sektor – hauptsächlich aus dem Handel – an der Auswanderung.

Die Berufe der Frauen wurden hingegen kaum angeführt; einzig in 0,04 % der Fälle liegen Angaben vor. Daher beziehen sich die Daten der ausgewerteten Berufsgruppen auf die der männlichen Auswanderer, die Angaben der Frauen können auf Grund ihrer Seltenheit vernachlässigt werden, wie die Tabelle belegt:[387]

| | Summe | Geschlecht | | |
		m	w	k. A.
Arbeiter	11	11	0	0
Handel	138	138	0	0
Handwerker	318	312	6	0
häusliche Dienste	4	0	4	0
Landwirtschaft	97	96	1	0
Tagelöhner	28	27	1	0
sonstige	41	35	6	0
k. A.	956	534	418	4
Summe	1593	1153	436	4

Tab. 43: Berufsgruppen im Bezirksamt Karlsruhe nach Geschlecht

Bei den fehlenden Angaben kann von behördlicher Nachlässigkeit ausgegangen werden, die auf einen immer routinierteren Auswanderungsvorgang zurückgeführt werden kann. Die zumeist jugendlichen Auswanderer haben in der Regel nicht sofort nach abgeschlossener Schulbildung die Reise angetreten, sondern standen zuvor in einem Lehr- oder Ausbildungsverhältnis, was in den Akten nur selten vermerkt wird, durch die ausgewerteten Briefe aber bestätigt werden kann.

Nach der Auswertung der Auswanderungsstrukturen aus dem Bezirksamt kann ein Abweichen gegenüber dem restlichen Reich festgestellt werden: Der Wechsel von einer ländlich und familiär geprägten Auswanderung zu einer Einzelauswanderung von gewerblichen Arbeitern und Tagelöhnern, lief nicht parallel zu der des Reichs,

---

[387] Die erfassten Frauen waren als Schneiderin, Weberin, Hebamme, Lehrerin, Magd, Taglöherin und im Haushalt tätig.

sondern stark verzögert ab. Hier war bis zur Wende des 20. Jahrhunderts die ländliche Familienauswanderung, mit den dazugehörigen landwirtschaftlichen Berufen, dominierend. Hinzu kommt eine sich stark unterscheidende Berufsstruktur zwischen der Stadt Karlsruhe und den umliegenden Gemeinden.

Trotz des hohen Abzugs an Auswanderern im besten Arbeitsalter, fehlte es der heimischen Industrie nie an Arbeitskräften; die Verminderung an Arbeitskraft brachte der ökonomischen Entwicklung in Deutschland kaum einen Nachteil.[388]

Das wichtigste Kapital für die Auswanderer stellte ihre Arbeitskraft dar, die benötigt wurde, um sich in der rasch verändernden Industrienation Amerika eine gesichert Existenz aufzubauen. Die Auswanderung aus Industrie, Gewerbe, Handel und häuslichen Diensten war überwiegend ein Wegzug von Einzelpersonen. Diese Entwicklung ging im Bezirksamt Karlsruhe mit der im Reich einher.

		Herkunft		
	Summe	Stadt	Land	k. A.
Arbeiter	11	3	8	0
Handel	138	114	16	8
Handwerker	318	147	158	13
häusliche Dienste	4	0	4	0
Landwirtschaft	97	8	89	0
Tagelöhner	28	5	22	1
sonstige	41	25	13	3
k. A.	956	175	714	67
Summe	1593	477	1024	92

Tab. 44: Berufsgruppen aus dem Bezirksamt Karlsruhe nach Herkunft

Auffallend ist eine fast gleichstarke Beteiligung des Handwerkerstandes sowohl aus der Stadt als auch vom Land an der Auswanderung. Dies könnte, wie geschildert, auf die allgemein schlechte Situation der Handwerker in Baden im Übergang zum Industriezeitalter zurückgeführt werden. Aufgrund der spärlichen Datenlage lassen sich daraus allerdings kaum aussagekräftige Rückschlüsse ziehen.

---

[388] Joseephy: Die deutsche Überseeische Auswanderung (wie Anm. 29), S. 125.

Die schlechte Lage der Kaufmänner im Stadtgebiet wird in zahlreichen Akten beschrieben und spiegelt sich in der Auswanderungsbeteiligung wider.

Überraschend gering ist die Teilnahme der Tagelöhner und Arbeiter an der Auswanderung, da diese, wie bereits in Kapitel 5.2.1 erläutert wurde, über das geringste Einkommen verfügten. Was wiederum die These belegen könnte, dass üblicherweise nur die tüchtigeren und strebsameren Bürger ihre Heimat verließen.

	Jahr																
	Summe	1880	1881	1882	1883	1884	1885	1886	1887	1888	1889	1890	1891	1892	1893	1894	1895
Arbeiter	11	0	0	2	1	1	1	0	1	0	1	2	0	0	1	0	0
Handel	138	9	20	26	18	8	4	6	6	5	6	2	3	5	4	4	6
Handwerker	318	34	19	65	22	31	15	14	13	6	10	16	12	24	18	6	5
häusliche Dienste	4	0	2	1	0	0	0	0	0	0	0	0	1	0	0	0	0
Landwirtschaft	97	18	12	6	9	4	0	1	7	6	7	4	1	12	7	0	3
Tagelöhner	28	8	3	10	1	0	0	2	0	0	2	0	1	0	1	0	0
sonstige	41	4	5	7	3	1	0	3	1	3	3	1	0	1	3	1	2
k. A.	956	167	133	111	96	12	33	22	32	42	66	43	31	82	42	14	6
Summe	1593	240	194	228	150	57	53	48	60	62	95	68	49	124	76	25	22

Tab. 45: Berufsgruppen zwischen 1880-1895

Ein Blick auf die Berufsgruppen der Familienoberhäupter zeigt, dass die Haushaltsvorstände ihr Auskommen überwiegen im Handwerk und der Landwirtschaft fanden.

	Gesamt		Stadt	Land	k. A.
Arbeiter	0	0,0%	0	0	0
Handel	1	0,6%	1	0	0
Handwerker	55	32,2%	10	43	2
häusliche Dienste	0	0,0%	0	0	0
Landwirtschaft	42	24,6%	0	42	0
Tagelöhner	8	4,7%	1	7	0
sonstige	3	1,8%	1	2	0
k. A.	62	36,3%	14	48	0
Summe	171		27	142	2

Tab. 46: Berufsgruppen der Familienvorstände

Beinahe ganz fehlen Angaben zum erreichten Berufsstatus wie Geselle, Meister o.ä., wie die Abbildung dokumentiert.

		Berufsstatus					
	Summe	Angaben	Anteil	Meister	Geselle	Lehrling	Gehilfe	k. A.
Arbeiter	11	4	36%	0	0	0	4	7
Handel	138	16	12%	0	1	2	13	122
Handwerker	318	38	12%	1	4	10	23	280
häusliche Dienste	4	0	0%	0	0	0	0	4
Landwirtschaft	97	5	5%	0	0	0	5	92
Tagelöhner	28	0	0%	0	0	0	0	28
sonstige	41	3	7%	0	0	0	3	38
k. A.	956	2	0%	0	0	2	0	954
Summe	1593	68	4%	1	5	14	48	1525

Tab. 47: Berufsgruppen im Bezirksamt Karlsruhe nach Berufsstatus

5.3.8 Konfession

In diesem Zusammenhang sei ein weiterer Anhaltspunkt angeführt, der zunächst nicht ins Bild zu passen scheint: der Zusammenhang zwischen konfessioneller Gliederung der Auswanderer und der Sozialstruktur in Baden. Bis in der Mitte der fünfziger Jahre des 19. Jahrhunderts ist nur eine verhaltene Aktivität der katholischen Kirchenbehörde in Auswanderungsangelegenheiten zu erkennen.[389] Zum einen bezog die Kirche durch oberhirtliche Verlautbarungen, sprich durch Hirtenbriefe Stellung zum Pauperismusproblem, zum anderen versuchte sie durch unmittelbare Hilfsmaßnahmen zur Linderung der Not beizutragen. Im ersten Fall liegt der Hintergrund in der eingehenden Darstellung der Armut und der Aufforderung, wirtschaftliche Rückschläge und ihre Folgen als gottgegeben hinzunehmen: „Erkennet die Tage der Heimsuchung Gottes, Ihr Armen, Ihr Arbeiter, Ihr Notleidenden! […] Erkennt vielmehr den Adel Eures Standes, durch den Ihr ähnlich geworden dem eingeborenen Sohn Gottes, der als armes Kind lag in der Krippe […]. Traget Ihr den Reichthum Gottes in Eurem Herzen, dann seid Ihr glücklicher als die, welche die Güter dieser Welt besitzen!"[390] So die Verlautbarung in einem erzbischöflichen Hirtenbrief aus dem Jahre 1849, wozu eine triftige Veranlassung bestand. Die Katholiken Badens, welche die stärkste Bevölkerungsgruppe darstellten, waren in der bürgerlich-städtischen Bevölkerung, so auch in Karlsruhe, deutlich unterrepräsentiert. Sie setzten sich aus Kleinbauern, kleinen Gewerbetreibenden, Kleinhandwerkern, Händlern und

---

[389] Der Einfluss der evangelischen Landeskirche Baden auf die Auswanderung wird in Kapitel 9 vertiefend betrachtet.
[390] Ott: Badische Geschichte (wie Anm. 300), S. 111.

Arbeitern zusammen. Auch auf parlamentarischer Ebene, wo die bürgerlich-liberalen Kräfte dominierten, waren die badischen Katholiken bis in die 1860er Jahre nahezu bedeutungslos. Die politische Emanzipationsbewegung des Bürgertums wurde in Baden durch protestantische Kräfte des Dritten Standes vorangetrieben.[391] Hintergrund war die differenzierte konfessionelle Sozialstruktur des Großherzogtums: 95 % aller Protestanten wohnten in wirtschaftlich gut entwickelten Regionen des Großherzogtums (z. B. Rheinebene, Städte) – allerdings nur 50 % der katholischen Bevölkerung. Dies lässt den naheliegenden Umkehrschluss zu, dass überwiegend katholische Bevölkerungskreise von den wirtschaftlichen Krisen betroffen waren – eingebunden in die These von Max Weber „vom protestantischen Charakter des Kapitals"[392], die unter anderem durch eine 1900 erschiene Doktorarbeit „Konfession und soziale Schichtung. Eine Studie über die wirtschaftliche Lage der Katholiken und Protestanten in Baden" bestätigt wurde.[393]

Demnach lebten in den Städten mehr Protestanten als Katholiken, wie das Beispiel des Bezirksamts Karlsruhe zeigt. In noch stärkerem Maße lebten die Israeliten in den Städten.[394] Die geschilderte Problematik kann auch auf die konfessionelle Struktur der Auswanderung im Großherzogtum übertragen werden, wie die Auswanderungsquote der einzelnen Bezirksämter in Kapitel 5.1.1 zeigt.

Der hohe Anteil protestantischer Bevölkerung im Bezirksamt Karlsruhe spiegelt sich auch in der unteren Abbildung wider und zeigt eine zu erwartende Konfessionsverteilung der Auswanderer. Diese ist allerdings nur auf den hohen Bevölkerungsanteil von Protestanten in dieser Region zurückzuführen und steht nicht

---

[391] Ott: Badische Geschichte (wie Anm. 300), S. 111.
[392] Ebd.
[393] Ebd., S. 112. In dieser Arbeit wird beispielsweise die Verteilung der Konfession auf höheren Schulen untersucht: davon waren 48 % Protestanten; 42 % Katholiken; 10 % Juden, die selbst nur 1,5 % der Gesamtbevölkerung ausmachten. Des Weiteren wurden die Verhältnisse der abgeführten Kapitalsteuer betrachtet: 45,5 % von Protestanten, 46,2 % von Katholiken und 8,3 % von Juden. Ebenso konnte beobachtet werden, dass technische, kaufmännische Berufe und besonders führende Unternehmenspositionen überwiegend von Protestanten und Juden ausgeführt wurden.
[394] Beiträge zur Statistik der inneren Verwaltung des Großherzogthums Baden. Heft 43. 2. Teil. Karlsruhe 1884. 1910 waren 49,9 % der Bevölkerung evangelisch und 45,9 % katholisch. Hatte die Zahl der israelitischen Bevölkerung in Baden im Jahre 1817 noch 16.000 betragen, stieg sie bis 1864 auf 25.000 und bis 1885 sogar auf 27.000.

im Gegensatz zur Weberschen These. Bei 81,17 % der Auswanderer liegen Angaben zu ihrer Konfession vor. [395]

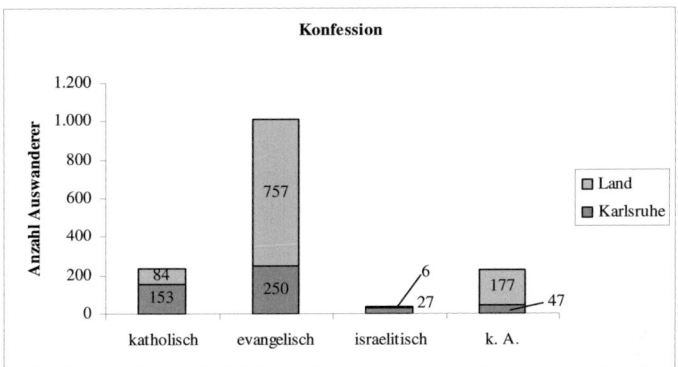

Abb. 14: Konfession der Auswanderer

Lediglich 18 % der katholischen Auswanderer waren Frauen, bei den Protestanten lag die Beteilung der weiblichen Auswanderer bei 31 %; die israelitische Gemeinde hatte nur den Verlust von einer Auswanderin zu verbuchen.

5.3.9 Vermögensverhältnisse

Die statistischen Mitteilungen geben Auskunft über das durchschnittlich mitgeführte pro Kopf Vermögen der badischen Überseeauswanderer:[396]

in den Jahren	Mark
1840-1849	467,0
1850-1859	310,5
1860-1869	522,5
1870-1879	903,6
1880-1889	454,8

Tab. 48: Ausgeführtes Vermögen aus Baden

[395] Da sich das erwartete Bild der konfessionellen Auswanderungsverteilung für das Bezirksamt Karlsruhe bestätigt hat, wurde der hohe Anteil der Auswanderer von dem keine Angaben zur Konfession vorlag nicht näher untersucht.

[396] Philippovich: Auswanderung und Auswanderungspolitik (wie Anm. 232), S. 160. Philippovich sah es im Rahmen seiner Untersuchung für wertlos an, die absolute Größe des mitgenommen Vermögens der Auswanderer zu verfolgen. Der Vergleich der pro Kopf Ergebnisse gäbe einen ausreichenden Überblick über den Vermögensstand der Auswanderer in den einzelnen Perioden.

Deutlich zu erkennen ist das sinkende exportierte pro Kopfvermögen in den auswanderungsstarken Jahren. Die Auswanderer der 1880er Jahre gehörten nicht mehr dem Stande der Kleinbesitzer an, wie im vorherigen Jahrzehnt, sondern der wirtschaftlich schwächeren Bevölkerungsschicht.

Diese offiziellen Statistiken stellen bekanntlich reine Schätzungen dar und können daher nicht in diese Untersuchung mit einbezogen werden. Wie stark die unterschiedlichen Berechnungen variieren, zeigen folgende Veranschlagungen: für die zweite Hälfte des 19. Jahrhunderts wurde in Nordamerika das durchschnittliche Vermögen eines Auswanderers auf 200 Dollar, exklusive eines Überfahrtgeldes von weiteren 40 Dollar, geschätzt. 1871 legte Kapp einen Wert von 150 Talern[397] als mitgeführtes Vermögen fest.[398] Von Fricks schätze für das Jahr 1898 350 Mark pro Kopf[399], Rümmelin hingegen 400 Mark.[400]

In den Quellenbeständen des GLA fehlen fast durchweg Angaben zu den Vermögensverhältnissen der Auswanderer. Die allgemeine Feststellung, dass mit der Zunahme der Familiengröße auch das pro Kopfvermögen – durch das Einbeziehen der Kinder – gemindert wird, kann durch die mangelnden Angaben nicht untersucht werden.

Für Württemberg kam von Hippel zu dem Ergebnis, dass das durchschnittliche Vermögen der weiblichen Einzelauswanderer bei Weitem höher lag als das der männlichen Einzelauswanderer.[401] Diese Angaben sind für das Bezirksamt Karlsruhe, auf Grund der lückenhaften Angaben in den Einzelfallakten ebenfalls nicht überprüfbar.

Die kargen Angaben resultieren zum einen aus der Angst der Auswanderungswilligen heraus, allen eventuellen Unannehmlichkeiten wie nachträgliche Steuern aus dem Weg gehen, zum anderen gaben die Minderbegüterten mehr Vermögen an als sie tatsächlich besaßen, da sie fürchteten sonst keine Auswanderungsgenehmigung zu erhalten.

In den Auswanderungsformularen des Bezirksamts machten lediglich 17,4 % der Auswanderer (130 Auswanderer) bei den Behörden Angaben zu ihrem ausgeführten

---

[397] 1 Taler entsprach 1880 etwa 3 Mark.
[398] Kapp, Friedrich: Aus und über Amerika. Berlin 1976. S. 173.
[399] Fricks von: Bevölkerung und Bevölkerungspolitik, S. 330.
[400] Schönebergs Handbuch d. po. Oekonomie I. Aufl. Bd. I S. 759.
[401] Vgl. auch Hippel: Auswanderung aus Südwestdeutschland (wie Anm. 351), S. 246 f.

Vermögen. In die Auswertung eingeflossen sind einzig die Angaben der Einzelauswanderer und der Familienoberhäupter. Die Daten sind durch die geringe Anzahl der Angaben nicht repräsentativ. Das durchschnittlich angegebene Vermögen liegt bei 1.335 Mark. Nach Unterscheidung des Vermögens der Auswanderer aus dem Stadt- und den Landgebieten des Bezirksamts, verfügten die im Familienverband ausgewanderten über ein wesentlich höheres durchschnittliches Barvermögen (2.006 Mark) als die Einzelauswanderer aus der Stadt (757 Mark).[402]

5.3.10 Öffentliche Auswanderungsfinanzierung

Die Gründe für eine öffentliche Auswanderungsfinanzierung sind, wie auch schon zur Hochphase der öffentlichen Auswanderungsfinanzierung in Baden in den 1840er und 1850er Jahren, offensichtlich: Ein finanzieller Zuschuss bzw. die Kostenübernahme für die Reise waren niedriger als eine jahrelange Unterstützung und die Folgen wirtschaftlicher Krisen sollten dadurch gemindert werden. Humanität und Eigeninteresse gingen Hand in Hand, wobei es nahe liegend ist, dass die humanitären Motive oftmals eine eher nebensächliche Rolle spielten. In dem hier näher betrachteten Auswanderungszeitraum kamen nur noch einzelne Auswanderer und Familien in den Genuß der öffentlichen Unterstützung. Eine flächenmäßige Auswanderung ganzer Dörfer wie noch in den 1850er Jahren wurde von der Regierung nicht mehr forciert. Dementsprechend lassen sich für das Bezirksamt Karlsruhe nur noch Einzelbeispiele für die Auswanderung mit öffentlicher Unterstützung rekonstruieren.

In welchem Umfang die badische Auswanderung staatlich finanziert, beziehungsweise seit 1840 durch die Unterstützung von Gemeindemitteln stattgefunden hat, ist der nachstehenden Übersicht zu entnehmen. Philippovich geht von einer Unterstützung von 23.000 Personen im Großherzogtum aus.

---

[402] Hierbei muss berücksichtigt werden, dass von 943 Einzelauswanderer und Familienoberhäuptern lediglich 68 Auswanderer aus der Stadt bzw. 59 vom Land Angaben zu ihrem ausgeführten Vermögen machten – öffentliche Zuschüsse miteingerechnet. Angaben zum eigenen Vermögen liegen nur von 13,79 % vor.

Angaben der statistischen Mitteilungen über das Großherzogtum Baden:[403]

in den Jahren	die an Auswanderer gewährten öffentlichen Unterstützungen im Mark
1840-1849	299.376
1850-1859	2.865.958
1860-1865	180.670
1870-1879	86.430
1880-1889	135.361
Gesamt	**3.687.176**

Tab. 49: Öffentliche Auswanderungsunterstützung

Ein Vergleich der Herkunft der mit öffentlicher Unterstützung Ausgewanderten aus dem untersuchten Bezirksamt zeigt, dass von 44 Bürgern die mit Hilfe öffentlicher Unterstützung ausgewandert sind, nur zwei aus dem Stadtgebiet Karlsruhe kamen und die finanzielle Zuwendung somit vorrangig an Familien aus dem Umland ging. Das durchschnittlich erhaltene öffentliche Vermögen betrug 533 Mark. Eine genauere Unterscheidung von Stadt und Land ergibt für die Stadtauswanderer eine durchschnittliche öffentliche Unterstützung von 51 Mark, für die Auswanderer ländlicher Herkunft 556 Mark. Diese traten die Reise nach Amerika allerdings fast ausnahmslos im Familienverband an, was auch die Höhe der Zuwendungen belegt. Der höchste öffentliche Zuschuss betrug 1.600 Mark.[404]

Allerdings ist auf Grund unpräziser Angaben nicht klar, ob die Reise allein mit öffentlichen Geldern bestritten wurde. Beispiele für die Übernahme der gesamten Reisekosten konnten in den Akten nicht gefunden werden.[405] Lediglich elf Auswanderer – alle aus den ländlichen Gebieten, die im Familienverband

---

[403] Philippovich: Auswanderung und Auswanderungspolitik (wie Anm. 232), S. 159.

[404] GLA 357/7140. Den höchsten Zuschuss (1.600 Mark) erhielt der 45-jährige Philipp Martin Werner aus Graben. Es ist nicht ersichtlich, ob die Familie zusätzlich über eigene finazielle Mittel verfügt hat.

[405] Dies schließt eine komplett finanzierte Auswanderung einzelner Auswanderer allerdings nicht aus, da die Akten große Lücken aufweisen beziehungsweise auch durch die Wortwahl Missverständnisse auftauchen können.

auswanderten – machten Angaben darüber, dass sie zu ihrem eigenen Vermögen einen öffentlichen Zuschuss erhielten.[406]

Auch Wilhelm Gustav Seitz aus Liedolsheim, für dessen vier Kinder die Gemeinde nach dem Tod der Ehefrau aufgekommen ist, „da der Vater nicht mehr in der Lage war sie zu ernähren, indem er einen leichtsinnigen Lebenswandel führt u. zu manchen Zeiten sich dem Trunk ergibt, mehrere Tag oft nicht arbeitet u. so kaum für sich den nöthigsten Lebensunterhalt erwirbt, vielmehr seine Geschwister die ebenfalls arm sind, noch zur Last fällt u. in etwaigen Krankheitsfällen der Gemeinde bedeutende Kosten verursachen könnte. Da derselbe Maurer u. sonst ein guter Arbeiter, sowie auch arbeitsfähig ist u. hier einige Monate ohne Verdienst ist, so steht zu erwarten, daß derselbe bei einer geregelten Lebensweise u. ständigem Verdienst in Amerika auch im Stande sein wird sich und die Seinigen zu ernähren […]."[407]

Kleinere Reisekostenzuschüsse erhielten die Auswanderer oftmals als Geschenk aus der Gemeindekasse. Um höhere Beihilfen an die Ausgewanderten zu tilgen, konnte nach § 104 der Gemeindverordnung beschlossen werden, „daß die durch Wegzug der betr. Auswandernden frei werdenden Genusstheile bestimmte Zeit hindurch nicht an einen anderen Genussberechtigten übergehen, sondern im Genuss der Gemeinde bleiben sollen, bis dieselbe für die zu Gunsten der wegziehenden ausgewanderten Unterstützung durch den Ertrag des Grundlooses Ersatz verlangt haben wird."[408] Hierzu war die Einholung der Staatsgenehmigung erforderlich; in der Praxis wurde der Vorgang der Allmendeübertragung in Gemeindehand indessen weit weniger bürokratisch gehandhabt.

In den Genuss der öffentlichen Unterstützung kam auch der 37-jährige Maurer Georg Friedrich Beideck aus Hochstetten, der mit seiner Frau und 7 Kindern nach Amerika zu seinem Bruder auswandern wollte. Da Beideck nicht im Stande war, seine Familie ausreichend zu ernähren und eine dauernde Unterstützung durch die Gemeindekasse

---

[406] GLA 357/23919. Der 57-jährige Wittwer Friedrich Mayer aus Graben, der zu seiner Familie nach Nebraska wollte, erhielt zusätzlich zu seinem eigenen Vermögen von 800 Mark eine öffentliche Zuwending in Höhe von 600 Mark. Auf Grund dieses hohen Betrages ist anzunehmen, dass er die Auswanderung nicht für sich alleine beantragt hat.

[407] GLA 357/7257; Seitz ist 1882 mit 150 Mark öffentlicher Unterstützung aus der Gemeindekasse ausgewandert.

[408] A5/Mühlburg 15: Rubrik Bürgerannahmen, Heiraten Wegzug. Schreiben vom Bezirksamt Karlsruhe, 20.2.1881, Unterstützung von Auswanderern betr. an sämtliche Gemeinderäte des Amtsbezirks.

befürchtet wurde, gab der Gemeinderat seinem Antrag auf Reisekostenunterstützung statt. Familie Beideck erhielt 135 Mark „welche durch ein Anlehen zu beschaffen ist. Zur wiederdeckung dieser Unterstützung soll der Allmend des Auswanderers 6 Jahre lang zu Gunsten der Gemeindekasse" verpachtet werden, bis das Kapital samt Zins gedeckt sei.[409]

Die gängige Praxis der Armenabschiebung, die trotz Reglementierung von deutscher und amerikanischer Seite weiter betrieben wurde, unterlag den argwöhnischen Blicken des badischen Innenministeriums: „Unseren Wahrnehmungen nach wird der in letzter Zeit stärker hervorgetretenen Auswanderungslust vielfach Seitens der Gemeinden durch Gewährung von Zuschüssen aus öffentlichen Mitteln Unterstützung zu Theil" getragen.[410] „Und waren [...] Gemeinden daselbst bestrebt, außerordentliche, im Voranschlag nicht vorgesehene Mittel – insbesondere durch Kapitalaufnahme oder durch Einzug und Verwendung von Grundstücksbestandtheilen – oft in sehr erheblichem Betrag zur Verfolgung dieser Zwecke verfügbar zu machen, zu deren Ersatz an die Gemeindekasse dann wieder in einzelnen Fällen die Uebertragung des Bürgergenusses der Auswanderer an die Gemeinden bis zur Tilgung der aufgenommen Anlehen oder Ergänzung des Grundstocks in Aussicht genommen ist."[411] Diese Vorgehensweise konnte vom Innenministerium keinesfalls geduldet werden, weshalb die Gemeinden dazu angehalten wurden, der Auswanderung mit öffentlichen Mitteln nur noch in besonderen Fällen und unter Beschränkungen ihre Zustimmung zu erteilen. Da die Einzelfallprüfung nicht mehr alleine den Gemeinden überlassen werden konnte, wurden die Bezirksämter dazu angehalten, sich in das Prüfverfahren einzuschalten. Der Übergang von Allmendbesitz in Gemeindehand durfte nur noch nach vorheriger Genehmigung von Seiten der zuständigen Staatsbehörde durchgeführt werden. Ebenso sollte eine genaue Prüfung stattfinden, ob der Auswanderungswillige auch tatsächlich sein Auskommen in den Vereinigten Staaten finden könnte. Die Anträge der einzelnen Gemeinden mussten dann durch die zuständigen Bezirksämter an die Landeskommissäre weiter geleitet werden, welche im Anschluss daran die nötigen Anordnungen trafen.[412]

---

[409] GLA 357/7148; Familie Beideck ist am 7.3.1882 ausgewandert.
[410] StAF 96/1 2055
[411] StAF 96/1 2055. Schreiben des Ministerium des Inneren an die Bezirksämter vom 28.4.1881. Die Beförderung der Auswanderung durch Zuschüsse aus der Gemeindekasse betr.
[412] StAF 96/1 2055

Trotz mehrer Warnungen durch das Innenministerium wurde an der Praxis der Armenabschiebung, beziehungsweise der finanziell unterstützten Auswanderung festgehalten. Daher macht das Innenministerium die Bezirksämter zwischen 1883 und 1885 mehrfach auf den Tatbestand aufmerksam, „daß die Einwanderung von hilfsbedürftigen Personen in den Vereinigten Staaten von Nordamerika untersagt ist und dieses Verbot seitens der amerikanischen Behörden neuerdings mit größter Strenge gehandhabt wird. Die Hilfsbedürftigen werden bei ihrer Ankunft in den Vereinigten Staaten ohne weiteres zurückgewiesen bezwse. an dem Betreten des amerikanischen Landes verhindert."[413]

In Folge dessen wurden mehrere hilfsbedürftige Personen (Geisteskranke, Alte und Gebrechliche, anfällig Erscheinende) zu einer Rückkehr nach Deutschland genötigt, da die amerikanischen Behörden befürchteten, dass sie der öffentlichen Armenpflege zur Last fallen würden. Dazu zählten auch all jene, die nicht mit ausreichenden finanziellen Mitteln einwanderten.[414] Allen dieser Personengruppe zugehörigen Gesuchstellern sollte daher die Auswanderungserlaubnis in Deutschland verweigert werden. Falls ein Einwanderer Bürgen nachweisen konnte, die bereit waren, für ihn zu sorgen bis er eine entsprechende Arbeit gefunden hatte, wurde nach Prüfung durch die Einwanderungs-Kommission die Einwanderungserlaubnis erteilt.[415]

Im Zuge dessen kam es vermehrt zu Äußerungen, dass die ärmere Bevölkerung durch die öffentliche Unterstützung geradezu ermutigt werde auszuwandern. In den Augen von Philippovich kann diesbezüglich nicht von einer Verursachung der Auswanderung, sondern lediglich „von dem Mittel der Auswanderung die Rede sein."[416] Das Gemeindegesetz gab keine festen Regularien zur Verwendung der Gemeindemittel vor. Nach einigen Berichten der Bezirksämter über Unzulänglichkeiten bei der Auswanderung, legte das Ministerium am 28. April 1881 in einem Erlass fest: „Es muß vor allem darauf geachtet werden, ob nach dem Umständen des einzelnen Falles auch wirklich mit genügender Sicherheit

---

[413] StAF 96/1 2055. Schreiben des Ministerium des Inneren an die Bezirksämter vom 28.4.1881.Die Beförderung der Auswanderung durch Zuschüsse aus der Gemeindekasse betr.
[414] Ebd. Schreiben des Ministeriums des Inneren vom 9.3.1885 an die Bezirksämter; Vgl. auch: GLA 357/31.4997
[415] A5/Mühlburg 15: Rubrik Bürgerannahmen, Heiraten Wegzug. Um einen Überblick über die Auswanderung auf Gemeindekosten zu erhalten, forderten die Bezirksämter im Februar 1881 sämtliche Gemeinderäte auf, über die seit dem 1. Januar 1880 auf Gemeindekosten ausgewanderten – über Höhe und Gründe für die Unterstützung – Bericht zu erstatten.
[416] Philippovich: Auswanderung und Auswanderungspolitik (wie Anm. 232), S. 154.

angenommen werden kann, daß der Auswanderungslustige seiner Persönlichkeit nach im Auslande sein Fortkommen überhaupt finden kann, ob er solches voraussichtlich besser und sicherer finden wird, als dies in seiner Heimat der Fall wäre. Es geht nämlich durchaus nicht an, daß Gemeindezuschüsse an auswanderungslustige Gemeindeangehörige gewährt oder solche durch diese Zuschüsse geradezu der Auswanderung veranlaßt werden, lediglich in der Absicht, die Gemeinde von der ihr gesetzlich obliegenden Pflicht zur Armenunterstützung zu befreien, während die Auswanderer durch eine solche Maßregel einer völlig unsicheren und voraussichtlich verhängnisvollen Zukunft entgegengeführt werden."[417]

5.3.11 Auswanderungsziele und Auswanderungsdaten

In den Akten des GLA wurde bedauerlicherweise nur bei 25,93 % der ausgewanderten Einzelwanderer und Familienoberhäupter der Zielbundesstaat festgehalten, wodurch keine gesicherte Aussage über das Siedlungsverhalten der Karlsruher in den Vereinigten Staaten getroffen werden kann.

Die Mehrheit der Auswanderer hatte den Bundesstaat New York als Auswanderungsziel angegeben und keine klare Unterscheidung zwischen Staat und Stadt als Auswanderungsziel getroffen. Da der Großteil der badischen Auswanderer in New York an Land ging, von hier aber nach einigen Tagen die Weiterreise angetreten hat, kann nicht davon ausgegangen werden, dass sich alle 133 Auswanderer die New York als Auswanderungsziel angegeben haben, dauerhaft hier niederließen. [418]

Da nur von einem Viertel der Auswanderer Angaben zu ihrem Zielort in den Vereinigten Staaten vorliegen, ist diese Tabelle nur begränzt aussagkräftig.[419]

Die meisten Auswanderer wählten die dicht besiedelte amerikanische Ostküste und den Mittleren Westen als neue Heimat. Der Mittlere Westen bot sich gerade für die Landbevölkerung an, da dort die Möglichkeit zu günstigem Landerwerb bestand. Ob die Auswanderer aus den ländlichen Gebieten Karlsruhes in den Vereinigten Staaten eigenes Land erworben haben kann nicht näher untersucht werden. Ebenso kann nicht

---

[417] Philippovich: Auswanderung und Auswanderungspolitik (wie Anm. 232), S. 154.
[418] Ausführlicher mit den Zielen der deutschen Auswanderer hat sich Joseephy in „Die deutsche überseeische Auswanderung" (wie Anm. 29), S. 84-108 beschäftigt.
[419] In die Untersuchung eingeflossen sind, aus den bekannten Gründen, wiederum nur die Angaben der Einzelauswanderer und Familienoberhäupter.

belegt werden inwieweit diese Auswanderer allein von den Einkünften aus der Landwirtschaft leben konnten, oder sich eine Beschäftigung im industriellen Umfeld suchen mussten und die Landwirtschaft nur im Nebenbwerb betrieben wurde.

Auffällig ist der starke Familien bzw. Bekanntennachzug aus den Landgemeinden: beispielsweise wanderten 39 Personen aus dem Bezirksamt nach Nebraska aus – davon kamen 35 aus Graben.

Staat	Summe	Stadt	Land	k. A.
Arkansas	2	1	1	0
Colorado	5	3	0	2
Connecticut	5	4	1	0
Illinois	32	11	20	1
Indiana	2	2	0	0
Iowa	2	2	0	0
Kalifornien	5	4	1	0
Kansas	1	1	0	0
Maryland	10	5	5	0
Massachusetts	14	6	8	0
Michigan	7	3	4	0
Minnesota	9	4	5	0
Missouri	12	8	4	0
Nebraska	39	1	38	0
New Hampshire	2	2	0	0
New Jersey	8	6	2	0
New Mexico	1	0	1	0
New York	135	63	71	1
North Dakota	14	14	0	0
Ohio	44	12	32	0
Oklahoma	1	0	1	0
Oregon	1	1	0	0
Pennsylvania	51	29	13	9
South Carolina	1	1	0	0
South Virginia	3	0	3	0
Tennessee	3	3	0	0
Texas	8	1	7	0
Virginia	1	1	0	0
Washington	2	0	2	0
Wisconsin	3	2	1	0
k. A.	1170	287	804	79
	1593	477	1024	92

Tab. 50: Zielbundesstaaten

Noch schlechter gestaltet sich die Quellenlage bei der Suche nach den genauen Auswanderungsorten. Da die vorhandenen Daten aus Karlsruhe keine Aussage zulassen, werden im Folgenden Ergebnisse der Reichsstatistik betrachtet.

In 34 amerikanischen Städten lebten 1900 noch mehr als 5.000 Deutsche, in einzelnen Städten erreichten sie die absolute Mehrheit in der Bevölkerung:[420]

New York	3222.343
Chicago	170.738
Philadelphia	71.319
St. Louis	58.781
Milwaukee	53.854
Cleveland	40.648
Cincinnati	38.219
Buffalo	36.720
San Francisco	35.194
Pittsburgh	21.222

Tab. 51: Zielstädte

Die große Anzahl von deutschen Stadtbewohnern führt Dunker zu der Annahme, dass es sich bei den Einwanderern in der dritten Auswanderungswelle nicht mehr um „homeseekers", sondern um „workseekers" handelt.[421] Der Bedeutung, die von den deutschen Einwanderermassen ausging, war sich auch Präsident Roosevelt bewusst: „Jedes Einwanderungselement hat zum Nationalcharakter beizutragen, aber keinem schulden wir mehr als dem deutschen."[422]
Die meisten in Deutschland geborenen Immigranten lebten in den folgenden Staaten:[423]

New York	6,60 %
New Jersey	6,34 %
Ohio	4,91 %
Illinois	6,88 %
Michigan	5,16 %
Wisconsin	11,73 %
Nebraska	6,14 %

Tab. 52: Verteilung Deutscher nach Bundesstaaten

---

[420] Joseephy: Die deutsche überseeische Auswanderung (wie Anm. 29), S. 97.
[421] Ebd., S. 95; ausführlicher siehe bei: Dunker, H.: Die Deutsche Auswanderung. In: Deutsche Wirtschaftszeitung 1906, S. 435 ff.
[422] Zitiert nach einer Rede vom 23. November 1903. In: Joseephy: Die deutsche überseeische Auswanderung (wie Anm. 29), S. 97.
[423] Ebd., S. 96. Dennoch ist ein deutlicher Rückgang der Deutschen in den Vereinigten Staaten zu erkennen: waren 1870 noch 30,4 % aller im Ausland geborenen Amerikaner Deutsche, sank die Quote 1880 auf 29,4 % und 1890 auf 25,8 %.

Dieses Bild steht für eine langjährige Auswanderungstradition auf den 'klassischen' Auswanderungsrouten in Amerika. Inwieweit sich die Wanderungstraditionen im Bezirksamt seit den vorherigen Auswanderungswellen fortgesetzt haben, kann im Rahmen dieser Arbeit nicht näher untersucht werden.[424] Nach Durchsicht der Auswanderungsakten aus der Gemeinde Graben ist ein Kettenwanderungsverhalten auch innerhalb der dritten Auswanderungswelle zu erkennen. Von den erwähnten 35 Auswanderern die sich im Bundesstaat Nebraska ansiedelten, verließ die erste Familie 1887 die Heimat und gab zu Protokoll, dass in Nebraska bereits viele Grabener leben würden.

Auswanderungsjahr	Anzahl der Personen
1887	6
1888	11
1889	1
1892	7
1893	8
1894	1
1895	1

Tab. 53: Ketten- und Gruppennwanderung aus Graben

An der Auswandrung waren fünf Familienoberhäupter und sieben Einzelauswanderer beteiligt, von denen elf angaben, in Nebraska bereits Verwandte zu haben. Ob sich alle Grabener innerhalb Nebraskas auch in derselben Stadt/Region angsiedelt haben ist von Deutschland aus nicht rekonstruierbar.

Neben der Zielbestimmung werden die Wissenschaftler auch bei den Ausreise- bzw. Einreisedaten mit Problemen konfrontiert. In 53,48 % der Einzelakten des GLA wurde

---

[424] Um die genauen Auswanderungsziele der Auswanderer aus dem Bezirksamt Karlsruhe zu ermitteln, wurde mit Hilfe der amerikanischen Telefonbücher versucht die Nachkommen ausfindig zu machen. Es wurden zwar Übereinstimmungen zwischen den Familiennamen und den Auswanderungsregionen der Auswanderer gefunden, eine telefonische Validierung scheiterte jedoch. Als das größte Problem stellten sich hierbei die schnelle Amerikanisierung der Badener und die damit in Vergessenheit geratenen Familienwurzeln dar. Eine genauere genialogische Überprüfung der einzelnen Auswandererspuren hätte eines größeren Zeitfensters bedurft und konnte daher im Rahmen dieser Arbeit nicht durchgeführt werden.

das Ausreisedatum festgehalten. Hierbei sollte berücksichtigt werden, dass das Ausreisedatum – in einigen Fällen auch nur der Monat – meistens erst Wochen nach der Abreise bei zurückgebliebenen Familienangehörigen und Bekannten schriftlich durch die Gemeinde erfragt wurde. Wenn der Auswanderungsantrag am Jahresende gestellt wurde, folgte die Ausreise oftmals erst im nächsten Jahr. In den Akten und Verzeichnissen wurde dessen ungeachtet das Jahr des Antrags als Auswanderungsjahr festgehalten, was die entsprechende Jahresstatistik verfälscht.

Hilfreich ist das Auswanderungsdatum bei der Aufdeckung von Gruppenwanderungen, da den Akten kaum Angaben darüber zu entnehmen sind, und – wenn überhaupt – nur die direkte Familienauswanderung erwähnt wird. Bei der näheren Untersuchung der Auswanderungsdaten konnten besonders in den Landgemeinden verschiedene Formen der Gruppenwanderung ausfindig gemacht werden, was die beiden angeführten Beispiele zeigen: Aus Blankenloch schlossen sich im August 1880 zwei Großfamilien und ein Einzelauswanderer zur Auswanderung zusammen.[425] Auch in Knielingen traten 1880 sechs Auswanderer im Alter von 16-39 Jahren die Reise gemeinsam an.[426]

Das Einreisedatum und der Ablege- und Ankunfthafen sind in den Einzelfallakten nur in wenigen Ausnahmefällen vorhanden. Die Daten können für einzelne Auswanderer in der Online Datenbank von Castle Garden eingesehen werden. Auf die Probleme beim Umgang mit dieser Datenbank wurde bereits in der Einleitung hingewiesen.

---

[425] Familie Jakob Seitz, Familie Christian Müller und der ledige Maximilian Grimm wanderten zusammen am 18. August 1880 aus.
[426] Am 21. April 1880 wanderten die Geschwister Georg und Juliana Vollmer, Karl König, Georg Meinzer und Friedrich Nagel, die allesamt Angaben zu Verwandten zu gehen, aus. Mit auf die Reise ging auch der vorbestrafte Carl Ruf.

6 Auswandererbriefe

6.1 ‚Amerikabriefe'

Zwischen 1820 und 1914 wurden etwa 280 Millionen Briefe aus den Vereinigten Staaten nach Deutschland geschickt. Für die Jahre 1870-1909, denen eine gesicherte Datenlage zugrunde liegt, ergeben sich Durchschnittswerte von 2 Millionen Briefen jährlich; in den 1870er und 1880er Jahren geht man von 4 Millionen Briefen pro Jahr aus.[427] Beim Vergleich der Briefkurve mit den Einwandererzahlen und den in Amerika lebenden Deutschen, ist bis 1884 ein ähnlicher Verlauf zu sehen – nach 1890 bewegen sich die Kurven deutlich auseinander. Die Zahl der potenziellen Briefeschreiber sinkt, wohingegen die Anzahl der Briefe ansteigt, was durch den stetigen Zuwachs des geschäftlichen Briefverkehrs gegenüber dem privaten zu erklären ist – hierfür gibt es allerdings keine amtlichen Statistiken. Die Schätzung Helbichs beläuft sich auf 100 Millionen Privatbriefe, was zeigt, dass nicht nur vereinzelt Briefe geschrieben wurden, sondern sich das Massenphänomen der deutschen Auswanderung auch in einer regelrechten „Papierflut" widerspiegelte.[428] Die 5.000 Briefe, die nach langjähriger Suche für die Bochumer Auswandererbriefsammlung gewonnen werden konnten, sind zwar im Vergleich zu der enormen Anzahl von Briefen geradezu eine „lächerliche Größenordnung"[429], deren Auswertungen stehen allerdings für Millionen ähnlicher Briefe, was auch die Untersuchung der Karlsruher Auswandererbriefe zeigt.[430] Die Briefe der Auswanderer hielten nicht nur die Familien auf beiden Seiten des Atlantiks zusammen, sondern sind wertvolle sozialhistorische Dokumente, die Auskunft über all jene Faktoren geben, welche die Menschen zur Auswanderung bewegt haben. Historiker übersahen deren wertvolle Bedeutung lange Zeit und beschäftigten sich überwiegend mit Zeitungen, Agenten und Werbebroschüren, bis

---

[427] Helbich, Wolfgang; Kamphoefner, Walter D.; Sommer, Ulrike (Hrsg.): Briefe aus Amerika (wie Anm. 73), S. 31.
[428] Ebd., S. 32.
[429] Ebd.
[430] Im GLA liegt keine Briefsammlung der Auswanderer für den Untersuchungszeitraum 1880-1914 vor. Die hier näher untersuchten Briefe sind in den Einzelfallakten zu finden und wurden den Behörden überreicht, um die Einladung von Verwandten in die Vereinigten Staaten nachzuweisen oder um eine nachträgliche Entlassung aus dem Staatsverband zu bewirken.

Theodor C. Blegen[431] in den Jahren 1929 und 1931 auf die Relevanz „dieser für ‚einfache' Menschen einzig vertrauenswürdigen Berichte von Verwandten und Bekannten" hinwies.[432] Amtliche Stellen waren sich dieses Zusammenhangs schon Mitte des 19. Jahrhunderts bewusst. So berichtete der Landrat von Trier 1852, dass Briefe von Verwandten und Bekannten aus Amerika „eine sorgenfreie Absicherung in Aussicht" stellen. „[…] Es werden Reisen von 10 bis 12 Stunden gemacht, um den Inhalt eines solchen Briefes, besonders wenn er von einer als zuverlässig bekannten Person geschrieben ist, zu erfahren, und vorzugsweise jüngere Leute lassen sich durch solche Nachrichten bestimmen" auszuwandern.[433]

Auch die U.S. Immigration Commission, die ihr Hauptaugenmerk auf die Untersuchung der süd- und südosteuropäischen Einwandererbriefe legt, deren Ergebnisse allerdings auch auf die deutschen Briefe übertragbar sind, sah die Briefe als wichtigste Informationsquelle an.

Der Schwerpunkt der Briefe zielte immer auf die Frage der Zurückgebliebenen ab, ob sie nachkommen sollten bzw. auf die konkrete Aufforderung bereits Ausgewanderter ihnen zu folgen. „Dieser Aspekt der Briefe stützt die Auffassung, daß es sich bei den Auswandererbriefen durchaus nicht um wenig glaubwürdige Quellen handelt, sondern im Gegenteil um historische Dokumente, die zwar genauestens quellenkritisch geprüft werden müssen, aber generell einen hohen subjektiven Wahrheitsgehalt aufweisen."[434]

Obwohl die Freude der Auswanderer groß war, wenn Bekannte zu ihnen stießen, stellte die Ankunft auch immer eine große Belastung für sie selbst dar, bis die Neuankömmlinge Wohnung und Arbeit gefunden hatten. Hinzu kam die Befürchtung, man hätte die Lage zu positiv dargestellt und müsse dann die Vorwürfe der Bekannten erdulden. Aber gerade hierin lag, gegenüber der nahe liegenden Vermutung eigene Umstände geschönt geschildert zu haben, eine wirksame Abschreckung. Ebenso wurde von besser verdienenden Auswanderern in der alten Heimat Geld erwartet und auch der immer mehr vereinfachte und schnellere Reiseverkehr zwischen Deutschland

---

[431] Der amerikanische Historiker Theodor Blegen wurde am 16. Juli 1891 in Minniapolis im Bundesstaat Minnesota geboren und war einer der Gründer der Forest History Society (FHS). Nach seinem Tod 1968 wird seinem Gedenken seit 1972 der Theodor C. Blegen Award/Stipendium durch die Gesellschaft verliehen.
[432] Helbich, Wolfgang; Kamphoefner, Walter D.; Sommer, Ulrike (Hrsg.): Briefe aus Amerika (wie Anm. 73), S. 32.
[433] Ebd.
[434] Ebd., S. 33.

und Amerika machten das Vorspielen falscher Tatsachen unmöglich, da manche Finte nur allzu leicht hätte auffliegen können.

Darüber hinaus muss die Quellenkritik auch die Persönlichkeit, die Verhältnisse zur Familie, den Bildungsgrad, die soziale Stellung des Briefschreibers und die Beziehung zum Briefempfänger berücksichtigen. Um all diesen Faktoren gerecht werden zu können, ist es notwendig auf Informationen über Betroffene aus anderen Quellen zurückzugreifen. Interessant ist hierbei, dass die Briefe größtenteils von der Unter- und unteren Mittelschicht stammen, die, wenn sie an ihrem Heimatort geblieben wären, so gut wie nie zur Feder gegriffen hätten. Bedauerlicherweise gibt es nur wenige Überlieferungen der deutschen Unterschicht des 19. Jahrhunderts, weshalb den Auswandererbriefen eine enorme Gewichtung zukommt. In den Briefen werden Hoffnungen, Ängste, Interessen und Wertvorstellungen offenbart. Gerade bei der Darstellung der amerikanischen Gesellschaft und dem Anpassungsprozess wird deutlich, „daß Unwissenheit und Naivität Einsichten und Empfindungen ermöglichen, wie sie dem gebildeten, dem ‚geschulten' Beobachter verschlossen bleiben."[435] Insofern liefert diese Arbeit auch einen Beitrag zu einer ‚Geschichte von unten', einer ‚Alltagsgeschichte' des Bezirksamts Karlsruhe.

6.2 Inhalt der Briefe

Die einzelnen Auswandererbriefe bildeten eine substantielle Informationsquelle für die zurückgebliebenen Angehörigen. Der Inhalt solcher Schreiben ist, wie bereits angesprochen, mit größter Vorsicht zu bewerten, da er stark von der Stimmung des Schreibers abhängt und meist von subjektiver Natur ist. In den letzten Jahren hat sich die Forschung mit den umfangreichen Beständen an Auswandererbriefen befasst, wodurch deutlich wurde, dass sich dem Problem der Auswanderung nur begrenzt mit statistischen Werten und graphischen Kurven beikommen lässt, da es immer individuelle Schicksale sind, von denen jedes Anspruch auf eine eigene Bewertung erhebt.[436] Die Briefe spiegeln die individuellen Erfahrungsdimensionen jenes Prozesses wider, den alle deutschen Amerikaeinwanderer durchlaufen haben und den

---

[435] Helbich, Wolfgang; Kamphoefner, Walter D.; Sommer, Ulrike (Hrsg.): Briefe aus Amerika (wie Anm. 73), S. 34.
[436] Ebd., S. 113.

179

auch heute noch fast alle eingewanderten Minderheiten durchlaufen – die Eingliederung, die Assimilation und die Amerikanisierung.

Die ‚Amerikabriefe' und deren von Mund zu Mund weiter verbreiteten Inhalte prägten das Amerikabild der Auswanderungswilligen entscheidend.[437] Einen Schwerpunkt bildeten die Berichte über die Familie, die Nahrungsmittelversorgung und die Arbeitsaussichten.[438] Außergewöhnlich groß ist der Raum den das ‚personale Netz' in Amerika, mit Bekannten, Nachbarn, Leuten aus der Heimat und der engeren Umgebung zugedacht bekommt. Einen gleichermaßen wichtigen Komplex stellen Berichte über Arbeit, Verdienst und Preise in den Vereinigten Staaten dar. Über Politik wird in der Regel nur auf der Ebene der Präsidentschaftswahlen, von Kriegen und Ausländerfeindlichkeit berichtet. Das so genannte deutschamerikanische Eigenleben wird so gut wie nie geschildert.

Neben Autobiographien und Tagebüchern sind es ausschließlich Briefe die Auskunft darüber geben, wie der Anpassungsvorgang bei den einzelnen Auswanderern verlief und mit welchen Empfindungen die Migranten diesen Prozess über sich ergehen ließen. Auf individueller Ebene vermitteln die Briefe einen Einblick in den komplexen Vorgang der Einwanderung an deren Anfang ein gerade erst eingewanderter Deutscher steht und dessen Endergebnis – möglicherweise erst Generationen später – ein Amerikaner ist, der sich nicht mehr von seinen Landsleuten unterscheiden lässt.

Den Menschen in der Heimat wurde großteils ein Bild von einem Land vermittelt, in dem sich alle Träume und Hoffnungen erfüllen, von einem Land der „Freiheit und Gleichheit", in dem „einer so viel wie der andere" sei und „keiner vor dem anderen den Hut zu quetschen" brauche.[439] Das Auswanderungsbild setzte sich immer aus Hoffnung und Wünschen für das neue Leben zusammen, die zumeist ein einfaches Gegenbild zum Leben in der alten Heimat darstellten: Wer fleißig ist, könne sich bald fruchtbaren Boden kaufen. Handwerker und Gesellen, die unter der Übersetzung ihres Gewerbes und der wachsenden Fabrikproduktion leiden, könnten sich dort selbständig

---

[437] Rößler, Horst: Massenexodus: Die Neue Welt des 19. Jahrhunderts. In: Bade, Klaus, J.: Deutsche im Ausland – Fremde in Deutschland. Migration in Geschichte und Gegenwart. München 1992. S. 148 – 157; hier S. 151.
[438] Bretting, Agnes: Mit Bibel, Pflug und Büchse: deutsche Pioniere im kolonialen Amerika. In: Bade, Klaus J. (Hrsg.): Deutsche im Ausland- Fremde in Deutschland. Migration in Geschichte und Gegenwart. München 1992. S. 135-148; hier S. 135. Vgl. auch: Rößler: Massenexodus (wie Anm. 437), S. 148 – 157. Ausführlicher dazu: Mikoletzky, Juliane: Die deutsche Amerika-Auswanderung des 19. Jahrhunderts in der zeitgenössischen fiktionalen Literatur. Tübingen 1988.
[439] Rößler: Massenexodus (wie Anm. 437), S. 153.

machen. Für Industriearbeiter gäbe es höhere Löhne, sicherere Arbeitsplätze und eine bessere Arbeitsauswahl. Die Dienstmädchen hätten bessere Arbeitszeiten und mehr Freizeit. Politische und religiöse Freiheiten waren garantiert, Arm und Reich würde gleich geachtet.

Das Gros der Briefschreiber ließ auch ihre negativen Erfahrungen nicht außen vor, um, wie schon angedeutet, nicht in der Schuld ihrer eventuell zur Nachreise ermutigten Verwandtschaft zu stehen. Seit den 1870er Jahren wurde immer mehr die Schattenseite der Industrialisierung angesprochen: die Dequalifizierung von Handwerkern, den Statusverlust und die Lohnsenkung, verbunden mit dem Einsatz neuer Technologien, die saisonalbedingte Arbeitslosigkeit und auch die harte Arbeit, um überhaupt für seinen Lebensunterhalt sorgen zu können.

Dies wird auch aus dem Brief von Max Eduard Raztel aus Linkenheim deutlich: „[…] Es war hier die letzte Zeit sehr kalt und habe 2 Fuß hohen Schnee. Die Geschäfte gehen jetzt wieder besser, nachdem sie 3 Monate bereits alle geschlossen waren. […] schreibt mir auch wie es meinem Vater geht, wenn Er Mangel Leiden sollte, so will ich ihm Geld schicken."[440]

Dennoch ließen sich die Auswanderungswilligen nicht durch schlechte Nachrichten von ihrem Vorhaben aufhalten, da ein ‚schweres Leben' in den Vereinigten Staaten immer noch mehr Anreiz bot, als eines im Reich, wie das Beispiel von Ludwig Hauck und seiner Mutter aus dem Jahre 1883 zeigt, der einem Aufruf seines Onkels folgt:[441] „Liebe Marie! […] Meine Geschäftsverhältnisse haben sich in Folg des allgemeinen Stillstands nur verschlimmert u. die […] aufregende Besorgniß darüber verdarb mir alle Lust zu Schreiben, macht mich sogar zum Einsiedler, den ich mag kaum mehr außerhalb gehen […]. Unsere liebe Mama ist für mich meine beste und liebste Gesellschaft […]. Jedenfalls ist genug zu essen im Lande, u. Obst von allen Sorten gerathet im Überfluß. Unsere Reben u. Birnbäume tragen voll trotzdem durch die 3 Ueberschwemmungen angerichteten Schaden. Unsere Hühnerzucht ist dagegen dieses Jahr noch nicht so gut ausgefallen."[442] Den zweiten Teil des Briefes richtet Mathens

---

[440] GLA 357/7278: Brief vom Januar 1884 von Max Eduart Ratzel aus Linkenheim, der im Alter von 23 Jahren nach Cleveland ausgewandert ist und dort eine Familie gegründet hat. Ratzel bittet nun seinen Onkel, sich um seine nachträgliche Entlassung aus dem Staatsverband zu kümmern.

[441] GLA 357/6619: Die Mutter von Ludwig Hauck stellt ein Auswanderungsgesuch für ihren Sohn und legt den Brief ihres bereits ausgewanderten Bruders P. Mathens aus dem Jahre 1883 aus Laurensburgh vor. Die Mutter erklärt sich bereit, die Kosten für die Reise zu übernehmen.

[442] Ebd. Brief von P. L. Mathens an seinen Neffen Ludwig Hauck aus Karlsruhe.

direkt an seinen Neffen, der ihm nach Amerika folgen soll: „Mein lieber Neffe Ludwig […]. Nun also du bist Metzger d. h. bei uns Butcher (spreche wie mit scher). Nun das war immer ein gutes- zahlendes Geschäft in Amerika und obwohl bedeutend übersetzter wie früher gibt es einem tüchtigen Mann Gelegenheit vorwärts zu kommen u. so wird es hoffentlich auch Dir zur mäßigen Zufriedenheit mit der Zeit gelingen. […] Ich begreife zwar nicht, daß deine erstjährige Arbeit in Amerika blos eine zweite Lehre sein wird, denn so vieles ist hier in anderer Weise gethan und die Verhältnisse im Allgemeinen unterscheiden sich ja stark genug. Unsere Butscher hier in amerikanischen Städten, die Schlachten u. Verkaufen im Markte zugleich, schaffen meistens die frühen Morgenstunden, sind meistens aber bei aller Arbeit gesund und kräftig. Sowie lustige gemütliche Leute. Ich werde in der Zwischenzeit ein wenig Umschau halten, um einen Platz auszufinden. Allerdings leidet augenblicklich das Geschäft in Sympathie mit der allgemeinen Niedergeschlagenheit und die Arbeit wird von so wenigen Leuten gethan als es möglich ist."[443]

Entgegen allem Für und Wider überwog in den Auswandererbriefen letztlich ein positives Amerikabild. So schrieb ein Auswanderer 1886: „America mit allen seinen Widerwertigkeiten, hat eine Anziehungskraft wie kein anderes Land, weil man hier anfangen kann was man will."[444] Je älter die regionalen Wanderungstradition in die USA waren und je dichter die Kommunikationsnetzwerke, umso realistischer wurde auch das Bild von der Neuen Welt. Durch die Briefe wurde das Wagnis von einem Leben im fernen Amerika für die Auswanderungswilligen immer geringer, da sie nicht nur gut über ihre neue Heimat informiert waren, sondern auch über Reisemöglichkeiten, Kosten, Unterkunft und mögliche Arbeitsplätze, wie auch der Brief von von P. Mathens zeigt: „Über deine Hierher-Reise macht Euch keine große Sorgen, sondern geht zur Zeit zu einem guten Agenten der Hamburg American Packet Company oder der Norddeutschen Lloyds – Bremen – New York oder Bremen – Baltimore – oder der Red Star (Roth Stern) Linie von Antwerpen nach New York oder Philadelphia. Wählt nach Vorliebe der Reise Route per Zwischen Deck, das bedeutend billiger ist als Kajüte u. ein […] junger Mann kann die 12 Tage Wasserüberfahrt recht gut dabei aushalten. Im Port (irgend einen der genannten) – angekommen lasse mir

---

[443] GLA 357/6619
[444] Bretting: Mit Bibel, Pflug und Büchse (wie Anm. 431), S. 155.

unter Anleitung eines der Einwanderungs-Comissioners […], die immer gegenwärtig sind, sofort eine Depesche zukommen, die deine Abfahrt vom Landungs Platz, wahrscheinliche Ankunftszeit in Cincinnati u. auch die Bahnlinie angibt, so daß ich […] thunlich Dir bis Cincinnati entgegen kommen könnte."[445]

Neben den formell und nüchtern gehaltenen Angaben die sich aus den Einzelfallakten des GLA entnehmen lassen, bieten die Briefe einen wertvollen Einblick in die soziale Herkunft der Auswanderer sowohl in Hinsicht auf Bildungsstand, Berufsgruppe und Kettenwanderung, als auch auf das Leben der Auswanderer in Amerika. Die im Rahmen dieser Arbeit untersuchten Briefe aus dem Bestand GLA 357 wurden der Behörde in der Regel in drei Fällen vorgelegt: 1. Um den Nachweis zu führen, dass bereits in Amerika lebende Verwandte und Bekannte eine Stellung für den Auswanderungswilligen haben. 2. Dass Verwandte für die Passagekosten aufkommen würden oder 3. Um eine nachträgliche Entlassung aus dem Staatsverband zu beantragen. So auch im Falle von Hermann Hügele, der mit 17 Jahren seinen Verwandten nach Amerika gefolgt ist und sich in Boston niedergelassen hat: „Meine geliebten Eltern! Nahezu ein Jahr ist verflossen seit ich von Euch meinen Lieben Abschied nahm um mein fernes Glück in Amerika zu suchen. Wie ich Euch, m. k., in meinen früheren Briefen immer mitteilte geht es mir immer gut und habe ich mich nun mit Bruder Leo assosirt um gemeinschaftlich das Geschäft zu betreiben welches gegenwärtig im letzten Schwunge ist. Ich bin des Englischen vollständig mächtig und habe ich mich seit meinem Hiersein zieml. mit Leo's Geschäft vertraut gemacht und bin ich demselben schon eine gute Stütze. Da ich nun lieber Vater nur mit einem Reisepaß versehen, hierherkam, nun, sollte es mir nicht gefallen wieder nach Deutschland zurückzukehren so wäre es jetzt am Platze, da ich nach obiger Schilderung voraussichtlich mein Glück hier mache, die Auswanderungserlaubnis von der dortigen Behörde einzuholen, die, wie ich hoffe, mir erteilt werden möge teils schon aus dem Grunde weil drei meiner Brüder dem bad. Militär angehört und zwei davon den letzten Feldzug mitgemacht haben. Lieber Vater ich bitte dich so wohl bei dem Stadtrate als auch bei der königl. Militärbehörde die erforderlichen Schritte zu

---

[445] GLA 357/6619: Brief von P. L. Mathens an seinen Neffen Ludwig Hauck aus Karlsruhe.

thun [...] und du mir über diesen Punkt auch bald Nachricht geben mögest. [...] Inzwischen seid ihr alle herzlich gegrüßt und geküsst von Eurem Hermann."[446]

Im Gegensatz zu den vereinzelten Briefen im GLA steht eine außergewöhnliche Briefesammlung, die sich im Privatbesitz von Isolde Rüsterholz aus Karlsruhe befindet. Frau Rüsterholz verfügt über eine nun fast 130-jährige Korrespondenz mit den Nachkommen ihrer ausgewanderten Verwandten in Amerika. Die Schwester ihrer Urgroßmutter, Katharina Ziebert, geborene Fank, wanderte zusammen mit ihrem Ehemann Landolin, dessen Mutter und ihren zwei Töchtern im Mai 1880 nach Amerika aus. Warum sich eine der Fank-Schwestern mit ihrer Familie zur Auswanderung entschloss ist nicht bekannt. Landolin Ziebert, von Beruf Dreher, war in Karlsruhe im Eisenbahnausbesserungswerk tätig und hatte ein geregelts Einkommen. Die Familie ließ sich in Cleveland im Bundesstaat Ohio nieder, wo bis heute die Nachkommen der fünf Töchter des Ehepaars Ziebert leben. Exemplarisch für die schnelle Assimilation der Deutschen ist, dass bereits die in Amerika geborenen Töchter nur noch über unzulängliche Deutschkenntnisse verfügten.[447]

6.2.1 Der Einfluss der Briefe auf die Kettenwanderung

Den größten Einfluss hatten die ‚Amerikabriefe' nicht nur auf die Entscheidung die alte Heimat zu verlassen, sondern auch auf das Auswanderungsziel. Die Briefe setzten regelrechte Kettenwanderungen in Gang. Durch solche Kettenwanderungen entstanden – überwiegend im ländlichen Raum – fast geschlossene Siedlungen, die durch nachgewanderte Familienangehörige und ehemalige Nachbarn zu ethnischen Gemeinschaften heranwuchsen. Daher verwundert es nicht, dass durch dieses abgegrenzte Leben zumeist erst bei der zweiten Einwanderungsgeneration von Amerikanern gesprochen werden kann.

---

[446] GLA 357/7036; Hermann Hügele war nach seiner Schulentlassung in der Lorenzschen Metallfabrik im Büro in der Lehre. Nachdem Ende seiner Lehre im August 1888 ist er nach einem geplanten Besuch bei seinen Verwandten im gleichen Jahr in Amerika geblieben. Der Brief stammt vom 20. August 1889.
[447] Die Quellen stammen aus dem Privatbesitz von Isolde Rüsterholz aus Karlsruhe, die sich auf einen Aufruf in der BNN hin gemeldet hat. Die beiden Fank-Töchter heirateten zwei Freunde, die zusammen im Ausbesserungswerk angestellt waren. Da beide Familien somit die gleiche Versorgungslage als Ausgangsbasis hatten, kann nicht davon ausgegangen werden, dass Familie Ziebert aus wirtschaftlichen Nöten ihre Heimat verlassen musste. In der Datenbank des GLA liegen keine Hinweise über eine Auswanderung der Familie vor.

Die Auswanderung stellte für jeden, auch wenn er über ausreichend Kapital verfügte, ein Risiko dar. Dieses Risiko verringerte sich unmittelbar durch die bestehenden Kontakte zu vorausgewanderten Bekannten. Die Mehrheit der Migranten kam nicht desorientiert und isoliert in den Vereinigten Staaten an. Im Gegenteil: Sie reisten in Gruppen und ließen sich an Orten nieder von denen sie wussten, dass dort bereits Deutsche wohnten. Gerade die regionale Konzentration von Einwanderern in den ländlichen Gebieten des Mittleren Westens, die aus dem gleichen Dorf oder der näheren Umgebung in der alten Heimat stammten, den gleichen Dialekt sprachen und der gleichen Konfession angehörten, zeigt die Signifikanz der durch Briefe in Gang gesetzten Kettenwanderung.[448]

Wie hoch der Stellenwert ist, den eine vertraute Infrastruktur im Auswanderungsprozess einnimmt, geht aus dem Brief von Karl Hammer hervor: „Liebe Mutter! For allem bitte ich dich um Verzeihung, daß ich dich so lange warten ließ, denn ich bin so sehr vom Geschäft in anspruch genommen, daß ich sehr selten Zeit finde etwas anderes zu thun. Und wenn ich auch ein mal einen Abend frei habe, so bin ich sehr müde, oder nicht zum Schreiben gelaunt. […] Du schreibst mir, der August und Georg wollten zu mir kommen, und du weißt nicht wie sicher ich mich auf den Augenblick freue, wo sie hier ankommen. Es wird freilich im Anfang nicht ganz glatt gehen, aber ich werde schon alles thun, was in meinen Kräften steht. Es ist viel besser für sie wenn sie beide nach Amerika auswandern, denn der amerikanische Arbeiter ist ein Fürst, im vergleich zu einem deutschen Arbeiter. Wenn sie kommen, werde ich so lange für sie sorgen, bis sie Arbeit haben, und dann brauchen sie keine Hilfe mehr. Ich hätte dir ein paar Mark geschickt, aber ich habe mir einen neuen Anzug machen lassen und Hemden, Stiefel, Hut und alles neu gekauft; ich hoffe aber das nächste mal etwas schicken zu können. […] Es [wird] mir ein leichtes Arbeit für sie zu bekommen, denn ich bin sehr gut bekannt mit vielen großen Geschäftshäusern; ich denke ich kann den Schopf in's selbe Geschäft bringen, wo ich bin. Überhaupt ich werde schon für sie sorgen, denn ich habe schon für viele gesorgt. […] Ein Sohn von Metzger Fünfle, welcher in der Ritter Strasse gewohnt hat, gegenüber der Müller'schen Buchdruckerei,

---

[448] Rößler: Massenexodus (wie Anm. 437), S. 155.

hat einen Metzgerladen in der Allen Street, gerade über die Straße von mir. Sonst weiß ich weiter nichts […].“[449]

Der Weg führte den Großteil der ländlichen Siedlungswanderer in der Neuen Welt in eine ethnische Gemeinschaft, die den Neuankömmlingen eine vertraute, weitgehend schon amerikanisierte, Lebensform aus der Heimat vorfinden ließ – erst in der zweiten Einwanderergeneration wurden dann ‚richtige‘ Amerikaner aus ihnen.

Auch in den Städten spielte die Kettenwanderung eine zentrale Rolle. Zwar erreichten die ‚Little Germanies‘ in den amerikanischen Städten nie eine so hohe Konzentration von Einwanderern aus dem gleichen Herkunftsgebiet und somit auch keine hohe kulturelle und ethnische Homogenität wie auf dem Lande, dennoch gaben auch sie den Einwanderern ein Stück Heimat wieder, obwohl die hier vorherrschende „vielgestaltige Übergangswelt zwischen Alter und Neuer Welt, die der amerikanischen Umwelt noch sehr deutsch erschien“, auf die Neuankömmlinge schon sehr amerikanisch wirkte.[450]

Dass sich dennoch nicht alle Einwanderer in den Vereinigten Staaten zurecht fanden, zeigt der Brief von Philipp Martin Werner aus Graben, der die Ankunft seiner Familie voller Sehnsucht erwartete: „Liebe Mutter ihr kontet es euch wohl denken wies einem zu Muthe war wen mann so draußen in der Welt ist und hat seine Familie nicht bei einem wie mann so einsam in der Welt herrum Läuft und nichts kennt da möchte man Lieber tot sein.“[451]

---

[449] GLA 357/6617 Brief von Karl (Charles) Hammer aus dem Jahre 1884 an seine Mutter. Hammer ist im Alter von 15 Jahren ausgewandert und wollte zur Erfüllung seiner Militärpflicht zurückkehren. Er hat nun eine gesicherte Existenz in Amerika und will zwei jüngere Brüder zu sich holten. Die Mutter trägt bei der Abgabe des Briefes vor, dass sie sehr arm sei und ihr eine große Last genommen wird, wenn die zwei Söhne auswandern, da sie noch vier Mädchen zu versorgen habe. Neben dem Sohn lebt noch Tochter Mina in New York; in der Akte gibt es keinen Hinweis ob ihre Söhne, nachdem die Entlassungsukrunde bereits einmal abgelaufen war, ausgewandert sind.
[450] Rößler: Massenexodus (wie Anm. 437), S. 157.
[451] GLA 357/7138; Brief von Philipp Martin aus Chicago vom 1.4.1880, der auf die Ankunft seiner Frau und seiner 6 Kinder wartete.

7 Auswanderungspolitik

7.1 Die Auswanderungsgesetzgebung im Reich

Die deutschen Auswanderer standen Anfang des 19. Jahrhunderts der Ausbeutung und dem Betrug durch Auswanderungsagenten, Makler, Kaufleuten etc. schutzlos gegenüber, da die meisten deutschen Regierungen lange Zeit wenig Interesse am Schicksal derjenigen zeigten, die sich dazu entschlossen hatten ihre Heimat zu verlassen. Seit den 1830er Jahren verabschiedeten die meisten Staaten Gesetzte zum Schutz der Auswanderer. Die Gesetzte, Erlasse und Behördenverordnungen wurden durch stark ansteigende Auswandererzahlen dringend benötigt. Ursprünglich wollten die staatlichen Stellen mit ihren Verordnungen die negativen Folgeerscheinungen der Massenauswanderung abwehren – ungewollt verbesserten sie damit die Situation der Auswanderer. Durch die Regulierungen der Überfahrtsbedingungen und die Kontrolle der Überfahrtsverträge verringerten sie die Zahl der Auswanderer, die Schwindlern zum Opfer fielen, verarmt ihre Reise abbrechen mussten und dann in der Heimat dem Staat zur Last fielen.

Mit der Entwicklung der Auswanderung in den 1840er Jahren hin zum Massenphänomen, sind Anzeichen für einen Wendepunkt im Blickwinkel der staatlichen Verwaltungen zu erkennen. Die Auswanderungsdiskussion des 19. Jahrhunderts erreichte zu dieser Zeit ihren ersten Höhepunkt. Mit wechselnder Schwerpunktsetzung sind drei Grundgedanken zu erkennen: 1. Die völkisch-romantisch, später nationalideologisch geprägte Klage über den „nationalkulturellen Aderlaß", bedingt durch die Massenauswanderung nach Amerika und den damit verbunden Verlust von Wirtschaftskraft und Erziehungskapital.[452] 2. Die gegenläufige bevölkerungs- und sozialpolitische Vorstellung, innerhalb der zeitgenössischen „Dampfkesselmetaphorik", welche die deutsche Auswanderung als das einzig rettende „Sicherheitsventil" gegen die Überbevölkerung ansah.[453] 3. Die Forderung, die sozialpolitisch als notwendige Maßnahme angesehene Auswanderung durch eine entsprechende Gesetzgebung gegen Übervorteilung zu schützen, und sie durch eine staatliche Auswanderungspolitik, bzw. durch private Gesellschaften zu lenken und zu

---

[452] Bade: Sozialhistorische Migrationsforschung (wie Anm. 40), S. 336.
[453] Ebd.

organisieren, um die sowohl nationalkulturelle als auch ökonomisch drückende Last für Deutschland zu begrenzen oder sogar ins Gegenteil umzuwandeln.[454]

Es wurden zwar zahlreiche Gesetze, Verfügungen und Erlasse verabschiedet, um den vorherrschenden Zuständen im Auswanderungsverkehr Abhilfe zu schaffen, allerdings ohne Zusammenarbeit der einzelnen Staaten und Auswanderungsländer mit Amerika. Erst spät, als die deutsche Massenauswanderung schon fast zum erliegen gekommen war, wurden klare politische Linien gezogen. Die Gesetzgeber reagierten zwar auf beiden Seiten des Atlantiks auf die Missstände, bis in die 1880er Jahre fehlte es an einer vorausschauenden, übergreifenden Gesetzgebung. [455]

Um einen Überblick über die Auswanderungsgesetzgebung zu erhalten, wird nachfolgend ein kurzer Abriss über die Geschichte der Auswanderungsgesetzgebung seit der Mitte des 19. Jahrhunderts gegeben.

In den 1840er Jahren bewirkte die deutsche Massenauswanderung eine Flut von Auswanderungsliteratur, gab zur Gründung zahlreicher Auswanderungsvereine Anlass – so auch in Baden – und führte am 15. März 1849 auf der verfassungsgebenden Reichsversammlung zur Verabschiedung eines Reichsauswanderungsgesetzentwurfs, in dem auch die Gründung eines speziellen Auswanderungsamtes eingeplant war.

Am 20. Juli 1848 nahm sich die Nationalversammlung in § 6 der Grundrechte der Auswanderungsfrage an: „Die Auswanderungsfreiheit ist von Staats wegen nicht beschränkt. Abzugsgelder dürfen nicht erhoben werden. Die Auswanderungsfreiheit steht unter dem Schutz und der Fürsorge des Reiches."[456] Sowohl Gesetz als auch die geplante Errichtung eines Auswanderungsamtes konnten nicht umgesetzt werden. Stattdessen wurden die Auswanderungsverordnungen der einzelnen deutschen Staaten aufrechterhalten, in denen schon der einfache Wegzug über Landesgrenzen als Auswanderung galt. Mit dem Absinken der Auswandererzahlen in den 1850er Jahren, ging auch die Auswanderungsdiskussion stark zurück. Zumal einer gesetzlichen Regelung des Auswanderungswesens durch das Scheitern der Revolution 1848/49 der Boden entzogen wurde, was zur Folge hatte, dass zahlreiche in den 1830er und 1840er Jahren gegründete Auswanderungsvereine zu Grunde gingen.[457]

---

[454] Bade: Sozialhistorische Migrationsforschung (wie Anm. 40), S. 336.

[455] Ebd. S. 51; ausführlicher siehe die Geschichte der Gesetzgebung seit dem 18 Jahrhundert, insbesondere die Verordnungen das Agenten und Werberwesen betreffend. S. 51-56; Vgl. auch Mönckmeier: Die deutsche überseeische Auswanderung (wie Anm.362), S. 228-230.

[456] Philippovich: Auswanderung und Auswanderungspolitik (wie Anm. 232), S. 13.

[457] Bade: Sozialhistorische Migrationsforschung (wie Anm. 40), S. 337.

Auch wenn die von der Nationalversammlung angestrebte einheitliche Regelung nicht erreicht wurde, gab es doch wichtige Ziele für die einzelstaatliche Gesetzgebung: Organisation und Beaufsichtigung des Agentenwesens, Schutz und Fürsorge durch die auswärtige Vertretung, Regelungen für die Überfahrt etc. waren die Richtung in welche sich die Auswanderungspolitik der Einzelstaaten zu bewegen hatte und auch teilweise – wie in Baden, Württemberg, Bayern, Hessen, Sachsen – erfolgreich bewegte. „Es liegt in unserem Interesse, daß unsere Auswanderer nicht verkommen und es liegt im Interesse der Einwanderungsländer, daß sie nicht deren Armenverwaltung zur Last fallen oder die Lebenshaltung der arbeitenden Klasse daselbst herabdrücken. Das positive Interesse für beide Teile ist, daß die Auswanderer möglichst bald an der produktiven Arbeit des Einwanderungslandes teilnehmen und kaufkräftige Konsumenten werden."[458]

In den folgenden Jahren hörte die Auswanderung auf, Gegenstand der Politik zu sein. Gründe hierfür lagen zum Teil im Rückgang der Auswanderung, die innerhalb eines Jahrzehnts von 647.273 Personen (1851-1855) auf 233.052 Personen (1861-1865) fiel.[459] Dennoch kann bei dieser Anzahl nicht von einem Absinken der Auswanderung zu reiner Geringfügigkeit gesprochen werden, was den Umschwung in der Anschauung der Regierung hätte begründen können.

Von Fürsorge war keine Rede mehr, der Schutz der Auswanderer beschränkt sich lediglich auf die Umsetzung der bestehenden Polizeigesetze im Bezug auf die Agententätigkeit. Daher müssen die Ursachen nicht in der Unbedeutendheit der Auswanderung, sondern in der innenpolitischen Lage Deutschlands (die dänische Frage und der Konflikt zwischen Österreich und Preußen) gesucht werden.

Selbst nach der Gründung des Norddeutschen Bundes und, wenige Jahre später, der des Deutschen Reichs, gab es keinen Rückgriff auf die Auswanderungspolitik der 1840er Jahre. Zwar wurde sowohl in der Verfassung des Norddeutschen Bundes als auch später in Artikel 4 der Reichsverfassung vom 16. April 1871 die Auswanderung der Beaufsichtigung und Gesetzgebung des Reichs unterworfen, bedauerlicherweise wurde von den daraus erwachsten Möglichkeiten aber kein Gebrauch gemacht.

---

[458] Philippovich: Auswanderung und Auswanderungspolitik (wie Anm. 232), S. 32.
[459] Ebd., S. 15. Unter Berücksichtigung des Auswanderungsrückgangs in Folge des Amerikanischen Bürgerkrieges. Ebenso zu beachten ist, dass bei den hier vorliegenden Zahlen die Ziffern der Zählung der Deutschen in den Vereinigten Staaten zu Grunde liegen, die bekanntlich höher sind als die der deutschen Statistik. Philippovich geht bei den amerikanischen Angaben allerdings von einer höheren Trefferwahrscheinlichkeit als bei der deutschen Statistik aus.

Durch zwei Gesetze wurde indirekt in das Auswanderungswesen eingegriffen: im Gesetz über das Passwesen vom 12. Oktober 1867, welches das Verlassen des Landes von der Erteilung einer Erlaubnis unabhängig machte und das am 1. Juni 1870 erlassene Gesetz über den Erwerb und Verlust der Reichs- und Staatsangehörigkeit, durch das die Auswanderungsfreiheit nur durch die Wehrpflicht, die amtliche Dienststellung und im Falle eines Kriegs oder einer Kriegsbedrohung beschränkt wurde. Die Verletzung dieser Beschränkungen der Auswanderungsfreiheit wurde nach § 140 Strafgesetzbuch mit Geld- oder Freiheitsstrafen geahndet. Im Strafgesetzbuch § 144 ebenso enthalten ist die einzige Norm, die sich mit dem Vermittlungstum des Auswanderungswesens befasste.

Gewiss wurden Versuche gemacht die Reichsregierung zu einer einheitlichen Regelung der Auswanderungsangelegenheiten zu bewegen – diese scheiterten allerdings alle. So auch der durch einen Bundesratsbeschlusses vom 11. Juli 1868 getätigte Versuch einer internationalen Regelung über den Seetransport der Auswanderer, der letztendlich an der Weigerung der Vereinigten Staaten scheiterte, einen vorgesehenen internationalen Gerichtshof anzuerkennen. Mit dem Scheitern der internationalen Regelung der Auswanderungsfrage wurde auch die Frage nach einer nationalen Lösung beiseite gelegt.[460]

Von größerem Erfolg war die Beaufsichtigung der deutschen Seehäfen durch eine eigens dafür eingerichtete Kommission gekennzeichnet.[461]

Damit die Reichsregierung einen detaillierten Einblick über die Auswanderungsbewegung erhalten konnte, wurde die Auswanderungsstatistik dem Aufgabenbereich des Reichs zugeordnet. Bereits seit der Massenauswanderung in den 1840er Jahren hatten die meisten deutschen Regierungen Erhebungen über die Größe der Auswanderung aus ihren Gebieten, auf Basis der Angaben der Lokalbehörden, erstellt – von deren Unvollständig aber ausgegangen wurde. „Die amtlichen Nachweisungen standen von dieser Zeit ab in gar keinem Verhältnisse mehr zur thatsächlichen Auswanderung […].“[462] Das einzige Mittel, wenigstens einen Großteil der Auswanderer statistisch zu erfassen, waren die Aufzeichnungen der Ein- und Ausschiffungshäfen. Bremen hatte zwar bereits seit 1832 und Hamburg seit 1846

---

[460] Philippovich: Auswanderung und Auswanderungspolitik (wie Anm. 232), S. 17.
[461] Ebd., S. 18 f.
[462] Ebd., S. 20.

solche Erhebungen veröffentlicht, allerdings ohne einzelne Bestimmungsländer festzuhalten und die Auswanderer getrennt nach Herkunftsland aufzulisten. Um eine Übereinstimmung der Daten herbeizuführen, legte die Kommission in den 1860er Jahren fest, Auswanderer nach Vor- und Familiennamen, Geschlecht, Alter, Wohnort, Familienstand, Beruf und Auswanderungsziel zu befragen. Personen, die zu einer Familie gehörten, sollten kenntlich gemacht, das Abreisedatum, der Name des Schiffs, der Zielhafen und der direkte oder indirekte Seeweg über eine europäischen Hafen notiert werden. Dem statistischen Amt des Deutschen Reichs wurde auferlegt jährlich aus diesen Daten eine Auswanderungsstatistik zu erstellen. Weiter wurde angestrebt, eine solche Datensammlung von den europäischen Seehäfen, welche die Deutschen zur Auswanderung nutzten, einzufordern – was nur für Belgien und Holland in einigermaßen regelmäßigen Nachweisen gelang.

Um einen genauen Überblick über die badische Auswanderung, beziehungsweise die des Reichs zu erhalten, wurde das Großherzogtum verpflichtet, dem statistischen Büro alljährlich zum 15. Januar Register der einzelnen Verwaltungskreise über Entlassungen und Aufnahmen im Großherzogtum zukommen zu lassen – die Zahlen flossen dann in die Reichsstatistik ein.[463]

In der Auswanderungsfrage wurden, abgesehen von diesen beiden Verwaltungseinrichtungen, keine weiteren Schritte unternommen. Auch der durch die Initiative von Friedrich Kapp[464] 1878 im Reichstag eingebrachte Gesetzesentwurf, der neben der Auswandererbeförderung nach Übersee auch die Befugnisse der Auswanderungsunternehmer und Agenten regeln sollte, konnte nicht umgesetzt werden.[465]

Mit der Gründung des Deutschen Reiches verbunden war die Übernahme der Gesetzte des Norddeutschen Bundes über Erwerb und Verlust der Staatsangehörigkeit, das Passwesen und die Wehrpflicht, welche Veränderungen im Verfahren der Erteilung der Auswanderungserlaubnis mit sich brachten.

---

[463] GLA 237/12701; § 9. des Bundesgesetzes vom 1. Juni 1870 über den Erwerbung und Verlust der Bundes- u. Staatsangehörigkeit.

[464] Friedrich Kapp wurde 1824 in Hamm in Wesfalen geboren. Von 1842–1844 studierte er Rechtswissenschaft und Philosophie an der Universität Heidelberg. 1848 ging er als Journalist nach Frankfurt am Main, wo sein Onkel Christian Kapp Abgeordneter der Frankfurter Nationalversammlung in der Paulskirche war. In Folge der 1848er Revolution floh Kapp über Paris nach New York. Im April 1870 kehrte Kapp nach Deutschland, wo er schon nach kurzer Zeit die preußische Staatsbürgerschaft wieder annahm. 1871/1872 wurde er Stadtverordneter von Berlin und saß 1872–1877 und von 1881 bis zu seinem Tod im Oktober 1884 als Abgeordneter der Nationalliberalen Partei im deutschen Reichstag.

[465] Philippovich: Auswanderung und Auswanderungspolitik (wie Anm. 232), S. 21 f.

Galt die Beschränkung zuvor erst von dem der Konstription vorausgegangen Jahr an, trat sie nun schon vom 17. Lebensjahr an ein. Noch nicht ausgehobene Wehrpflichtige vom 17-25 Lebensjahr benötigten ein Zeugnis der Ersatzbehörde, in dem bestätigt wurde, dass sie nicht auswandern, um der Militärpflicht zu entgehen, auch wenn sie gemeinsam mit der Familie auswanderten. Die Möglichkeit, der Wehrpflicht durch Zahlung einer Einstandssumme zu entgehen, entfiel. Ebenfalls erloschen die letzten Reste der Verordnung von 1803, von nun an wurde keine Rücksicht mehr auf privatrechtliche Verpflichtungen genommen.[466] In den badischen Verordnungen vom 17. Februar 1870 und vom 12. September 1871 wurde diesen Vorgaben Rechnung getragen: Der Gläubigeraufruf und die Bestimmung vom 7. November 1865, welche die Auswanderungsunternehmer dazu verpflichtet, die Überfahrtsverträge erst dann an die Auswanderer auszuhändigen, wenn diese eine amtliche Auswanderungserlaubnis nachweisen konnten, wurde gestrichen.

Auch nach der Reichsgründung 1871 kam es zu keiner einheitlichen Auswanderungsgesetzgebung. Mit dem Anstieg der Auswandererzahlen in den 1880er Jahren setzte eine erneute Diskussion um die Auswanderungsfrage ein, die verbunden war mit dem kolonialen Expansionsdrang, der dem jungen Nationalstaat zu imperialer Stellung verhelfen und ebenfalls einen Fluchtweg aus der Bevölkerungs-, Wirtschafts- und Gesellschaftskrise bringen sollte. Mitte der 1880er Jahre wurde die Auswanderungsdiskussion schließlich aus der Kolonialdiskussion gelöst und wieder getrennt betrachtet. Hintergrund war, dass sich die angedachten Schutzgebiete für eine Massenansiedlung als völlig ungeeignet erwiesen. Übrig blieben die Anstrengungen um eine reichsgesetzliche Regelung des Auswanderungswesens, das hauptsächlich eine Schutzfunktion für die Auswanderer beinhalten sollte. Sämtliche Bemühungen stießen jedoch bei Bismarck und den preußischen Konservativen auf hartnäckigen Widerstand.[467] Bismarck lehnte jede reichsgesetzliche Regelung des Auswanderungs- wesens ab und verweigerte den Ausgewanderten den Schutz des Reiches. Erst 1891

---

[466] Philippovich: Auswanderung und Auswanderungspolitik (wie Anm. 232), S. 152. Weder das Reichsgesetz vom 1. Juni 1870 über Erwerb und Verlust der Staatsangehörigkeit noch das über das Passwesen vom 12. Oktober 1867 beinhalten andere Beschränkungen des Auswanderungsrechtes als die oben angeführten.
[467] Ausführlicher siehe: Wehler, Hans-Ulrich (Hrsg.): Friedrich Kapp. Vom radikalen Frühsozialisten des Vormärz zum liberalen Parteipolitiker des Bismarckreiches, Briefe 1843-1884. Frankfurt am Main 1969.

wurde unter seinem Nachfolger Caprivi eine Kommission mit der Ausarbeitung eines entsprechenden Gesetzentwurfes beauftragt. Dennoch konnte das Reichsgesetz über das Auswanderungswesen erst 1897 verabschiedet werden.[468] Neben dem Schutz der Auswanderer zählten das mit dem Konzessionszwang verbundene Spezialisierungsprinzip und die Reichsaufsicht über die Reiseberatung zu den wichtigsten Bestimmungen, durch welche „die Erhaltung des Deutschtums unter den Auswanderern und Nutzbarmachung der Auswanderung für die Interessen des Mutterlandes und zwar nach Ablenkung der Auswanderung von ungeeigneten und Hinlenkung nach geeigneten Zielen" gesichert werden sollte.[469]

Die Beförderungserlaubnis nach Übersee sollte dem Spezialisierungsprinzip zufolge, nur für bestimmte Einwanderungshäfen erteilt werden, um so die Zielrichtung weiter indirekt steuern zu können. Den gleichen Zweck hatte die Reichsaufsicht über das Auswanderungswesen, welche auf die Deutsche Kolonialgesellschaft übertragen wurde. Diese Schutzbestimmungen kamen für Millionen von deutschen Auswanderern zu spät, auch die Versuche der indirekten Wanderungslenkung funktionierten nicht.

Wie das Reichsgesetz, so blieben auch die älteren Verordnungen der einzelnen deutschen Staaten frei von Restriktionen, wenn sie nicht, wie auch im Großherzogtum, an den Gedanken von gezieltem Export der sozialen Probleme gebunden war.[470]

Mit dem Auswanderungsanstieg einher ging eine strengere Regulierung des Agententums: Die Auswanderungsagenten waren der Gewerbeordnung nicht unterworfen, ihr Wirken unterlag einzig dem Ermessen der einzelnen Bundesstaaten. Die Regierung erkannte die Gefährdung der Auswanderer durch gewissenlose Agenten und bemerkten, dass die Unkenntnis über die überseeischen Verhältnisse in den letzten Jahren wieder angestiegen war, daher könne der Staat die Überwachung und Festsetzung solcher Verträge keinesfalls aus der Hand geben.[471]

---

[468] Vgl. auch Schöberl, Ingrid: Auswanderungspolitik in Deutschland und Einwanderungspolitik in den Vereinigten Staaten. In: Zeitschrift für Kulturaustausch. 32. Jg. 1882/ 4. Vj. Stuttgart 1882. S. 324-329.
[469] Ebd. S. 343. Ausführlicher siehe: Mönckmeier: Deutsche überseeische Auswanderung, S. 252-269; Joseephy: Deutsche überseeische Auswanderung, S. 133-143.
[470] Schöberl: Auswanderungspolitik (wie Anm. 463), S. 344.
[471] Näheres über die Rolle der Auswanderungsunternehmer und Agenten, Vorschriften über die Beförderung von Auswanderern und die Auswanderungsbehörden wird im Handwörterbuch der Staatswissenschaften erwähnt. 3. Band 2. Auflage. Jena 1909. S. 303-308.

Erst fünfzig Jahre nachdem sich die Nationalversammlung in der Paulskirche zum Auswanderungsproblem geäußert hatte, wurde die Auswanderung 1897 als Reichsproblem gesetzlich anerkannt. Zu einem Zeitpunkt, an dem die deutsche Auswanderungsbewegung längst keine Massenphänomen mehr war. Da zur Zeit der Gesetzesfestschreibung jährlich kaum noch mehr als 25.000 Menschen das Land verließen, kam eine solche zentrale Gesetzgebung für die Masse der Auswanderer zu spät.

7.2 Die Einwanderungsgesetzgebung in den USA

Wie aber reagierten die amerikanischen Behörden auf die Masseneinwanderung, die enorme Probleme mit sich brachte? Zwischen 1820 und 1850 suchten fast 2,5 Millionen Einwanderer (davon 24 % Deutsche) nach einer Wohnung und Arbeit, was sich durch den Anstieg der Auswanderzahlen in den folgenden Jahrzehnten immer mehr verstärkte.[472] Beim Blick auf die amerikanische Auswanderungsgesetzgebung muss stets berücksichtigt werden, dass die amerikanische Wirtschaft die Einwanderer als Farmer, Handwerker und Arbeiter bis zum Ende des 19. Jahrhunderts dringend benötigte. „Die Notwendigkeit der Auswanderung hier und der Aufnahme von neuen Arbeitskräften in jenen jungen Kulturländern sind zwei sich so deutlich ergänzende Thatsachen, daß ihre Verbindung ohne Mühe herzustellen sein wird [...].“[473]

Der Großteil der Neuankömmlinge war willkommen. Dennoch stellten all jene, die es nicht schafften sich in der Neuen Welt zurecht zu finden, die amerikanischen Behörden vor große Probleme: „Die Angst vor Pauperismus und die Angst vor Seuchen bestimmten die Gesetzgebung auf städtischer und staatlicher Ebene im Einwandererverkehr.“[474] Gerade in den Hafenstädten traten Probleme wie überfüllte Armenhäuser, Zunahme der ausländischen Gefängnisinsassen etc. auf und unter der Bevölkerung wuchs das Gefühl von einwandernden Armen überrannt zu werden. Am stärksten betroffen war seit den 1840er Jahren der Staat New York, der für mehr als 80 % der Einwanderer das Tor zur Neuen Welt darstellte. Trotz alledem gab es auch in Amerika nur einzelstaatliche Regelungen. Der Staat New York reagierte als erster mit einzelnen Gesetzen, danach folgten weitere Küstenstaaten.

---

[472] Philippovich: Auswanderung und Auswanderungspolitik (wie Anm. 232), S. 57.
[473] Ebd., S. 31.
[474] Zitiert nach: Albion, Robert G.: The Rise of New York Port, 1815-16, New York 1939. S. 349.

Mit dem Auf- und Ab der Auswandererzahlen gingen auch in den Vereinigten Staaten Versuche einer gesetzlichen Regulierung einher. Bereits 1819 erließ der Kongress in Washington das erste Bundesgesetz zur Einwanderung: kein Schiff durfte von nun an mehr als zwei Passagiere pro Bruttoregistertonne aufnehmen; zum einen, um die Überfahrtsbedingungen für die Passagiere zu verbessern, zum anderen, um die Zahl der Einwanderer zu verringern. Trotz steigender Einwanderungszahlen folgte erst 1847 ein weiteres Gesetz, das sich gegen die Überladung der Schiffe richtete, welches 1855 noch spezifiziert wurde. Dennoch gab es „letzten Endes […] gegen Verstöße, die sich außerhalb der Hoheitsgebiete ereigneten, kaum Zwangsmittel."[475]

Ebenfalls 1847 wurde in New York – unter Protest all jener, die vom Geschäft mit den Einwanderern profitierten – die Institution der „Commissioner of Emigration of the State of New York" etabliert. Die Commissioner waren zuständig für die Organisation der Landung und den Weitertransport der Neuankömmlinge. Des Weiteren gewährten sie in Not geratenen Einwanderern in den ersten fünf Jahren ihres Aufenthaltes Unterstützung. Mit der Berufung der Commissioner und dem Bundesgesetz zeichnete sich ein erster Wandel in der Haltung der Regierung ab: vom Schutz des Staates zum Schutz der Einwanderer.[476] Wenngleich alle weiteren Erlasse durch den Grundsatz das eigene Land vor unerwünschten Begleiterscheinungen der Auswanderung zu schützen, geprägt waren, sah die Regierung trotzdem bis in die 1880er Jahre von einer Begrenzung der Auswanderung ab.

Durch den veränderten Nationalcharakter der europäischen Einwanderung kam es auch seitens der USA zu einem neuen Blickwinkel auf die Einwanderer. „Während die englischen und deutschen Einwanderer ihnen umfassende geistige und materielle Hilfskräfte zur Verfügung gestellt haben, die zum Aufblühen der nordamerikanischen Volkswirtschaft ein wesentliches beitrugen, treten in der romanisch-slavischen Einwanderung schwer assimilierbare Elemente in die gesellschaftlichen und staatlichen Verhältnisse ein, die durch die sprachlichen Gegensätze wie durch Lebensgewohnheiten und Lebensansprüche, durch politisches Denken und Fühlen sich in einem weiten Abstande von dem Kern der Unionsbürger bewegen."[477]

---

[475] Philippovich: Auswanderung und Auswanderungspolitik (wie Anm. 232), S. 58.
[476] Ebd. S. 59. Ausführlicher siehe: Stephenson, George M.: A History of American Immigration, 1820-1924, 1926 repr. New York: Russel & Russel 1964, S. 253 f.
[477] Philippovich: Auswanderung und Auswanderungspolitik (wie Anm. 232), S. V.

Diverse Gesetze kennzeichneten das Ende der liberalen Idee der freien Einwanderung: 1882 wurde die Kopfsteuer für Einwanderer festgelegt und gesetzlich gefordert, bestimmten Gruppen – Kriminelle, Behinderte und möglicherweise Unterstützungsbedürftige – die Einreise zu verwehren. Hinzu kommt die veränderte wirtschaftliche Lage, die nicht mehr zur Aufnahme eines ungehemmten Einwandererstromes bereit war und zur Einschränkung der Einwanderung in die Vereinigten Staaten führen musste.

Die späteren Verordnungen trafen die deutschen Einwanderer kaum noch, sondern waren auf die „New Immigration" ausgerichtet, die nun die Mehrheit der Neuankömmlinge stellte und größere Assimilationsschwierigkeiten als die vorangegangen Auswanderergruppen hatten, weshalb an dieser Stelle nicht weiter auf die gesetzliche Einwanderungsbeschränkung in den USA eingegangen wird.[478]

7.3 Die Auswanderungsgesetzgebung in Baden

Baden nahm das Recht auf Auswanderung bereits 1803 in seiner Verfassung auf, bevor Württemberg 1815 und Preußen 1818 nachzogen. Ausgenommen von der Auswanderungsfreiheit waren lediglich männliche Staatsbürger, die ihrer Militärpflicht noch nicht Genüge getan hatten. Die generelle Auswanderungsfreiheit sollte allerdings beschränkt und ein Auswanderungsverbot verhängt werden können, sobald die Auswanderung so stark zunahm, dass eine Senkung der Güterpreise drohte. Ebenso konnte einzelnen Personen die Auswanderung verwehrt werden, wenn Schulden nicht bezahlt wurden oder bei Frauen und Minderjährigen die Eltern einer Auswanderung nicht zustimmten.[479] In den Jahren 1816/17 musste bereits von diesem Verbot gebrauch gemacht werden. Die Regierung versuchte in Gebieten, in denen eine besonders große Auswanderungsflut zu verzeichnen war, die Massen mit befristeten Auswanderungsverboten im Land zu halten. In den ersten fünf Monaten des Jahres

---

[478] Philippovich: Auswanderung und Auswanderungspolitik (wie Anm. 232), S. 61. Ausführlicher siehe Schöber: Auswanderungspolitik (wie Anm 463), S. 329.

[479] Fragen im Bezug auf Freizügigkeit, Abzug und Auswanderung der Landesangehörigen haben im Rahmen der allgemeinen hoheitlichen Rechte- und Pflichtverhältnisse schon von jeher eine bedeutende Rolle gespielt. Der Wegzug, das Auswandern und das Austreten der Untertanen des Großherzogtums wurden in der allgemeinen Landeskonstitution vom 16.12.1803 (R 1804/11) geregelt. Um Wegzug handelte es sich, wenn das Untertanenrecht nach Zusicherung einer anderen sicheren Niederlassung abgelegt und die Erlaubnis bei Leibesfreiheit gesichert wurde. Um Auswanderung handelte es sich, wenn keine sichere oder bestimmte Niederlassung vorlag. Die Erteilung der Auswanderungsgenehmigung war in späteren Zeiten von diversen Voraussetzungen abhängig.

1817 hatten 20.000 Menschen – davon alleine 13.842 aus dem Dreisamkreis – bei den Behörden eine Auswanderungsgenehmigung erbeten. Hermann Baier, ehemaliger Direktor des Badischen Generallandesarchiv widerspricht jedoch dieser Annahme: „Es stimmt nicht, was der preußische Gesandte in Karlsruhe berichtete, daß im Hungerjahr 1817 etwa 20.000 Badener ausgewandert seien."[480] Baier bestätigte zwar die enormen Auswanderungsströme, mit den schlechten Überfahrtsmöglichkeiten in Holland wäre aber bald Ernüchterung gefolgt. Genaue Angaben, die diese Aussage belegen, sind in seinen Ausführungen nicht zu finden.

Die starke Abwanderung hatte teilweise enormen Einfluss auf die lokale Wirtschaft. In Hornberg beispielsweise fehlte es an Feldarbeitern, wie ein amtlicher Bericht der Stadt belegt: „Allein die Leute seien nicht aufzuhalten. Man müsse diese Menschen wie Geisteskranke betrachten. Sie geben keiner wohlgemeinten Vorstellung ihrer Beamten Gehör, verspotten und verlachen diese vielmehr und sind geneigt, jedes alberne Geschwätz über den Zustand des neuen fernen Landes und des sie dort erwartenden Glückes aufzunehmen."[481] Da die Flut der Auswanderungswilligen kaum aufzuhalten war, und die Auswanderer, nachdem sie ihre Habe veräußert hatten, einfach davonliefen, ohne im Besitz einer Auswanderungserlaubnis zu sein, ist es schwierig, genaue Zahlen über das Auswanderungsaufkommen zu erhalten.

Durch die Massenflucht gingen dem Großherzogtum immer mehr Arbeitskräfte verloren, woraufhin die Auswanderung von der badischen Regierung zwischen Mai und November 1817 ganz verboten wurde.[482]

Das Großherzogtum sah sich stets in der Fürsorgepflicht gegenüber seinen Bürgern und ließ sich dazu verpflichten, die Auswanderer vor der Aushändigung der Pässe vor ihrem Vorhaben zu warnen, was bereits 1818 in einem „Fiat Generale"[483] an sämtliche

---

[480] Baier: Auswanderung (wie Anm. 223), S. 34.
[481] Hansen: Die deutsche Auwanderung (wie Anm.174), S. 38.
[482] Zum Bestandteil der Badischen Verfassung von 1818 wurde der Beschluss der Bundesversammlung vom 23.6.1817 über die Abzugsfreiheit (Verordnung vom 14.8.1817 – R 77 –), der praktisch die „Vermögensfreizügigkeit" innerhalb des Bundesgebiets begründete, erklärt. Nachdem Baden unter Carl Friedrich neben 40 Staatsverträgen mit den meisten europäischen Staaten 1817 auch einen Vertrag (R 80) mit Amerika abschloss, der die Freizügigkeit der Badener bei Abgabenfreiheit vereinbart hatte, wurde eine ziemlich umfassende vermögensrechtliche Freizügigkeit geschaffen. In der Verordnung vom 26.7.1831 (R 157) beispielsweise, wurde aufgrund der gestiegenen Überfahrtspreise die Auswanderung nur noch zugelassen, wenn der Auswanderungswillige ein Barvermögen von mindestens 400 fl. nachweisen konnte, wodurch der Auswanderung bis auf weiteres praktisch Einhalt geboten werden sollte.
[483] Krohn, Heinrich: Und warum habt ihr denn Deutschland verlassen? 300 Jahre Auswanderung nach Amerika. Bergisch Gladbach 1992. S. 161.

Justiz-, Polizei- und Hoheitsbeamte umgesetzt wurde.[484] Die Initiativen der Regierung standen allerdings in starker Abhängigkeit mit dem Auf- und Ab der Auswanderungsbewegung.

Seit 1854 sank die Zahl der Auswanderer nach Amerika stetig und erreichte 1861/62 ihren Tiefpunkt mit rund 1.000 Auswanderern jährlich.[485] Im Verlauf der 1860er Jahre stieg die Zahl wieder an. 1867 konnten bereits 3.386 Auswanderer nachgewiesen werden – Philippovich schätz die Auswandererzahl jedoch auf 8-10.000 Personen, womit eine schon lange nicht mehr erreichte Höhe erzielt worden wäre.

Der Anstieg der Auswandererzahlen, besonders die der 17-20-Jährigen, konnte den Berichten der Ämter zu Folge auf die Einführung der allgemeinen Wehrpflicht nach preußischem Vorbild zurückgeführt werden und demonstrierte der Regierung erneut die Dringlichkeit einer Auswanderungsregulierung: „Die Entwicklung des Auswanderungsrechtes zeigte nach wie vor eine große Duldsamkeit und praktische Anerkennung des Rechtes der Auswanderungsfreiheit."[486]

Durch eine von der Bundesversammlung verfügte Kriegsbereitschaft kam es vom 18. März 1855 bis zum 13. Juni 1856 zu einer vorübergehenden Einschränkung der Auswanderungsfreiheit, die allerdings mit dem Ende der Kriegsbereitschaft wieder aufgegeben wurde. „Auch nach jenem Zeitpunkte wird die Auswanderungsfreiheit nicht beschränkt bis zur Übernahme durch die Militärbehörde für solche Pflichtige, welche a) mit ihren Eltern oder dem überlebenden Elternteil oder nach dem Tode beider Eltern mit ihren Großeltern oder sämtlichen Geschwistern auswandern oder denselben nachziehen wollen oder b) für die Einstellung eines Mannes Sicherheit leisten."[487] Wer keine Einstellung geleistet und vor seinem 30. Lebensjah zurückkehrte, hatte nachträglich seiner Militärpflicht genüge zu tun.

Auch die früher betonten privatrechtlichen Beschränkungen wurden auf einen Erlass des Ministeriums des Inneren vom 21. Mai 1859 hin fallen gelassen, da „keine Veranlassung vorliege, den Nachweis der Befriedigung der Gläubiger beim Wegzug zu fordern, da nach Art. 18 lit. B der Bundesakte jede andere Beschränkung des freien

---

[484] Ausführlicher mit der Auswanderungsgesetzgebung hat sich Ulrich Scheuner befasst: Die Auswanderungsfreiheit in der Verfassungsgeschichte und im Verfassungsrecht Deutschlands. In: Festschrift Richard Thoma zum 75. Geburtstag. Tübingen 1959. S. 199-224.
[485] Die Auswanderungsgesetzgebung der 1840er Jahre in Bezug auf die Armenverschickung wurde bereits in Kapitel 4.3.3 angesprochen.
[486] Philippovich: Auswanderung und Auswanderungspolitik (wie Anm 232), S. 149.
[487] Ebd.

Wegzuges als die durch die Militärpflicht begründet worden ist."[488] Die Regierung hielt an diesem Standpunkt fest, obwohl die unteren Organe häufig eine strenger Handhabung der Auslegung von Vorschriften und Gesetzen forderten, was das Ministerium schließlich doch dazu veranlasste, zu den Gesetzen von 1803 und 1820 am 16. Mai 1863 und am 19. Juli 1867 Erläuterungen zu erlassen. Der ersten Verordnung zu Folge sollte ein Verfahren gegen heimliche Auswanderer nur gegen solche Staatsbürger eingeleitet werden, welche in der Absicht sich einer bestimmten staatsbürgerlichen Pflicht zu entziehen, beispielsweise der Konstriptionspflicht, das Vaterland verlassen hatten. In der zweiten Verordnung wurde darauf hingewiesen, dass es nicht die Angelegenheit der Bezirksämter sei, Verhandlungen mit Auswanderungswilligen und deren Gläubigern zu führen. Ihre Aufgabe sei es, das Auswanderungsvorhaben lediglich in den öffentlichen Blättern bekannt zu machen und eine Frist von 14 Tagen festzusetzen, innerhalb welcher sich der Gläubiger mit seinen Schulden abzufinden oder gerichtliche Schritte einzuleiten habe, da es danach zur Aushändigung des Reisepasses käme.

Ausbeutung und Betrug durch Auswanderungsagenten, Makler, Reeder und Kapitäne waren zweifellos eine der negativen Begleiterscheinungen der Massenauswanderung im 19. Jahrhundert. Mit der Herausbildung der Auswandererbeförderung zu einem lukrativen Geschäftszweig wurde die Hilflosigkeit und Unwissenheit der Auswanderer vermehrt skrupellos ausgenutzt. Die meisten deutschen Regierungen hatten anfänglich kein Interesse daran, sich um das Schicksal derjenigen zu kümmern, die das Land verlassen haben. Mit zunehmenden Auswandererzahlen sah sich die Regierung gezwungen, Schritte zum Schutz der Auswanderer einzuleiten. Im Folgenden kann nicht auf die Vielzahl dieser Maßnahmen eingegangen werden, sondern lediglich ein kleiner Ausschnitt der badischen Initiativen aufgezeigt werden.[489] 1833 unternahm die badische Regierung einen ersten Versuch, die Auswanderer und den Heimatstaat selbst zu schützen. Nachdem Baden von Preußen und Württemberg im Sommer 1832 auf eine Freiburger Auswanderungsagentur aufmerksam gemacht worden war, traten sie mit dem dort ansässigen Agenten

---

[488] Philippovich: Auswanderung und Auswanderungspolitik (wie Anm 232), S. 150.
[489] Ausführlicher siehe Bretting, Agnes: Der Staat und die deutsche Massenauswanderung. Gesetzgeberische Maßnahmen in Deutschland und Amerika. In: Trommler, Frank (Hrsg.): Amerika und die Deutschen. Bestandsaufnahme einer 300jährigen Geschichte. Opladen 1986. S. 50-63.

Benedikt von Hermann, der für das Straßburger Handlungshaus Solms mit Auswanderern Beförderungsverträge über Le Havre abgeschlossen hatte, in Verbindung.[490] Das Ergebnis dieses Treffens war ein Vertrag zwischen dem Großherzogtum und dem Agenten, der beinhaltete, dass sich der Agent verpflichte für Transport und Verpflegung von Straßburg bis zur Ankunft in Amerika, inklusive der Kosten die bei einem längeren Warteaufenthalt in Le Havre anfallen würden, aufzukommen; weiter müssten als Sicherheitsleistung 20.000 Gulden hinterlegt werden. Die Gegenleistung der badischen Regierung bestand aus Veröffentlichungen seiner Annoncen in Anzeigblättern des Oberrheinkreises und Berichten darüber, dass der abgeschlossene Vertrag „von den Behörden als hinlänglicher Reisegeldausweis anzusehen und daraufhin dem Auswanderer der Reisepaß auszuhändigen" sei.[491] Danach setzte sich die feste Anstellung einzelner Agenten auch in anderen deutschen Staaten durch. Die bayrische Regierung ging 1837 noch einen Schritt weiter und legte die Konzessionierung der Auswanderungsagenten fest. Ziel war, nur anerkannte, solide Handlungshäuser in den größeren Städten zuzulassen, um eine bessere Kontrolle über die Organisation des Auswanderungsgeschäfts zu erhalten. Seit Mitte der 1840er Jahre folgten dem bayrischen Vorbild Württemberg und Hessen, 1847 auch Baden.

Die Signifikanz einer einheitlichen Gesetzgebung aller deutschen Staaten war bei den Regierungen immer präsent. Daher war man auch in Baden bemüht, in die eigene Gesetzgebung auch Regulierung anderer Staaten mit einfließen zulassen. Dies zeigt ein Bericht der badischen Regierung aus dem Unterrheinkreis Mannheim an das Ministerium des Inneren in Karlsruhe, der darauf hinweist, dass im Hessischen Regierungsblatt vom 11. Februar 1851 eine „neue Verordnung über Beseitigung der bei der Beförderung von Auswanderern bestehenden Missbräuche" abgedruckt sei, „dieselbe seie vorzüglicher, als die Groß[herzogliche] Bad[ische] Verordnung vom 23ten April 1847, Regierungsblatt Seite 137, und es wäre vielleicht zweckmäßig, diese nach der neuen hessischen Verordnungen zu vervollständigen."[492]

Dennoch brauchte es Jahre, bis die Regierung den Missständen per Gesetz entgegen treten konnte: Die Statuten das Agentenwesen betreffend wurden in der

---

[490] Bassler, Gerhard, P.: Auswanderungsfreiheit und Auswanderungsfürsorge in Württemberg 1815-1855. Zur Geschichte der südwestdeutschen Massenauswanderung nach Nordamerika. In: Zeitschrift für württembergische Landesgeschichte 33 (1974). Stuttgart 1976. S. 117-160; hier S. 131.
[491] Bretting: Funktion und Bedeutung der Auswanderungsagenturen (wie Anm. 57), S. 33.
[492] Ebd.

Vollzugsverordnung vom 12. Juli 1864 im Gesetz über die Organisation der inneren Verwaltung ausgedehnt. Von nun an oblag die Erlaubnis zur Bestätigung der Auswanderungsagenten bei den Bezirksämtern. An den Agentenverhältnissen selbst wurde durch das Polizeistrafgesetzbuch mit der Verordnung vom 7. November 1865 einige Veränderungen vorgenommen: die Kaution bei einer Unternehmensgründung wurde erhöht und die Verpflegungsgrundlage für die Auswanderer ausgedehnt. In den folgenden Jahren wurden diese Änderungen ständig zu Gunsten der Auswanderersicherheit verbessert.[493]

Baden blieb auch nach der Reichsgründung noch bis zum Jahre 1918 im Besitz aller hoheitlichen Befugnisse, soweit diese nicht nach der Maßgabe der Verfassung von 1871 an das Reich übertragen wurden, wie beispielsweise die auswärtige Vertretung des Landes.

Wie schon mehrfach hervorgehoben, griff die Regierung in den folgenden Jahren nicht mehr in die Leitung der Auswanderung ein, sondern stellte sich damit zufrieden, bei passender Gelegenheit auf die von der deutschen Gesellschaft in New York empfohlenen Einrichtungen zu verweisen.

Mit dem starken Anstieg der Auswandererzahlen seit Beginn der 1880er Jahre wurde die Auswanderung erneut zum Gegenstand der Berichterstattung der Bezirksämter. Die vom Bezirksamt aufgeführten Gründe glichen denen der vorherigen Auswanderungsphasen: „in dem einen Teil ist der wenig ergiebige Boden nicht imstande, die anwachsende Bevölkerungsteile zu ernähren, in einem anderen, namentlich in den Weingegenden, verarmen die Leute oder drohen sie zu verarmen nach einigen schlechten Ernten; in einem dritten spielen die Briefe und Schilderungen der Verwandten und Freunde eine große Rolle, und endlich kommt hinzu die Thätigkeit der Auswanderungsagenten und auch die Unterstützung seitens der Gemeinden."[494]

7.4 Das Auswanderungsprozedere in Baden

Nachdem der Entschluss zur Auswanderung gefällt war, mussten die Emigranten noch eine Reihe von Vorschriften erfüllen, die sicherstellen sollten, dass vor Reiseantritt zwischen Bürger und Staat keinerlei gegenseitige Verbindlichkeiten mehr bestehen

---

[493] Vgl. Philippovich: Auswanderung und Auswanderungspolitik (wie Anm. 232), S. 151.
[494] Ebd., S. 153 f.

würden. Als ersten Schritt hatte man seine Auswanderungsabsicht öffentlich bekannt zu geben. In Baden war es sogar üblich, eine entsprechende Erklärung im jeweiligen Provinzblatt zu veröffentlichen.[495] Etwaige Gläubiger konnten so innerhalb von einer vierwöchigen Frist ihre Forderungen stellen. Wenn innerhalb dieses Zeitraums niemand Ansprüche gegen den Auswandernden stellte oder diese beglichen wurden, konnte er das Land verlassen. Mit dem Erhalt der Entlassungsurkunde aus dem badischen Staatsverband verlor der Emigrant alle staatsbürgerlichen Rechte und musste bei einer eventuellen Rückkehr erst wieder als Bittsteller einen Antrag auf Aufnahme in den Staatsverband stellen. Dieser wurde dein Rückkehrern allerdings oftmals verwehrt.

Um nach Amerika zu reisen, erhielten der Ausgebürgerte und der Reisende einen Auswanderungspass[496], in dem das Auswanderungsziel Amerika bereits eingetragen wurde. Ebenso vermerkt wurden die damals bei allen Reisepapieren üblichen Signalelemente des Inhabers, die mangels Foto aus einem halben Duzent Körpermerkmale wie Körpergröße, Haarfarbe, besondere Merkmale etc. bestanden.

Wie die übrigen deutschen Länder, hatte auch Baden mit der Reichsgründung seine Stellung als souveräner Staat verloren und musste sich nun innerhalb der Schranken der Reichsverfassung bewegen.

Zu den Gebieten, für die sich das Reich die Gesetzgebung und das Recht auf Aufsicht vorbehielt, gehörten unter anderem das Staatsbürgerrecht und das Passrecht.[497]

Ein seltener Beleg über den Verzicht auf die badische Staatsbürgerschaft ist in der Akte von Adolf Lehmann aus Blankenloch zu finden. Der Vater des Auswanderers bat

---

[495] Krohn: Und warum habt ihr denn Deutschland verlassen? (wie Anm. 478), S. 161.

[496] Pässe für eine Auslandsreise mussten ein genaues Reiseziel enthalten, welche durch das Ministerium für Auswärtige Angelegenheiten legalisiert und durch die zuständige Gesandtschaft beglaubigt werden mussten (Verordnung des Ministeriums des Inneren vom 18.5.1832 und 24.5.1833). Ein Reisepass wurde im Großherzogtum für Reisen nach anderen deutschen Bundesstaaten und dem Ausland erteilt und nach den einschlägigen Bestimmungen des Reichsgesetzes vom 12. Oktober 1867 und der badischen Verordnung von 28. September 1868 über das Passwesen erstellt. Die Pässe bestanden seit 1865 aus einem im Staatsvertrag (Kölner Vertrag) einheitlich festgelegtem Formular, wurden für die Höchstdauer von fünf Jahren ausgestellt und vom zuständigen Bezirksamt des Gesuchstellers ausgehändigt.

[497] Stiefel: Baden (wie Anm. 300), S. 301 f. 1809 wurde die jahrhundertealte Festlegung, dass das Bürgerrecht nur vererbt oder durch die Gnade des Regenten nach Anhörung der Gemeinde verliehen werden konnte, geändert. Wessen Vater und Mutter Bürger einer Gemeinde waren, hatte ein angeborenes Bürgerrecht; angetreten konnte das Bürgerrecht bei Volljährigkeit und Nachweis von Fertigkeiten im Lesen, Schreiben und Rechnen werden. Ebenso musste eine Arbeitsfähigkeit, um sich zu ernähren, nachgewiesen werden. Zum Nachweis der Gemeindebürgerschaft wurden Bürgerbücher angelegt; die Eintragungen dienten dann vielfach auch zum Nachweis der Staatsbürgerschaft und der Wahlberechtigung (Vgl. Verordnung vom 2.12.1836 –R 369, von 11.11.1896 – V 415, vom 8.7.1904 – V 253 und vom 20.12.1910 – V 803.).

im Februar 1888 um die nachträgliche Entlassung seines Sohnes, der bereits im Alter von 16 Jahren Deutschland verlassen und sich mittlerweile in Chicago als Metzger selbständig gemacht hatte. Wegen unerlaubter Auswanderung sei für den Sohn bereits im September 1887 eine Strafe in Höhe von 200 Mark durch das Strafkommando verhängt worden. In der Akte enthalten ist eine Bürgerrechts-Verzichts-Urkunde von Adolf Lehmann, die durch das Konsulat in Chicago beglaubigt wurde: „Ich, der unterzeichnende Adolph Lehmann geboren am 5. September 1864 in Blankenloch, Amt Karlsruhe, Mittelrheinkreis, Großherzogtum Baden, gegenwärtig domiziliert in Chicago, im Staat Illinois, ein Sohn der Eheleute Carl Lehmann und Caroline Lehman geb. Seitz, erkläre hiermit daß ich nach den Vereinigten Staaten von Nordamerika bona fide gänzlich ausgewandert bin und daß ich mich im Staat Illinois häuslich niedergelassen habe. In Folge dieser Thatsache leiste ich hiermit auf mein bisheriges Orts- und Staatsbürgerschaftsrecht in Blankenloch, und auf jeden Ort von bürgerlichem Verband mit dem Großherzogthum Baden für immer wissentlich, wohlbedächtigt und unwiderruflich Verzicht und entsage allem Recht [...] mit dem Bemerken daß ich als amerikanischer Bürger bereits naturalisiert worden bin. [...] Chicago, den 17. Januar 1888." [498]

In den 1880er Jahren sah man bereits von einer Veröffentlichung der Auswanderungsabsicht ab. Die Auswanderer waren, zumindest vor dem Gesetz verpflichtet, vor der Auswanderung eine behördliche Genehmigung von der Ortspolizeibehörde über die Entlassung aus dem Untertantenverband einzuholen. Der Auswanderungswillige hatte weiterhin nachzuweisen, dass er weder Schulden noch unversorgte Verwandte zurückließe und über genügend Geld für die Überfahrt verfüge. Männer mussten belegen, ihre Militärpflicht bereits abgeleistet zu haben oder glaubhaft machen, das Land nicht zu verlassen, um dieser zu entgehen. Da die benötigten Angaben nur selten wahrheitsgetreu vorlagen, forderte das Bezirksamt Karlsruhe die Gemeinderäte der einzelnen Amtsbezirke auf, bei Beantragung von Reisepapieren ein detailliertes Prüfverfahren einzuleiten, um feststellen zu können, „ob der Gesuchsteller etwa Angehörige besitzt, zu deren Ernährung er gesetzlich verpflichtet ist (: L. R. Satz 203, 205, 206), ob er dieselben in einem Hilfsbedürftigen Zustande zurück läßt u. ob der eventuell unterstützungspflichtige Gemeinderath gleichwohl gegen die Ausstellung des Reisepasses nichts einzuwenden habe; ob mit

---

[498] GLA 357/6995

der unterstellbaren Absicht einer Auswanderung der Reisepaß zu dem Zwecke nachgesucht werde, der Militärpflicht sich zu entziehen."[499] In den Fällen, in welchen Staatsbürger mit Hilfe von Gemeindemitteln befördert werden wollten, galt es, diese Punkte zu überprüfen und gemäß § 56 a Ziffer 4 der Gemeindeverordnung Bericht zu erstatten. Dieser Prüfung musste sich auch der Schlossermeister Franz Schmidt aus Mühlburg unterziehen. Schmidt hinterließ zwar eine Frau mit vier Kindern, für die Gemeinde gab es aber keinen Zweifel daran, dass diese als geprüfte Hebamme im Stande wäre, ihre Familie zu ernähren und daher sei nicht anzunehmen, dass sie der Gemeindekasse zur Last fallen würde.[500] Dessen ungeachtet häuften sich die Begebenheiten in denen Familienväter mit einem Reisepass das Reich verließen und ihre Angehörigen in einem hilfsbedürftigen Zustand zurückließen. Daraufhin wurden die Bezirksämter angewiesen, in jedem Fall in dem ein Reisepass ins Ausland verlangt wird, sich zunächst beim Gemeinderat des Heimatorts des Betreffenden Informationen einzuholen, ob Angehörige zurückbleiben, zu deren Unterhalt er verpflichtet wäre und den Reisepass nur auszustellen, wenn der entsprechende Gemeinderat keine Einwände geltend machen würde.[501]

Ganz verboten wurde die Beförderung sowie der Abschluss von Verträgen über die Beförderung von Wehrpflichtigen im Alter vom vollendeten siebzehnten bis zum vollendeten fünfundzwanzigsten Lebensjahr. Bevor sie eine Entlassungs-urkunde[502]oder ein Zeugnis der Ersatzkommission darüber vorgelegt hatten, dass ihrer Auswanderung aus dem Grunde der Wehrpflicht kein Hindernis entgegensteht. Ebenso erhielten die Bezirksämter die Auflage, wenn eine unter Polizeiaufsicht stehende Person einen Reisepass beantragen würde, Meldung an den

---

[499] A5/Mühlburg 15: Rubrik Bürgerannahmen, Heiraten Wegzug. Schreiben vom Groß. Bezirksamt Karlsruhe vom 25.5.1880. Auswanderung betreffend. An die Gemeinderäthe der Amtsbezirke.
[500] Ebd.
[501] Jahresbericht des Großherzoglichen badischen Ministeriums des Innern über seine Geschäftskreise für die Jahre 1880 und 1881. Karlsruhe 1883. Bewegung der Bevölkerung S. 34-45; hier S. 43. Generlerlaß vom 13. Mai 1880. In den Jahren 1880 und 1881 wurden 7.467 bzw. 7.976 Reisepässe ausgestellt, davon im Bezirk Karlsruhe 1880 2.788 und 1881 2.846. Die Zahl der Entlassenen stieg gegenüber den Vorjahren 1879 (1.300) und 1878 (760) erheblich an und erreichte so den höchsten Stand seit 1854. Der Erwerb und der Verlust der badischen Staatsangehörigkeit werden nach dem Reichsgesetz vom 1. Juni 1870 und der hierzu entlassenen Vollzugsverordnung vom 28. Dezember 1870 (Gef.- und Verordn.-Bl. S. 759) geregelt.
[502] GLA 237/16907; § 14 des Gesetzes über die Erwerbung und den Verlust der Bundes- und Staatsangehörigkeit vom 1. Juni 1870.

Landeskommissär zu machen, der über das weitere vorgehen zu entscheiden habe (Generalerlass vom 10. Dezember 1880).[503]

Trotz zahlreicher Überprüfungsmethoden, nach denen sich die Gemeinden bei der Genehmigung der Auswanderungsverfahren richten sollten, wurde weiterhin von badischen Staatsangehörigen berichtet, die ihre Heimat verlassen haben, ohne für ihre Schulden aufzukommen. Daraufhin wurde beispielsweise das Bürgermeisteramt Mühlburg von der Großherzoglichen Domänendirektion angewiesen, diese umgehend zu benachrichtigen, wenn ein Ortsangehöriger auszuwandern beabsichtigte.[504]

1881 konnte bei den Schuldenfällen der Auswanderer im Raum Karlsruhe ein starker Anstieg verzeichnet werden, weshalb sämtliche Gemeinderäte des Amtsbezirkes darauf aufmerksam gemacht wurden, sich von nun an in Auswanderungsfragen nach den Grundsätzen des Ministeriums des Innern vom 15. Februar 1881 Nummer 2411 zu richten. Hierin wurde festgelegt, die bewilligten Gemeindegelder nicht zur Bezahlung von Schulden der „Auswanderungslustigen" zu verwenden. Die Unterstützung seitens der Gemeinden könne vielmehr nur darin bestehen, den Bedürftigen einen Zuschuss zu den Reisekosten und einen „Notgroschen" für die ersten Tage in Amerika zu gewähren. Ein solcher Zuschuss solle aber nur dann genehmigt werden, wenn der Auswanderungslustige in Amerika ein besseres Auskommen finden würde als es in seiner Heimat der Fall wäre. Dafür müsse geprüft werden, ob der Auswanderungslustige keinerlei Schulden im Inland habe oder solche seinerseits mit eigenen Mitteln zu bereinigen im Stande sei.

In Karlsruhe – und Baden insgesamt – war für das Auswanderungsverfahren das Bezirksamt zuständig.[505]

7.5 Auswanderer im militärpflichtigen Alter

Durch eine Erhebung des Ministeriums des Inneren konnte nachgewiesen werden, dass die Auswanderung nicht selten als Mittel zur Umgehung der gesetzlichen Militärpflicht diente. Die Ersatzkommission sollte in Zukunft bei der Ausstellung von

---

[503] Jahresbericht des Großherzoglichen badischen Ministeriums des Innern über seine Geschäftskreise für die Jahre 1880 und 1881. Karlsruhe 1883. Bewegung der Bevölkerung S. 34-45; hier S. 43 f.

[504] A5/Mühlburg 15: Rubrik Bürgerannahmen, Heiraten Wegzug. Schreiben von der Domänen-Verwaltung Karlsruhe vom 7. Dezember 1880 an das Bürgermeisteramt Mühlburg. Die Auswanderung von Schuldnern betr.

[505] Helbich, Wolfgang; Kamphoefner, Walter D.; Sommer, Ulrike (Hrsg.): Briefe aus Amerika (wie Anm. 73), S. 39.

Zeugnissen mit entsprechender Strenge verfahren und die Antragsteller einer eingehenden Prüfung unterziehen. Sodann hatte sie dem Bezirksamt berichtlich darzulegen, inwiefern wehrpflichtigen Personen im Alter vom vollendeten 17. bis zum vollendeten 25. Lebensjahr zu unterstellen sei, sich durch die Auswanderung der gesetzlichen Dienstpflicht entziehen zu wollen.[506]

Durch die vermehrten Reisepassanträge von jungen Männern im wehrpflichtigen Alter forderte das Ministerium des Inneren die Bezirksämtern auf, die Dauer der Gültigkeit des Passes[507] bis zu Beginn der Militärpflicht zu beschränken, da in zahlreichen Fällen mit Sicherheit vorausgesehen werden kann, dass die Empfänger nicht beabsichtigen, mit dem Eintritt des zwanzigsten Lebensjahrs nach Deutschland zurückzukehren.

„Unter diesen Voraussetzungen haben die Bezirksämter die Befugnis, die Ausstellung des Reisepasses zu verweigern und diejenigen, welche nach Amerika mit der die Erfüllung der Wehrpflicht ausschliessenden Absicht sich begeben, erst nach längeren Jahren oder gar nicht zurückzukehren, anheim zu geben, um Entlassung aus dem Staatsverbande nachzusuchen."[508]

Im Anschluss an die große Auswanderungswelle Militärpflichtiger Anfang der 1880er Jahre rechneten die Behörden mit einer verstärkten Rückwanderung nach erfolgter Naturalisation in Amerika. „Die erhebliche Zahl der Erfüllung von Wehrpflicht bezw. unter Umgehung derselben nach den Vereinigten Staaten von Nordamerika ausgewanderten und demnächst zurückkehrenden Personen lässt eine verschärfte Beaufsichtigung derselben geboten [scheinen]."[509] Daher sollen die Bezirksämter nun verstärkt nach all jenen schauen, die das Großherzogtum im wehrpflichtigen Alter verlassen, sich in Amerika naturalisiert haben und sich nun wieder für längere Zeit in Baden aufhielten. Die Ämter sollten ausfindig machen, „ob nicht Anhalt für die Annahme gegeben ist, die Auswanderung sei vornehmlich zu dem Zwecke erfolgt, um sich der Ableistung der Militärdienstpflicht in Deutschland zu entziehen. Sollten die Betreffenden durch die herausfordernde Haltung, Pochen auf ihre Annahmestellung oder sonst wie sich unbequem oder lästig machen, so ist hierüber näheres

---

[506] StAF A96/1 2054. Staatsangehörigkeit und Auswanderung. Die zur Sicherheit der Auswanderer getroffenen Vorkehrungen, Warnungen vor Auwanderung.
[507] mit Bezug auf § 3 Ziff. 1 der Control-Ordnung.
[508] GLA 357/31.4997. Schreiben vom Ministerium des Inneren vom 2.8.1880.
[509] Ebd. Schreiben vom 20.7.1886 vom Ministerium des Inneren 20.7.1886: Die Auswanderung von Wehrpflichtigen und deren Rückkehr nach erfolgter Naturalisation im Auslande. An großh. Bezirksämter. Ministerialdirektor. Gez. Eisenlor.

festzuhalten."[510] Diese Verfügung galt auch für Rückkehrer die das Großherzogtum zusammen mit ihrer Familie im Kindesalter verlassen hatten. All jene mussten die Wehrpflicht nachträglich erfüllen, wenn sie vor dem 30. Lebensjahr in ihre alte Heimat zurückkehrt waren. Diese nachträgliche Erfüllung der Wehrpflicht stellt „eine stillschweigende Bedingungen" zu der erteilten Auswanderungserlaubnis dar, daher wurden sämtliche Conscirptionsbehörden angewiesen, dafür Sorge zu tragen, diese Personen „auch wenn sie inzwischen auswärts ein Bürgerrecht erworben haben sollten", zur Erfüllung ihrer Militärpflicht heranzuziehen.[511]

Nach Durchsicht der Ein- und Auswanderungsstatistik für das Bezirksamt Karlsruhe kann die Sorge einer verstärkten Rückwanderung nicht bestätigt werden. Auch all jene die Deutschland mit der Absicht verlassen hatten, nach ein paar Jahren wieder zurückzukehren, ließen sich Größtenteils dauerhaft in den Vereinigten Staaten nieder, was auch die zahlreichen nachträglichen Entlassungsanträge aus dem badischen Staatsverband belegen.

Die Ersatzkommission ging zumeist großzügig mit den Auswanderungsgesuchen um, wie die Durchsicht der Einzelfallakten im GLA zeigt. Den Auswanderungswilligen wurden nur in Einzelfällen eine vorsätzliche Auswanderung unterstellt und die Ausreise verweigert. Einer dieser seltenen Belege liefert die Akte Julius Rothschild, der im Frühjahr 1883 nach Nordamerika auswandern wollte. Nachdem die Militärbehörde seinem Auswanderungsgesuch keine Zustimmung erteilt hatte, wandte sich Rothschild im April 1883 an das Bezirksamt Karlsruhe: „ich würde viel lieber bei meinen Eltern […] in meinem Vaterland bleiben, wenn die Aussichten für den Kaufmannstand keine so traurigen, trostlosen wären. […] dies allein ist der Grund, weshalb ich nach Amerika auswandern den festen Vorsatz habe. Ich habe die Kaufmannschaft erlernt ist mir durch Vermittlung meines Onkel durch gute Bekannte für eine Stelle als Commis in Cincinati gesorgt, es bietet sich mir in Folge dessen daselbst eine bessere lohnendere Carriere als in Deutschland, woselbst, wie ja bekannt ist, so viele junge Kaufleute brotlos herumsitzen trotz vieler Mühe zu keiner Stellung

---

[510] GLA 357/31.4997
[511] GLA 357/31.498. Die Auswanderung/ Entlassung aus dem Badischen Staatsverbande 1859 – 1957: § 6 der Verordnung vom 8. November 1856, Reg. Bl. Nr. XLVIII die Auswanderung der Conscriptionspflichtigen betreffend. Nur derjenige hat das volle Bürgerrecht der Vereinigten Staaten, welcher nach der Zulassungsurkunde als: ,admitted to be a citizen of the United States' ist, nicht derjenige, welcher blos zugelassen ist als ,to become a citizen'. Ein Deutscher, der nach dem 14. Lebensjahr eingewandert ist, keinen Militärdienst abgeleistet hat, und mit einem amerikanischen Pass oder Naturalisation zurückkehrt, untersteht nicht dem Schutz durch die amerikanischen Behörden.

gelangen können."[512] Nachdem auch durch die Eltern ein Gesuch bei der Militärbehörde gestellt wurde, in dem sie baten, dem Vorhaben des Sohnes nicht länger im Wege zu stehen und seine günstigen Lebensaussichten nicht zu zerstören, konnte Rothschild im Mai 1883 die Überfahrt antreten.[513]

Auch die Reedereien wurden dazu angehalten diese Richtlinien umzusetzen. Durch die „Niederländisch-Amerikanische-Dampfschiffahrtsgesellschaft" von Rotterdam wurde dem Ministerium des Inneren 1883 mitgeteilt, dass der Karlsruher Auswanderungsunternehmer Karl Schmitt junge Leute die im militärpflichtigen Alter stehen sollen, befördert hat, was umgehend durch die Bezirksämter überprüft werden sollte.[514]

7.6 Die Auswanderung Strafgefangener

Mit der Armenabschiebung ging oftmals die „Verbannung" Krimineller einher. Deshalb wird in diesem Kapitel mit der Transportation von Sträflingen der zweite Bereich der Fortschaffung nicht gern gesehener Bevölkerungselemente angesprochen. Der Grundgedanke war der gleiche wie bei der Armenverschickung: der Unterhalt von Gefängnisinsassen war finanziell weitaus aufwändiger als die Überfahrt in die Vereinigten Staaten. Hinzu kam, dass man sich keine Gedanken um die Wiedereingliederung der Straftäter in die heimische Gesellschaft machen musste.[515] Vom Fortgang eines Sträflings der als behördlich gesteuerte Abschiebung stattgefunden hat, wurde von Seiten der Behörden im 19. Jahrhundert wenig Aufheben gemacht.

Neu war der Gedanke nicht, unerwünschte Bürger abzuschieben – während der Kolonialzeit hatte Großbritannien von dieser Möglichkeit Gebrauch gemacht. Im Unterschied zu Russland, England und Frankreich besaß der deutsche Staat keine Kolonie, in die er die Sträflinge hätte abschieben können. „Um so näher lag daher der Gedanke an Transportation, also an eine Abschiebung von Sträflingen

---

[512] GLA 357/23969
[513] Ebd.
[514] 23.4.1881 August Knab; 12.5.1881 Ludwig Stutz; 14.7.1881 Josef Rübe und am 10.6.1882 Jakob Siegel aus Karlsruhe.
[515] Moltmann: Nordamerikanische „Frontier"(wie Anm. 27), S. 289 ff.

beziehungsweise ehemaligen Sträflingen, die im Endeffekt der Auswanderung gleichkam, an eine behördlich manipulierte Auswanderung."[516]

Das deutsche Strafrecht kannte keine Deportation – der entsprechende Vorgang wurde als „Transportation"[517] bezeichnet – dem nicht selten das stillschweigende Einverständnis der Betroffenen oder deren Familie zugrunde lag. Überwiegend Kleinkriminelle wurden so in die Vereinigten Staaten abgeschoben.

In den Auswanderungsakten für Karlsruhe sind jedoch keine Hinweise für groß angelegte Sträflingstransportationen zu finden, lediglich für einige Einzelfälle. Dass die Stadt und die einzelnen Gemeinden die Auswanderung von Sträflingen beziehungsweise Vorbestraften befürworteten, zeigt der häufig bezahlte Reise-kostenzuschuss aus der Gemeindekasse.

Bislang am ausführlichsten mit dem Thema hat sich Günter Moltmann 1976 in seinem Aufsatz „Die Transportation von Sträflingen im Rahmen der deutschen Amerikaauswanderung des 19. Jahrhunderts" beschäftigt. Er kommt zu dem Ergebnis, dass die Transportation nicht als Fortsetzung der Strafe gedacht war, sondern „mit den Vorzug der frühzeitigen Entlassung aus dem Gefängnis gekoppelt, das heißt dem Zugeständnis der Freiheit, eingeschränkt nur durch das Rückkehrverbot [...]. Der humanitäre Zug der Abschiebung lag in der Chance des Entlassenen, sich in einer unvoreingenommenen Umgebung, unbelastet von seiner Vergangenheit, neu zu entfalten, sich eine gesellschaftskonforme Existenz aufzubauen."[518]

Bei Häftlingen suchte man zunächst nach Verwandten, die in der Lage waren die Passagekosten für den Inhaftierten zu übernehmen. Ansonsten mussten der städtische Armenfond, die Gefängnisverwaltung oder die Gemeindekasse für die Kosten aufkommen, was sie in der Regel auch ohne Gegenworte taten, da die Kosten für die Ausreise, im Gegensatz zu denjenigen für den Verbleib im Land, einen einmaligen finanziellen Aufwand darstellten. Da solche Vorgänge überwiegend im Verborgenen abgewickelt wurden, hatten in der Regel nur die betreffenden Behörden und in einigen

---

[516] Moltmann, Günter: Die Transportation von Sträflingen im Rahmen der deutschen Amerikaauswanderung des 19. Jahrhunderts. In: Moltmann Günter (Hrsg.): Deutsche Amerikaauswanderung im 19. Jahrhundert. Stuttgart 1976. S. 147-196; hier: S. 150.

[517] Der zeitgenössische Begriff Transportation steht für die Fortschaffung über See, die verbunden ist mit einem Rückkehrverbot, wobei der Rest der Haftstrafe dabei erlassen wurde. Im Gegensatz zur Deportation welche Sträfling auch zwangsverschickte und was mit einem weiteren Zwangsaufenthalt und Zwangsarbeit an einem vorgegeben Ort verbunden war.

[518] Kügler, Dietmar: Die Deutschen in Amerika. Die Geschichte der deutschen Auswanderung in die USA seit 1683. Stuttgart 1983. S. 101.

Fällen auch die Angehörigen des Sträflings, welche für die Überfahrtkosten aufkommen sollten, Kenntnis davon – schriftliche Unterlagen sind daher eher eine Seltenheit.[519]

„Abschiebungen wurden [...] aus nahe liegenden Gründen mit dem Schleier des Geheimnisses umgeben, wenigstens in Deutschland. So kommt es, daß sich die Geschichtsschreibung zur Auswanderung bis heute kaum mit diesem Komplex befaßt hat."[520] Gerade was die flüchtigen Kriminellen betrifft, steht die Forschung aus Mangel an Quellen vor fast unüberwindbaren Hindernissen, da nur einige wenige Berichte lediglich bruchstückhafte Auskünfte über Einzelvorgänge geben. Daher konzentriert sich auch dieser Teil der Arbeit auf die behördliche Transportation von einzelnen Sträflingen. Verlässliche Angaben über die Abschiebung von badischen Sträflingen sind dennoch kaum möglich, da, nach durchsicht der Akten des Arbeitshauses Bruchsal im GLA Karlsruhe, kaum noch Quellen für den hier betrachteten Zeitraum vorhanden sind. Daher muss dieser Abschnitt der Arbeit mit Hilfe der ausgewählten Beispiele aus den Einzelfallakten des Bestands GLA 357 auskommen und anhand dieser die Abschiebung nachgezeichnet werden.

Nachdem die Häftlinge noch auf Staatskosten neu eingekleidet wurden, brachte man sie unter Bewachung nach Mannheim, in einigen Fällen auch direkt zu den Überseehäfen. Auf den Schiffen wurde meist nur der Kapitän über die Sträflinge an Bord informiert. Falls die Crew davon ebenfalls Kenntnis erhielt, wurde sie zur Geheimhaltung verpflichtet. Dennoch konnten „gewöhnliche" Auswanderer ab und an beobachten, wie Personen in Ketten und in Begleitung von Polizei oder Soldaten an Bord kamen. Nach der Ankunft in Amerika wurde ihnen ein Handgeld als Starthilfe für ihr Leben in der Neuen Welt ausbezahlt damit sie bei den Hafenbehörden in Amerika kein Misstrauen erregten.[521] Nach der Transportation war der Sträfling nach der Ankunft in Amerika frei.

Noch bis in die 1850er Jahre wird von deutscher Sträflingstransportation in größerem Umfang berichtet. Hamburg und das Herzogtum Sachsen-Gotha standen, einem Bericht von List zufolge, in dem Ruf die Vereinigten Staaten als Sträflingskolonie anzusehen; ferner wurden auch Braunschweig, Hannover, Mecklenburg, Bayern, Württemberg und das Großherzogtum Baden genannt. Obwohl vom Kongress immer

---

[519] Moltmann: Die Transportation von Sträflingen (wie Anm. 516), S. 150.
[520] Kügler: Die Deutschen in Amerika (wie Anm. 518), S. 97.
[521] Ebd.

wieder Gegenmaßnahmen gefordert wurden, um die Einreise von unerwünschten Personengruppen zu unterbinden, die amerikanische Bevölkerung vor dem Strom ausländischer Krimineller und Pauper zu schützen und so auch die Kosten für Armenhäuser und Gefängnisse zu mindern, war es dem Kongress nicht möglich, ein diesbezügliches Gesetz zu erlassen. Hinzu kam die Befürchtung, das Verhalten der Sträflinge würde sich negativ auf die amerikanische Gesellschaft auswirken und zu einem Anstieg der Verbrechensrate führen.[522]

Auch wenn die Anwesenheit von Sträflingen an Bord noch rechtzeitig bekannt wurde, wurden die Behörden vor die Frage gestellt, ob dieser, nachdem er in der Heimat entlassen wurde, nach der Ankunft in den Vereinigten Staaten noch als Krimineller behandelt und ihm sein Vorleben noch ewig zum Nachteil gereicht werden durfte. Dem konnte nur durch eine enge Zusammenarbeit zwischen dem Herkunfts- und Aufnahmeland entgegengetreten werden, die es bis zur Jahrhundertmitte kaum gab. Infolge der mangelnden verfassungsrechtlichen Abgrenzung der Bundes- und Einzelstaatenkompetenzen, kam es zu erheblichen juristischen Schwierigkeiten. Auch durch die Kompetenzverteilung in den Bereichen der inneren Sicherheit und des Außenhandels. Für Verbrechensbekämpfung und soziale Sicherheit waren die Einzelstaaten zuständig, für den Außenhandel, zu dem die internationale Schifffahrt mit dem Einwanderungsgeschäft gehörte, Washington. Es bedurfte es erst zwei Entscheidungen des Supreme Court, um dem Kongress das Recht zu verleihen, Einwanderungsbeschränkungen zu beschließen.[523] Zwar wurde gegen die Zwangsauswanderungsmethoden öffentlich polemisiert, aber erst 1875 ein Gesetz erlassen, das untersagte, Menschen die in ihrer Heimat gegen das Gesetz verstoßen hatten, Prostituierte, Fürsorgefälle und politische Unruhestifter in die Vereinigten Staaten abzuschieben: „that is hall be unlawful for aliens of the following classes to immigrate into the United States, namely, persons who are undergoing a sentence for conviction in their own country of felonious crimes other than political or growing out of or the result of such political offences, or whose sentence has been remitted on condition of their emigration, and women imported for purposes of prostitution."[524]

---

[522] Moltmann: Die Transportation von Sträflingen (wie Anm. 516), S. 167.
[523] Ebd., S. 168.
[524] Ebd., S. 167. Hamburg erließ bereits 1850 ein Gesetz das die Zwangsauswanderung von Häftlingen oder Wohlfahrtsempfängern untersagte. So wurde hier früh die Transportation unliebsamer Bürger formal beendet.

Hintergrund waren statistische Erhebungen, die überdurchschnittliche viele Europäer die völlig verarmt in Amerika ankamen oder bereits im Gefängnis waren belegen, die dann in Amerika erneut mit dem Gesetz in Konflikt kamen oder der Armenfürsorge anheim fielen.

Weitere Gründe hierfür waren aber auch von praktischer Natur: De facto war es für die Hafen- und Einwanderungsbehörden an der amerikanischen Küste kaum möglich, einen einreisenden Sträfling sofort als solchen zu identifizieren und zurück zu schicken, da die deutschen Behörden sich alle Mühe gaben, dass sich die Sträflinge nicht von den anderen Passagieren an Bord unterscheiden ließen. Auch der 1883 ausgewanderte, aus Teutschneureuth stammende Karl Friedrich Federlechner, der bereits dreimal im Arbeitshaus war, wurde für die Überfahrt mit einem Handgeld in Höhe von 50 Mark und einem neuen Anzug für 20 Mark ausgestattet. Die Gemeinde kam für die entstandenen Kosten – inklusive dem Fahrgeld von 100 Mark – auf, da Federlechner, so die weitläufige Meinung, nach der Entlassung erneut rückfällig beziehungsweise der Gemeinde zur Last fallen würde.[525]

Seit den 1860er Jahren, so Kögler, habe die Abschiebung von Straftätern und Armenhausinsassen stark nachgelassen. Dies hing mit der Stabilisierung der Vereinigten Staaten und ihrem Aufstieg zur Großmacht zusammen, durch den sich das Bild der europäischen Behörden wandelte, die bis dahin die neue Welt als adäquates Sammelbecken für Störenfriede ansahen. Die Ausweitung der politischen Kontakte zwischen der Alten und der Neuen Welt vertrugen auf diese Weise entstehende Spannungen nicht, wodurch sich die Praxis der behördlichen Auswanderung verlor.[526]

Zum diesem Ergebnis kommt auch Moltmann in seinen Untersuchungen. Er nimmt an, dass die Abschiebungsfälle seit 1855 gesunken sind, da auch im amerikanischen Kongress nach 1856 keine größeren Beschwerden mehr über die Ankunft von kriminellen Einwanderern eingegangen sind. Es seien zwar über deutsche Seehäfen noch gelegentlich Transportierungen vorgenommen worden, diese würden allerdings eine Ausnahme darstellen. Einer der Gründe kann das bereits 1847 verhängte Einschiffungsverbot für flüchtige Verbrecher, Armenhaus- und Gefängnisinsassen der beiden größten deutschen Seehäfen Hamburg und Bremen sein. Davon waren die süddeutschen Auswanderer aber kaum betroffen, da diese, wie bereits erwähnt,

---

[525] GLA 357/7321
[526] Kügler: Die Deutschen in Amerika (wie Anm. 518), S. 97.

vornehmlich nicht über innerdeutsche Seehäfen reisten, sondern den Weg über Le Havre oder Antwerpen wählten. Als weitere Ursache für den Rückgang der Transportationen kann das allgemeine Sinken der Auswandererzahlen in Betracht gezogen werden. So dürfte „die Entwicklung des Rahmenprozesses Auswanderung [...] für den Teilvorgang Abschiebung nicht unerheblich gewesen sein", wozu auch die positivere Kriminalstatistik beigetragen haben durfte.[527] Entscheidend war darüber hinaus der Umstand, dass sich die transatlantischen Beziehungen auch in wirtschaftlicher Hinsicht immer mehr intensiviert haben und durch Vorgänge wie die Sträflingsabschiebung gefährdet werden konnten – was der deutschen Regierung mehr Nach- als Vorteile gebracht hätte. Allgemeine Sachzwänge machten es unvermeidlich, das Recht der Vereinigten Staaten zu bevölkerungspolitischer Souveränität anzuerkennen.[528]

Dessen ungeachtet zogen es einzelne Gemeinden im Großherzogtum auch weiterhin vor, ihre Häftlinge in die Vereinigten Staaten abzuschieben. Aus diesem Grund richtete sich das Ministerium des Inneren in Karlsruhe am 25.4.1885 mit einem Schreiben an die Landeskommissäre: „[...] soll in Folge der strengeren Handhabung des in unserem Erlaß [...] No 4192 erwähnten Verbots der Einwanderung hilfsbedürftiger Personen in den Vereinigten Staaten von Nordamerika in unserer Zeit ein und der andere Fall [...] von ehemaligen Insassen des polizeilichen Arbeitshaus, welche auf öffentliche Kosten nach Nordamerika ausgewandert waren, vorgekommen sein."[529]

Auch dem 20-jährigen Halbwaisen Karl August Erhard aus Linkenheim, der bereits 16 Mal wegen Bettel, Landstreicherei und Diebstahl verurteilt wurde und seine Strafe im polizeilichen Arbeitshaus verbüßte, wurde die Auswanderung nahe gelegt: „Da seine Entlassung nun kurz bevor steht, [...] demselben keine Besserung vorraussichtlich zu hoffen hat, und derselbe auch weiter kein Vermögen besitzt, hat man ihm den Antrag gestellt, ob er nicht bereit wäre, nach Amerika zu gehen, wenn er das Reisegeld aus der Gemeindekasse dazu erhält, derselbe hat nun seine Bereitwilligkeit dazu erklärt, sein Vater ist damit einverstanden, ist zwar jetzt außer Stand das Reisegeld für ihn zu bezahlen, verbürgt sich aber die etwaigen Kosten später der Gemeindekasse zu ersetzen. Da derselbe gänzlich arbeitsscheu und

---

[527] Moltmann: Die Transportation von Sträflingen (wie Anm. 515), S. 181.
[528] Ebd., S. 189.
[529] StAF A96/1 2054

vorraussichtlich nichts gutes von ihm zu erwarten ist […]", wurden die nötigen Mittel von der Gemeindekassen übernommen, sollten aber nach dem Tod des Vaters von dessen Vermögen zurückerstattet werden.[530]

Da die Abschiebungspraxis in den folgenden Jahren dennoch weiter praktiziert wurde, wie auch der Fall Erhard zeigt, wendete sich das Ministerium des Innern im September 1889 an den Landesverband des badischen Schutzvereins für entlassene Gefangene und verweist auf „[…] die beiden auf die Einwanderung bezüglichen Gesetze der Vereinigten Staaten vom 3. August 1882 und vom 26. Februar 1885 beziehungsweise 23. Februar 1887. […] Im Einverständnisse mit Großherzoglichem Staatsministerium müssen wir demnach davon unbedingt abrathen, daß entlassene Gefangene von den Schutzvereinen, namentlich mit Unterstützung aus Vereinsmitteln, nach Amerika befördert werden, da von solchen Vorhaben sehr unliebsame und schwer abzuweisende Reklamationen" und gegebenenfalls die Rückbeförderung zu erwarten sind.[531] Des Weiteren wird darauf Aufmerksam gemacht, dass diesbezüglich weitere, strengere Begrenzungen durch den Kongress folgen werden.

Die Strafgefangenen wurden nicht immer nur auf Willen der Gemeinde oder der Familie hin nach Amerika entlassen, sondern auch aus freien Stücken, da sie sich dort als Vorbestrafte einen besseren Neustart als in Deutschland erhofften. So auch der wegen Unterschlagung in Rastatt inhaftierte Ludwig, der kurz vor seiner Haftentlassung stand: „[…] Ich habe mir schon oftmals die Frage vorgelegt was ich nach meiner Entlassung anfangen, was aus mir werden soll. Als ich das Vergehen beging stand ich noch in der Lehre als Kaufmann, habe also meine Lehre noch nicht beendet. Unter solchen Umständen als Kaufmann irgend eine geeignete Beschäftigung zu finden, wird mir unmöglich sein, etwas anderes habe ich nicht gelernt. […] mein Vater durch eingegangene Verpflichtungen mit seinem Vermögen für mich hat einstehen müssen, darf ich an eine Zuflucht und Gehilfe in meinem Elternhaus nicht mehr denken. Ich stehe daher Heimatlos, ohne Mittel, mit schlechter Kleidung, hinausgestoßen und verachtet in der Welt, so daß Noth, Elend und Schande mein Loos sein wird. Ohne Heimath möchte ich lieber nicht mehr leben, als vor den Augen meiner Bekannten in Verachtung und Schande vielleicht zu Grunde zu gehen. Dieses Loos bleibt mir erspart wenn es mir möglich wird nach Amerika auszuwandern. Es

---

[530] GLA 357/7262; Karl August Erhard ist am 22.1.1882 nach Amerika ausgewandert.
[531] StAF 96/1 2055

wohnt dort in Strasburg Shilby County Illinois mein Onkel der Bruder meines Vaters, bei dem ich die besten Aussichten für meine Zukunft hätte. Derselbe betreibt eine große Mühle und einen bedeutenden Getreidehandel bei dem er zur Führung der Bücher und des Geschäfts Leute angestellt hat."[532] Bei einer Genehmigung der Auswanderung durch das Bezirksamt „wird mein Vater nochmals ein Opfer bringen und ich werde glücklich und zeitlebens dafür dankbar sein, anderen falls werde ich mein lebenlang ein unglücklicher Mensch sein. Ich bitte das Bezirksamt dringend und inständig mir die Erlaubniß zur Auswanderung und Entlassung aus dem badischen Staatsverband gefälligst genehmigen zu wollen."[533]

Auch der Vater Jakob Bernhards glaubte nicht an ein rühmliches Weiterkommen seines Sohnes nach der Entlassung im Reich: Wenn er „[…] aus dem Gefängnis entlassen wird, wird es ihm schlimm ergehen, denn seine Lehre als Kaufmann hat er nicht beendet und im 19ten Jahre etwas anders zu lernen, ist es zu spät. […] als entlassener Sträfling wir es ihm nicht gelingen […] Arbeit zu finden, er wird aber auch, was ich sicher voraussehe, nicht arbeiten wollen. […] seine Charakter-eigenschaften kenne ich sicher, wenn er keine günstige Arbeitsgelegenheit findet […] ein Mensch aus ihm werden wird, von welchem unser deutsches Vaterland in den Gefängnissen und außerhalb derselben jetzt schon zu viel hat."[534] Die Auswanderung sähe er als einzige Chance an, um seinen Sohn vor „dem völligen Untergang zu bewahren."[535]

Der Wille zur Auswanderung und zur Besserung resultierte bei einigen Häftlingen aus der Möglichkeit heraus, bei einer Auswanderung nach Amerika, die verbleibende Haftstrafe um einen Großteil mindern zu können. Wie auch im Falle des 31 Mal vorbestraften Ludwig Schütz, der seine Strafe wegen Bettel- und Landstreicherei in Bruchsal verbüßte: „Ich bin jetzt bald 26 Jahre alt, von Körper gesund, habe die Schlosserei erlernt und kann mich besonders mit der Bauschlosserei gut fortbringen. Von meiner 1 Jahr dauernden Intentionszeit hab ich nahezu 3 Monate zurück gelegt. Dadurch daß ich in schlechte Gesellschaft kam, wurde ich leichtsinnig, arbeitsscheu und verfiel dem Bettel […]."[536] Er gelobte, sich ernstlich zu bessern und beteuerte,

---

[532] GLA 357/23809
[533] Ebd.
[534] Ebd.
[535] Bernhard ist am 4. September 1894, bereits 2 Tage nach seiner Haftentlassung nach Amerika ausgewandert.
[536] GLA 357/6870

„wenn mir die Gelegenheit mit meinen früheren Bekannten und Verhältnissen dadurch abgeschnitten wurde, daß ich nach Amerika auswandern könnte, mir geholfen wäre.“[537]

Ebenfalls im September 1889 teilten das badische Innenministerium und der badische Schutzverein für entlassene Gefangene, nach Empfang des Jahresberichts des Commissoner of Emigration des Staates New York für das Jahr 1888, mit, dass es „von Baden zu verhindern [sei] Personen, welche nicht im Stande sind, für sich selbst zu sorgen, ohne der öffentlichen Fürsorge zur Last zu Fallen (: persons unable to take care of themselves without becoming a public charge:)“[538] weiterhin nach Amerika zu schicken, da ein 1888 im Kongress neu ausgearbeiteter Gesetzentwurf noch schärfere Bestimmungen gegen diese Art der Einwanderung enthalten würde.

Im Einverständnis mit dem Großherzoglichen Staatsministerium wurde dringend davon abgeraten, entlassene Gefangene mit finanzieller Hilfe der Schutzvereine nach Amerika zu befördern, da von solchen Verfahren sehr unliebsame und schwer abzuweisende Reklamationen, sogar Rückbeförderungen zu erwarten seien. Alle folgenden Auswanderungsgesuche der im Arbeitshaus Inhaftierten sowie diejenigen ihrer Angehörigen sollten ausnahmslos zurückgewiesen werden.[539]

Ob durch diese Aufforderung der Abschiebepraxis von Sträflingen Einhalt geboten werden konnte, kann den Akten nicht entnommen werden. Diesbezügliche Aufforderungen vom Ministerium des Inneren sind zwar für die folgenden Jahre kaum noch vorhanden, was aber keine gesicherten Rückschlüsse über den realen Zustand zulässt.

---

[537] GLA 357/6870. Die Auswanderungskosten in Höhe von 128 Mark wurden durch die Armenkasse übernommen. Schütz ist im Juli 1884 nach Amerika ausgewandert.
[538] GLA 357/31.4997. Schreiben vom 23.9.1889 Ministerium des Inneren.
[539] Ebd.

8 Maßnahmen zum Schutz der Auswanderer

8.1 Gesellschaften und private Organisationen

In zahlreichen Schriften wurden die Auswanderungswilligen von verschiedenen Seiten – nicht nur durch die Regierung – über die Schattenseiten ihres Vorhabens aufgeklärt und sollten vor eventuellen Fehlern bewahrt werden. Einen sehr umfangreichen Leitfaden, der auch in Baden im Umlauf war, erstellte die Deutsche Gesellschaft in New York. Hierin wurden die Auswanderer über alle nötigen einzuleitenden Schritte von Verlassen des Heimatorts, der Überfahrt bis hin zur Ankunft in Amerika und die damit verbundenen möglichen Irrtümer und Gefahren informiert. Im Leitfaden wurde nicht ausgelassen, klare und deutliche Worte an die Reisenden zu richten, um ihnen die Illusionen eines leichten Auskommens in Amerika zu nehmen. Die Auswanderungswilligen sollten sich „nicht einbilden, daß in Amerika nur das Geld auf der Straße läge, und man sich blos zu bücken brauche, um es aufzuheben. Nein, Amerika ist das Land der Arbeit und der unermüdlichen Anstrengungen. [...] Wer arbeiten kann und arbeiten will, wird dort besser fortkommen wie irgendwo auf der Welt, besonders wenn er sich vom ersten Tage an größter Sparsamkeit befleißigt und die schwere Kunst erlernt, sich stets nach der Decke zu strecken."[540]

Trotz jahrelanger Warnungen merkte die selbst aus Deutschland ausgewanderte Redakteurin Dittmar noch 1909 an, dass es oftmals die reine Geldgier sei, welche die Deutschen nach Amerika treiben würde: „Dieser entsetzliche Zug bildet die Triebkraft, die viele hierher treibt, die im Vaterlande recht gut eine anständige Existenz fristen können – eine weit angenehmere, als sie ihnen tatsächlich hier beschieden ist; aber man möchte doch auch seinen Anteil am überflüssigen amerikanischen Golde einheimsen!"[541]

Eine der wichtigsten Informationsquellen für die Auswanderungswilligen stellten Reiseführer dar, die vermehrt seit den 1840er Jahren im Umlauf gebracht wurden. Diese trugen Namen wie „Wegweiser", „Kompass", „Treuer Führer" oder

---

[540] Deutsche Gesellschaft der Stadt New York. Leitfaden für Deutsche Einwanderer nach den Vereinigten Staaten von Amerika. New York 1903. S. 7.
[541] Dittmar, E. C.: Die Einwanderung gebildeter weiblicher Erwerbsbedürftiger nach den Vereinigten Staaten. Bielefeld und Leipzig 1909. S. 39.

„Wohlgemeinter Rath". Warum gerade in den 1840er Jahren eine Vielzahl von solchen „Führern" auf den Markt kam, begründet Krohn sowohl mit dem allgemeinen Anstieg der Auswandererzahlen als auch mit der Tatsache, dass zu den aus wirtschaftlicher Not ausgewanderten nun auch vermehrt Exilanten gekommen waren, die das Reich aus politischen Gründen verließen und in der Regel einem höhern Bildungsniveau angehörten, das an sachlichen Informationen interessiert war.[542] Diese Informationsbroschüren reichten Inhaltlich von naiven Darstellungen bis hin zu authentischen, ambitionierten Berichten. Hierzu zählt auch Traugott Brommes Werk „Hand- und Reisebuch für Auswanderer aus allen Klassen und jedem Stande", das sich zu einem mehrfach aufgelegten Standartwerk entwickelte.[543]

Auch der kleine Auswandererwegweiser „Über's Meer" versuchte mit den bestehenden Illusionen über das Leben in den Vereinigten Staaten aufzuräumen: „Jenseits des Ozeans gibt es kein Paradies, wo ewiger Friede und Genuß herrscht, wo alle Menschen gleichen Grades glücklich und frei sind, wo alles Ordnung, Vernunft und Harmonie ist, – wo man weder Gericht noch Polizei, noch Soldaten mehr bedarf, – kein Schlaraffenland, in welchem alle Bedürfnisse ohne Mühe und Arbeit in größter Fülle zu erreichen sind: in weit höherem Maße noch als in unseren geordneten Verhältnissen erwarten den Fremdling dort saurer Schweiß, schwere Arbeit und zahllose bittere Enttäuschungen."[544]

Einen ganz anderen Weg zum Schutz und Wohl der Auswanderer versuchte der Badener Vogt durch die Gründung einer badischen Kolonie in Kentucky einzuschlagen. Hintergrund für seine Überlegungen war der Expansionsdrang und die Kolonialpropaganda des Kaiserreichs, deren Ziel es war, die Massenauswanderung, die zu 90 % nach Amerika ging, in deutsche Siedlungsgebiete umzulenken. Dabei kam es zu einer Überschneidung der nationalideologischen mit den ökonomischen und marktwirtschaftlichen Kalkulationen. Auf der einen Seite sollte der nationale „Aderlass" und der Verlust des Deutschtums verhindert werden, der durch den starken Assimilationsprozess in den Vereinigten Staaten immer stärker voranschritt. Ebenso sollte der Kapitalstrom zu einem Weltmarktgegner wie den USA und auch der

---

[542] Krohn: Und warum habt ihr denn Deutschland verlassen? (wie Anm. 478), S. 135.
[543] Ebd., S. 135
[544] Lesser, Richard: Wegweiser von der alten zur neuen Heimat. Band 1. Leipzig 1883. In: Oberländer, Richard; Lesser, Richard (Hrsg.): Über's Meer. Taschenbibliothek für deutsche Auswanderer. S. V f.

Zugewinn der Arbeitskraft durch deutsche Auswanderer unterbunden werden. Auf der anderen Seite wollte man durch die Errichtung von Kolonien neue Absatzmärkte schaffen, um die Auswanderer nicht nur marktwirtschaftlich, sondern auch kulturell an die alte Heimat zu binden.[545] Die starke Bevölkerungsvermehrung und die Auswanderung wurden von der Regierung mit dem politischen Expansionsdrang verknüpft. Die Versuche einer sozialpolitischen Expansion der 1880er Jahre blieben allesamt „expansionistische Sozialutopien", die durch das Absinken der Geburtenziffern und den Rückgang der Auswandererzahlen nach und nach in Vergessenheit gerieten.[546]

Für seine Kolonie wählte Vogt den Namen „Gottesau", deren Hauptstadt sollte zu Ehren des Großherzogs von Baden „Friedrichstadt" genannt werden. „Können wir uns darüber wundern, daß so Viele – denen die heimatliche Scholle mehr und mehr so zusammengeschmolzen ist, daß sie ein menschenwürdiges Auskommen nur noch zu günstigen Zeiten gestattet, dem Besitzer aber bei aufeinander folgenden wenigen Missernten zu verlassen droht, bzw. den Ruin seiner Lebensexistenz nicht verhüten kann – ihr den Rücken zuwenden und sich eine weniger kümmerliche neue Heimat suchen?"[547] Finanziert werden sollte dieses Vorhaben durch die Mithilfe der badischen Regierung, welche allerdings im Dezember 1881 verlauten ließ: „Die Fürsorge für die Auswanderung sei privater Thätigkeit zu überlassen, es könne darin auch zu weit gegangen und damit die Neigung zur Auswanderung gefördert werden. Der Staat habe ein Interesse, seine Angehörigen zusammenzuhalten."[548] Eine finanzielle Beteiligung des Staates an Privatkolonien sei zudem durch die Gesetzgebung nicht gestattet. Diese Sichtweise hebt sich eindeutig von der aus den 1840er Jahren ab und lässt ein Umdenken der Regierung bezüglich der Bedeutung einer in Baden mit ihrer Arbeitskraft verbleibenden Bevölkerung erkennen.

---

[545] Lesser: Wegweiser (wie Anm. 544), S. 338.
[546] Ebd., S. 61.
[547] Vogt, G.: Die Gründung der Deutschen Handels-Kolonie-Gesellschaft in Baden zur Errichtung einer gemeinnützigen Kolonie für das Wohl deutscher Auswanderer und zur dauernden Unterstützung der hilfsbedürftigen heimatlichen Volksklassen in Beleihung von Kapitalien und Vergabung von Geschenken. Schopfheim 1882. S. 2.
[548] Ebd., S. 9.

8.2 Staatliche Maßnahmen zum Schutz der Auswanderer

Bevor die Regierung schützend in den Einwanderungsvorgang eingriff, bedurfte es noch zahlreicher unheilvoller Geschehnisse. Nachdem bei einer Überfahrt von Hamburg nach New York im Winter 1867/68 viele Auswanderer auf einem Schiff des Reeders Sloman verstarben, setzte Bismarck sein Aufsichtsrecht ein und errichtete 1868 eine Kommission, die sich über die Auswanderung aus Hamburg und Bremen informieren sollte.[549] 1869 folgte dann die Institutionalisierung durch den Einsatz von Bundeskommissaren für Hamburg und Bremen. Deren Aufgabe war es, den von den Landesregierungen durchgeführten Untersuchungen der Auswanderungsschiffe und Logishäuser beizuwohnen und selbst diesbezügliche Untersuchungen durchzuführen. Bei Verletzung der Gesetze hatte der Kommissar die Landesregierung darauf aufmerksam zu machen und konnte entsprechende Gesetzesvorschläge einbringen.[550]

Eine weitere Anlaufstelle fanden auswanderungswillige Badener bei der Deutschen Kolonialgesellschaft in Berlin. Die Anfragen aus dem Großherzogtum illustrieren jedoch das Ende des Wanderungsstroms in die Vereinigten Staaten. Zwischen 1903 und 1904 gab die Kolonialgesellschaft von 3.308 Gesamtauskünften nur noch 72 an Badener.[551]

Ein nicht zu unterschätzendes Problem für die Regierung stellte die Anwerbung von Mädchen für amerikanische Klöster dar. Sämtliche Bezirksämter im Großherzogtum wurden aufgefordert, sich nach Werbern umzuschauen und den Ortspolizeibehörden entsprechende Weisungen zu erteilen.[552] Da sich die Furcht um die jungen Mädchen in ganz Baden zuspitzte, berichtete selbst die Badische Landeszeitung im September 1910 über 32 Mädchen aus dem südlichen Schwarzwald, die nach Amerika aufgebrochen seien und sich für 10 Jahre im Kloster St. Joseph der Franziskaner-Schwestern in Milwaukee verpflichtet hätten.[553] 1911 erhielt die Regierung erneut Informationen über den Aufenthalt amerikanischer Ordensschwestern in Baden, um minderjährige Mädchen für ihre Klöster anzuwerben. In den Vereinigten Staaten

---

[549] Gelberg: Auswanderung nach Übersee (wie Anm. 42), S. 17.
[550] Ebd.
[551] GLA 237/16907. Im nachfolgenden Jahresbericht 1904-1905 kamen von 2.663 Auskunftstellern noch 86 aus Baden; im Jahresbericht 1905-1906 stieg die Zahl der Anfragen aus Baden auf 105 (von 3.180 Gesamtauskünften); im Bericht 1907-1908 sogar auf 245 (bei 7.460 Gesamtauskünften).
[552] StAF A 96/1 2061
[553] Badischen Landeszeitung Nr. 445 vom 27.9.1910.

würden die Mädchen bereits mit 15 Jahren zum Noviziat zugelassen werden und von Heimweh geplagt ihre Entscheidung schon bald zu tiefst bereuen.[554]

8.3 Die Rolle der badischen Konsulate in den Vereinigten Staaten

Bis 1871 hatte Baden eigene Gesandtschaften beim Deutschen Bund, in Bayern, Belgien, Frankreich, Hannover (bis 1866), Hessen, Italien, den Niederlanden, in Österreich, Preußen, Sachsen, der Schweiz und in Württemberg unterhalten, dazu zahlreiche Konsulate in Übersee – allein 8 Konsulate in den USA. Dieselben Staaten waren auch in Karlsruhe vertreten. Mit dem Eintritt Badens in das Deutsche Reich gab es seine auswärtigen Angelegenheiten an dieses ab, und obgleich ihm das Recht weiterhin Gesandtschaften und Konsulate zu unterhalten ungenommen blieb, wurden 1871 alle badischen Gesandtschaften aufgelöst, bis auf die Gesandtschaft in Berlin, die bis 1918 bzw. 1945 weiter bestand.[555]

Schon vor der Gründung des Reichs schloss sich Baden mit anderen Deutschen Staaten zur Unterhaltung gemeinschaftlicher Konsulate in den Vereinigten Staaten zusammen: Am 15.1.1869 berichtete die Karlsruher Zeitung von gemeinschaftlichen Konsuln für Baden, Bayern, Württemberg und den Norddeutschen Bund, einem Herrn Konsul Werner Dresel in Baltimore und Konsul Robert Barth in St. Louis.

Gemeinsam mit Württemberg und Bayern hatte das Großherzogtum Konsul Adae in Cincinnati, Konsul John Schmidt in Louisville, Konsul Louis von Baumbach in Milwaukee, zusammen mit Bayern Konsul Adolf Bader in New Orleans.

Bis 1869 unterhielt Baden eigene Konsulate in New York, Baltimore, Cincinnati, Louisville, Milwaukee, Philadelphia, St. Francisco, St. Louis und in New Orleans.[556]

Dieses dichte Netz konsularischer Vertretungen lässt die Fürsorgepflicht der badischen Regierung erkennen und zeigt, dass dieser die Bedeutung der Auswanderung bereits früh bewusst war. Die Regierung wurde stets von verschiedenen Stellen in umfassenden Berichten – wie bereits dargelegt wurde – sowohl über den Auswanderungsvorgang selbst als auch über die Entwicklung und

---

[554] GLA 357/32.064. Die Auswanderung nach Amerika USA nach Missouri/Louisiana. Schreiben des Ministerium des Inneren vom 11.1.1911. Fälle von betroffenen Mädchen im Bezirksamt Karlsruhe konnte nicht ausfindig gemacht werden.
[555] Die Bestände des General Landesarchivs Karlsruhe Teil 3: Ogf 10 (39/3) S. 51.
[556] GLA 233/9377

das Leben der badischen Untertanen in den Vereinigten Staaten informiert, welche sie unter anderem zur weiteren Standortwahl ihrer Auslandsvertretungen nutzten.[557]

Ein Grund für den Abzug der Konsulate dürften auch die vermehrt auftretenden Probleme, die durch die heterogenen Rechtsverhältnisse zwischen dem Reich und den Vereinigten Staaten entstanden, gewesen sein. Bereits 1871 wurden alle deutschen Länder durch das Generalkonsulat in New York darauf hingewiesen, dass fehlerhafte Entscheidungen große Unkosten für das Reich nach sich ziehen könnten.[558] Mit zunehmender Auswandererzahl musste auch die Rechtslage zwischen dem Reich und den Vereinigten Staaten statuiert werden – zu den wichtigsten Punkten gehörten hier die Auslieferungsangelegenheiten zwischen den beiden Ländern. Die Übergabe der Verfolgten an die deutschen Behörden fand regelmäßig in New York statt; der Ausgelieferte wurde dann auf einem deutschen Schiff, in der Regel nach Bremerhaven oder Hamburg überführt. In diesem Rahmen wurden auch die großherzoglichen Justizbehörden vom Auswärtigen Amt – mit Zustimmung von amerikanischer Seite – darauf aufmerksam gemacht, „auch bei anderen im Auslieferungsvertrag nicht vorgesehenen Verbrechen und erheblichen Vergehen" die Strafverfolgung einzuleiten, zuvor sei jedoch telegraphisch deren Genehmigung einzuholen und dem Generalkonsulat in New York Meldung zu machen.[559]

Zu Beginn des 20. Jahrhunderts wurde die Gesetzgebung auf beiden Seiten des Atlantiks noch einmal verschärft. Das nordamerikanische Einwanderungsgesetz vom 20. Februar 1907 ermächtigt die Einwanderungsbehörde, Personen, die einer schimpflichen strafbaren Handlung (a felony or other crime or misdemeanor involving moral turpitude) überführt worden sind oder sich einer solchen schuldig bekennen, die Einwanderungserlaubnis zu versagen. Falls ihre Einwanderung dennoch erfolgt ist, besteht die Möglichkeit, sie innerhalb von drei Jahren nach ihrer Landung in den USA auszuweisen und ihre Rückbeförderung zu veranlassen. Auf diese Weise wird die Möglichkeit eröffnet, Personen, die in Baden wegen eines im badisch-nordamerikanischen Auslieferungsvertrag vorgesehen Delikts verfolgt werden, sich dieser Verfolgung durch die Flucht nach den Vereinigten Staaten zu entziehen

---

[557] GLA 233/9372; GLA 233/9393
[558] GLA 233/9387
[559] GLA 234/7144. Generalia Gerichtsbarkeit Verordnung des Ministeriums des Großh. Hauses, der Justiz und des Auswärtigen vom 30.12.1872; auf den Erlaß vom 19.12.1881 Nr. 19361, das Verfahren bei Auslieferung gegenüber den Vereinigten Staaten von Nordamerika betreffend.

versuchen, ohne großen Aufwand zurück in ihre Heimat zu senden, um ihre Strafe zu verbüßen.[560]

8.3.1 Unterstützung badischer Auswanderer

Obwohl stets versucht wurde, die Auswanderer davor zu warnen, sich nur mit ausreichenden finanziellen Mitteln auf den Weg zu machen, liegen dem Ministerium des Inneren einige wenige Einzelfallberichte der Konsulate in den Auswanderungsseehäfen über die finanzielle Unterstützung badischer Untertanen für die Jahre 1880-1892 vor. Diese Beträge wurden dem Ministerium in Karlsruhe in Rechnung gestellt beziehungsweise an die in Baden verblieben Verwandten weitergereicht. Auf diese Weise erhielt der Karlsruher Friedrich Charrier in Antwerpen 6,70 Mark; der ebenfalls aus Karlsruhe stammende Hermann Wentz wurde in Amsterdam mit 34,40 Mark unterstüzt.[561] Im Falle von Bertha Rappenhort, deren in Karlsruhe lebenden Eltern für die 1893 in Amsterdam erhaltene Unterstützung in Höhe von 4,58 Mark aufkommen sollten, konnte der selbst Not leidende Vater nur die Hälfte des ausstehenden Betrages aufbringen. Zur Überprüfung der wahrheitsgetreuen Angaben musste er ein Vermögenszeugnis abgeben.[562]

Die geringe Anzahl der badischen Unterstützungsfälle – und die niedrigen Unterstützungsbeträge – lassen erkennen, dass die Auswanderer in dieser Auswanderungswelle vorab über genügend finanzielle Mittel für die Passage verfügten und gut über die Kosten und den Ablauf der Reise informiert waren. Berichte über Auswanderungswillige, die ohne Geld wochenlang in den Seehäfen

---

[560] GLA 234/7089. Badische Rechtspraxis Nr. 17. Karlsruhe, 13. August 1910. Sonderabdruck Justizverwaltung. Auslieferungsverfahren. 41. Auslieferung aus den Vereinigten Staaten von Nordamerika. Ausführlicher siehe auch Justizministerialblatt für das Großherzogtum Baden Nr. 6 vom 31. März 1911. Den Rechtsverkehr zwischen dem Deutschen Reich und den Vereinigten Staaten von Amerika betreffend. Der Auslieferungsvertrag zwischen Baden und den Vereinigten Staaten von Amerika vom 30. Januar 1857 ist durch den 1. Weltkrieg erloschen und nicht wieder in Kraft gesetzt worden.

[561] GLA 233/9416. Die durch Konsulate jeweils geleisteten Unterstützungen an badische Unterthanen 1880-1882; für die Jahre bis 1909 siehe GLA 233/9417, GLA 233/9418, GLA 233/9419. Aus dem Bezirksamt Karlsuhe wurden lediglich die erwähnten Unterstützungsfälle angeführt, von denen keiner in den offiziellen Auswanderungsverzeichnissen auftauchte. Insgesamt für den Zeitraum 1880-1909 neunzehn Fälle, davon dreizehn bis zum Jahr 1893. Die durchschnittliche Unterstützungshöhe lag bei unter zehn Mark. Der Großteil der Unterstützungsgesuche kam nicht von Amerikaauswanderern, sondern aus Alexandria, Konstantinopel, Budapest, Algier, Belgrad, Marseille und Tunis.

[562] GLA 233/9418

ausharren mussten – wie noch in der ersten und teilweise auch in der zweiten Auswanderungswelle – sind nicht mehr aufzufinden.

Für den in dieser Arbeit betrachteten Zeitraum liegen lediglich zwei Berichte amerikanischer Konsulate über die Ankunft unterstützungsbedürftiger Badener vor. Was aber nicht ausschließt, dass es Fälle von in Not geratenen Badener gab, diese aber direkt bei amerikanischen Einrichtungen oder der Deutschen Gesellschaft ein Hilfegesuch gestellt haben könnten, worüber der Regierung keine Informationen vorlag.

Ebenso wichtig wie die Entsendung badischer Konsuln in die Vereinigten Staaten, war die Errichtung von Konsulaten in den Auswanderungsseehäfen. Nachdem sich seit den 1840er Jahren die Zahl der Auswanderer über Bremen häufte und Bayern und Württemberg bereits eine Vertretung nach Bremen abgeordnet hatte, strengte auch die badische Regierung Überlegungen an, einen Konsul zu entsenden. Mit dem Rückgang der Auswandererzahlen wurden im Großherzogtum 1877 Überlegungen laut, ob das Konsulat weiterhin Bestand haben sollte. Diese verstummten kurze Zeit später wieder, nachdem der badische Konsul Mansfeld 1879 Unterstützung ersuchte, da „die Zahl der mittellos hier eintreffenden badischen Staatsangehörigen erschreckend zugenommen", habe, und kein Tag vergehe an dem das Konsulat nicht in Anspruch genommen werden würde.[563]

8.4 Das badische Agentenwesen zwischen 1880-1914

Den wichtigsten Faktor der Auswanderung stellte der Ablauf der Auswanderung, der Weg von der alten Heimat bis hin zum endgültigen Zielort in den USA, dar. Für den amerikanischen Sozialhistoriker Marcus Lee Hansen gehörten „freedom to move, desire to move, and means to move" zu den grundlegenden Voraussetzungen für eine Auswanderung.[564] Wobei den Mitteln und Wegen ein besonderes Gewicht zukommt. Von ihnen hing es ab, ob und in welcher Weise aus latenter Auswanderungs-

---

[563] GLA 233/9393. In den Akten konnten allerdings keine genaueren Angaben über die steigende Zahl mittelloser Auswanderer gefunden werden. Erst am 1. August 1933 beschloss das Staatsministerium die Konsulate in Bremen und Hamburg aufzugeben. 1898 erhielt Konsul Magnus Mansfeld aus Baden in Bremen das Ritterkreuz erster Klasse des Ordens vom Zähringer Löwen.
[564] Bickelmann, Hartmut: Auswanderungsvereine, Auswanderungsverkehr und Auswandererfürsorge in Deutschland 1815-1930. S. 91-262. In: Bretting, Agnes; Bickelmann, Hartmut: Auswanderungsagenturen und Auswanderungsvereine im 19. und 20. Jahrhundert. Stuttgart 1991. S. 91. Zitiert nach: Hansen, Marcus Lee: The History of American Immigration as a Field for Research. In: American Historical Review, 32 (1926/27). S. 500-518; hier S. 501.

bereitschaft eine tatsächliche Auswanderung wurde. Hierzu zählen nicht nur die Vermögenswerte, die den Auswanderern zur Verfügung standen, sondern auch Verkehrsverbindungen, Kommunikationsmöglichkeiten und die verschiedenen Institutionen die einer Verwirklichung des Auswanderungsvorhabens dienlich sein konnten.

Die Zahl der mit Hilfe von Auswanderungsunternehmern Beförderten belief sich im Jahre 1880 auf 10.111 und 1881 auf 11.833. In diesem Zeitraum waren im Großherzogtum lediglich noch 11 konzessionierte Auswanderungsunternehmer tätig, denen 513 Unteragenten angeschlossen waren.[565] In Karlsruhe war Karl Phil. Schmitt mit seinen vier Unteragenten der einzige konzessionierte Auswanderungs-unternehmer. Ein Blick auf die Zahl der Auswanderer, die mit Hilfe von Auswanderungsunternehmern das Land verlassen haben, zeigt, dass sich in dieser späten Auswanderungsphase nur noch wenige deren Hilfe bedienten, sondern sich auf die Informationen von bereits ausgewanderten Familienangehörigen verließen. Schmitt und seine Unteragenten vermittelten nur noch 173 (1880) bzw. 281 (1881) Auswanderungswillige – diese wurden ausnahmslos nach Nordamerika befördert.[566] Nicht nur die Auswanderungswilligen, auch die einzelnen Behörden bedienten sich, trotz eingehender Warnungen der badischen Regierung, oftmals der Vermittlung von nicht konzessionierten Agenten: „Es ist zu unserer Kenntniß gelangt, daß [...] die Gemeindebehörden sich wiederholt der Vermittlung der Auswanderung von Gemeindeangehörigen ausländischer Auswanderungsagenten bedient haben," und ihr Vorgehen „[...] künftighin auf den Verkehr mit concessionierten inländischen Auswanderungsunternehmern zu beschränkten haben."[567]

---

[565] Auch nach der Reichsgründung 1871 blieben die sonderstaatlichen Bestimmungen im Bezug auf das Agentenwesen weiterhin bestehen. Obwohl die Auswanderungsangelegenheiten durch die Verfassung dem Reich unterstellt wurden, konnte bis dato keine Zeit für eine reichsgesetzliche Ordnung gefunden werden. Die von der badischen Regierung in dieser Hinsicht getroffenen Verordnungen waren lediglich Erweiterungen der Verordnung von 1865. Nach einer Anregung des Reichskanzlers wurden am 6. Juli 1873 allen Ausländern die Konzession zur Auswanderervermittlung entzogen. Am 9. April 1881 wurden in einem Erlass des Ministerium des Inneren einige Punkte bezüglich der Überfahrtsverträge hervorgehoben: es durften nur noch Personen befördert werden, welche nach den bestehenden Einwanderungsgesetzen der betreffenden Staaten einreisen konnten.

[566] Jahresbericht des Großherzoglichen badischen Ministeriums des Innern über seine Geschäftskreise für die Jahre 1880 und 1881. Karlsruhe 1883. Bewegung der Bevölkerung. S. 34-45; hier S. 38. Von den 173 Beförderten im Jahre 1880 waren 102 Männer, 40 Frauen und 31 Kinder unter 10 Jahren. 1881 waren von 281 Auswanderern 126 Männer, 103 Frauen und 52 Kinder unter 10 Jahren.

[567] StAF A96/1 2054; Vgl. auch GLA 357/31.499

Angaben zum Umfang der Agententätigkeit enthält das statistische Jahrbuch des Großherzogtums Baden erst seit 1882. Aus diesem geht hervor, dass etwa zwei Drittel der badischen Auswanderer die Hilfe von Vermittlern in Anspruch nahmen. Demnach wurden zwischen 1882 und 1889 39.479 Badener durch Agententätigkeit nach Übersee befördert, die Zahl der Ausgewanderten insgesamt schätzt Philippovich auf wenigstens 56.000. „Die Agenten spielen eben heute im wesentlichen nur noch die Rolle von Fahrscheinverkäufern der Dampfschiffahrtsgesellschaften und die Vermittlung wird durch die Erleichterung des Verkehrs und die direkten Verbindungen mit letzteren entbehrlich.“[568] Aber auch diese Zahlen zeigen den Stand der Auswanderung nicht vollständig, da die Mehrheit der Auswanderungswilligen ohne die Vermittlung durch Auswanderungsunternehmer das Land verlassen haben.[569] „Die Auswanderung aus Europa nach Amerika ist im 19. Jahrhundert ein vom Staate emancipierter Natur-Prozeß geworden, beruhend auf freier individueller Massen-Tendenz, welcher gegenüber der moderne Staat durch seine unveräußerlichen obersten Freiheits-Grundsätze einfach ohnmächtig ist.“[570] Ohne Zweifel war die Abzugsbewegung aus dem Reich nicht mehr aufzuhalten oder gar zu verbieten. Auch die Lenkungsversuche von staatlicher Seite waren nur wenig erfolgreich und konnten die Anziehungskraft Amerikas, dem „Land der unbegrenzten Möglichkeiten“ nicht mindern. Die Auswanderung war, im Gegensatz zur Jahrhundertmitte keine unwiderrufliche Handlung mehr. Durch die Dampfschifffahrt und die Einführung der Linienschifffahrt wurde die Reise nicht nur erheblich kürzer und sicherer, sondern auch preiswerter. Die Rückkehr in die Alte Heimat stellte kein unüberwindliches Hindernis mehr dar. Durch diese Veränderungen verloren die Dienste der Auswanderungsagenten beträchtlich an Bedeutung. Die Auswanderungswilligen konnten ihre Reiseinformationen nun aus zahlreichen Quellen beziehen: Die Zug- und Schiffabfahrtstermine wurden in den Tageszeitungen annonciert (siehe Anhang Abbildung 19), die meisten Auswanderer hatten eine genaue Vorstellung von ihrem Zielort und immer mehr Auswanderer traten die Reise mit den bereits erwähnten

---

[568] Philippovich: Auswanderung und Auswanderungspolitik (wie Anm. 232), S. 153.
[569] Ebd., S. 40. Auf Basis der durch die Bezirksämter aufgestellten Tabellen und Mitteilungen der Centralbehörden wird im statistischen Bureau alljährlich eine Zusammenstellung über den Erwerb und den Verlust der Staatsangehörigkeit angefertigt, deren Ergebnisse dann in tabellarischer Form im statistischen Jahrbuch (Abt I Tab. 3) und erläuternden Texten in den statistischen Mitteilungen (für 1880 und 1881 Bd. III Nr. 8 und 12) veröffentlicht wurden.
[570] Bretting: Auswanderungsagenturen (wie Anm. 57), S. 84; zitiert nach: Bremer Handelsblatt vom 7.8.1880, S. 33.

„Prepaid-tickets" an. Daher setzte die Hapag nun vermehrt Gastwirte als Agenten ein, da diese „voraussichtlich häufig Gelegenheit haben, Auswanderungslustigen Rath zu ertheilen [...]."[571] Für die Vermittlung von Auswanderern erhielten die Wirte eine Provision.

Die Agenten versuchten alles, um ihr Geschäft weiter am Leben zu halten. Der Bremer Auswanderungsagent Friedrich Mißler, der als Agent für den Norddeutschen Lloyd tätig war, bemühte sich noch 1882 um Unteragenten. Er hatte „im Frühjahr 1882, ohne die staatliche Genehmigung zum Betrieb des Auswanderungsgeschäftes im Großherzogtum zu besitzen, an eine große Zahl ihm persönlich unbekannter Wirthe, Kaufleute und andere Gewerbetreibende in verschiedenen Orten des Landes gedruckte Prospekte und Circulare mit der Aufforderung ergehen [lassen], für ihn gegen eine jeweilige Provision, von 7 Mark à Person, Kinder die Hälfte, Auswanderungsverträge abzuschließen."[572] Eventuelle Verurteilungen zu Geldstrafen nahm er dabei in Kauf. Dessen ungeachtet war die Regression des Agentenwesens im Reich unaufhaltbar. Weitere Ursachen lagen in der Verlagerung der Auswanderungsräume nach Ost- und Südosteuropa und dem Rückgang der deutschen Auswandererzahlen in den 1890er Jahren bis hin zur Bedeutungslosigkeit. Dennoch erhielten die Bezirksämter 1889 ein durch das Reichsamt des Inneren aufgestelltes Verzeichnis der Auswanderungsunternehmer, welche Sicherheiten bei der Rendantur des Reichs- Invalidenfonds in Berlin hinterlegt haben, mit der Aufforderung, dass den Ämtern von nun an halbjährlich ein Verzeichnis der Ab- und Zugänge mitgeteilt werde.[573]

Die strenge Überwachung der Agententätigkeit belegt auch ein Bericht von 1882 aus dem Bezirksamt Karlsruhe. Dem aus Friedrichstal stammenden Lebrecht Gorenflo wurde die Bestätigung als Auswanderungsagent versagt, da der Gemeinderat Gorenflo nicht für genügend befähigt zur Führung einer Auswanderungsagentur hielt.[574]

Philoppovich führt 1892 noch 15 Auswanderungsunternehmer, mit 758 konzessionierten Unteragenten für Baden, an, welche die Erlaubnis hatten mit 29 ausdrücklich bezeichneten Schifffahrtsgesellschafen die Beförderung abzuwickeln.[575]

---

[571] StAF 96/1 2056. Schreiben des Ministerium des Inneren vom 8.3.1882 an die Bezirksämter.
[572] GLA 233/33758. Vgl. auch Bretting: Auswanderungsagenturen (wie Anm. 57), S. 86.
[573] StAF 96/1 2060. Schreiben des Ministeriums des Inneren vom 2.9.1889.
[574] GLA 357/10125
[575] Philippovich: Auswanderung und Auswanderungspolitik (wie Anm. 232), S. 152.

Trotz dieser großen Zahl scheint deren Bedeutung in seinen Augen stetig zurück zu gehen.

Obwohl die Massenauswanderung bereits zum Erliegen gekommen war, veröffentlichte die Karlsruher Zeitung 1909 einen Artikel über die besten Auskunftsmöglichkeiten für Amerikaauswanderer: [576] „Deutsche Auswanderer werden wiederholt auf die in Berlin bestehende, von der Deutschen Kolonialgesellschaft mit Reichszuschuß errichtete „Zentralsauskunftsstelle für Auswanderer", bei der fachgemäße Auskünfte in Auswanderungsangelegenheiten eingeholt werden können, aufmerksam gemacht: Personen, die zur Auswanderung entschlossen sind, kann zu Vermeidung von Enttäuschung und Schädigung nur aufs dringendste angeraten werden, nicht eher auszuwandern, als bis diese Stelle Auskunft über die Verhältnisse des Auswanderungsziels, die kostenlos erfolgt, eingeholt haben."[577]

Die Auswanderung oblag auch der strengen Aufsicht der Polizeibehörden. Die Polizeidirektion Karlsruhe bat noch 1911 um Auskunft beim Ministerium: „In der badischen Presse veröffentlicht ein gewisser Hoffmeister Schlossstrasse 2 eine Annonce, in der er angekündigt, dass er Auskünfte für die Holland- Amerika-Linie erteilt und für diese Rhederei Billets verkauft. Wir ersuchen ergebenst um gefälligste Mitteilung, ob der Genannte als Auswanderungsagent zugelassen ist."[578]

Wenngleich die Tätigkeit der Werber seit 1850 zurückging und deren Berufsfeld gewissermaßen zum Erliegen kam, lagen der badischen Regierung noch bis ins 20. Jahrhundert hinein einige Fälle vor, in denen Vorsicht für die Bevölkerung geboten war: 1907 wurde dem Ministerium des Inneren mitgeteilt, dass das Einwanderungsbüro für den Staat Louisiana Agenten zur Anwerbung von Auswanderern in das Deutsche Reich entsendet haben soll. Die Bezirksämter erhielten daraufhin den Auftrag, Erhebungen anzustellen, ob über die Tätigkeit amerikanischer Auswanderungsagenten in ihren Bezirken etwas bekannt sei. Die Nachforschungen blieben jedoch im Großherzogtum ohne Ergebnis.[579]

Ebenfalls 1907 erhielt die badische Regierung durch das kaiserliche Generalkonsulat in New York die Information, dass „ein gewisser Watson (Einwanderungsagent für

---

[576] Handwörterbuch der Staatswissenschaften. 3. Band 2. Auflage. Jena 1909. S. 308. Vgl. auch GLA 357/ 31.501.
[577] GLA 357/31.499. Karlsruher Zeitung vom 2. November 1909.
[578] GLA 357/23794.
[579] GLA 357/32.064. Die Auswanderung nach Amerika USA nach Missouri/Louisiana; Schreiben vom Ministerium des Inneren 3.9.1907.

den Staat Süd-Carolina) nach Deutschland abgereist" ist, um Auswanderer anzuwerben.[580] „Da eine deutsche Auswanderung nach den Südstaaten der Union zur Zeit nicht möglich erscheint, zudem aber die Anwerbung von Auswanderern in Deutschland nach den deutschen Auswanderungsgesetze verboten ist, veranlassen wir die Großh. Bezirksmämter, die Ortspolizeibehörden unter Vermeidung der Veröffentlichung [...] Polizeipersonal mit bezüglicher Weisung zu versehen."[581] Über Anwerbungsversuche von Watson sollte umgehend berichtet werden.

Abschließend ist anzumerken, dass die Auswanderungsagenturen Ende des 19. Jahrhunderts zunehmend an Bedeutung verloren: Die Auswanderung nahm kontinuierlich ab. Durch die Vermittlung von „Prepaid-tickets" konnte keine Provision mehr erzielt werden und die Schifffahrtsunternehmen begannen die Geschäfte selbst zu steuern. Die wenigen Agenturen, die überlebten, waren für viele Linien zuständig und bedurften nach dem Reichsgesetz von 1897 einer besonderen Zulassung. Ende des 19. Jahrhunderts wurde es zunehmend schwerer, Auswanderer, Touristen und Geschäftsreisende voneinander zu unterscheiden. Daher kann seit Beginn des 20. Jahrhunderts nicht mehr von Auswanderungsagenturen im eigentlichen Sinne gesprochen werden, sondern eher von Überfahrtsvermittlungs-stellen, die Vorläufer der heutigen Reisebüros.[582]

---

[580] GLA 357/12948; XXV. Staatsangehörigkeit und Auswanderung.
[581] Ebd.
[582] Bretting: Auswanderungsagenturen (wie Anm. 57), S. 84.

9   Der Einfluss der evangelischen Landeskirche Baden auf die Auswanderung

Die Auswandererfürsorge stand in den 1850er Jahren, als die Auswandererbewegung ihren Höhepunkt erreicht hatte, noch in ihren Anfängen. Hier hätten kirchliche Organisationen eingreifen können, um in schweren Fällen schnell und individuell Hilfe zu leisten. Dennoch beschränkte sich die kirchliche Auswandererarbeit auf Abschiedsgottesdienste in Bremerhaven und Hamburg und auf die Entsendung von Geistlichen nach Nordamerika zur Beutreuung der Ausgewanderten. Erst in den 1870er Jahren bauten die Kirchen ihre Auswandererarbeit aus: 1872 wurde der katholische St. Raphaelsverein, der sich zum aktivsten Verein in Sachen Auswandererschutz entwickelte, gegründet. Ein Jahr später folgte die Evangelisch-Lutherische Auswanderermission. 1881 richtete der Verein der Inneren Mission eine besondere Abteilung für die Auswandererfürsorge ein. Auch vor der Bahnhofsmission, die sich überwiegend für alleinreisende Kinder und Frauen einsetzte, blieben die negativen Begleiterscheinungen der Auswanderung nicht verborgen.[583] Der Schwerpunkt der kirchlichen Organisationen lag bei der Seesorge für die Auswanderer. Da die Auswanderer an einem Wendepunkt ihres Lebens standen, alles Bekannte zurück ließen, und nicht wussten was sie in der Neuen Welt erwartete, waren sie an diesem Punkt ihres Lebens sehr empfänglich für religiösen Zuspruch, was sich in den rege besuchten Abschiedsgottesdiensten widerspiegelte.[584] Des Weiteren erhielten die Auswanderer Verbindungsadressen deutscher Geistlicher in Amerika, damit sie sich schnell einer Gemeinde anschließen konnten. Ziel der Auswandererarbeit der Inneren Mission war es, „die Fortziehenden ihrer Kirche zu erhalten und vor dem Abfall in Sektenwesen oder gar in heidnischen Unglauben zu bewahren.“[585] Da die Missionare nicht nur in religiösen Fragen um Hilfe gebeten wurden, entwickelte sich im Lauf der Jahre eine stark „weltlich“ ausgerichtete Auswandererfürsorge. Schwerpunkt war die Auskunftserteilung in allen Fragen rund um die Reise und die Adressenvermittlung für Fragen bezüglich der Weiterreise im Landesinneren. Finanzielle Hilfe erhielten die Auswanderer von den kirchlichen Organisationen allerdings nicht. Die evangelische Kirche war nicht nur auf das

---

[583] Gelberg: Auswanderung nach Übersee (wie Anm. 42), S. 33.
[584] Heyne, Bodo: Die kirchlichen Bemühungen um die Auswanderung des 19. Jahrhunderts in Bremen. In: Hospitium Ecclesiae, Bd. 3, Bremen 1961. S. 69 ff.
[585] Ebd., S. 34. Zitiert nach Pastor Cuntz: Die Fürsorge für die Auswanderer in Bremen a.a.O.

seelische und körperliche Wohl der Auswanderer bedacht: Ein Großteil ihrer praktischen Arbeit lag in der Erledigung des Geldverkehrs für die Auswanderer, da es für die im Umgang mit Devisen unerfahrenen Auswanderer schwer war, ihr Geld ohne Verluste in die Vereinigten Staaten zu transferieren – teilweise wurden sie auch Opfer von Betrügereien, deren Strafverfolgung kaum möglich war. All jene, die ihr Vermögen in den Seehäfen wechselten, setzten sich der Gefahr aus, Falschgeld zu erhalten oder auf der Reise bestohlen zu werden. Die sicherste Methode war, das Geld einem Expedienten auszuhändigen und sich einen Wechsel für eine amerikanische Firma ausstellen zu lassen. Da es aber auch hier gelegentlich vorkam, dass ein Wechsel nicht gedeckt war, boten die Missionen den Auswanderern die Möglichkeit ihr Geld in Deutschland einzuzahlen, um es dann in Amerika von kirchlichen Stellen wieder ausgehändigt zu bekommen. Umgekehrt war es für Deutsch-Amerikaner auch möglich, ihren Verwandten im Reich Geld zukommen zu lassen. „Auch werden uns von früheren Auswanderern nicht unbedeutende Beträge zur Uebermittlung an arme Verwandte in der alten Heimat zugesandt und von uns an ihre Adresse befördert."[586] Auf diesem Wege übermittelte die evangelische Auswanderermission zwischen 1887 und 1897 über 4,5 Millionen Mark.[587] Davon betreute allein die Auswanderermission in Bremen 1888 fast eine halbe Million Mark, teils zur Aufbewahrung, teils zur sofortigen Weitersendung nach Amerika. Gegen Vorlage der erhaltenen Quittung erhielten die Auswanderer in New York durch Pastor Brenkemeier oder in Baltimore durch Pastor Huber den eingezahlten Betrag – ohne Abzüge – in amerikanischer Währung zurück.[588]

Auch in der evangelischen Landeskirche Baden blieb der beträchtliche Anstieg der Auswandererzahlen seit dem Frühjahr 1880 nicht unbemerkt. Der allgemeinen Vermutung hingegen, die Kirche würde an ihren Gläubigen festhalten und versuchen die Auswanderungswilligen aufzuhalten, kann nicht entsprochen werden. Was auch das an sämtliche badische Pfarrämter gerichtete Schreiben des evangelischen Oberkirchenrats vom Juli 1880 belegt: „Die Auswanderung in überseeische Länder nimmt, wie in Deutschland überhaupt, so auch im Großherzogthum Baden, in diesem

---

[586] GA 2972 Auswanderer. Jahresberichte über die Thätigkeit der Auswanderer-Mission in Bremen im Jahre 1889.
[587] Gelberg: Auswanderung nach Übersee (wie Anm. 42), S. 36.
[588] GA 2972 Auswanderer. Jahresberichte über die Thätigkeit der Auswanderer-Mission in Bremen im Jahre 1889.

Jahre einen außerordentlichen Umfang an."[589] Betroffen davon war eine hohe Zahl Angehöriger der evangelischen Kirche. „Um diesen Evangelischen […] eine dauernde Erinnerung […] mit auf den Weg zu geben", wurden die Pfarrämter „in Fällen, in welchen eine große Zahl von Auswanderern aus der Gemeinde scheidet" gebeten, sie im Gottesdienst mit kirchlichem Segen zu entlassen und zugleich dafür Sorge zu tragen, dass die Auswanderer „[…] die biblische Geschichte und den Katechismus mitnehmen."[590]

Obwohl in der Literatur immer wieder vom Rückgang der Übervorteilung durch Agenten zu lesen ist, berichtete das Deutsche Emigrantenhaus 1886/87 von zahlreichen Betrugsfällen: „[…] Sie sind und bleiben in den Händen jener Schwärme von Agenten, Wirthen und deren Zutreibern, welche ihre Aufgabe in der Ausbeutung der Auswanderer sehen […]. Sie werden in Antwerpen, Rotterdam, und Havre, aber auch in Hamburg, Bremen und New York nicht dem „Wirthe wundermild" sondern fragwürdigsten Gasthäusern, zuweilen wahren Spelunken und Mördergruben zugewiesen. Aus der Hand des Wirths gehen sie unmerklich wieder in die des Agenten über, der sie dann dem Wirthe seines Vetrauens am Landungsplatze drüben zuspediert."[591] Dem Tatbestand versuchte die evangelische Kirche mit zahlreichen Schutzmaßnahmen entgegenzuwirken, um den Auswanderern diese Pein zu ersparen.

9.1.1 Schutzmaßnahmen der evangelischen Landeskirche

Um die Auswanderungswilligen auf einen sicheren Weg zu schicken, wurde durch das 1872 gegründete Evangelisch-Lutherische Komitee der Auswanderermission eigens eine kleine Informationsbroschüre herausgegeben. Das Komitee verfolgte jedoch nicht den Zweck die Auswanderung in irgendeiner Weise zu fördern, „sondern nur, den einmal zur Auswanderung Entschlossenen in jeder Hinsicht mit Rath und That zur Hand zu gehen."[592] Zu diesem Zweck wurde im Hamburger Hafen eigens ein Missionar beschäftigt, dessen Aufgabe es nicht nur war, die Auswanderer vor Ort zu beraten, sondern auch schon vorher schriftliche Auskünfte zu erteilen und die

---

[589] GA 2972 Auswanderer. Schreiben vom 6.7.1880 vom evangel. Oberkirchenrath an sämtliche evangelische Pfarrämter.
[590] Ebd.
[591] Ebd. Vierzehnter Jahresbericht des Deutschen Emigrantenhauses. Infoheft: Nach Amerika! Wegweiser für Auswanderfreunde. Von P. Müller, Pastor in Hamburg.
[592] GA 2972 Auswanderer. Auch deutsch- luth. Emigrantenhaus in New York.

„nöthigen Geschäfte als z.B. Lösung der Passagier-Billets, Ankauf von Reiseutensilien, Geldwechsel, Logis, etc. etc. für die Auswanderer zu besorgen."[593] Im Vordergrund stand die geistliche und kirchliche Pflege, weshalb allabendlich vor dem Ablegen der Auswanderungsschiffe ein Gottesdienst abgehalten wurde. Damit die Auswanderer auch in der Neuen Welt nicht ohne kirchliche Obhut auskommen mussten und keinem Betrüger zum Opfer fielen, konnten sie sich in New York an Pastor Keyl und Pastor Berkemeier, den Leiter des dortigen Einwandererhauses, wenden, der dafür eingesetzt wurde, „um den an's Land tretenden Einwanderern sofortige Aufnahme von vertrauenswürdigen Händen, sofortige Weiterreise oder billiges Unterkommen, Berathung hinsichtlich des etwa zu wählenden Niederlassungsortes etc. und namentlich aber auch der Orientierung hinsichtlich kirchlicher Bedürfnisse und Darbietung einer neuen kirchlichen Heimath zu sichern."[594] Damit sich die Auswanderer gleich im Einwanderungshafen in New York kenntlich machen konnten, bekamen sie eine grüne Karte ausgehändigt. Es wurde empfohlen, diese bei der Ankunft in Castle Garden am Hut oder an der Brust anzubringen, um gleich von Pastor Berkemeier oder dessen Agenten in Empfang genommen werden zu können (siehe Anhang Abbildung 18). Weiter bestand die Möglichkeit, sich auf alleinigem Weg an Pastor Berkemeier im deutschen Emigrantenhaus zu wenden. „Das deutsche Emigrantenhaus, 16 State Street, kann durchaus empfohlen werden, indem der Auswanderer darin zu billigen Preisen sehr gut versorgt ist. Es ist von kirchlicher Seite gegründet, und steht unter kirchlicher Fürsorge. Das Gepäck lasse man ruhig in Castle-Garden; es wird durch das Haus nach Abgabe der mitgebrachten Marke besorgt. Man lasse sich diese Karte durch keine Vorspiegelung wegnehmen, weder in Bremen, noch auf dem Schiffe, da in New York die Auswanderer in vielen Gasthäusern den ärgsten Betrügereien ausgesetzt sind."[595]
Darüber hinaus konnten die Auswanderer bereits in Karlsruhe ein Verzeichnis sämtlicher lutherischer Pastoren in Nordamerika in Empfang nehmen. Ziel war es, „den Anschluß der nach Amerika Ausgewanderten an eine geordnete evangelische Gemeinschaft ihrer heimatlichen Kirche [aufrechtzuerhalten]. Es ist eine betrübliche Erscheinung, daß alljährlich Tausende von Eingewanderten in Amerika unserer

---

[593] GA 2972 Auswanderer. Auch deutsch- luth. Emigrantenhaus in New York.
[594] Ebd. Kleines Informationsheft von Hamburg 30.8.1880 vom evangelisch-lutherischen Comité für Auswanderer-Mission.
[595] Ebd. Auswanderungskarte.

evangelischen Kirche verloren gehen, weil sie außer Zusammenhang mit der Kirchengemeinschaft kommen, welcher sie in der Heimtat zugehörten. Es ist noch der geringe Schaden, daß solche Emigranten den außerordentlich rührigen Sekten anheim fallen; Tausende finden auch buchstäblich in die Macht des Heidentums zurück."[596]

Auch der Verein zur Verbreitung christlicher Schriften in Bremen brachte eigens für die Nordamerika-Auswanderer einen Ratgeber heraus, der von der evangelischen Landeskirche Baden verteilt wurde: „Trägst du dich mit dem Gedanken aus der Heimath auszuwandern, so schaue zuerst über dich und in dich hinein und prüfe dich, ob du mit demselben vor dem heiligen Gott bestehen kannst. Was bewegt dich dazu fortzuziehen? Ist die Auswanderung wirklich nothwendig und die Folge drängender Umstände? Oder ist, was dich dazu treibt, die Sucht reich zu werden und dir in möglichst kurzer Zeit ein bequemes Leben zu verschaffen? Ist etwa sträflicher Mangel an Demuth und Zufriedenheit mit den vielleicht bescheidenen Verhältnissen, in welchen du lebst, oder ist's Leichtsinn […]. Dann bitt ich dich: Bleib zu Hause. […] Oder willst du fortziehen, ohne den Pflichten gerecht zu werden, die du hier noch zu erfüllen hast, sei es etwa im Hause gegen die Eltern, Geschwister, Kinder, sei es im Handel und Wandel des gewöhnlichen Lebens gegen Andere, sei es vielleicht als Militärpflichtiger gegen den Staat, dann bitte ich dich: Bleib zu Hause; es ist ein übles Ding mit wundem Gewissen und ohne Gott fortzuziehen; du möchtest dein Fortgehen bald bitter, aber vielleicht zu spät bereuen. […] Glaube nicht, daß man in Amerika mit Leichtigkeit zu Reichtum gelangen könne."[597]

Auch der Evangelischen Hauptverein für Deutsche Auswanderer nahm sich zum Ziel, mit Hilfe zahlreicher Flugblätter in Baden „planlose und unbesonnene Auswanderung zu verhüten, […] den deutschen Auswanderern mit Rat und That zur Seit zu stehen, für ihr wirtschaftliches, religiöses und sittliches Wohl einzutreten und ihnen ihrem evangelischen Glauben sowie den Zusammenhang mit dem Vaterlande zu erhalten."[598]

Wie eng die verschiedenen Hilfsvereine miteinander in Kontakt standen, zeigt das Beispiel der Inneren Mission in Berlin. Deren Zentralausschuss wandte sich an den

---

[596] GA 2972 Auswanderer. Auch deutsch- luth. Emigrantenhaus in New York; Heft: Verzeichnis sämtlicher Pastoren der lutherischen Kirche in Nordamerika nach Wohnorten. Herausgegeben von Pastor Brenkemeier, dem Vorsteher des deutschen lutherischen Emigrantenhauses in New York.
[597] Ebd. Ratgeberheft für Auswanderer nach den Vereinigten Staaten von Nord-Amerika. Herausgegeben vom Verein zur Verbreitung christl. Schriften in Bremen.
[598] Ebd.; Heft zum Verein mit Satzung: §1.

badischen Landesverein, um seine Mitwirkung an der Auswandererfürsorge zu erbitten. Seit Jahren leisteten die durch den Verein angestellten Geistlichen und Missionare in Rotterdam und Amsterdam zahlreichen badischen Auswanderern Hilfe. 1882 haben 2.062 Auswanderer den Weg über Rotterdam und 1.725 den über Amsterdam nach Amerika gewählt. Unter diesen seien, wie Herr Pastor Wolff aus Rotterdam berichtete, 229 badische Auswanderer gewesen, die über Rotterdam und 239 die über Amsterdam die Überfahrt antraten. Die Innere Mission sorgte nach Möglichkeit dafür, die Auswanderer bis zur Abfahrt sicher unterzubringen und sie vor Sittenlosigkeit und betrügerischer Ausbeutung zu bewahren. Es wurde ein Abschiedsgottesdienst in deutscher Sprache gehalten und denen, die es wünschen, das Abendmahl gereicht. Ferner wurden sie mit Büchern und Schriften versorgt und erhielten Ratschläge für ihre Ankunft in Amerika. Um den Auswanderungswilligen größtmöglichen Schutz zu gewähren, wurde das evangelische Kirchenoberhaupt nun darum gebeten, „[…] es möchten doch die Herren Geistlichen solche Gemeindemitglieder, die über Rotterdam auswandern, die Namen derselben, sowie die Zeit ihrer Ankunft dort schriftlich an P. Wolff Maastade 53 daselbst, bei Auswanderern, deren Weg über Amsterdam führt, an Hafenmissionar Riedermann, Poins Hendrittade 116 dort anmelden."[599] Des Weiteren erbat sich der Landesverein für die Innere Mission finanzielle Unterstützung.

Wer sich bereits in Baden entschied, seine Auswanderung unter dem Geleitschutz der Kirche voranzutreiben, wurde mit Visitenkarten für die Einwanderungsfürsorge in den Häfen Philadelphia, Baltimore und New York ausgestattet – hinzu kamen diverse Flugblätter mit den besten Passagemöglichkeiten, Informationen zur Weiterfahrt in den Westen etc. Für alleinreisende junge Mädchen barg die Reise dennoch weiter Gefahren in sich. Noch im Juni 1898 warnte der Centralausschuss der Inneren Mission landesweit in einem Flugblatt alle Frauen, „welche ohne sorgfältige Prüfung eine Stellung im Auslande, insbesondere in überseeischen Ländern annehmen", dass sie statt des ehrbaren Unterkommens das sie suchen, nur allzu oft „elende Gefangenschaft in schlechten Häusern, Schande, Jammer und Elend ihr Loss" bekommen würden.

---

[599] GA 2972 Auswanderer. Schreiben von der evangelischen Landeskirche Karlsruhe, August 1889. Eine Bitte für unsere Auswanderer. An die evang. Geistlichen im Großherzogtum Baden.

„Mit teuflischer List suchen schändliche Mädchenhändler überall Opfer zu erlangen, die sie dann elend in den Häusern der Schande zu Grunde gehen lassen."[600]

Auf Grund der schlechten Quellenlage im erzbischöflichen Archiv in Freiburg kann an dieser Stelle nicht auf die Schutzmaßnahmen der katholischen Kirche für die Auswanderer eingegangen werden.[601]

---

[600] GA 2972

[601] Grötzer, Max. Die Auswanderung badischer Geistlicher nach Nordamerika während des 19. Jahrhunderts. In: Freiburger Diözesan-Archiv. Band 32. Freiburg im Breisgau 1931. S. 259-272. S. 259. Die Quellen über die Auswanderung der badischen Geistlichen weißen ebenfalls große Lücken auf. Die Schematismen wurden lediglich in den Jahren 1869, 1882 und 1892 herausgegeben. Daher muss die Suche nach ausgewanderten badischen Geistlichen auf die Jahre 1869 bis 1892 beschränkt werden. Die Schematismen geben Auskunft über Geburtstag, Geburtsort, Auswanderungsjahr und den Ort der Tätigkeit in den USA. Den für die Jahre 1869 bis 1892 angelegten Schematismen zu Folge sind aus dem Bezirksamt Karlsruhe keine Geistlichen in die Vereinigten Staaten ausgewandert – für das gesamte Großherzogtum werden 173 Geistliche aufgeführt. Da die Auswanderung von Baden, so Grötzer, meist Bauern und Landvolk umfasste, die sich am stärksten in ländlichen Siedlungen niederließen, „ist die Bedeutung der Geistlichen als berufene Führer des Volkes besonders beachtenswert." Von den aufgeführten badischen ausgewanderten Geistlichen wirkten 22 im Staate Ohio, 26 im Staate New York, 15 in Indiana, 20 in Pennsylvania, 14 in Wisconsin, 11 in Missouri, 13 in Illinois und in weiteren 15 Staaten. Darunter waren 65 Weltgeistliche und 37 Ordensgeistliche was zeigt, „daß die badischen Prister die nötigste und wesentlichste religiöse Arbeit leisteten und so in der Lage waren, um den Aufbau und die Entwicklung der katholischen Kirche in den Staaten sich die größten Verdienste zu erwerben." Diese waren in folgenden Kirchen tätig: Abtei St. Vincent in Pennsylvania, St. Beda in Peru/Illinois, St. Francisville/Illinois, Hl. Dreifaltigkeit in Boston, Hl. Ignatius in Cleveland, deutschamerikanischer Katholiken Racine in Wisconsin, Kirche in Hoboken, Diözese Newark, Alfonskirche und Erlöserkirche New York, St. Boniface in Philadelphia, St. Peter in Pittsburgh und die Erzabtei St. Vincent, Benediktiner Kloster in Neu Engelbert in Missouri, Erzdiözese St. Louis, Milwaukee, Fall River, St. Bonifatiuskirche in New Orleans, Kloster St. Meinrad in Indiana.

10 Badener in Amerika

10.1 Der Kontakt zur 'Alten Heimat'

Der Kontakt zu den aus Deutschland Ausgewanderten sollte, Philippovichs Meinung nach, immer dem 1847 von Nebenius in einer Denkschrift an das badische Staatsministerium über die Leitung des Auswanderungswesens niedergeschrieben Gedanken zugrunde liegen: Es sei die Pflicht des Staates „die natürlichen Bande, die in der menschlichen Gemeinschaft gleiche Abstammung, Sprache, Denkweise, historische Erinnerung und Sitte bilden, zwischen den Scheidenden und Zurückbleibenden zu erhalten und dem ursprünglichen Heimatlande der Auswanderer dadurch mittelbar Gewinn und Vorteil höherer Art zu sichern."[602]

Von einigen Ausnahmen abgesehen, ist über den Verbleib der Badener in den Vereinigten Staaten nur wenig bekannt, obwohl bereits 1880 bei einer Volkszählung in Amerika die in Baden geborenen Bürger separat erfasst wurden.[603] In den Akten des Generallandesarchivs finden sich nur wenige Hinweise über spätere Kontakte ehemaliger Bürger mit der alten Heimat. Einige Fälle sind unter der Rubrik Generalia Erbschaft zu finden, in der die badische Regierung über den Tod ehemaliger Staatsbürger informiert wurde, um mögliche Nachkommen zu ermitteln. So im Falle des unverheirateten Jakob Retz, der „ohne letztwillige Verfuegung mit Hinterlassung eines auf 1300 Dollar geschaetzten Vermoegens gestorben [ist]."[604] Auch in der Todessache Israel Stern, der 1906 in Rochester im Bundesstaat New York verstorben war, wurde die Großherzogliche Regierung durch ein Schreiben des deutschen Konsulats New York gebeten, die Erben ausfindig zu machen.[605]
Nicht nur bei Todesfällen wurde Kontakt zur Heimat gesucht. Unter der Rubrik Gnadengesuche und Unterstützungen finden sich im GLA einige Hinweise auf ehemalige Badener sowohl von Vereinen und kirchlichen Einrichtungen als auch von

---

[602] Philippovich: Auswanderung und Auswanderungspolitik (wie Anm. 232), S. 32.
[603] Statistische Mittheilungen über das Großherzogthum Baden. II Band für die Jahre 1880-1883. Die Gesamtzahl der in Deutschland geborenen Bürger in den Vereinigten Staaten betrug am 1. Juni 1880 1.966.742. Davon stammten 743.227 aus Preußen, 171.699 aus Bayern, 108.223 aus Württemberg, 72.490 aus Hessen, 48.708 aus Sachsen, 45.959 aus Mecklenburg und 648.551 aus nicht näher bezeichneten deutschen Staaten.
[604] GLA 233/39924. Generalia Erbschaft; Schreiben vom kaiserlichen Konsulat in Chicago vom 13.10.1910. Jakob Retz ist im Dezember 1909 verstorben. Zu den Erblassern gehörten unter anderem Philipp Raetz, wohnhaft Karlstr. 11 und Jakob Raetz wohnhaft Kaiser Str. 197 in Karlsruhe.
[605] GLA 233/40043

Einzelpersonen. Der Badener Ludwig Grundwald aus Dayton ersucht für den dortigen Gesangsverein „Badische Sängerrunde" finanzielle Unterstützung für die Beschaffung einer Vereinsfahne. Nachdem Erkundigungen über den Verein durch das Konsulat in Cincinnati eingezogen wurden, wies die badische Regierung 25 Dollar zu dessen Unterstützung an. „Die Mitglieder dieses Vereins, welche durchwegs im guten Rufe stehende und ehrbare Leute sind, setzten sich aus dem Arbeiterstand zusammen und besteht das Einkommen der meisten derselben nur in einem gewöhnlichen Arbeiterlohn. Zweck des Vereins ist die Pflege des deutschen Gesanges und Veranstaltung geselliger Zusammenkünfte."[606]

Neben finanzieller Unterstützung wurde die Regierung auch um heimatliche Erinnerungsstücke gebeten. Der Verein der „Badenser der Westseite von New York" stellte ein Gesuch um Überlassung eines Bildnisses des Großherzogs. „Der Verein begeht sein 10 jähriges Stiftungsfest im Laufe dieses Sommers und möchte bei dieser Gelegenheit im Kreise seiner Mitglieder das Versammlungslokal mit dem Bilde der königlichen Hoheit der großherzoglichen Hoheit des Großherzogs schmücken. Alle Versuche, ein solches Bild hier zu erlangen, sind erfolglos geblieben."[607] Der Vergnügungsverein mit angebundener Sterbekasse hatte 132 Mitglieder, die ausnahmslos gehobene badische Geschäftsleute waren.

Dass nicht alle einen höheren Lebensstandart als in der badischen Heimat erreichen konnten, zeigt das Gesuch der Eheleute Josef Armbruster aus Indiana, die im November 1899 ihre Goldene Hochzeit feierten und sich diesbezüglich eine Unterstützung durch das Großherzogtum erhofften. Nach einer Überprüfung der Eheleute durch das Konsulat in St. Louis wurde berichtet, dass Armbruster „schon vor langen Jahren amerikanischer Bürger geworden ist [...]. Ein an denselben Orten wohnender Deutscher, pensionierter Offizier, erklärt auf Grund langjähriger Bekanntschaft den Antragsteller und seine Ehefrau für sehr ehrenwerthe Leute, die früher eine Zeit lang in guten Umständen gelebt haben, die aber verarmt und gegenwärtig bedürftig sind. [...] Am elften Februar 1854 wanderte derselbe mit Auswanderungspass nach dem Staate Missouri, Nord-Amerika, in welchem Staate derselbe mit seiner Familie ununterbrochen wohnte. Im Jahre 1861 erloeste selbiger

---

[606] GLA 233/4009
[607] Ebd. Dem Vorstande gehören an: Ehrenpräsident Theod. Raststetter aus Waldprechtsweier, Amt Rastatt, 504 W. 50 Str., Anstreichergeschäft. Präsident John Grieshaber aus Freiburg, 344 W. 38. Str. Hotelbesitzer. 1 Vizepräsident Ernst Stöckling, Vormann in einem Eisenwaren – Geschäft, 442 W. 42 Str., 2. Vizepräsident F. G. Sattler, Sattlerei-Geschäft, 332 W. 40 Str.

Armbruster seinen amerikanischen Buergerschein in der Stadt und Grafschaft St. Louis, im Staat Missouri. Als Erwerbszweig, zur Unterhaltung seiner Familie betrieb er ununterbrochen das Conditorei-Geschaeft, theilweise selbstaendig, aber groesten theils als Arbeiter und ist gegenwärtig als Koch und Conditor in Sicher's Hotel zu Sedalia beschaeftigt."[608] Der Großherzog befürwortete ein Hochzeitsgeschenk in Höhe von 10 Dollar, welches durch die Konsulatsvertretung ausgezahlt und vom Auswärtigen Amt in Berlin zurückerstattet werden sollte.

Nicht nur bei finanziellen Problemen suchte man den Kontakt zur alten Heimat. In einigen Fällen versuchten Auswanderer mit Hilfe der Regierung Erkundigungen über Familienangehörige, zu denen der Kontakt nach der Auswanderung abgebrochen war, Erkundungen einzuholen. Auch Karl Friedrich Baumgärtner hoffte auf die Hilfe des Großherzogs. Er schrieb am 14. Februar 1906 aus St. Louis: „Your Excellency „Karl Friedrich" Grand Duke of Baden: Would your Excellency kindly find out for me the wherabouts of my Father and Mother [...]."[609] Der Vater lebte „on Karl Friedrich Str. in Karlsruhe he also had the Markgräfler Hof. His name is Joseph Baumgärtner and my mothers name is Rosa Baumgärtner would also like to know where my sister Josephine Baumgärtner is. I have not heard from my parents for 10 years and would like to know if they are still alive. [...] Hoping your Excellency will give me a satisfactory answer [...] Gezeichnet: Karl Friedrich Baumgärtner No 1409 North Broadway St. Louis."[610]

Eine Besonderheit im Kontakt mit der alten Heimat stellte der „M.G.V. Badische Liedertafel" in Newark dar. Anlässlich seines 25-jährigen Bestehens wurde dem Großherzog ein Vereinssouvenir zugesendet. Dem beiliegenden Brief war folgendes zu entnehmen: „Als for 25 Jahren eine kleine Shaar von badischen Gut erzogenen Bürgersöhnen, sich zur Aufgabe machten, nicht nur Ihr Technisches können, Ihrem Adoptierten Vaterlande zu überbringen sie es auch nicht versäumen das deutsche Lied zu hegen und zu pflegen."[611]

---

[608] GLA 233/4009
[609] Ebd.
[610] Ebd. Auch die Polizeidirektion konnte nicht weiterhelfen. Die Familie war bis zum Oktober 1889 in Karlsruhe gemeldet und führte die Wirtschaft „Zum Markgräfler Hofe", bis sie nach Colmar ins Elsass zogen und die Leitung des dortigen Offizier-Casinos übernahmen. Seitdem ist die Familie in Karlsruhe nicht mehr zur polizeilichen Anmeldung gelangt.
[611] GLA 60/1615

Die angeführten Beispiele sind allerdings Einzelfälle. In Anbetracht der badischen Auswanderermassen stellte der offizielle Kontakt zur Heimat eher eine Seltenheit dar. Dass auch die badische Regierung Interesse am Kontakt mit ihren ehemaligen Untertanen hatte, zeigt die Einladung einer Delegation von 50 Personen – bestehend aus Mitgliedern des „Badischen Volksfest Vereins" New York – 1906 auf die Insel Mainau. Nach der Rückkehr wurde in der Konstanzer Zeitung ein Artikel aus Newark veröffentlicht, in dem der festliche Empfang durch das Großherzogliche Paar und die Reise durch das alte Vaterland Baden geschildert wurden. Auf einer anschließenden Huldigungsfeier des Großherzogs seien die Auswanderer in Karlsruhe von der Bevölkerung in großer Zahl begrüßt und bejubelt worden. Der Delegation wurde aufgetragen, den Badenern in Amerika Dank und Grüße des Großherzogs zu übermitteln und empfohlen, weiter gute amerikanische Bürger zu bleiben und dem deutschen Namen in der neuen Heimat alle Ehre zu machen, „dann würden Sie auch von ihm geehrt, als ob sie noch zu den Seinen zählen."[612]

Bis zur Machtübernahme durch die Nationalsozialisten war man auf badischer Seite bemüht, mit den ehemaligen Landsleuten in Kontakt zu bleiben. Anlässlich des ‚Badener Heimattages' in Karlsruhe 1930 schrieb Karl Frei: „Das Hauptkontingent der ausländischen Besucher werden die Vereinigten Staaten von Nordamerika – U.S.A – stellen. Mehrere landsmannschaftliche Verbände, darunter der Badische Volksfestverein in New York und der Gesangsverein Badische Harmonie, werden Ende Juni und Anfang Juli mit den Lloyd Dampfern „Stuttgart" und „Dresden" und den Hapag-Dampfern „Cleveland" und „Albert Ballin" von New-York aus die Fahrt zum Badischen Heimattag antreten [...]. Die Landung in Deutschland erfolgt [...] in einem der beiden deutschen Seehäfen Bremen oder Hamburg. Hier werden die Gäste durch die örtlichen Badener Vereine offiziell begrüßt."[613]

Auch in der Literatur ist wenig Präzises zum Verbleib der in Nordamerika lebenden Badener zu finden. Eine Ausnahme stellt die Erzählung des Germanistikprofessors Ward-Leyerle dar, dessen Vorfahren aus Durlach stammen. Gemäß seinem Bericht sei 1968 in der Waldstadt Cleveland am Eriesee noch immer „Brigandedeutsch" in der Öffentlichkeit zu hören gewesen. Bis zum Zweiten Weltkrieg wurde die Mundart

---

[612] GLA 60/1576
[613] Frei, Karl: Verkehrswege nach Karlsruhe am Rhein zum Badener Heimattag 1930. In: Festschrift zum „Badener Heimattag Karlsruhe 1930" Hrsg. Badische Presse. S. 7.

noch fast überall in Cleveland gesprochen, besonders in den vielen Bäckereien, Kaufläden und Metzgereien, am meisten in jenen, die im Stadtteil „Westpark" zu finden waren. Hinzu kamen zahlreiche weitere badische Lokalitäten und Vereine, wie das Restaurant „Zum schwarzen Walfisch" des Durlachers Joseph Kieferle, der 1878 mit seiner Familie ausgewandert war, das zum Sammelplatz vieler Geschäftsleute avancierte. Die Stephanskirche in Cleveland, die Deutsche Zentrale mit badischem Essen im Festsaal, die deutschsprachige Radiosendungen von Sepp und Betty Bauer und das Kino „Capitoltheater" das vom 1953 ausgewanderten Karlsruher Willy Schneider betrieben wurde.[614]

In Cleveland versuchte der Kreis der badischen Auswanderer noch bis in die 1970er Jahre an den Traditionen, damit verbunden auch an der Muttersprache festzuhalten. In einer Rede anlässlich des Deutschen Tages 1963 ermahnte der Durlacher Orgelbauer Otto Ruhland, Präsident des Deutsch-Amerikanischen Staatsverbandes von Cleveland, seine Stammesbrüder:

„[…] Die Scholle brach mit seinen deutschen Scharen?

Und Tausende, die still und unbesungen

Dem Boden seine Schätze abgerungen.

Sie alle trugen bei, mit Kopf und Hand

Und bauten sich ein neues Heimatland.

Doch daß der deutsche Quell auf ewig fließe

Befruchtend sich auf dieses Land ergieße

Ihr Stammesbrüder, laßt euch ermahnen:

Bleibt treu dem Land und Geiste eurer Ahnen!

Schütz eurer Muttersprache heil'ges Erbe

Daß Kind und Kindeskind es treu erwerbe! […]"[615]

---

[614] Ward-Leyerle, Robert E.: Brigandedeutsch in Amerika. In: Karlsruhe heute und morgen. Jahrgang 1968. 3. Ausgabe. S. 24-26; hier: S. 24.
[615] Ebd., S. 26.

10.2 Das badische Vereinsleben und die Heimatverbundenheit der Deutsch-Amerikaner

„Unsere Kultur umfaßt nicht alles. Sie ist begrenzt, und jenseits der Grenzen befindet sich das, was wir nicht kennen. […] Das Fremde ist […] ein Konzept für all das, was zwar nicht zu uns gehört, uns aber doch auf eine spezifische Art und Weise betrifft. Nie läßt das Fremde uns gleichgültig. Wir verhalten uns gegenüber diesem Fremden ambivalent: Es erweckt Angst und treibt uns in unsere Welt zurück, zugleich aber vermag es zu faszinieren und uns aus unserer Welt hinauszulocken. Lassen wir uns auf das Fremde ein, so kommt es zu Grenzverschiebungen, und wir müssen uns ändern […]."[616]

Auszuwandern bedeutete für die Menschen nicht nur, ihrer Heimat den Rücken zu zukehren, sondern auch, all ihre Freunde und Bekannte, ihr ganzes soziales und kulturelles Umfeld hinter sich zu lassen. Um die Angst in der Fremde zu überwinden, versuchten sie, sich in den Vereinigten Staaten wieder eine Umgebung zu schaffen, die möglichst stark der Heimat ähnelte, die gleichzeitig aber den Akkulturationsprozess in der neuen Heimat behinderte.

Besonders der Glaube gab den Auswanderern in der Fremde Halt. So wurden schnellstmöglich nach der Ankunft in den Städten eigene Kirchengemeinden gegründet: hier wurden Gottesdienste in deutscher Sprache abgehalten und die Einwanderer konnten in der Kirchengemeinde Rat und Hilfe erhalten. Neben der Religion spielte auch der Erhalt der Muttersprache eine große Rolle. Der Aufbau deutscher Schulen, deutscher Buchhandlungen, Bibliotheken und der deutschen Presse zeigte das große Interesse und den Wunsch vieler Einwanderer, sich die deutsche Sprache und somit auch ein großes Stück Heimat zu erhalten.[617]

Nicht minder von Bedeutung war die Gründung zahlreicher Vereine, die eine enge Verbundenheit zur Heimat belegt. Zwar gründeten alle Nationalitäten Vereine, aber keine so viele wie die Deutschen. Dafür können verschiedene Ursachen angeführt werden: Heimweh oder die Erhaltung des deutschen Brauchtums und Zusammengehörigkeitsgefühls, das oft durch Ablehnung oder Gleichgültigkeit von Seiten der Amerikaner für die Einwanderer verstärkt wurde. Das Vereinsleben erlebte

---

[616] Zitiert nach Erdheim, Mario: Die gesellschaftliche Produktion von Unbewußtheit als Quelle interkultureller Konflikte. Köln 1991. S. 8. In: Bade: Deutsche im Ausland (wie Anm. 111), S. 200.
[617] Ausführlicher siehe Ebd., S. 200 ff.

mit der deutschen Masseneinwanderung in den 1840er Jahren seine Blütezeit. Die Vereine boten den Neuankömmlingen nicht nur Unterhaltung, wie Gesangs- und Schützenvereine, sondern waren auch stark auf das soziale Wohl der Emigranten ausgelegt, wie zahlreiche Siedlungs- und Baugesellschaften, Kranken- und Unterstützungsvereine und politische Vereine belegen. Die Mitglieder der Vereine waren größtenteils Neueinwanderer, die in ihnen eine Art Schutzfunktion sahen. Eine längere Mitgliedschaft bestand meist nur wegen der Geselligkeit, ansonsten hatte man sich in der Neuen Welt eingelebt. Dieses Bild spiegelt sich auch in den badischen Vereinen wider. Gerade die positive Berichterstattung in die alte Heimat zog oftmals größere Menschenmassen nach sich, was sich auch auf die Vereinsgründungen auswirkte. Der Staat, der die größte badische Zuwanderung verzeichnen konnte, war Ohio. Hier hatten die meisten Farmer badische Wurzeln und in fast jeder größeren Stadt traf man auf mehrere badische Vereine.[618] Ein weit gefächertes Vereinsleben gab es auch in New York; hier gründeten die Badener eigene Kirchenvereine, wie beispielsweise den Kirchenverein Brooklyn. Die größten und bedeutendsten Vereinsgründungen, von denen bis zum Ersten Weltkrieg noch 80 bestanden, fallen erst ins Jahr 1889 und hingen eng mit der Gründung der „Badischen Landeszeitung" zusammen, die den Vereinen eine gemeinsame Plattform bot. Zu den wichtigsten Vereinen zählte der „Badische Volksverein", der alljährlich in New York im Sommer nach dem Vorbild des Cannstatter Volksfestes ein großes Fest abhielt.[619]

Dass die Badener trotz des drastischen Rückgangs der deutschen Vereine in Amerika nach dem Ersten Weltkrieg versuchten ihre Traditionen festzuhalten, belegt ein Bericht von Gross, der auch deutlich die Schwierigkeit einer Erfassung der Badener in Amerika aufzeigt:„[…] Ueber See, wo unsere Landsleute besonders zahlreich, wie die Deutschen im allgemeinen, in den Vereinigten Staaten von Nordamerika, sind sie ja meist sehr verstreut und daher nicht so leicht zu erfassen […]. Aber auch unsere Landsleute drüben haben sich dort vielfach nicht nur in deutschen Vereinen, sondern

---

[618] Vgl. Siller, R.: Badener in den Vereinigten Staaten von Nord-Amerika. In: Der Auslanddeutsche (Stuttgart). 6. 1923, 12. S. 327-330; hier: S. 328.
[619] Vgl. Groos, Wilhelm: Betätigung einzelner Badener im Ausland. In: Der Auslanddeutsche (Stuttgart).6. 1923, 12. S. 331-333, hier: S. 332. Im Rahmen dieser Arbeit können bei weitem nicht alle Vereine aufgeführt werden. Ein kleiner Ausschnitt soll jedoch deren Vielzahl verdeutlichen: die Vereine der Adelsheimer, der Buchen-Hainstädter, der Weinheimer, der „lustigen Weinheimer", der „Kuhhörner", der „Seehasen", der „gemütlichen Badenser", der sehr bedeutende „badische Liederkranz", der badische Damenchor in Brooklyn, der Gesangsverein „Badische Harmonie" in New York etc.

auch in landsmannschaftlichen zusammengeschlossen, in den größeren Städten mit vielen Deutschen, in Bad. Krankenunterstützungskassen, Militär-, Turn-, Gesangs-, Volksfest und anderen Vergnügungsvereinen. […] Und die Großbrauereien waren zu einem guten Teil Unternehmungen von Badenern, (wie in und bei New York Gg. Ehret aus Hofweier, W. Peter aus Achern u.a.), um nur ein paar herauszugreifen. […]."[620]

Trotz aller Bemühungen, die Traditionen aus der alten Heimat aufrecht zuerhalten, ist, verbunden mit den beiden Weltkriegen, ein starker Rückgang der deutschen Vereine – insbesondere der badischen – zu verzeichnen. Als einer der Hauptgründe für den Rückgang kann die Annahme der amerikanischen Staatsbürgerschaft und die Amerikanisierung der Vor- und Familiennamen angesehen werden. Für die badischen Auswanderer war es ein leichtes die amerikanische Staatsbürgerschaft anzunehmen. Das amerikanische Bürgerrecht wurde nach einer Zulassung von Seiten des Gerichts von fast jedem Unionsstaat erteilt. Bereits zwei Jahre vor der Aufnahme musste der Fremde eine Erklärung an Eides statt vor einem Gericht ablegen, dass er ,bona fide' die Absicht habe, Bürger zu werden und auf die ausländische Staatsangehörigkeit verzichte. Nach einem fünfjährigen ununterbrochenen Aufenthalt in den Vereinigten Staaten, nebst guten Leumundzeugnissen, konnte der Eidschwur auf die Bundesverfassung abgelegt werden. Mit der Annahme der amerikanischen Staatsbürgerschaft wurde die Bindung zu Deutschland nicht nur rechtlich und formell gelöst, damit einher ging auch ein weiterer Schritt in Richtung emotionaler Bindung an die neue Heimat, ein Schritt der den Deutschamerikaner letztlich zum Amerikaner werden ließ.[621]

Auffällig ist, dass es im Zuge dessen fast zum kompletten Verlust der badischen Identität in den Vereinigten Staaten kam. In den Listen heute noch existenter deutscher Vereine in den Vereinigten Staaten wird lediglich noch der „badische Unterstützungsverein" angeführt.[622]

---

[620] Groos, Wilhelm: Badener im Ausland. Eine Ausstellung beim Badener Heimattag. In: Festschrift zum „Badener Heimattag Karlsruhe 1930" Hrsg. Badische Presse. S. 14.
[621] GLA 357/31.498
[622] Im GLA sind in der Abteilung 60 ,Geheimes Kabinett' Akten zu finden, die einen Kontakt badischer Vereine in den Vereinigten Staaten mit ihrer alten Heimat bis 1916 belegen. Dazu zählen der Washingtoner Verein „Baden", die „Badische Liedertafel" in Newark, der „Badische Club" in Chicago, der „Badische Unterstützungsverein" in Philadelphia und der „Badische Volksfest Verein" in New York.

Was genau macht das typische badische Heimatgefühl, die badische Tradition aus? Die Inhalte der badischen Gepflogenheiten sind kaum greifbar und bei Weitem nicht so eklatant wie beispielsweise die aus dem bayrischen Kulturraum. Als eine weitere Ursache für den Identitätsverlust könnte das zum Zeitpunkt der großen Auswanderungswellen erst junge Gebilde des badischen Staates, das den Badener, im Gegensatz zu den Schwaben, Bayern etc., kein einheitliches gefestigtes traditionelles Heimatgefühl mit auf den Weg gegeben hat, angeführt werden. „Die frühere Auffassung, daß die Auswanderung unter allen Umständen einen wirtschaftlichen und nationalen Verlust des Landes bedeute [...] hat sich im Lauf der letzen Jahre mannigfach modificiert. So lange wir kein eigens Volk haben, uns gewissermaßen das nationale Rückrat fehlte, war es, wenn auch schwer zu beklagen, doch wohl begreiflich, daß die Mehrzahl der Auswanderer und die im Lande verblieben leicht das Gefühl der Zusammengehörigkeit verloren [...]" hat.[623] „Heut ist mit dem mächtig erstarkten Nationalgefühl auch die Auffassung über die Bedeutung der Auswanderung anders geworden."[624] Für Heyder liegt der schnelle Verlust des „Deutschtums" daran, dass die Auswanderer „meist kleine Leute sind, die bei ihrem wenig gestärkten Nationalitätsgefühl und vollständig sich selbst überlassen, sich schnell der verwandten angelsächsischen Rasse, die sich in der Herrschaft befindet, und der sie ohne Führer gegenüber treten, assimilieren [...]."[625] Der Bevölkerungswissenschaftler Heberle begründete die schnelle Assimilation der deutschen Einwanderer mit der Anerkennung der technologischen Überlegenheit der amerikanischen Gesellschaft, was in Verbindung mit dem Trachten nach sozialem Aufstieg die schnelle Amerikanisierung begünstigt hätte.[626] Allgemein hängt die Akkulturationsbereitschaft davon ab, in welchem Maß die Auswanderer an der heimischen Kultur Anteil genommen haben, welchen Bildungsgrad, sozialen Status und welches Alter sie zum Zeitpunkt der Auswanderung hatten. Gerade das Alter der Auswanderer könnte eine entscheidende Rolle im Amerikanisierungsprozess gespielt haben. Die Karlsruher Auswanderer der Jahre 1880-1914 gehörten, wie bereits dargestellt, überwiegend der Altersklasse der 14-21-Jährigen beziehungsweise der 0-12-Jährigen, an. Sie verließen

---

[623] GLA 237/16907. Schreiben vom 06.12.1892 aus Bremen an den deutschen Reichstag in Berlin zum Gesetzesentwurf über das Auswanderungswesen.
[624] Ebd.
[625] Heyder: Beitraege zur Frage der Auswanderung (wie Anm. 30), S. 24 f.
[626] Heberle, Rudolf: Zur Typologie der Wanderung. In: Marschalck, Peter; Köllmann, Wolfgang (Hrsg.): Bevölkerungsgeschichte. Köln 1972. S. 73.

somit mehrheitlich im Kindes- oder Jugendalter ihre Heimat, in einem Alter, in dem sie noch nicht von einer intensiven, kulturellen Heimatbindung geprägt waren und sich schneller an die neuen Gegebenheiten anpassen konnten.

Warum die Badener, die eine signifikante Größe in der deutschen Amerika-auswanderung darstellten, ihr Heimatbewusstsein letztendlich völlig aufgaben, kann an dieser Stelle nicht geklärt werden. Eine umgehende Untersuchung dieser Thematik würde ein neues Forschungsfeld eröffnen.

Bereits im 19. Jahrhundert wurde den ausgewanderten Deutschen zum Vorwurf gemacht, dass sie trotz ihres Einflusses, den sie als zweistärkste Einwanderernation hatten, nicht in der Lage waren, sich ihr Deutschtum zu bewahren, und sich kein Einwanderer so schnell und so gründlich der neuen Heimat anpassen würde wie sie. Bismarck sah dies als einen „Nationalfehler" an, der bei den Deutschen mehr als in allen anderen zivilisierten Nationen zum Tragen käme. Zwar dächten die Einwanderer noch mit Wehmut an ihre Heimat, aber schon die zweite Einwanderergeneration weise große Mängel in der deutschen Sprache und Schrift auf. In der nächsten Generation erinnerte dann meist nur noch der Name, teilweise schon in anglisierter Form, an die deutsche Abstammung.[627]

Nur langsam wurde auf deutscher Seite eingesehen, dass es die äußeren Umstände, besonders die Sprache, waren, welche die Deutschen förmlich dazu zwangen, Amerikaner zu werden. Durch den Staat und die Schule wurde eine schnelle Amerikanisierung vorangetrieben. Roosevelt ließ dazu in den „American Ideals" verlauten: „Wir heißen den Deutschen oder Irländer willkommen, wenn er Amerikaner wird. Wir können ihn nicht gebrauchen, wenn er Deutscher oder Irländer bleibt. […] Der Name Amerikaner ist der höchste Ehrentitel, und wer das nicht glaubt, hat kein Recht auf ihn. Und je eher ein solcher nach Europa zurückgeht, desto besser. […] Wenn er versucht, seine alte Sprache zu bewahren, wird sie im Verlaufe einiger Generationen ein barbarischer Jargon, wenn er versucht, sein alten Sitten und Lebensgewohnheiten zu bewahren, wird er nach einigen Generationen ein ungeschliffener Sonderling. […] Er muß nur unserer Flagge huldigen; sie muß nicht nur zuerst kommen, sondern keine andere Flagge darf auch nur an zweiter Stelle

---

[627] Siller: Badener in den Vereinigten Staaten von Nord-Amerika (wie Anm. 612), hier: S. 328.

stehen [...].[628] Auf diese Weise ging das ‚Deutschtum' im Laufe der Jahre bereits in der zweiten, spätestens in der dritten Generation vollkommen unter, was unter anderem noch durch die sinkenden Auswandererzahlen begünstigt wurde, wodurch die deutsche Tradition keine Kräftigung mehr erfahren hat. Mit Ausbruch des 1. Weltkriegs befanden sich die so genannten „Bindestrichamerikaner" in einem Loyalitätskonflikt, und es blieb ihnen oftmals keine andere Wahl als sich vollständig zu assimilieren, obwohl in den USA bekannt war, dass „die junge Republik so viele und oft die besten Söhne und Töchter [...]"der deutschen Nation zu verdanken habe.[629]

Heute sind kaum noch Spuren von deutschen Siedlungen vorhanden, einzig ein paar Relikte weisen auf den deutschen Exodus hin: Die Spuren reichen von kleinen deutschen Sprachinseln, über historische Denkmäler, museale und archivische Quellen bis hin zu deutschen Festen und Bräuchen.[630] All dies begründet eine gewisse Affinität zur Heimat, was freilich nicht heißen darf, dass diese Art der Länderverbindung als selbstverständlich angesehen werden kann, sondern weiter der „Pflege" bedarf, damit die Reste des ‚Deutschtums' nicht irgendwann ganz in Vergessenheit geraten.

---

[628] Mönckmeier: Die deutsche überseeische Auswanderung (wie Anm. 362), S. 199.
[629] Schmidt, Hans: Die verschiedenen Einwanderungswellen in die Vereinigten Staaten von Nordamerika von den Anfängen bis zur Quotengesetzgebung. In: Spörl, Johannes (Hrsg.): Historisches Jahrbuch. 85. Jahrgang. München / Freiburg 1965. S. 323-361; hier S. 359 f. Siehe auch: Moltmann, Günter: Deutsch-amerikanische Wanderungen und deutsch-amerikanische Beziehungen. In: Zeitschrift für Kulturaustausch. 32. Jg. 1882/ 4. Vj. Stuttgart 1982. S. 446-449; hier S. 446.
[630] Moltmann: Deutsch-amerikanische Wanderungen und deutsch-amerikanische Beziehungen (wie Anm. 624), S. 449.

11 Ausblick

„Migration ist ein Konstituens der Conditio humana wie Geburt, Vermehrung, Krankheit und Tod. Die Geschichte der Wanderung ist so alt wie die Menschheitsgeschichte; denn der Homo sapiens hat sich als Homo migrans über die Welt ausgebreitet."[631] Die Wanderung stellt, entgegen dem weit verbreiteten Glauben, keine Ausnahmeform im menschlichen Siedlungsverhalten dar. Der Massenexodus in die Neue Welt gehört genauso zur Geschichte des 19. Jahrhunderts wie Krieg, Revolution, Industrialisierung, Nationalstaatsgründung und Imperialismus und ist nicht aus der Geschichtsschreibung wegzudenken, wie uns Osterhammel aktuell in seiner „Verwandlung der Welt" eindrucksvoll belegt.[632]

Hunderttausende von Badenern sind über den Atlantik gefahren, um in der Neuen Welt ein besseres Auskommen zu finden, haben sich in die amerikanische Gesellschaft eingegliedert, am Aufstieg der amerikanischen Nation teilgenommen, die Vereinigten Staaten zu ihrer neuen Heimat gemacht und wurden so letztlich zu ‚echten' Amerikanern.

Einer der Hauptgründe für die Massenauswanderung im 19. Jahrhundert war der exorbitante Bevölkerungsanstieg in Deutschland. Die hohe Geburtenrate – bei sinkender Sterbekurve – hielt auch nach der Reichsgründung weiter an. Die Bevölkerung nahm rasant zu, nicht nur weil mehr Menschen geboren wurden, sondern weil die Lebenserwartung stark anstieg und die Kindersterblichkeit sank. Erst zu Beginn des 20. Jahrhunderts zeichnete sich beim Vergleich zur Sterbekurve ein phasenverschoben einsetzendes Absinken der Geburtenkurve ab, das den Wandel zur industriellen Bevölkerungsweise begründete und in allen modernen Industriegesellschaften zu beobachten war. Ein letztes Mal war das Missverhältnis von Bevölkerung und Erwerbsangebot zu spüren, welches in der dritten Auswanderungswelle zwischen 1880-93 ihr säkulares Maximum erreichte – was sich rückwirkend als eine krisenhafte Übergangsphase auf dem Weg zu neuer Stabilität

---

[631] Bade: Sozialhistorische Migrationsforschung (wie Anm.40), S. 27.
[632] Osterhammel, Jürgen: Verwandlung der Welt. Eine Geschichte des 19. Jahrhunderts. München 2009.

rausstellte.[633] In dieser Übergangsphase der europäischen Entwicklung, zwischen dem Niedergang der alten agrarischen Gesellschaft und dem Umbruch zum modernen Industriezeitalter, vollzog sich die große Überseewanderung des 19. und frühen 20. Jahrhundert.[634]

Waren in den ersten beiden badischen Auswanderungswellen noch soziale- und wirtschaftliche Not die ausschlaggebenden Faktoren, traten diese in der hier betrachteten, letzten großen Wanderungsbewegung kaum noch zum Vorschein. Die meisten Menschen verließen nicht mehr aus wirtschaftlicher Not und völlig mittellos das Land, sondern folgten dem Rufen vorausgewanderter Verwandten und Bekannten: Die Pull-Faktoren wurden immer entscheidender bei der Umsetzung des Auswanderungsgedankens, die Push-Faktoren hingegen spielten kaum noch eine Rolle. „Die Auswanderung beruht auf dem den Menschen im allgemeinen, namentlich aber auch unserem Volke innewohnenden Wandertriebe, der Sehnsucht nach dem Unbekannten, dem Glauben an die Verwirklichung glänzender Träume in unbekannter Ferne, am meisten aber auf dem Streben des Einzelnen, seine ihm nicht befriedigenden Verhältnisse zu verbessern."[635] Ziel der Auswanderung war es, diese „nicht befriedigenden Verhältnisse", die stets durch das subjektive Empfinden des Einzelnen unterschiedlich wahrgenommen wurden, zu überwinden. Der einzige Weg, dies zu erreichen, war nach Ansicht der Auswanderungswilligen eine Emigration nach Amerika. Früh erkannte auch die badische Regierung, dass die Menschen die Heimat nicht mehr aufgrund einer Notlage verließen: „Dieselben Familien, welche jetzt als Fabrikarbeiter und Tagarbeiter in Amerika sich durchbringen, würden voraussichtlich auch bei uns ihren Lebensunterhalt haben gewinnen können, wenn sie rechtzeitig die Heimathgemeinde verlassen und sich anderswo im Vaterlande Arbeit gesucht hätten."[636] Es kann sogar noch einen Schritt weiter gegangen werden, wie das Beispiel des Bezirksamts Karlsruhe zeigt: durch die Auswanderung wurde der Zuzug vom Land in die Stadt mit ihrem industriellen Beschäftigungsumfeld verringert bzw. die

---

[633] Für die zeitgenössischen Betrachter wurde der alte malthusianische Alptraum – wachsende Bevölkerung und abnehmender Nahrungsspielraum – neu erweckt. Der britische Nationalökonom und Sozialphilosoph Thomas Robert Malthus veröffentlichte 1798 seine Bevölkerungstheorie „Essay on the Principle of Population", in der er Europa vor einer sich über die Grenzen der wirtschaftlichen und gesellschaftlich vorhandenen Unterhaltsmittel hinaus vermehrenden Bevölkerung warnt.

[634] Thistlethwaite: Europäische Überseewanderung (wie Anm. 23), S. 346.

[635] GLA 237/16907. Schreiben vom 6. Dezember 1892 aus Bremen an den deutschen Reichstag in Berlin zum Gesetzesentwurf über das Auswanderungswesen.

[636] GLA 357/10125

nahe gelegenen Städte gar nicht erst als Arbeitsplatz in Betracht gezogen. Zu stark waren die Lockrufe aus den Vereinigten Staaten, die günstigere Arbeitsmöglichkeiten, höhere Löhne und einen besseren Lebensstandart propagierten. Diese 'Lockrufe' entwickelten sich durch das schnell wachsende Kommunikationssystem zwischen beiden Seiten des Atlantiks zu einem der wichtigsten Auswanderungsmotive. Sie förderten den Zusammenhalt zwischen Ausgewanderten und Daheimgebliebenen, wodurch Amerika den Ruf der 'unbekannten Fremde' verlor und eine Kettenwanderung in Gang gesetzt wurde.

Die deutsche Amerikawanderung verlor im Deutschen Reich ihren früheren gradlinigen Charakter und wurde immer mehr zur konjunkturabhängigen Wanderungsbewegung.[637] Für das Bezirksamt Karlsruhe sind, entgegen dieser Entwicklung, keine Tendenzen zu einer konjunkturabhängigen Pendlerwanderung zwischen den Kontinenten zu erkennen.

Auch unter den Gesichtspunkten der Einzel- und Familienwanderung und dem Alter der Auswanderer ging die Karlsruher Auswanderung nicht konform mit der Entwicklung im Reich einher. Wie belegt werden konnte, fand die Auswanderung in den 1880er Jahren in den Landgemeinden Karlsruhes fast ausschließlich noch im Familienverband statt. Auffällig hierbei ist, dass die Auswanderer des Stadtgebiets beinahe uneingeschränkt männliche Einzelauswanderer waren und sich die Auswanderung hier synchron zu der des Reichs entwickelte. Ebenfalls lag das Alter der Auswanderer mit 14-21 Jahren deutlich unter dem Reichsdurchschnitt. Grund dafür könnte der starke Familiennachzug nach entsprechender Aufforderung von Verwandten und Bekannten sein, wie in einigen Briefen sichtbar wurde. Die Teilnahme der 0-13-Jährigen, welche die zweitstärkste Altersgruppe stellten, lässt sich auf die zahlreiche Familienwanderung aus den umliegenden Dörfern zurückführen. Signifikant ist die geringe Beteiligung der Frauen an der Auswanderung aus dem Bezirksamt, die weit unter dem Reichsdurchschnitt lag. Desgleichen ist die Rolle der Auswanderung als soziales „Sicherheitsventil" für den hier untersuchten Zeitraum zu relativieren. Vorbestrafte und mit Hilfe öffentlicher Mittel Ausgewanderte – wobei es sich überwiegend um finanzielle Zuschüsse handelte – stellten nur Randgruppen im

---

[637] Mönckmeier: Wandlungen und Entwicklungstendenzen in der deutschen Auswanderung (wie Anm. 24), S. 344. Ausführlicher mit dieser Problematik hat sich Sartorius von Waltershausen in seinem Aufsatz „Die Wanderarbeit als weltwirtschaftliches Problem" in der Zeitschrift für Sozialwissenschaften, N. F. II. Jahrgang beschäftigt.

Gesamtvorgang der Karlsruher Auswanderung dar. Dass dieser Zuschuss allerdings überwiegend an Familien aus den Landgemeinden ging ist nicht zu übersehen, wohingegen die Einzelauswanderer aus der Stadt kaum Unterstützung erhielten. Insgesamt kann festgestellt werden, dass sich die Auswanderung aus dem Bezirksamt Karlsruhe, bis auf die genannten Ausnahmen, in das Bild der badischen Auswanderung einfügen lässt, auch wenn Karlsruhe durch die Funktion als Residenzstadt und die vergleichsweise geringe Auswandererzahl nicht als typische badische Auswanderungsregion angesehen werden kann.

Gerade auf die badische Auswanderungsforschung fallen große Schatten, was bei der Recherche für diese Arbeit zum Vorschein kam und grundlegende Probleme nach sich zog. Dringend von Nöten erscheint auch die Aufbereitung der amerikanischen Quellen im Hinblick auf Ansiedlung, Vereinsleben, religiöse Gemeinschaften und den wirtschaftlichem Einfluss der Badener, aber auch auf deutscher Seite bietet die badische Auswanderung den Wissenschaftlern eine Vielzahl bislang unbehandelter Forschungsfelder.

Am Schluss dieser Arbeit muss noch einmal erwähnt werden, dass bei den hier vorliegenden Angaben keinesfalls von deren Vollständigkeit ausgegangen werden kann. Sowohl die Anzahl der Auswanderer als auch die inhaltlichen Angaben, die in die Statistik eingeflossen sind, konnten aufgrund der kargen Akten- und allgemeinen Quellenlage nicht auf ihre Richtigkeit geprüft werden. Hinzu kommt eine unbekannte Anzahl illegal ausgewanderter Personen für das Bezirksamt.

Die große Anzahl von Einzelfallbeispielen wurde in die Arbeit aufgenommen, da ein Vergleich von Individual- und Kollektiverhalten eine wichtige Kontrollfunktion für die strukturgeschichtliche Interpretation darstellt und einen Einblick in die Sozialgeschichte des Bezirksamts Karlsruhes im 19. Jahrhundert ermöglicht.

12 Anhang

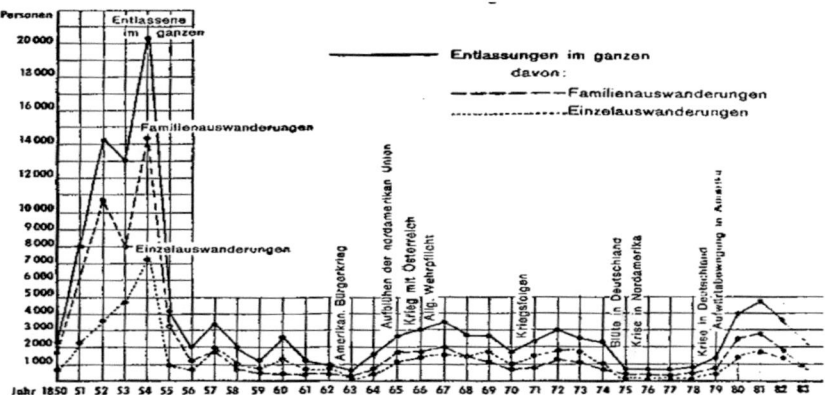

Abb. 15: Auswanderungsverlauf 1850-1883 [638]

I. Situation im Auswanderungsland	II. Wanderungsvorgang	III. Situation im Einwanderungsland
	A. Objektiver Bereich	
1. natürliche Gegebenheiten (Bodenqualität, Klima)	1. Entfernung, Dauer, Risiko der Reise	1.—5. wie bei I.
2. sozialökonomische Verhältnisse (Einkommens- und Vermögensverhältnisse und -verteilung; Abgaben- und Steuerverhältnisse; Arbeitsplatzangebot und Arbeitskräftepotential, beruflich-soziale Aufstiegschancen usw.)	2. Regelmäßigkeit, Qualität, Schnelligkeit, Kosten des Transports	6. institutionelle Hemmnisse oder Begünstigungen der Einwanderung (restriktive oder großzügige Vorschriften betr. die Einwanderungserlaubnis hinsichtlich der Vermögensverhältnisse u. a. Qualifikationsmerkmale, Formalitäten bei Einwanderung und Aufnahme in das neue Staatsbürgerrecht usw.)
3. politische Verhältnisse (politisches System, politische Entscheidungen)	3. Information über die Reisebedingungen und -verhältnisse	
4. Militärdienstpflicht	4. institutionelle Absicherung der Reise (Organisationsgrad z. B. durch Agenturen und Vereine, erhöhte Sicherheit durch staatliche Kontrolle)	
5. religiöse Verhältnisse (Grad der Toleranz gegenüber religiösen Minderheiten)		
6. institutionelle Hemmnisse oder Begünstigungen der Auswanderung (Auswanderungsverbote, finanzielle Sanktionen, Verzicht auf Staats- und Gemeindebürgerrecht; Förderung der Auswanderung durch geringes Maß an amtlichen Formalitäten, durch finanzielle Unterstützung, Organisation der Emigration usw.)	5. erforderliche Reisevorbereitungen (Haushaltsauflösung, amtliche Formalitäten)	7. (schriftliche und mündliche) Information über die Verhältnisse im Einwanderungsgebiet in werbender oder abschreckender Form

B. Subjektiver Bereich

Subjektive Einschätzung und Verarbeitung der vorliegenden Situation bzw. der verfügbaren Information; auf dieser Grundlage (emotionale/rationale) Abwägung der eigenen Chancen in einer neuen Heimat im Vergleich mit denen in der alten Heimat.

Abb. 16: Auswanderungsmotive [639]

---

[638] Vorwinckel: Ursachen der Auswanderung (wie Anm. 166), S. 134.
[639] Hippel: Auswanderung aus Südwestdeutschland (wie Anm. 350), S. 124.

Alter der Einwanderer in die USA aus Deutschland zwischen 1878-1896:[640]

Jahr	unter 15 Jahre	15-40 Jahre
1878	21,4	64,9
1879	20,9	67,1
1880	22,2	67,6
1881	27,9	62,3
1882	28,2	61,1
1883	27,5	61,1
1884	27,4	60,8
1885	27,4	60,1
1886	24,9	63,0
1887	24,5	63,7
1888	22,9	67,6
1889	25,3	63,0
1890	24,9	63,3
1891	23,2	66,6
1892	20,0	72,8
1893	16,8	78,5
1894	16,3	79,7
1895	14,0	81,7
1896	20,5	70,0

Tab. 54: Auswanderungsalter im Reich

[640] Marschalck: Deutsche Überseewanderung (wie Anm. 28), S. 75.

13037.52.25

Holland Amerika Linie
Rotterdam—New-York
über Boulogne-sur-Mer.
Doppelschrauben-Passagier-Dampfer
von 18390 bis 37190 Tons
Wasserverdrängung
Abfahrten wöchentlich
jeden Samstag von Rotterdam.
Erstklassige Schiffe. Mäßige Preise.
Vorzügliche Verpflegung.
Nähere Auskunft und Billete bei:
Karl Morlock,
Karl-Friedrichstr. 26, Rondellpl. Tel. 768
Karlsruhe.
Wilhelm Hoffmeister,
Schloßstrasse 2. Telephon 122.
Bruchsal.
Albert Seifried,
Sedansplatz 10. Telephon 359
Pforzheim.

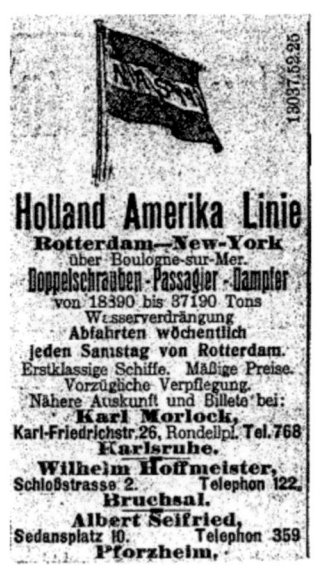

Abb. 17: Zeitungsanzeige Agenten[641]

In New-York werden bei der Landung in Castle-Garden alle diejenigen, welche diese Karte im Hute oder an der Brust tragen, von Pastor Berkemeier oder dessen Agenten in Empfang genommen.

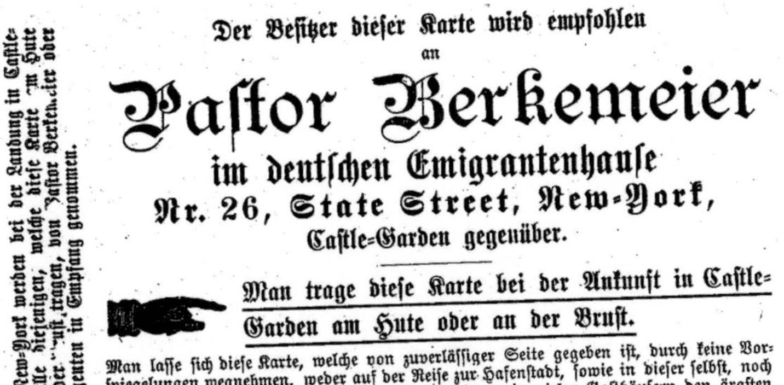

Der Besitzer dieser Karte wird empfohlen
an
Pastor Berkemeier
im deutschen Emigrantenhause
Nr. 26, State Street, New-York,
Castle-Garden gegenüber.

Man trage diese Karte bei der Ankunft in Castle-Garden am Hute oder an der Brust.

Man lasse sich diese Karte, welche von zuverlässiger Seite gegeben ist, durch keine Vorspiegelungen wegnehmen, weder auf der Reise zur Hafenstadt, sowie in dieser selbst, noch auf dem Schiffe, da in New-York die Auswanderer in vielen Gasthäusern den ärgsten Betrügereien ausgesetzt sind.

Buchdruckerei von J. H. Broom, Bremen.

Abb. 18: Informationskarte Pastor Berkemeier[642]

641 GLA 357/23794
642 GA 2972

Niederl.- Amerikanische Dampfschifffahrts- Gesellschaft.

NASM

Wöchentliche Directe Postverbindung

ZWISCHEN

ROTTERDAM AMSTERDAM } und NEW-YORK.

ABFAHRTEN

1883.

Von Rotterdam.			Von Amsterdam.		
22. Sept.	Dampfer	W. A. SCHOLTEN.	29. Sept.	Dampfer	SCHIEDAM.
13. Oct.	»	MAASDAM.	6. Oct.	»	LEERDAM.
20. »	»	P. CALAND.	27. »	»	EDAM.
10. Nov.	»	W. A. SCHOLTEN.	3. Nov.	»	AMSTERDAM.
24. »	»	SCHIEDAM.	17. »	»	ZAANDAM.
8. Dec.	»	MAASDAM.	1. Dec.	»	LEERDAM.
22. »	»	P. CALAND.	15. »	»	EDAM.
			29. »	»	AMSTERDAM.

Die Gesellschaft behält sich das Recht vor, in die Reihenfolge der Dampfer Aenderung zu bringen.

PASSAGE PREISE.

Cajüte.

Erwachsene .... *Mk.* **250.—**, Retourbilletten.... .... *Mk.* **450.—**
Kinder von 1—12 Jahren die Hälfte. Kinder unter 1 Jahr *Mk.* **20.—**.

Zwischendeck.

Erwachsene .... *Mk.* **80.—**, Retourbilletten.... .... *Mk.* **150.—**
Kinder von 1—12 Jahren die Hälfte. Kinder unter 1 Jahr *Mk.* **10.—**.

In Verbindung mit den Haupteisenbahnen Amerika's werden directe Passage-Billette nach allen Plätzen der Vereinigten Staaten verausgabt.

Nähere Auskunft ertheilt die Haupt Agentur

K. SCHMITT & SOHN,

Karlstrasse 32, KARLSRUHE,

Left margin (vertical): Einzige directe Postdampfer-Linie von Holland nach Amerika.

Right margin (vertical): Einzige directe Postdampfer-Linie von Holland nach Amerika.

Abb. 19: Zeitungsanzeige Abfahrtstermine[643]

---

[643] GLA 357/12948

Entlassungs-Urkunde.

Das unterzeichnete **Großherzoglich Badische Bezirks-Amt** bescheinigt hierdurch, daß dem *Schlosser Ludwig Blum*

geboren am 16. Juli 1863 zu Karlsruhe

auf sein Ansuchen und behufs seiner Auswanderung nach

Nordamerika

die Entlassung aus der Badischen Staatsangehörigkeit ertheilt worden ist.

Diese Entlassungsurkunde bewirkt für die ausdrücklich darin benannte Person mit dem Zeitpunkt der Aushändigung den Verlust der Badischen Staats-Angehörigkeit, sie wird jedoch unwirksam, wenn der Entlassene nicht binnen 6 Monaten vom Tage der Aushändigung der Entlassungs-Urkunde seinen Wohnsitz außerhalb des Bundesgebiets verlegt, oder die Staats-Angehörigkeit in einem andern Bundesstaat erwirbt. (§. 18 des Gesetzes über die Erwerbung und den Verlust der Bundes- und Staats-Angehörigkeit vom 1. Juni 1870 B.G.B. Seite 355.)

Karlsruhe, den *23. März* 188 *2*

Großh. Bezirks-Amt.

Abb. 20: Entlassungsurkunde[644]

---

[644] GLA357/6501

Amtsbezirke	Einwohnerzahl 1885	Auswanderer	Ausgewandert pro Tausend der Bevölkerung
Kehl	26.723 (26.504)	117 (318)	4,3 (11,9)
Achern	22.552 (22.593)	99 (439)	4,3 (19,4)
Bühl	29.225 (30.186)	135 (479)	4,6 (15,8)
Emmendingen	46.568 (46.091)	186 (891)	3,9 (19,3)
Ettenheim	18.648 (17.973)	58 (355)	3,1 (19,7)
Freiburg	65.120 (70.571)	26 (254)	0,4 (3,5)
Lörrach	35.943 (36.692)	50 (403)	1,3 (10,9)
Mülheim	22.237 (21.857)	15 (331)	0,6 (15,1)
Staufen	19.519 (18.957)	18 (194)	0,9 (10,2)
Breisach	20.497 (19.840)	51 (483)	2,4 (24,3)

Tab. 55: Auswanderung Obere Rheinebene pro Tausend der Bevölkerung 1883 [645]

Amtsbezirke	Einwohnerzahl 1885	Auswanderer	Ausgewandert pro Tausend der Bevölkerung
Wolfach	24.594 (25.482)	17 (196)	0,7 (7,6)
Oberkirch	17.919 (18.082)	68 (295)	3,7 (16,3)
Villingen	24.605 (24.596)	90 (219)	3,6 (8,9)
Schönau	14.170 (15.069)	11 (75)	0,7 (4,9)
Bonndorf	17.187 (16.415)	37 (144)	2,10 (8,7)
Waldshut	34.828 (33.837)	35 (287)	1,00 (8,3)
St. Blasien	10.242 (10.079)	3 (99)	0,2 (9,8)
Säckingen	18.052 (17.900)	18 (133)	0,7 (7,4)
Schopfheim	20.013 (19.697)	14 (192)	0,6 (9,7)
Neustadt	15.562 (15.593)	16 (145)	1,0 (9,2)
Triberg	20.558 (21.074)	30 (122)	1,4 (5,8)
Waldkirch	20.806 (20.491)	9 (88)	0,4 (4,1)

Tab. 56: Auswanderung Schwarzwaldtäler pro Tausend der Bevölkerung 1883 [646]

---

[645] Sponner: Auswanderung aus dem Schwarzwald und der Oberrheinebene (wie Anm. 278), S. 185 a. . Die Zahlen in Klammern stehen für die Auswanderung pro tausend der Bevölkerung in den Jahren 1884-1893. Vgl. S. 184 a.
[646] Ebd. S. 185 a. Die Zahlen in Klammern stehen für die Auswanderung pro tausend der Bevölkerung in den Jahren 1884-1893. Vgl. S. 184 a.

Die Entwicklung der Karlsruher Gewerbebetriebe 1875-1907:[647]

Gewerbeart (Beschäftigte)	1875	1895	1907
Kunst- und Handelsgärtnerei	23 (58)	33 (223)	48 (368)
Tierzucht und Fischerei	-	-	6 (11)
Industrie der Steine und Erden	26 (175)	36 (429)	54 (548)
Metallverarbeitung	133 (694)	194 (4.077)	218 (4.331)
Industrie der Maschinen, Instrumente	62 (2.383)	131 (4.244)	222 (7.029)
Chemische Industrie	13 (253)	26 (124)	32 (937)
Industrie der Leuchtstoffe, Seifen	26 (148)	11 (532)	13 (882)
Textilindustrie	54 (239)	52 (233)	63 (625)
Papierindustrie	74 (186)	39 (480)	48 (613)
Lederindustrie	-	87 (386)	129 (626)
Industrie der Holz- und Schnitzstoffe	144 (778)	224 (993)	288 (1.695)
Industrie der Nahrungsmittel	170 (857)	330 (2.249)	458 (3.286)
Bekleidung- und Reinigungsgewerbe	1.142 (1.904)	1.940 (3.543)	1.994 (4.841)
Baugewerbe	113 (1.059)	283 (4.241)	459 (5.957)
Polygraphische Gewerbe	35 (416)	60 (889)	100 (1.310)
Künstlerische Gewerbe	18 (43)	101 (140)	124 (189)
Handelsgewerbe	567 (1.358)	1385 (3.755)	2117 (6.523)
Versicherungsgewerbe	-	87 (311)	92 (622)
Verkehrsgewerbe	153 (244)	161 (489)	169 (1.152)
Schank- und Gastwirtschaften	161 (693)	341 (1.554)	486 (2.240)
Insgesamt	2.914 (11.488)	5.521 (28.892)	7.120 (43.785)

Tab. 57: Entwicklung der Karlsruher Gewerbebetriebe

---

[647] Bräunche: Die Karlsruher Industrie (wie Anm. 326), S. 19.

Die Strukturen der deutschen Auswanderung aus sozialen Beweggründen im 19. Jahrhundert

	bis 1865	Siedlungswanderung 1865—1895	Arbeitswanderung 1895—1914
Familien-auswanderung	selbständige Kleinbauern und Kleinhandwerker (unterbäuerliche Schicht) Zweck: Siedlung	unterbäuerliche Schicht unterbürgerliche Schicht (selbständige Bauern und Handwerker) Zweck: Siedlung	unterbäuerliche Schicht (unterbürgerliche Schicht) Zweck: Arbeitnahme (und Rückkehr)
Einzel-auswanderung	männlich	unterbäuerliche Schicht unterbürgerliche Schicht Zweck: Siedlung (und Arbeitnahme)	Industriearbeiterschaft Zweck: Arbeitnahme (und Rückkehr)
	weiblich	unterbäuerliche Schicht unterbürgerliche Schicht Zweck: Arbeitnahme (und Heirat)	unterbürgerliche Schicht (unterbäuerliche Schicht) Zweck: Arbeitnahme (und Heirat)

Abb. 21: Die Strukturen der deutschen Auswanderung[648]

---

[648] Marschalck: Überseewanderung (wie Anm. 28), S. 84.

13 Literaturverzeichnis

- *Adams*, Willi, Paul (Hrsg.): Die deutschsprachige Auswanderung in die Vereinigten Staaten. Berichte über Forschungsstand und Quellenbestände. Berlin 1980.

- *Bade*, Klaus J.: Sozialhistorische Migrationsforschung. Göttingen Mai 2004.

- *Bade*, Klaus J. (Hrsg.): Migration in der europäischen Geschichte seit dem späten Mittelalter. Osnabrück 2002.

- *Bade*, Klaus J.: Europa in Bewegung. Migration vom späten 18. Jahrhundert bis zur Gegenwart. München 2000.

- *Bade*, Klaus J. (Hrsg.): Menschen über Grenzen – Grenzen über Menschen. Herne 1995.

- *Bade*, Klaus J: Homo Migrans Wanderungen aus und nach Deutschland. Erfahrungen und Fragen. Essen 1994.

- *Bade*, Klaus J. (Hrsg.): Deutsche im Ausland- Fremde in Deutschland. Migration in Geschichte und Gegenwart. München 1992.

- *Bocks*, Wolfgang: Die Badische Fabrikinspektion. Arbeiterschutz, Arbeiterverhältnisse u. Arbeiterbewegung in Baden 1879 bis 1914. Freiburg 1978.

- *Boelcke*, Willi A.: Sozialgeschichte Baden-Württembergs 1800-1989. Politik, Gesellschaft, Wirtschaft. Stuttgart 1989.

- *Bräunche*, Ernst Otto; Asche, Susamme: Karlsruhe die Stadtgeschichte. Karlsruhe 1998.

- *Bretting*, Agnes: Soziale Probleme deutscher Einwanderer in New York City 1800-1860. Wiesbaden 1981.

- *Bretting*, Agnes; Bickelmann, Hartmut: Auswanderungsagenturen und Auswanderungsvereine im 19. und 20. Jahrhundert. Stuttgart 1991.

- *Bürgerverein Daxlanden* (Hrsg.): Daxlanden. Die Ortsgeschichte. Karlsruhe 2007.

- *Bürgergemeinschaft Rüppurr* (Hrsg.): 900 Jahre Rüppurr. Geschichte eines Karlsruher Stadtteils. Karlsruhe 2003.

- *Dikinson*, Joan Younger: The Role of Immigrant Women in the U.S. Labor Force, 1880-1910. New York 1980.

- *Dittmer*, E. C.: Die Einwanderung gebildeter weiblicher Erwerbsbedürftiger nach den Vereinigten Staaten. Bielefeld und Leipzig 1909.

- *Ehmer*, Hermann: Geschichte von Neureut. Karlsruhe 1983.

- *Engelsing*, Rolf: Bremen als Auswanderungshafen 1683-1880. Bremen 1961.

- *Ferenczi*, Imre: An Historical Study of Migration Statistics. In: International Labour Review. Bd. 20, Stockholm 1929.

- *Gelberg*, Birgit: Auswanderung nach Übersee. Soziale Probleme der Auswandererbeförderung in Hamburg und Bremen von der Mitte des 19. Jahrhunderts bis zum Ersten Weltkrieg. Hamburg 1973.

- *Hansen*, Marcus Lee: Der Einwanderer in der Geschichte Amerikas. Stuttgart 1948.

- *Hansen*, Marcus Lee: The Atlantic Migration, 1607-1860; The Immigrant in American History. Cambridge 1941.

- *Hansen*, Marcus Lee: The Atlantic Migration 1607-1860. A History of the Continuing Settlement of the United States. Cambridge 1940.

- *Haverkamp*, Frank: Staatliche Gewerbeförderung im Großherzogtum Baden. Unter besonderer Berücksichtigung der Entwicklung des gewerblichen Bildungswesens im 19. Jahrhundert. Freiburg 1979.

- *Helbich*, Wolfgang; Kamphoefner, Walter D.; Sommer, Ulrike (Hrsg.): Briefe aus Amerika. Deutsche Auswanderer schreiben aus der Neuen Welt 1830-1930. München 1988.

- *Heyder*, Franz: Beitraege zur Frage der Auswanderung und Kolonisation. Heidelberg 1894.

- *Hippel* von, Wolfgang: Auswanderung aus Südwestdeutschland. Studien zur württembergischen Auswanderung und Auswanderungspolitik im 18. und 19. Jahrhundert. Stuttgart 1984.

- *Hoerder*, Dirk: Cultures in Contact. World Migrations in the Second Millennium. Durham 2002.

- *Joseephy*, Fritz: Die deutsche überseeische Auswanderung seit 1871 unter besonderer Berücksichtigung der Auswanderung nach den Vereinigten Staaten von Nordamerika. Berlin 1912.

- *Just*, Michael u.a.: Auswanderung und Schiffahrtsinteressen. „Little Germanies" in New York. Deutschamerikanische Gesellschaften. (Von Deutschland nach Amerika, 5). Stuttgart 1992.

- *Kapp*, Friedrich: Aus und über Amerika. Berlin 1876.

- *Koch*, Manfred (Hrsg.): Karlsruher Chronik. Karlsruhe 1992.

- *Krimm*, Konrad; Rößling, Wilfried: Residenz im Kaiserreich. Karlsruhe um 1890. Karlsruhe 1990.

- *Krohn*, Heinrich: Und warum habt ihr denn Deutschland verlassen? 300 Jahre Auswanderung nach Amerika. Bergisch Gladbach 1992.

- *Kuhn*, Gertrud: USA – Deutschland – Baden und Württemberg. Eine Auswahl von Titeln zur Auswanderung und zur Geschichte der Deutschen-Amerikaner vor allem aus Baden und Württemberg, von den Anfängen bis zum Ende des Zweiten Weltkriegs. Stuttgart 1976.

- *Kulischer*, Alexander; Kulischer, Eugen: Kriegs- und Wanderungszüge. Weltgeschichte als Völkerbewegung. Berlin 1932.

- *Kügler*, Dietmar: Die Deutschen in Amerika. Die Geschichte der deutschen Auswanderung in die USA seit 1683. Stuttgart 1983.

- *Maisch*, Herbert: Bulacher Ortschronik. Vom Kirchenort am Wald zum Stadtteil an der Autobahn. Karlsruhe 1993.

- *Marschalck*, Peter: Deutsche Überseewanderung im 19. Jahrhundert. Stuttgart 1973.

- *Mikoletzsky*, Juliane: Die deutsche Amerika-Auswanderung des 19. Jahrhunderts in der zeitgenössischen fiktionalen Literatur. Tübingen 1988.

- Moch, Page Leslie: Moving Europeans. Migration in Western Europe since 1650. Bloomington 1992.

- *Moltmann*, Günter (Hrsg.): Aufbruch nach Amerika. Die Auswanderungswelle von 1816/17. Stuttgart 1989.

- *Moltmann*, Günter (Hrsg.): Aufbruch nach Amerika, Friedrich List und die Auswanderung aus Baden und Württemberg 1816/17. Dokumentation einer sozialen Bewegung. Stuttgart 1979.

- *Moltmann*, Günter (Hrsg.): Deutsche Amerikaauswanderung im 19. Jahrhundert. Sozialgeschichtliche Beträge. Stuttgart 1976.

- *Paxson*, Frederic L.: Recent History of the United States. Cambridge 1928.

- *Philippovich* von, Eugen: Der badische Staatshaushalt in den Jahren 1868-1889. Freiburg 1889.

- *Philippovich* von, Eugen: Auswanderung und Auswanderungspolitik in Deutschland. Leipzig 1892.

- *Ritzmann*, Friedrich: Die hygienischen Verhältnisse in den Gewerbebetrieben der Stadt Karlsruhe. In: Jahresbericht des Großherzoglich Badischen Gewerbeaufsichtsamtes für das Jahr 1911. Karlsruhe 1912.

- *Sponner*, Hans: Die Auswanderung aus Schwarzwald und Oberrheinebene im 18. und 19. Jahrhundert. Dissertation. Freiburg 1942.
- *Stephenson*, George M.: A History of American Immigration, 1820-1924. New York 1926.
- *Stiefel*, Karl: Baden 1648-1952. Band I und II. Karlsruhe 2001.

- *Vogt*, Georg: Die Gründung der Deutschen Handels-Kolonie-Gesellschaft in Baden zur Errichtung einer gemeinnützigen Kolonie für das Wohl deutscher Auswanderer und zur dauernden Unterstützung der hilfsbedürftigen heimatlichen Volksklassen in Beleihung von Kapitalien und Vergabung von Geschenken. Schopfheim 1882.
- *Vorwinckel*, Renate: Ursachen der Auswanderung gezeigt an badischen Beispielen aus dem 18. und 19. Jahrhundert. Stuttgart – Berlin 1939.

- *Waibel*, Barbara: Auswanderung vom Heuberg 1750-1900. Untersuchungen zur Wanderungsstruktur und Wanderungsmotivation. Tuttlingen 1992.
- *Walker*, Mack: Germany and the Emigration 1816-1885. Cambridge 1964.
- *Waltershausen von*, August Sartorius: The Workers' Movement in the United States, 1879-1885. Cambridge 1989.
- *Wehler*, Hans-Ulrich (Hrsg.): Friedrich Kapp. Vom radikalen Frühsozialisten des Vormärz zum liberalen Parteipolitiker des Bismarckreiches, Briefe 1843-1884. Frankfurt am Main 1969.
- *Willcox*, W. F. (Hrsg.): International Migrations. New York 1931.
- *Wittke*, Carl: The German Language Press in America. Lexington 1957.
- *Wittke*, Carl: Refugees of Revolution. The German Forty-Eighters in America. Philadelphia 1952.

13.1 Zeitschriften und Aufsätze

- *Bade*, Klaus J.: Mirgration und Migrationsforschung: Vom Kaisserreich bis zur Bundesrepublik. In: Westfälische Forschungen. Bd. 39. Münster 1989, S. 393-407.

- *Bade*, Klaus, J.: German Emigration to the United States and Continental Immigration to Germany in the Late Nineteenth and Early Twentieth Centuries. In: Central European History. Volume XIII. Atlanta 1980, S. 348-377.

- *Baier*, Hermann: Auswanderung und wirtschaftliche Zustände. In: Mein Heimatland. Bd. 24. Freiburg, Karlsruhe 1937, S.33-35.

- *Baier*, Hermann: Die Ortenau als Auswanderungsgebiet. In: Badische Heimat. Bd. 22. Freiburg 1935, S.144-150.

- *Bassler*, Gerhard P.: Auswanderungsfreiheit und Auswanderungsfürsorge in Württemberg 1815-1855. Zur Geschichte der südwestdeutschen Massenauswanderung nach Nordamerika. In: Zeitschrift für württembergische Landesgeschichte 33. Stuttgart 1976, S. 117-160.

- *Bretting*, Agnes: Mit Bibel, Pflug und Büchse: deutsche Pioniere im kolonialen Amerika. In: Bade, Klaus J. (Hrsg.): Deutsche im Ausland – Fremde in Deutschland. Migration in Geschichte und Gegenwart. München 1992, S. 135-147.

- *Bretting*, Agnes: Der Staat und die deutsche Massenauswanderung. Gesetzgeberische Maßnahmen in Deutschland und Amerika. In: Trommler, Frank (Hrsg.): Amerika und die Deutschen. Bestandsaufnahme einer 300jährigen Geschichte. Opladen 1986, S. 50-63.

- *Bretting*, Agnes: Frauen als Einwanderer in der Neuen Welt: Überlegungen anhand einiger Selbstzeugnisse deutscher Auswanderinnen. In: Amerikastudien. Bd. 33. München 1988, S. 319-327.

- *Bretting*, Agnes: Die Konfrontation der deutschen Einwanderer mit der amerikanischen Wirklichkeit in New York City im 19. und 20. Jahrhundert. In: Amerikastudien. Bd. 27. München 1982, S. 247-257.

- *Burgdörfer*, Friedrich: Die Wanderungen über die Deutschen Reichsgrenzen. In: Allgemeines Statistisches Archiv. 20. Jg. Jena 1930, S. 161-196, S. 383-419, S. 537-551.

- *Dublin*, Thomas: Women Workers and the Study of Social Mobility. In: Journal of Interdisciplinary History. Bd. 9. Cambridge 1979, S. 30-39.

- *Deutsche Gesellschaft* der Stadt New York. Leitfaden für Deutsche Einwanderer nach den Vereinigten Staaten von Amerika. New York 1903.

- *Ehmer*, Hermann: Die Quellen zur Nordamerika-Auswanderung im 19. und 20. Jahrhundert im Generallandesarchiv Karlsruhe und im Staatsarchiv Freiburg. In: Adams, Willi Paul (Hrsg.): Die deutschsprachige Auswanderung in die Vereinigten Staaten. Berichte über den Forschungsstand und Quellenbestände. John-F. Kennedy-Institut für Nordamerika-Studien. FU Berlin. John-F. Kennedy-Institut für Nordamerika-Studien Materialien. Bd. 14. Berlin 1980, S. 148-158.

- *Frei*, Karl: Verkehrswege nach Karlsruhe am Rhein zum Badener Heimattag 1930. In: Festschrift zum „Badener Heimattag Karlsruhe 1930". Karlsruhe 1930, S. 7.

- *Groos*, Wilhlem: Badener im Ausland. Eine Ausstellung beim Badener Heimattag. In: Festschrift zum „Badener Heimattag Karlsruhe 1930". Karlsruhe 1930.
- *Grötzer*, Max. Die Auswanderung badischer Geistlicher nach Nordamerika während des 19. Jahrhunderts. In: Freiburger Diözesan-Archiv. Baden 32. Freiburg im Breisgau 1931, S. 259-272.

- *Hansen*, Marcus Lee: The History of American Immigration as a Field for Research. In: American Historical Review. Bd. 32. Washington 1926, S. 500-518.
- *Heberle*, Rudolf: Zur Typologie der Wanderung. In: Marschalck, Peter; Köllmann, Wolfgang (Hrsg.): Bevölkerungsgeschichte. Köln 1972, S. 69-75.
- *Heyne*, Bodo: Die kirchlichen Bemühungen um die Auswanderung des 19. Jahrhunderts in Bremen. In: Hospitium Ecclesiae, Bd. 3 Bremen 1961.

- *Keil*, Hartmut: Die deutsche Amerikaeinwanderung im städtisch-industriellen Kontext: das Beispiel Chicago 1890-1910. In: Bade, Klaus, J. (Hrsg.): Auswanderer – Wanderarbeiter – Gastarbeiter, S. 378-405.
- *König*, Manfred: Hochstetten 1103-2003. Ereignisse, Schicksale und Zusammenhänge aus der Geschichte eines badischen Dorfes. Karlsruhe 2003.

- *Lesser*, Richard: Wegweiser von der alten zur neuen Heimat. In: Oberländer, Richard; Lesser, Richard (Hrsg.): Über's Meer. Taschenbibliothek für deutsche Auswanderer. Bd. 1. Leipzig 1883.

268

- *Maenner*, E.: Sippenkundliche Arbeit auf dem Gebiet des Auslanddeutschtums in Baden. In: Jahrbuch für auslanddeutsche Sippenkunde. Bd. 2. Stuttgart 1937, S.147-148.

- *Metz*, Friedrich: Das Oberrheinland als Ein- und Auswanderungsgebiet. In: Verhandlungen und Wissenschaftliche Abhandlungen des 22. Deutschen Geographentages zu Karlsruhe 7. bis 9. Juni 1927. Breslau 1928, S. 1-16.

- *Metz*, Friedrich: Karlsruhe. In: Geo Politik. III. Jahrgang 1926, S. 131-147.

- *Moltmann*, Günter: Deutsch-amerikanische Wanderungen und deutsch-amerikanische Beziehungen. In: Zeitschrift für Kulturaustausch. 32. Jg. 1882/ 4. Vj. Stuttgart 1982, S. 446-449.

- *Moltmann*, Günter: Nordamerikanische „Frontier" und deutsche Auswanderung – soziale „Sicherheitsventile" im 19. Jahrhundert? In: Stegmann, Dirk; Wendt, Bernd-Jürgen; Witt, Peter-Christian (Hrsg.): Industrielle Gesellschaft und politische Systeme. Beiträge zur politischen Sozialgeschichte. Bd.137. Bonn 1978, S. 279-296.

- *Moltmann*, Günter: Die deutsche Auswanderung in überseeische Gebiete: Forschungsstand und Forschungsprobleme. In: Der Archivar. Mitteilungsblatt für deutsches Archivwesen. 32. Jahrgang. Februar 1979. Heft 1. Siegburg 1979, S. 58-66.

- *Moltmann*, Günter: Die Transportation von Sträflingen im Rahmen der deutschen Amerikaauswanderung des 19. Jahrhunderts. In: Moltmann, Günter (Hrsg.): Deutsche Amerikaauswanderung im 19. Jahrhundert. Stuttgart 1976, S. 147-196.

- *Mönckmeier*, Walter: Wandlungen und Entwicklungstendenzen in der deutschen Auswanderung. In: Jahrbuch für Nationalökonomie und Statistik. Jena 1913, S. 335-347.

- *Obermann*, Karl: Die deutsche Auswanderung nach den Vereinigten Staaten von Amerika im 19. Jahrhundert, ihre Ursachen und Auswirkungen (1830 bis 1870). In: Jahrbuch für Wirtschaftsgeschichte 1975. Bd. 2. Berlin 1975, S. S. 33-55.

- *Philippovich*, Eugen von: Ein Auswandererbrief aus dem Jahr 1817. In: Biographische Blätter (o. O.). 1. 1895, S. 430-435.

- *Philippovich*, von Eugen: Auswanderung und Auswanderungspolitik im Großherzogtum Baden. In Ders. (Hrsg.).: Auswanderung und Auswanderungspolitik in Deutschland. Leipzig 1892, S. 97-165.

Philippovich, Eugen von: Die staatlich unterstützte Auswanderung im Großherzogthum Baden. In: Archiv für soziale Gesetzgebung (o. O). 5. 1892. S. 27-69.

- *Rößler*, Horst: Massenexodus: Die Neue Welt des 19. Jahrhunderts. In: Bade, Klaus, J.: Deutsche im Ausland – Fremde in Deutschland. Migration in Geschichte und Gegenwart. München 1992, S. 148 – 157.

- *Sauer*, Paul: Das Quellenangebot der territorialen Staatsarchive, insbesondere Südwestdeutschlands, zur Auswanderungsforschung. In: Der Archivar. Mitteilungsblatt für deutsches Archivwesen. 32. Jahrgang. Februar 1979. Heft. 1. Siegburg 1979, S. 67-74.

- *Scheuner*, Ulrich: Die Auswanderungsfreiheit in der Verfassungsgeschichte und im Verfassungsrecht Deutschlands. In: Festschrift Richard Thoma zum 75. Geburtstag. Tübingen 1950, S. 199-224.

- *Schmidt*, Hans: Die verschiedenen Einwanderungswellen in die Vereinigten Staaten von Nordamerika von den Anfängen bis zur Quotengesetzgebung. In: Spörl, Johannes (Hrsg.): Historisches Jahrbuch. 85. Jahrgang. München, Freiburg 1965, S. 323-361.

- *Schnabel*, Franz: Badische Auswanderer. In: Der Auslanddeutsche. Bd. 6. Stuttgart 1923, S. 321-324.

- *Schöberl*, Ingrid: Auswanderungspolitik in Deutschland und Einwanderungspolitik in den Vereinigten Staaten. In: Zeitschrift für Kulturaustausch 32, Nr. 4. Stuttgart 1982, S. 324-329.

- *Siller*, R.: Badener in den Vereinigten Staaten von Nord-Amerika. In: Der Auslanddeutsche. Bd. 6. Stuttgart 1923, S. 327-330.

- *Thistlethwaite*, Frank: Europäische Überseewanderung im 19. und 20. Jahrhundert. In: Köllmann, Wolfgang; Marschalck, Peter (Hrsg.): Bevölkerungsgeschichte. Köln 1972, S. 323-355.

- *Thistlethwaite*, Frank: Migration from Europe Overseas in the Nineteenth and Twentieth Centuries. In: XIe Congrès International des Sciences Historiques, Rapport V: Histoire contemporaine. Stockholm 1960, S. 32-60.

- *Waltershausen* von, Sartorius: Die Wanderarbeit als weltwirtschaftliches Problem. In Zeitschrift für Sozialwissenschaften. Vol. 2. Leipzig 1911, S. 75-88.

- *Ward-Leyerle*, Robert E.: Brigandedeutsch in Amerika. In: Karlsruhe heute und morgen. Jahrgang 1968. 3. Ausgabe. Karlsruhe 1968, S. 24-26.

- Ein Wort über Auswanderung an Landwirthe und Bauern. Von einem ehemaligen Farmer. In: Badisches Centralblatt für Staats- und Gemeinde-Interessen (o. O.). 1855.

13.2 Statistische Jahrbücher und Handbücher

- Handwörterbuch der Staatswissenschaften. 3. Band 2. Auflage. Jena 1909.
- Schönebergs Handbuch der politischen Oekonomie I. Aufl. Bd. I. Tübingen 1875.
- Jahresbericht des Großherzoglichen badischen Ministeriums des Inneren über seine Geschäftskreise für die Jahre 1880 und 1881. Karlsruhe 1883.

- Beiträge zur Statistik des Großherzogtums Badens. Karlsruhe 1888.

- Statistische Mittheilungen über das Großherzogthum Baden. III Band für die Jahre 1880-1883. Karlsruhe 1880-1883.
- Statistische Mittheilungen über das Großherzogthum. IV Band für die Jahre 1884-1885. Karlsruhe 1884-1885.
- Statistische Mittheilungen über das Großherzogthum Baden. VIII Band. 23. Jahrgang. Karlsruhe 1891.

- Statistisches Jahrbuch für das Deutsche Reich. Zweiter Jahrgang 1881. Berlin 1881.
- Statistisches Jahrbuch für das Deutsche Reich. Dritter Jahrgang 1882. Berlin 1882.
- Statistisches Jahrbuch für das Deutsche Reich. Vierter Jahrgang 1883. Berlin 1883.
- Statistisches Jahrbuch für das Deutsche Reich. Siebter Jahrgang 1886. Berlin 1886.

- Statistisches Jahrbuch für das Großherzogthum Baden. XI Jahrgang 1878. Karlsruhe 1880.
- Statistisches Jahrbuch für das Großherzogthum Baden. XII Jahrgang 1879. Karlsruhe 1881.
- Statistisches Jahrbuch für das Großherzogthum Baden. XIII Jahrgang 1880. Karlsruhe 1882.

- Statistisches Jahrbuch für das Großherzogthum Baden. XIV Jahrgang 1881. Karlsruhe 1883.

- Statistisches Jahrbuch für das Großherzogthum Baden. XV Jahrgang 1882. Karlsruhe 1884.

- Statistisches Jahrbuch für das Großherzogthum Baden. XVI Jahrgang 1883. Karlsruhe 1885.

- Statistisches Jahrbuch für das Großherzogthum Baden. XVII Jahrgang 1884. Karlsruhe1886.

- Statistisches Jahrbuch für das Großherzogthum Baden. XVIII Jahrgang 1885. Karlsruhe 1887.

- Statistisches Jahrbuch für das Großherzogthum Baden. XXV Jahrgang 1892. Karlsruhe 1894.

- Beiträge zur Statistik der inneren Verwaltung des Großherzogthums Baden. Heft 39. Karlsruhe 1878.

- Beiträge zur Statistik der inneren Verwaltung des Großherzogthums Baden. Heft 42. Karlsruhe 1882.

- Beiträge zur Statistik der inneren Verwaltung des Großherzogthums Baden. Heft 43. Karlsruhe 1884.

14 Quellenverzeichnis

14.1 Quellen Generallandesarchiv Karlsruhe

GLA 60/1615
GLA 60/1576

GLA 233/4009

GLA 233/9372

GLA 233/9377

GLA 233/9387

GLA 233/9393

GLA 233/9393

GLA 233/9416

GLA 233/9418

GLA 233/13558

GLA 233/33758

GLA 233/39924

GLA 233/40043

GLA 234/7089

GLA 234/7144

GLA 236/8604

GLA 236/8974

GLA 236/9768

GLA 237/12701

GLA 237/16907

GLA 357/6450

GLA 357/6545

GLA 357/6501

GLA 357/6617

GLA 357/6619

GLA 357/6868

GLA 357/6870

GLA 357/6995

GLA 357/7036

GLA 357/7138

GLA 357/7140

GLA 357/7148

GLA 357/7278

GLA 357/7257

GLA 357/7262

GLA 357/7321

GLA 357/8601

GLA 357/10125

GLA 357/12948

GLA 237/16907

GLA 357/23794

GLA 357/23809

GLA 357/23919

GLA 357/23969

GLA 357/31.498

GLA 357/31.503

GLA 357/31.4997

GLA 357/32.064

14.2 Quellen evangelisches Landeskirchenarchiv Karlsruhe

GA 2972 Auswanderer

14.3 Quellen Stadtarchiv Karlsruhe

A5/Mühlburg 15: Rubrik Bürgerannahmen, Heiraten Wegzug

14.4 Quellen Staatsarchiv Freiburg

StAF 96/1 2054

StAF 96/1 2055

StAF 96/1 2056

StAF 96/1 2060

14.5 Internetquellen

-http://www.geo.wiso.tu-
muenchen.de/lehre_und_studium/lehrveranstaltungen/begleitmaterial/hs_migra_bev/Anton.pdf

- http://www.hdbg.de/auswanderung/docs/raithel_kat.pdf

-http://www.humboldtgesellschaft.de/
inhalt.php?name=amerikahttp://gutenberg.spiegel.de/goethe/gedichte/auswandr.htm

-http://www.polwiss.fu-berlin.de/more/coe/lehre/SoSe2005/15400_K-

HS/AG_2_III.pdf

- www.auswanderer-bw.de

- www.castlegarden.org

- http://www.ellisisland.org